WIZARD

バン・K・タープ[著]
長尾慎太郎[監修]　山下恵美子[訳]

WIZARD BOOK SERIES Vol.134

新版 魔術師たちの心理学

トレードで生計を立てる秘訣と心構え

Trade Your Way to Financial Freedom
── Second Edition ──

Pan Rolling

Trade Your Way to Financial Freedom by Van K. Tharp

Copyright © 2007 by Lake Lucerne Limited Partnership

Japanese translation rights arranged with The McGraw-Hill Companies, Inc.
through Japan UNI Agency, Inc., Tokyo

【免責事項】
この本で示してある方法や技術、指標が利益を生む、あるいは損失につながることはないと仮定してはなりません。過去の結果は必ずしも将来の結果を示すものではありません。この本の実例は、教育的な目的でのみ用いられるものであり、この本に書かれた手法・戦略による売買を勧めるものではありません。

監修者まえがき

　本書は、バン・K・タープ博士がトレードに関する彼の考え方を著した"Trade Your Way to Financial Freedom"の新版の邦訳である。
　タープ博士といえば『マーケットの魔術師』にも登場するトレードにまつわる心理的な実証的分析の権威であるが、同時にトレーダーに対するコンサルタントとしても有名である。
　彼は心理学者ゆえの独特の視点を持ち、さらにもう少しで最初の「タートルズ」のひとりに選ばれかけたくらい、トレードに対する深い造詣を持っている。
　そして彼の業績はその名に恥じず、本書の旧版は米国でも日本でも驚きを持って迎えられ、今もって多くの投資家やトレーダーたちの支持を集めている。今回の新版は、旧版で一部に見られた誤謬を訂正し、さらにその後の研究成果を反映した、より充実した内容となっている。
　さて、タープ博士が本書で語るトレードに関する概念のうち、斬新な主張として有名なのは、「トレードの勝敗は仕掛けではなく手仕舞いによって決まる」と「最終的に運用の結果を左右するのは使用するシステムのアルゴリズムの良し悪しではなく、ポジションサイジングである」の2つである。
　たしかに、これらの重要性を個人投資家向けに公に指摘したのは、米国人ではタープ博士が最初である。そして、事実としてこの2点に関する適切なルールなくして、一貫性を持ったトレードは難しい。
　もちろん、タープ博士自身が本書内で指摘しているように、トレーダーが何らかのエッジを持ったトレード手法をすでに持っていることがその前提であるが、仕掛けに関しては同じアルゴリズムでも、適切な手仕舞いとポジションサイジングを行った場合とそうでない場合とでは、結果はまったく異なるものになる。

さらに、洗練されたポジションサイジングは、それを用いる投資家やトレーダーたちに対し、運用に当たっての安心感を持たせる効果をもたらし、結果として、一番大切な事項、つまり長期にわたる一貫した運用を可能にする。ここにおいて、一般投資家に対しこの分野の重要性に目を見開かせたという意味では、タープ博士の業績は非常に大きいと言えよう。

　また、このあたりの考察に関しては、ラルフ・ビンスが書いた『投資家のためのマネーマネジメント――資産を最大限に増やすオプティマルf』（パンローリング刊）を併わせてお読みいただければ、より理解が深まるものと思う。

　最後に、翻訳にあたっては以下の方々に心から感謝の意を表したい。山下恵美子氏には、正確で分かりやすい翻訳をしていただいた。そして、阿部達郎氏には丁寧な編集・校正を行っていただいた。また、本書が発行される機会を得たのはパンローリング株式会社社長である後藤康徳氏のおかげである。

　なお、私の知るかぎり、日本人で「トレードの勝敗は仕掛けではなく手仕舞いによって決まる」と最初に指摘したのは後藤氏であり、それはタープ博士の原書が出版されるはるか以前のことである。

2007年12月

長尾慎太郎

わが妻、カラバーティ・タープに本書を捧げる。
私を常に叱咤激励してくれるカーラは私の人生の活力源だ。
彼女の励ましと大きな愛がなければ、
本書がこの世に出ることはなかっただろう。

■■■ 目次 ■■■

監修者まえがき　　　　　　　　　　　　　　　1
序文　　　チャック・ホイットマン　　　　　　11
第2版序文　　　　　　　　　　　　　　　　　19
日本語版へのまえがき（初版）　　　　　　　　25
序文（初版）　　　　　　　　　　　　　　　　31
謝辞　　　　　　　　　　　　　　　　　　　　35

第1部
成功するために最も重要な要素
——それはあなた自身

第1章　聖杯伝説　　　　　　　　　　　　　41

聖杯のメタファー　　　　　　　　　　　　　　46
トレーディングにとって本当に重要なこと　　　50
マーケットの天才のモデル化　　　　　　　　　53

第2章　意思決定バイアス——市場をマスターするのが多くの人にとって困難なワケ　　61

トレーディングシステムの開発に影響を及ぼすバイアス　　65
トレーディングシステムの検証に影響を及ぼすバイアス　　86
システムによるトレード方法に影響を及ぼすバイアス　　　90
まとめ　　　　　　　　　　　　　　　　　　　95

第3章　目標の設定　　　　　　　　　　　　99

目標の設定——あなたのシステムの最も重要な部分　　101
トム・バッソ、目標設定について語る　　　　　103
あなた自身の目標を設定する　　　　　　　　　116

第2部
システムの概念化

第4章　システム開発の手順　　　　　　　　125
　1. 資質の調査　　　　　　　　　　　　　　　126
　2. 先入観にとらわれることなくマーケットの情報を収集せよ　129
　3. 目標を定める　　　　　　　　　　　　　　135
　4. どういった概念でトレードするのか　　　　135
　5. 大局観を把握せよ　　　　　　　　　　　　142
　6. トレードする時間枠を決める　　　　　　　143
　7. あなたのトレーディングにおいて最も重要なものとは
　　 何か。そしてその測定方法は？　　　　　　147
　8. 初期1Rリスクの決定　　　　　　　　　　149
　9. 利食いストップを加えてシステムのR倍数分布と期待
　　 値を決定する　　　　　　　　　　　　　　152
　10. R倍数分布の精度を決定する　　　　　　　154
　11. システム全体の評価　　　　　　　　　　　155
　12. ポジションサイジングによる目標の達成　　157
　13. 自分のシステムを改良する方法を決める　　158
　14. 最悪の事態に備えたメンタルリハーサル　　159

第5章　うまくいく概念を選ぶ　　　　　　　161
　トレンドフォロー　　　　　　　　　　　　　　163
　ファンダメンタル分析　　　　　　　　　　　　168
　バリュートレーディング　　　　　　　　　　　175
　バンドトレーディング　　　　　　　　　　　　180
　季節性　　　　　　　　　　　　　　　　　　　188
　サヤ取り　　　　　　　　　　　　　　　　　　199
　アービトラージ　　　　　　　　　　　　　　　205

市場間分析	215
宇宙には秩序が存在する	222
まとめ	231

第6章　大局観に合ったトレーディング戦略　235

私が思い描く大局観	239
要因1――米国の債務状況	240
要因2――超長期のメジャーなベアマーケット	248
要因3――経済的要因のグローバル化	255
要因4――投資信託の影響	259
要因5――規則、規制、税制の改正	265
要因6――人間には負ける経済ゲームをやりたがる傾向がある	270
考慮すべきそのほかの要因	273
出来上がった大局観はどう見守っていくべきか	274
まとめ	277

第7章　優れたトレーディングシステムの開発に不可欠な6つの要素　279

あなたの選んだ変数	281
雪合戦のたとえ話	282
拡大鏡を通して見た期待値	288
機会と期待値	294
予測――恐ろしいワナ	295
実際のトレーディングへの応用	297
あなたのシステムのパフォーマンスの評価方法	305
まとめ	310

第3部
システムの重要な要素を理解する

第8章 セットアップを使ってシステムの適用時を知る　317

　仕掛けを構成する5つの要素　320
　ストーキングのためのセットアップ　330
　フィルター対セットアップ　338
　よく知られているシステムで使われているセットアップ　346
　まとめ　361

第9章 仕掛け（マーケットタイミング）　363

　ランダムな仕掛けを打ち負かすための試み　366
　よく使われる仕掛けのテクニック　369
　自分の仕掛けのシグナルを設計する　396
　ポピュラーなシステムで用いられている仕掛けの手法の
　　評価　402
　まとめ　408

第10章 抱え込むべきときを知れ――あなたの資産を守るには　411

　ストップとは何か　413
　適切なストップを用いる　428
　よく知られているシステムで使われているストップ　434
　まとめ　438

第11章　利食いの方法　　　　　　　　　　　439

利食いの目的　　　　　　　　　　　　　　　　440
ストップと利益目標のみを用いる　　　　　　　452
シンプルさと複数の手仕舞い　　　　　　　　　453
やってはいけないこと　　　　　　　　　　　　455
よく知られているシステムで使われている手仕舞い　　456
まとめ　　　　　　　　　　　　　　　　　　　460

第4部
学習してきたことをひとつにまとめ上げる

第12章　お金はみんなに行き渡る　　　　　463

7人のトレーダーのアプローチ　　　　　　　　466
7人のトレーダーの5つの銘柄に対するアプローチ　　476
6週間後の結果　　　　　　　　　　　　　　　517
R倍数で見た結果　　　　　　　　　　　　　　530
まとめ　　　　　　　　　　　　　　　　　　　532

第13章　システムの評価　　　　　　　　　　535

可能なアプローチ　　　　　　　　　　　　　　536
エクスペクチュニティ──トレード回数を織り込んだ
　　期待値　　　　　　　　　　　　　　　　　540
トレードの機会コスト　　　　　　　　　　　　542
最大ドローダウン　　　　　　　　　　　　　　547
ニュースレターの推奨をサンプルシステムとして用いる　　551
まとめ　　　　　　　　　　　　　　　　　　　560

第14章 ポジションサイジング──目標を達成するためのカギ　561

基本的なポジションサイジング戦略　571
モデル１──資産一定額当たり１単位モデル　574
モデル２──均等分配モデル（株式トレーダー向け）　580
モデル３──パーセントリスクモデル　583
モデル４──パーセントボラティリティモデル　590
モデルのまとめ　592
ほかのシステムで使われているポジションサイジング　595
まとめ　601

第15章　結論　603

過ちを回避する　606
本書で語らなかったこと──タープ博士へのインタビュー　609

用語解説　625

推薦図書　643

序文

チャック・ホイットマン

わが社では本書を新人トレーダーの必読書に指定している。バン・タープ氏の書籍のなかでも、本書は彼のセミナーと通信教育講座の内容が集約されたものであり、新人トレーダーが彼の投資法を学ぶうえで格好の書と思ったからだ。申し遅れたが、私はチャック・ホイットマンで、シカゴ商品取引所ビル内にあるトレーディング会社、インフィニウム・キャピタル・マネジメント（Infinium Capital Management）社のCEOを務めている。今現在、わが社の従業員数は90人で、15の取引所を通じてあらゆるアセットクラスのオプションとその原資産のトレードを行っている。実は私は個人的に本書を大量に購入したのだが、その話に入る前に、私とバン・タープ氏との関係について話しておこう。

私が初めて彼の投資法のことを知ったのは1998年のことである。当時、私の師であるブルースはタープ博士の通信教育講座を２つ（『ピーク・パフォーマンス・コース・フォー・トレーダーズ・アンド・インベスターズ（Peak Performance Course for Traders and Investors）』と『ディベロッピング・ア・ウィニング・システム・ザッツ・フィッツ・ユー（Developing a Winning System That fits You）』）受講していた。のちにタープ博士のシステムセミナーにも出席したブルースは、その内容と出席者の質の高さに深く感銘を受けたことを私に話して聞かせてくれた。

当時、私はトレーディングキャリアを通じて何度か訪れたスランプのひとつの真っただ中にいた。前年の1997年は最高の年だった。だから1998年は全身全霊を傾けて可能なかぎりベストなトレーダーになろうと決意していたというのにである。敗因はたったひとつのアプロー

チしか知らなかったことにある。私の知る唯一のアプローチとは、利益目標を達成するために「トレード量を増やす」ことだった。それがオーバートレードへとつながり、大きな利益が出たかと思えば大きな損失を出すという不安定なトレードに一喜一憂する羽目に陥ったのは言うまでもない。1998年の秋、大きなトレードに打って出た。理論的には申し分のないトレードだった。ところがトレード管理を誤ったために、そのトレードは瞬く間にトレーディングキャリアのなかで出した最大の損失を被ったトレードのひとつになってしまったのだ。今振り返れば、そのとき私は数多くの過ちを犯していた。これはタープ博士の言うところの、「自分のルールに従わない」という過ちである。トレードの前に起こり得るシナリオを想定することもなく、リスク・リワード・レシオは最悪で、損失が出れば感情的になり、損失を出さないようにするためには何だってやった。タープ博士の言葉を借りるならば、「ロス・トラップ」にはまっていたわけである。小さな損を取ることを嫌がり、損を出さないようにあがいていたわけである。しかし、あがけばあがくほど事態は悪化した。損失は次第に拡大し、損失が拡大すればするほど、ますます損を確定しにくくなる。そしてついには痛みに耐えかねてトレードを投げ出す。トレードの清算と同時に、私はある誓いを立てた。過ちから学ばなければならない、その過ちを繰り返さないために。思えばこのときが私のトレーディングキャリアの大きなターニングポイントであった。

　トレーダーとして成長するためには何をしなければならないのか。それを知るために、私は自分自身の評価を始めることにした。そのときにブルースから借りたのが『ピーク・パフォーマンス・コース』だった。この本のある章に「ロス・トラップ」の話が出てきた。まさに私がやっていたそのものではないか。ああいう場合はこうすればよかったのか。私は目からウロコが落ちる思いでその章をむさぼり読んだ。その章には、例のトレードで私が犯した過ちのすべてが記述してお

り、私のトレーディング手法についての記述もあった。私はその本がすっかり気に入り、すぐに注文した。

1999年1月、膝の手術を受けたため10週間のベッド生活を余儀なくされた。当時フロアトレーダーだった私はその期間を利用して、「フロアの外」で考案したトレーディングアイデアのいくつかをテストしてみようと考えていた。それと同時に『ピーク・パフォーマンス・コース』も読み始めた。読み始めるや否や私は考えを改めた。この期間にやるべきことは、市場から離れて頭の中を整理し、心理面を鍛えることだと気づいたのだ。タープ博士がその教材の最初に述べていた言葉——あなたが最もやりたくないことが、おそらくあなたにとって最も必要なこと——をヒントに、教材の練習問題を一つひとつやってみることにした。毎日4～6時間、10週間続けた。このプロセスを経ることで、それ以降の私のトレーディングの基礎になる、それまでとはまったく違った心理状態のトレーダーへと私は生まれ変わった。

これを機に、私はタープ博士のセミナーのひとつに出席することにした。講師はタープ博士と、『金持ち父さん貧乏父さん』（筑摩書房）の著者として知られるロバート・キヨサキ氏だった。『ピーク・パフォーマンス・コース』が私の心理を変えたときのように、このセミナーは富と富の創出に対する私の考え方を根底から変えた。タープ博士は第2版序文で「経済的自由」の意味を説明することで、ごく一部とはいえセミナーの内容を第2版にも取り入れている。これは私にとってはうれしいかぎりである。大学の経済学の授業では富とは限りある資源であると教わったが、富とは限りある資源ではなくアイデアであることを私はタープ博士から学んだ。成功するために最も重要な要素は自分自身であること、そして時間は金よりも貴重であることを悟った。その瞬間から、私はこの新たな認識に基づき、生産性の向上と学習を重視した意思決定を行うようになった。金を使うことで生産性を高められ、より多くの学習ができるのなら、そうしよう。セミナー終

了後、私はトレーディングと富に対する認識を新たにトレーディングへと復帰した。そして次の4週間で、私はそれまでに稼いだ合計額以上の利益を稼いだ。

　その後はトレーディングのペースを落としてパートタイムベースでのトレーディングに切り替え、自分のトレーディング会社を設立して一流の投機家になるという長年の夢の実現に向けて準備を開始した。それからの2年間は、学習とリサーチ、トレーディングプラン作りに専念した。プランは、タープ博士のトレーディング原理を基に作成した。当時読んだタープ博士の本は、本書の初版と『ファイナンシャル・フリーダム・スルー・エレクトロニック・デイトレーディング（Financial Freedom Through Electronic Day Trading）』だ。また、タープ博士のほかのセミナーにも出席し、5つの基本原理を基にトレーディング会社を設立した。そのうちの4つの原理はタープ博士から学んだものだ。これらの基本原理は会社設立以来変わっていない。以下がその5つの基本原理であり、タープ博士が教えてくれた順序で列挙している。

1．心理　世界で最高の機会と資源を手に入れることができたとしても、正しい心理状態になければ、それらを有効に活用することはできない。自分の現実を生み出し発現させるものは自分自身なのである。例えば世界が問題を抱えていると思えば、われわれの目には問題だらけの世界しか映らない。だから世界はそういうものとして現れる。しかし、この世は何と豊かなのだろうと思えば、この世の豊かさを実感させられるものに自然と目が向くため、世界はそういうものとして現れる。わが社では、新入社員の雇用から教育、企業の発展に至るまですべての面でこの点を最も重視している。この**『魔術師たちの心理学』**（パンローリング）第2版では、この考え方が随所に織り込まれている。あなたの得られる結果はあなた自身が生み出すものなのである。

つまり、あなたのトレーディングがうまくいくかどうかは、あなた次第ということである。得られた結果が意図しないものであれば、どこかで過ちを犯したはずだ。だからその過ちを正せばよい。

２．ポジションサイジング　最高のトレーディングプラン、情報、発注システムがあったとしても、トレードサイズが大きすぎればすべては気泡に帰す。この第２版でバンが指摘しているように、ローリスクのアイデアとは、長期にわたって、たとえ最悪の事態が起こったとしてもそれを乗り切ることができるようなリスク水準でトレードすることで、そのシステムの長期的な期待値を達成することができるようにするようなアイデアを意味する。これはトレードで成功するためのキーポイントのひとつだ。この点を確実に理解できるまで本書を繰り返し読むことだ。損失も出るだろうが、重要なのは損失を一定の範囲内に抑え、最大限の利益を目指すことである。ポジションサイジングはトレードで最も重要な要素であるにもかかわらず、その重要性を説く者はほとんどいない。システムのこの部分こそがあなたの目標を達成するうえできわめて重要な部分なのである。本書を読むときには、ぜひこの点に留意していただきたい。

３．銘柄の選択　この原理は、第４章で紹介されているタープ博士のモデルを基に私が追加したものだ。どの銘柄でトレードするかは、どうトレードするかよりはるかに重要だ。私はトレーディングキャリアを通じてこの原理の重要性を実感してきた。1990年代の終わりから2000年代初頭にかけて、ストックオプションで大金持ちになった連中がいたが、彼らは自分たちのやっていることがまったく分かっていなかった。彼らのなかにはそれから何年もしないうちに、わが社にアシスタントの職を求めてやってきた者もいる。一方、手堅いトレードで低迷する市場を生き抜いた素晴らしいトレーダーもいた。彼らは銘柄が活況でありさえすれば、伝説的人物になっていたはずだ。これで私の銘柄に対する考え方は固まった。最も活発に取引され、ボラティリ

ティが最も高い銘柄を見つけて、それらの銘柄に集中せよ。「石油のあるところに行け」とはアメリカの石油王ジョン・ポール・ゲティがよく言っていた言葉だが、この第2版では、まず世界を取り巻く大局観をとらえたうえで、その大局観にフィットする銘柄と戦略を見つけることについての章が付け加えられたのはうれしいかぎりだ。

4．手仕舞い 市場で儲けられるかどうかは、手仕舞いの仕方にかかっている。自分の間違いに気づいたら、その負けトレードはすぐに損切りして損失を確定することが重要だ。これについては第10章で詳しく説明されている。また勝ちトレードについては利を伸ばすことが大切だ。これについては第12章で説明されている。私がこれまでに見てきた最高のトレーダーは、自分の間違いを潔く認め、エゴを捨ててだれにも気づかれることなく素早くポジションを手仕舞いすることのできる人々だった。

5．仕掛け トレードではランダムに仕掛けても勝つことができる。これは第9章で説明されている。第9章では、タープ博士のランダムな仕掛けシステムとそれによる儲け方についても解説されている。エゴを捨ててトレードできる健全な心理状態にあり、損失を最小限に抑え（1R以下の損失）リスク・リワード・レシオの良いトレード（勝ちトレードの初期リスクに対する倍率が高いほどよい）を行うことで達成される期待値が正のシステムを持ち、最良の市場で、目標を達成できる適正なポジションサイズでトレードすれば、仕掛けは問題ではない。これらの原理はこの第2版の至るところで論じられている。

　ここで紹介した5つの原理は、私のビジネスの中核をなすものである。したがってわが社の新入社員はもちろんのこと、全従業員にも徹底的にたたき込んでいる。これに対して、一般トレーダーのほとんどに共通する次の考え方は今述べてきた5つの原理と好対照をなすものだ。

- 正しい銘柄を選ばなければならない。儲けられなかったのは、おそらくは銘柄の選び方が間違っていたからだ。これを原理5と比較してみよう。
- 常にポジションを持つべきだ。リスク管理は分散投資で行う。これを原理2と比較してみよう。
- 損をしたのは、市場でカモにされたからだ。あるいはブローカーや投資顧問業者に騙されたのかもしれない。これを原理1と比較してみよう。

　一般トレーダーが最も重視しているのは正しい銘柄を正しいタイミングで選ぶことであり、成功するのに本当に必要なことは完全に無視されている。だから本書が必要なのである。

　第2章では、多くの人にとって成功することが難しい理由が説明されている。原因は、意思決定にバイアス（先入観、偏見、思い込み）を持ち込むことにある。タープ博士はこれを「意思決定ヒューリスティック」（合理的判断を誤らせる簡便法）と呼んでいる。皮肉にも、ヒューリスティックのことを知っている人ほど市場を予測しようとする。これに対してわが社では、損をするのは非効率的な意思決定が原因だと説くタープ博士の考え方を採用している。つまり、成功するためには意思決定を効率的に行えばよいということである。

　冒頭で述べたように、本書はわが社の新人トレーダーの必読書である。タープ博士の書籍はすべて貴重な情報の宝庫だが、本書はそういった貴重な情報がコンパクトにまとめられたものである。本書は、あなたの信じることに合致するトレーディングシステムを開発し、目標を設定する方法を学ぶうえで、大いに役立つはずだ。さらに本書を何度も読み返すことで、わが社の企業経営哲学にもなっている5つの原理に対する理解はより深まるはずだ。

　タープ博士の哲学を学ばなければ私の今の成功はなく、わが社の多

くのメンバーとも成功の喜びを分かち合うことはなかっただろう。私がタープ博士と偶然出会い、彼から学ぶ機会を得たことは、神のご意思だと思っている。わが社の立ち上げに際しては、彼の哲学は何度も真価を問われたが、その都度試練を乗り越えた。わが社が目覚ましい発展を遂げたのは、ひとえに彼の哲学のおかげである。

　読者のみなさんも、本書から得られる素晴らしい教訓を基にトレードを成功に導き、目的のある人生を送られることを願ってやまない。（インフィニウム・キャピタル・マネジメント社CEO［イリノイ州シカゴ］）

第2版序文

本書を通じて経済的自由を手に入れよう

　まずは本書のタイトルから説明したいと思う。原題に含まれる「financial freedom（経済的自由）」を見て多くの人は、誇大広告なんじゃない？と思ったようだ。ジャック・シュワッガーでさえ初版のコメントで、「経済的自由は約束できないが、トレーディングを行ううえでの確かなアドバイスと**自分自身の**トレーディング手法を開発するうえで役立つアイデアをふんだんに提供してくれる本であることだけは約束できる。これまでの書籍に何か物足りなさを感じていた人――本書はそんなあなたに打ってつけの書である」と書いたほどだ。

　そこで、誤解のないように私の意味する経済的自由について説明しておきたい。詳しくは拙著**『魔術師たちの投資術――経済的自立を勝ち取るための安全な戦略』**（パンローリング）の第1部に譲るとして、ここではその要約を述べるにとどめる。

　経済的自由とは、お金についての新しい考え方である。ほとんどの人は、最も多くのお金とツールを持つ者がマネーゲームの勝者になれると信じている。これはあなたを欺くために他人が作った法則である。この法則に従えば、あなた以外の人がマネーゲームの勝者になる。理由は簡単だ。世界一のお金持ちは世界にたったひとりしかいない。したがって、自分は億万長者だと思っていたとしても、あなたがゲームの勝者になれる確率はきわめて低い。

　また最も多くのツールを持つ者がゲームの勝者になれると考えているとすると、おそらくあなたは借金まみれになるだろう。今は頭金と毎月のローンが少なければどんなツールだって買える時代だ。ローンで好きなだけツールを買うとどうなるか。待っているのは、借金地獄

と経済的奴隷生活だけであり、（私の意味する）経済的自由とはどんどん無縁になっていくばかりだ。

　私にとって**経済的自由**とは、いろいろなマネールールを採用してマネーゲームの勝者になることを意味する。これらのルールに従い、ゴールを目指してひたすら努力し、過ちから学べば、本書を通じて経済的自由が得られることを私はあなたに約束する。経済的に自由であるとは、今ある元手から月々の支払いに必要な額を上回るお金を稼ぎ出すことを意味する。例えば、月々の出費額が5000ドルとすると、今ある元手から5000ドル以上のお金を稼ぎ出すことができればあなたは経済的に自由ということになる。

　あなたのお金をあなたのために働かせる数ある方法のひとつが、トレーディングであり投資である。本書を通じて、それほど労力を必要とせず（1日せいぜい数時間の労働で）、月々の支払いに十分な額のお金を生み出すことができる方法を編み出すことができれば、あなたは経済的に自由になれる。例えば、30万ドルの口座で年に6万ドルのトレード利益（つまり20％のリターン）を出し、日々の労働時間がわずか数時間なら、あなたは経済的に自由ということになる。だが、経済的自由を手に入れるための基盤づくりには何百時間、あるいは何千時間もの時間が必要だろうし、自己の向上を図ることなく20％もの高いリターンを維持することはできないことだけははっきり申し上げておきたい。しかし、いったんこの基盤さえできてしまえば、経済的自由を手に入れることは可能だ。

トレードできるのは自分が信じていることだけ

　本書の初版が出版されたのは1999年だ。それ以来大勢の読者から、トレーディング、投資、市場へのアプローチの考え方が根本的に変わったという言葉を頂いた。

私の基本的な考え方は、あなたがトレードしているのは市場ではなく、あなたがトレードできるのはマーケットについてあなたが信じていることだけであるということだ。例えば、あなたは相場が上昇する（あるいは、長期的に見て上昇する）と信じており、トレンドフォローがうまくいくと思っているとすると、トレンドフォロー手法を使うだろう。つまり、上昇している株を買うということだ。逆に、相場は過大評価されているので下落するだろうと信じていれば、上昇している株を買えば自分の考えに反することになるので上昇している株は買わないはずだ。

　初版で述べたことはすべて、市場について私が信じていることと、執筆した時点においてトレードで成功するために必要だと私が思った事柄である。しかし、信じていること＝現実ではない。人は自分のフィルターを通過したものだけを受け入れ、それが自分の現実になる。そのフィルターの役目をするのが自分の信ずることなのである。このことはずっと以前から知っていたので、私が教えることは相場と成功するトレーディングについて私が今最も有益だと信じていることを反映したものにすぎないといつも言ってきた。

　長い年月のうちには、もっと有益だと思える考えがふと頭をよぎることが時折ある。初版が出版されてからのこの7年、私の脳裏には前よりももっと有益な新しい考えが次々と生まれてきた。根底にある概念は**変わってはいない**が、初版執筆当時よりも考え方はより進化した。この第2版の執筆を決意したのはそのためである。

　私の今の考え方を反映して初版から大きく変更した点は以下のとおりである。

- トレーディングシステムは市場の大局観、つまりマクロな動きを反映したものでなければならない。1999年、1982年から続いた超長期のメジャーなブルマーケットが終焉に向かいつつあった。1999年に

はハイテク株と名のつく株ならどの株を買っても６カ月後にはほぼ２倍になった。しかし、メジャーなブルマーケットのあとにはメジャーなベアマーケットが続くのが普通だ。例えば2000年に始まったメジャーなベアマーケットがそうである。こういったメジャーなブルマーケットやメジャーなベアマーケットは20年もの長期間続くのが普通だ。したがって大きな利益を得るためには、市場のマクロの傾向を利用した戦略が必要になる。ベアマーケットになったからといっても、それはけっして悪いニュースではない。ただ、ブルマーケットのときとは違った視点を持たなければお金は稼げないというだけの話である。

●自分にフィットするトレーディングシステムの開発モデルはこの６年の間に若干改良された。第２版ではその変更点について解説する。
●根本的な概念のほとんどは初版から変わっていないが、私の考え方は変わった。第２版では私が今の時代に最もふさわしいと思う考え方に改めた。
●初版の期待値に関する説明は多少分かりにくい点があり、そのため誤解を招くおそれがあったため、第２版では誤解を生じないような分かりやすい説明に変えた。期待値の説明については、この第２版だけでなく、『ファイナンシャル・フリーダム・スルー・エレクトロニック・デイトレーディング』や『**魔術師たちの投資術——経済的自立を勝ち取るための安全な戦略**』（パンローリング）でも変更した。
●私は今、システムはそれが生み出すＲ倍数の分布とみなすことができる、と固く信じている。第２版ではこれに対する理解が深まるだろう。これを理解したならば、トレーディングシステムに対する考え方は根底から変わるはずだ。
●システムはＲ倍数の分布とみなすことができるので、この分布を利用して将来の結果をシミュレートすることが可能になる。さらに重

要なのは、このシミュレーション結果を基に、目標を達成するためのポジションサイズを決めることができる点だ。第2版ではこのテーマについての議論には特に力を入れている。

大きな変更点は以上だが、これ以外にも、より優れたトレーダーや投資家になるために重要な小さな変更点が第2版には多く含まれている。初版については多くの読者から好評を頂いたが、この第2版もより一層読者のお役に立てることを願っている。

2006年8月

バン・K・タープ博士

日本語版へのまえがき（初版）

　私は1948年から1951年まで、年齢で言えば2歳から5歳まで日本で生活していたことがある。記憶は定かでないが、住んでいたのは北海道だったと思う。両親に連れられて、当時は外国人が訪れたことのないような地方を旅行した。また、幼少期に3人の日本人女性が私の世話をしてくれたことを覚えている。そのひとりがミチで、彼女は私にとって第二の母親である。やがて私は日本を去ることになったが、そのとき、かなり日本語が分かるようになっていたということだった。日本は私にとって第二の故郷であったし、ミチと別れるのは大変寂しかった。ミチは10年ほどして他界したと聞いたが、私にとってこれ以上の悲しみはない。

　1990年から1993年にかけて私は二度日本を訪れた。一度目はジャック・シュワッガー著『マーケットの魔術師』（パンローリング）の日本語版が出版された機会に短期間の講演旅行をするためだった。私は幼少期の体験から日本に対し、深い親近感を持つことができた。そして日本文化や日本人に大きな親しみを感じることができた。こうしたことで滞在中は大変くつろいだ気分になれた。

　数年後に私は再び日本を訪れた。これは、日本の建設会社のオーナーが私にコンサルティングを依頼してきたためである。通訳つきで10日間ほどコンサルティングを行い、私が主催している「トレーダーと投資家のためのピーク・パフォーマンス・コース」のほぼ全体を個人教授した。コンサルティングが終わったあとにオーナーは「タープ博士の手法は投資に役立つばかりでなく、私のビジネス全般にも役立ちます」と言ってくれた。それは彼にとって絶好のタイミングだった。翌年、日本は空前のベアマーケットに突入し、市場と彼のビジネスに大きな影響を与えたからである。私と日本とのかかわりを思い返すと、

本書が日本語で出版されたことは大変光栄に感じている。本書が日本語で出版されることに私が光栄を感じるのと同じ程度に、読者が本書によって強いインパクトを受けることを望むものである。

　多くのクライアントが、本書に収めたある特定の部分について、本書には掲載しないでほしいと言ってきた。私が「あまりにも秘密を公開しすぎる」と言うのである。しかし私の仕事は、トレーダーや投資家が最高のパフォーマンスが上げられるようにコーチの役割を果たすことである。そしてパフォーマンスを上げるために使えるツールで重要でないものはない。なぜなら、世間には誤った情報があふれ、それが一般の人を惑わしているからである。

　誤った情報といっても、大部分は意図的に流されたものではない。人は惑わしてほしいのだ。彼らは見当違いの質問をし、情報の売り手はお望みどおりの答えをすることで、報酬を得ている。例えば、次のような質問である。

●マーケットの状況はどうか。
●どの銘柄を買ったらよいか。
●XYZ株を持っているが、上がると思うか（「上がらない」と答えると、上がると言ってくれる者が現れるまで聞き続けるのだ）。
●どのようにマーケットに参入したらよいか、そしていつもマーケットで見込み違いをしないためにはどうしたらよいか。

　私はアジア各国を回って期待値、トレーダーにとってのビジネスプランニングの重要性、ポジションサイジングなどについて講演を行った。しかし質疑応答の時間になると、聞かれることといえば、「今のマーケット状況はどうか？」とか、「持ち株はすぐに売ったほうがよいか？」とか、「この相場ではどうしたらよいか？」などが大半だった。こうした質問はバイアスに基づくもので、あまり重要性がないとの理

由を再三再四、講演で説明したにもかかわらず、必ず聞かれる質問である。

「どの銘柄」の株を「どのように」買うかという質問があって、さらに見当はずれの質問が続いた。それは次のようなものだった。

「相場の流れを読み違えないためには、どのような基準で仕掛けたらよいでしょうか」

これは答えるのに骨の折れる質問だ。投資のベストセラーには、80％の勝率があるという仕掛けの戦略とか、大きな利益を約束するとか、もっともらしいことがたくさん書かれている。百聞は一見にしかずということで、戦略の説明には相場が上昇し始めたところを示すグラフが掲載されている。そのような「都合の良い」グラフは多くの人を引きつけ、本はよく売れるのである。

1995年にマレーシアで投資相談会が開かれ、先物市場では有名な講演者が高い確率の仕掛けのシグナルについて話した。満員の聴衆のなかで彼は懇切丁寧にシグナルの説明をした。講演の終わりごろにひとりの聴衆が手を挙げて尋ねた。「先生はどのように手仕舞いされるのですか」。彼は冗談ぽく「私の秘密のすべてを知りたいということですか」と答えた。

1年後にまた別の相談会で600人の聴衆を前に、高い確率の仕掛けの手法について1時間の講演があった。一言も聞き逃すまいと聴衆は耳を傾けた。そこで語られたことは、きつめにストップを置き、マネーマネジメントに注意を払うということだけだった。講演終了後、講演者は約30分間で1万ドル分の本を売った。聴衆は仕掛けの必勝法にわれを忘れていたのである。

同じ相談会で別の講演者がマネーマネジメントについて話した。マネーマネジメントは利益を確定するカギとなるものだ。このときの聴

衆は30人で、講演に関する本を購入したのは4人足らずだった。

　人は役に立たないものに引きつけられる。それが人間の本性である。本書によって、その理由と対処の仕方を知ることができるだろう。

　このような話は講演会では珍しいことではない。だれもがよく当たる仕掛けのシグナルの話に群がり、本当に重要なことを学ぶ者は聴衆の1％にも満たない。そして、利益を上げるための最も重要なカギについての講演になると、少数の聴衆しか足を運ばないのである。

　投資用のソフトウエアも同じような偏った考え方で作られている。ソフトウエアには、一般にマーケットの過去の動きを完全に説明してくれるという指標が組み込まれている。それがなぜ役に立たないのか？　これらの指標は過去のデータを使って作られ、それで値動きを予想しているからである。これで本当に将来の値動きを予想できるのであれば、文句のつけようがない。しかし実際には、このような方法で価格を予想することはできない。ところがこのソフトウエアが実によく売れているのである。

　私は15年以上、トレーダーのコーチ役を引き受けてきた。世界のトップトレーダーや投資家と仕事をともにし、またさまざまな性格のトレーダーや投資家の心理分析を数千回も行ってきた。こうした背景と経験のために、本書には、読者がトレーダーや投資家としてパフォーマンスを大幅に改善するのに役立つ多くの情報を載せることができた。

　投資法の研究をしていた期間に、私のマーケットについての考えは大きく変化した。そして読者がトレーディングやマーケット（あるいは自分自身）に対して持つ多くの「神聖」な信念は、本書を読み終えるころにはまったく新たなものになっていることだろう。その理由は、マーケットの本当の「秘密」を知るにはマーケットで実際に働く力について知らなければならないからである。ほかのものに気を奪われていると、いかなる秘密も知ることはできないだろう。しかし本書には、相場についての私の信念と意見だけを書いておいた。虚心坦懐に本書

を熟読し応用すれば、相場で常に勝つ能力を飛躍的に伸ばすことができるだろう。

　本書は大きく3部で構成されている。第1部では、自己発見の方法とマーケットリサーチを自分自身で行えるように、その能力を改善する方法を説明した。第1部には、成功に導くトレーディングのための最も重要な事項を説明した章と、経験則に基づく判断のための章、そして自分の目標を定めるための章を設けた。この部は意図的に短くしているので、システム開発の「肝心なところ」がなかなか分からなくても、イライラすることはないだろう。しかし第1部は、投資の成功を左右する最重要部分である！

　第2部では、私のシステム開発のモデルを示した。ここではトレーティングやマーケットシステムにかかわる概念を説明し、それらの概念に関する章の執筆を各分野のエキスパートに依頼した。また、第2部では期待値について説明した。これは最も重要な考え方のひとつで、だれもが理解しておくべきものである。マーケットに深くかかわっている者でも、この期待値についてよく知っている者は少ない。ましてや期待値を中心にシステムを構築することの重要性を理解している者はさらに少ない。こうした意味からも、第2部を注意深く学習する重要性が分かるだろう。

　第3部はシステムのさまざまな要素について述べている。例えば、セットアップ、仕掛けやタイミングの手法、ストップロスによる手仕舞い、利益を確定する手仕舞い、そして本書で最も重要な章のひとつであるポジションサイジングである。最終章では、ここまで取り上げていなかった残りの重要事項について説明した。

　最後に本文では触れていないが、システムを構成する重要なある要素について説明しておきたい。それは、そんなシステムが機能する時期を、読者がどのように確認するのかということである。例えば、ブルマーケットで利益を上げることができるようにシステムを構築し

たとすると、現在、日本が体験してきているような長期のベアマーケットではどうすればよいのか。私はトレーディングの「定期的見直し」を勧める。自分のシステムを理解し、マーケットでどのように機能するか熟知すべきだ。マーケットといってもいろいろあり、緩慢なブルマーケット、値動きの激しいブルマーケット、緩慢な横ばいのマーケット、値動きの激しい横ばいのマーケット、緩慢なベアマーケット、値動きの激しいベアマーケットなどである。読者はマーケットの現状と、そこでトレードすべきか、トレードをやめるべきかを教えてくれる指標を持つべきだ。さらに3カ月ごとにシステムの見直しをして、「マーケットの状況はどうか」と自分で確認すべきだ。そして「今回のようなマーケットで自分のシステムはどの程度の成功を収めることができるのか。今までのように好成績を達成できるのか」と確認する。本書に書かれたことに、この手法を加えることで、どのようなマーケットでも好成績を上げることができるようになるのだ。

2001年11月

バン・K・タープ博士

序文（初版）

「あなたは秘密を公開しすぎる」――これは私が本書（初版）を書くに当たって多くの顧客から頂いたお叱りの言葉だ。しかし、トレーダーや投資家にピークパフォーマンスを達成できるように指導するのが私の仕事である。書物に間違った情報があふれ、そのため一般投資家や一般トレーダーは常に迷わされるという今の時代にあって、ピークパフォーマンスを達成しようと思えばありとあらゆるツールが必要なのである。

しかし間違った情報の多くは意図的に生み出されたわけではない。どうも、これは受け取る側に問題があるように私には思えてならない。例えば、彼らはいつも次のような間違った質問をしてくる。

- 相場はこれからどうなりますか。
- 今買うとしたら、どの銘柄が一番いいでしょう。
- XYZ株を持っているんですが、株価は上がると思いますか（ノーと答えれば、彼らはイエスという答えが得られるまで次から次へといろんな人に同じ質問をし続ける）。
- どういった方法で仕掛ければ、いつも「正しく」あることができるか教えてください。

彼らに本を買ってもらうためには、彼らの望む答えを与えるしかないのである。だから間違った情報の氾濫した本が世にあふれるというわけである。

1997年4月、私はドイツで2日間のセミナーを開催した。セミナーも終わりにさしかかったころ、私は参加者に、自己破壊を扱った演習をやるか（こちらのほうが彼らには必要）、私に質問するか、のいず

れかを選ばせた。自己の向上を図るべく努力することのほうがよっぽど重要であるにもかかわらず、彼らの選んだのは後者のほうであった。そして最初の質問は、「タープ博士、米国株式市場は1997年はこのあとどうなると思われますか？」だった。こういったことは重要ではないとこの2日間にわたって説明してきた私の努力は一体何だったのだろうかと心底ガッカリした。その訳は、本書を読み終えるころには分かるはずだ。そうであることを願っている。

　質問が、何を買うべきかから、「どのように」買うべきかに進歩したとしても、依然として間違った質問であることに変わりはない。例えば、次のような質問が後者の質問だ。

　「いつも正しくあるためには、どういった判断基準で仕掛ければよいのでしょうか」

　こういった質問に対する答えが欲しければ、そういったたぐいの本はいくらでもある。売れ筋の投資本には、80％確実な、あるいは大きな利益を約束するとうたった仕掛け戦略が満載だ。百聞は一見にしかずというわけで、各戦略にはその戦略がうまくいった期間の銘柄のチャートが添付してある。こうした「ベストケース」のシナリオを描いたチャートは人々の心を引き付け、本の売り上げに貢献する。これがベストセラーのからくりだ。彼らが売るのは本だけではない。ニュースレター、トレーディングシステムもまたしかりである。残念ながら、こういったものはほとんど役には立たない。

　1995年のある投資会議で、先物市場の権威が自分の高確率な仕掛けのシグナルについて講演したときのことだ。仕掛けの方法を詳細に説明するとあって、講演会場は彼の話を聞こうとする人で埋め尽くされていた。講演も終わりにさしかかったとき、参加者のひとりが挙手をして質問した。「手仕舞いはどのようにするのですか？」。冗談のつも

りだったのか、彼の答えは、「私の秘密を全部知りたいのですね」だった。

それから1年後の別の会議では、基調講演者が600人の聴衆を前に1時間にわたって高確率な仕掛けのテクニックについて話をした。だれもが一言も聞き漏らさぬようにと熱心に聞き入っていた。しかし、手仕舞いについてはきつめのストップを置くことと、マネーマネジメントをしっかり行うこと以外には何も語られなかった。講演のあと、およそ30分で1万ドル分の本が売れた。あまりに感激した聴衆は、例の質問に対する答えは高確率な仕掛けのテクニックだと思ったからだ。

同じ会議で私もポジションサイジングについての講演を行った。利益を左右する重要なテーマであるにもかかわらず、聴衆はわずか30人。そして私の本を買ったのはわずか4人しかいなかった。人は得てしてつまらないものに引かれるものだ。人間とはそういうものだ。

どの会議でも同じだった。人々が群がるのは、高確率な仕掛けのシグナルや今買うべきものを教えてくれると信じて疑わないソフトウエアについての話だった。そういった話からは何も重要なことは学べないにもかかわらずにだ。そして、ポジションサイジングや心理といった、お金を儲けるうえで最も重要な話には人々は集まらない。

市場関連のソフトウエアに対する人々の思い込みも相当なものだ。こういった製品には通常、マーケットが過去に行った振る舞いを完璧に理解できるような指標が多数含まれている。なぜこれがダメなのか。それはこれらの指標はすべて過去のデータを基に作成されているからである。将来の価格が予測できるのなら素晴らしいことだが、残念ながらこういったソフトウエアでは将来の価格を予測することは不可能だ。しかしこういったソフトウエアが売れているのだ。なぜか。それは、「今何を買うべきか」という人々の質問に答えてくれるものだからである。

本書では多くの聖域にメスを入れることになるだろう。なぜなら、本当に市場を理解するためには、本当に役立つものを学ぶ以外に方

法はないからだ。学ぶべき焦点がずれれば、本当の理解は得られない。本書は私が信じていることと意見を述べたものにすぎない。しかし本書に含まれる情報はトレーダーや投資家としてのパフォーマンス向上に役立つものばかりだ。本書の内容を十分に理解することで、常に儲けられるトレーダーへと、投資家へと、大きな飛躍を遂げることができるだろう。

1998年6月

バン・K・タープ博士

謝辞

　私は25年にわたって市場について考え、何百人もの偉大なトレーダーと投資家を研究し、本書で述べる原理のいくつかを応用する方法を教えることで多くの人々のパフォーマンスを向上させてきた。本書は私の25年にわたる活動の集大成である。初版は多くのトレーダーの好評を得た。この第2版が、面識のない人も含めてそれ以上の人々の役に立つことができれば、私にとってそれ以上の喜びはない。

　私が自分の考えをまとめて本という形にすることができたのは、この分野で過ごした25年の間に私を助けてくださった多くの人々のおかげである。ここで紹介できるのはほんの一握りの人にすぎないが、本書執筆に貢献してくださった方々全員にこの場を借りて深甚の謝意を表したい。

　トム・バッソは私の考え方だけでなく生活面でも大いに貢献してくれた人物だ。セミナーやプロトレーダー向けスクールにゲストスピーカーとしてたびたび参加してくれただけでなく、本書のいくつかのセクションの執筆も快く引き受けてくれた。

　レイ・ケリーは私の最初の顧客のひとりである。「私のやり方に従わない者は去れ」ということわざが好きだったタフなアイルランド人フロアトレーダーだった彼は、スラム街の高校生に自分の生き方に責任を持つことを説く人物へと転身し、のちにはカリフォルニアで精神的避難所を開設した。彼は私の知る最高のトレーダーのひとりであり、偉大な教師でもあった。セミナーの講師を務めてくれただけでなく、本書のアービトラージの項目の執筆も引き受けてくれた。残念ながら彼は初版刊行後にこの世を去ったが、彼は私にとってかけがえのない特別な人物だった。彼の死が惜しまれてならない。

　本書の序文を引き受けてくれたチャック・ホイットマンにも感謝す

る。スーパートレーダープログラムの共催者でもある彼とはシステムアイデアについて電話で定期的に意見交換し合ってきた。彼は私のベストクライアントのひとりであるだけでなく、今ではモデルトレーダーでもある。

　トレーダーの間で有名な格言「損切りは早く、利食いは遅く（損小利大）」を手仕舞いの重要さに関連付ける手助けをしてくれたのがチャック・ルボーである。よく考えてみれば、「損切りは早く」は損失の低減、すなわち手仕舞いのことを述べており、「利食いは遅く」も同じく手仕舞いのことを述べている。つまりこの格言は手仕舞いについて述べたものなのである。チャックはこの点をずっと強調し続けてきた。私がこういった認識にたどりつくことができたのは彼のおかげである。彼はわれわれの上級システムセミナーのゲストスピーカーとしてもたびたび参加してくれた。

　元エンジニアのD・R・バートンはこの15年の間にトレーダー向け講師へと転身し、われわれのセミナーの講師も務めてくれている。本書ではバンドトレーディングの項目の執筆を担当してくれた。したがってマグローヒル社から出版した私の3冊の本のすべてに貢献してくれたことになる。この場を借りて感謝したい。

　ケビン・トーマス、ジェリー・タープケ、ルイス・メンデルゾーンも本書の概念についての章でそれぞれの概念の執筆を担当してくれた。洞察力に富み、非常に有益な話を本書のために書いてくれたことを心より感謝する。ケビンは私のスーパートレーダープログラムの最初の参加者であり、今はロンドンでトレーダーの指導に当たっている。

　チャック・ブランコムはわれわれのセミナーに初めて参加したとき、実際にはシステムと呼べるものを持っていなかったにもかかわらず、素晴らしいシステムを持っていると思い込んでいた。彼が持っていたのは単なる仕掛けのシグナルにすぎなかった。しかし、それから数年後、彼は見違えるほど博識のシステムトレーダーに変身した。彼はま

た、市場に関する確かな「直観」というものは堅実なシステムトレーディングから生まれることを証明した生き証人でもある。チャックはわれわれのニュースレターの元編集者でもあり、本書に登場するR倍数という概念を私が着想するきっかけを作ってくれた人物である。心より感謝する。

フランク・ガルーチとクリス・アンダーソンにはソフトウエア開発でご協力いただいた。自分の目標を達成できる適切なポジションサイジング・アルゴリズムを決めるにはシミュレーションが重要であることを教えてくれたのも彼らである。また、ジョン・ハンフリーズは私のポジションサイジングの案をいろいろに組み合わせることで何百万というアルゴリズムの可能性を導き出すのを手助けしてくれた。

またIITMのスタッフの面々にも感謝する。彼らのサポートがなければ本書を完成させることはできなかっただろう。レイアウトを担当してくれたキャシー・ヘイスティ、校正と章の編集を担当してくれたベッキー・マッケイには特にお世話になった。何とか締め切りに間に合わせることができたのは、ベッキー、君のおかげだ。また、このプロジェクトにさまざまな形で協力してくれたアナ・ウォレスとタミカ・ウィリアムズにも感謝する。本第2版の執筆を勧めてくれたのがメリタ・ハントである。本第2版が無事出版にこぎつけたのも、本プロジェクトの陣頭指揮を取り、マグローヒル社との詳細な打ち合わせを一手に引き受けてくれた彼女のおかげである。

マグローヒル社の編集者にも感謝する。マーケティングエディターのジャンヌ・グラッサー、編集長のジェーン・パルミエリ、ゲラの修正をしてくれたマルチ・ヌジェント。本書を出版できたのはあなた方のハードワークのおかげである。

私の知るかぎり、本書の初版以前は**ポジションサイジング**という言葉はトレーディング用語として使われていなかった。初版出版以降、ポジションサイジングはトレーディングシステムの最も重要な要

素である「どれくらい」を最もよく記述する言葉として、実質的に**マネーマネジメント**と置き換えられた。本書を認めるか否かにかかわらず、マネーマネジメントの代わりにポジションサイジングという言葉を採用してくれた読者の皆さんに感謝する。トレーディングの最も重要な要素を混乱から救ってくれたという意味では、読者の皆さんも貢献者のひとりだと私は思っている。

　私にとって長年にわたって偉大なトレーダーたちと仕事をする機会を得たことは大変な栄誉である。この場を借りて彼らの一人ひとりに感謝の意を表したい。これらの概念に従ってトレードすることで莫大な利益を稼ぎ出したあなた方のおかげで、これらの概念に対する私自身の理解力は向上し、これらの概念が機能することを他人に証明することもできたのである。

　最後に、私の最愛の人々にも感謝したい。妻のカラバーティ、息子のロバート、姪のナンチーニ。あなた方は私のインスピレーションの源である。いつもそばで温かく見守ってくれるあなた方に心より感謝する。

第1部
成功するために最も重要な要素
──それはあなた自身

The Most Important Factor in Your Success : You!

本書の目標は2つある。

1. 聖杯探しの手助けをすること
2. 自分に合った勝てるトレーディングシステム探求の手助けをすること

　ただし、これら2つの目標を達成するためにはひとつのきわめて重要な前提がある──それは、あなたのパフォーマンスを向上させるための最も重要な要素はあなた自身、ということである。ジャック・シュワッガーは2冊の本を書くに当たってトップトレーダーたちにインタビューした。彼らへのインタビューから彼が見いだした事実とは、彼らの最大の成功要因は自分に合ったトレーディングシステムを持っているということだった。この前提を一歩踏み込んで考えるならば、自分自身のことを知らなければ自分に合ったシステムを設計することはできない、ということになるだろう。

　この点を踏まえて、本書の第1部では、自己発見とマーケットリサーチができるレベルにまで自分を引き上げる方法について見ていくことにする。第1部は、トレーディングで成功するための心理（聖杯とは何か）、意思決定ヒューリスティック、目標設定についての3つの

章から構成されている。

第1章

聖杯伝説
The Legend of the Holy Grail

　われわれは偉人の歩んだ道をたどればよい。忌まわしいものを見つけたと思ったら、そこに神が宿っている。他人を殺したと思ったら、自分が殺されたことになる。外界に向かっていると思ったら、自分の内面の中心に向かっていることになる。そして孤独を感じたら、世界中の人々があなたと共にいる。
　　　　──ジョーゼフ・キャンベル著『神話の力』（早川書房）

　市場の秘密をお教えしよう。株価が普通の日の価格レンジをブレイクしたときにポジションを建てる方法を、**ボラティリティブレイクアウト**戦略という。これは大儲けできる戦略のひとつであり、このボラティリティブレイクアウト戦略で実際に大儲けしているトレーダーがいるのだから、あなただって大儲けできるはずだ。具体的な方法としては、次のようにやればよい。
　まず、前日の値幅を見る。前日と前々日との間にギャップがあれば、そのギャップを値幅に加える。こうして得た値幅を**トゥルーレンジ（真の値幅）**という。次に、前日のトゥルーレンジの40％を計算する。当日の始値からその値だけ上昇したら買い、下落したら売る。勝率は80％なので、長期にわたって行えば大儲けできるというわけだ。

どうだろう。とても魅力的な戦略だとは思わないだろうか。これまで多くの投機家と投資家たちを魅了してきた戦略だ。きっとあなたにも魅力的に映ったはずだ。確かに、大儲けできるという点は事実だからこの宣伝文句もまんざら嘘ではないが、この戦略を使えばだれでもが必ず大儲けできるという魔法の戦略ではない。この戦略は儲かりますよ、という話を聞いてそれに飛びつけば、大部分の人は破産するだろう。なぜなら人々の耳に入る情報は健全な戦略の一部でしかないからだ。例えば、次のような情報は含まれていない。

● 市場が逆行したら資産をどう守ればよいのか
● いつ、どのように利食えばよいのか
● シグナルが出たらどれくらい買えば、あるいは売ればよいのか
● その手法はどの市場に向いているのか、すべての市場で機能するのか
● その手法はどういったときに機能し、どういったときに機能しないのか

　そして最も重要なのは、その方法が自分に合っているかどうかである。それは本当に自分に合った方法だろうか。自分の投資目標には合っているだろうか。自分の性格には合っているだろうか。予測されるドローダウンや連敗は許容できるものだろうか。そのシステムは自分が安心してトレードできる判断基準を満たしているだろうか。そしてその判断基準は？　こういったことを自問自答してみる必要がある。
　前にも述べたように、本書の目的は、トレーダーや投資家が自分自身のことをよく知り、自分の性格や目標に合った手法を見いだすことで、もっと多くの金を稼ぐことができるように手助けすることである。トレーダーと投資家の双方を対象にしているのは、どちらも市場で金儲けをするという同じ目的を持つからである。トレーダーは買いと売

りの両方を行うニュートラルなアプローチを好み、投資家は長期保有できる投資を好むという違いはあるにせよ、どちらも探し求めているものは同じだ。彼らが求めているものは、意思決定を行ううえでの指針となる魔法のシステム、いわゆる聖杯システムなのである。

しかし、市場で利益を探求する彼らの旅は、目指すものとは違った方法でスタートを切る場合が多い。事実、彼らはいろいろな段階を経ながら進化していくのが普通だ。彼らはまず大金を稼ぐという妄想にとりつかれる。おそらくは、トレードは儲かりますよ、といったブローカーの誘い文句をうのみにするからだろう。ノースカロライナのラジオで次のような宣伝文句を聞いたことがある。

> 毎年確実に儲かる市場があるのをご存知ですか？ 穀物市場です。だって人は食べないと生きていけませんからね。このところの気候を見てみますと、穀物は不足する傾向にあります。つまり穀物価格は上昇するということです。わずか5000ドルで、かなりの額の投資ができますし、価格が思惑どおりに少し動くだけで、かなりの儲けになるのです。もちろん予測は予測ですから、当然リスクはあります。損をすることだってないわけではありません。でも私の予測が当たれば、一獲千金も夢ではありません（これはそのときの文句を覚えている範囲内で再現したものなので、一字一句同じというわけではないが、大筋はこんなところだ）。

ほかの商品や、最近では通貨についても同じような宣伝文句を聞いたことがある。

5000ドルの初期投資をしたら、もう病みつきになる。たとえ全額すったとしても（ほとんどの場合はこうなるが）、大儲けできると信じて疑わない。「ヒラリー・クリントンは1000ドルを10万ドルにしたんだろ？ ヤツにできることが、どうしてオレにできないんだ？」（前

大統領婦人のトレーディングについては私の意見を述べたにすぎない。彼女が本当に"ラッキー"だったのかどうかは、ポジションサイジングの章を読めば分かるはずだ)。こうしてこの投資家はヒラリーのように有望銘柄にありつくために、何を売買すればよいのかを教えてくれる人探しに明け暮れることになる。

　他人の意見に従ってコンスタントに儲けを出してこられた人の例はあまり知らない。まあ、例外はあるにしても、めったにはいないだろう。他人の意見に従ってトレードをしてきた人はいつも損ばかりしているので、やがては落胆して市場から姿を消すことになる。

　人々が宣伝文句を目にするもうひとつのメディアがニュースレターだ。その宣伝文句は例えばこんな調子だ。「わが社の一流アドバイザーに従っていれば、XYZでは320％、GEFでは220％、DECでは93％の儲けが出せたのです。今からでも遅くはありません。12カ月間のアドバイス料はわずか1000ドルです」。一流アドバイザーといっても、彼らの弱点は知らないし、彼らのシステムの期待値も知らないわけだから、そのアドバイスに従ったところで、あっけなく破産に追い込まれるのがおちだっただろう。これは期待値の章とポジションサイジングの章を読めば明白だ。

　私はオプショントレードのアドバイザーから次のような口説き文句を聞いたことがある。「昨年、全トレードを私のアドバイスに従って行っていれば、1万ドルが4万ドルになっていたでしょう」。この言葉に説得力はあるだろうか。おそらくほとんどの人はこの言葉をうのみにするだろう。しかしこの言葉の真意は、彼の推奨する1トレードにつき1万ドルのリスクをとっていれば、その年の終わりには4万ドルの儲けが出ていただろう、ということである。つまり1トレード当たりのリスクが1R（Rはリスクを意味する）で、その年の終わりの総利益が4Rになるということだ。ここではっきり言っておこう。あなたの開発するトレーディングシステムの99％はこれよりも良いパフ

ォーマンスを上げるだろう。にもかかわらず、一流アドバイザーの1000ドルのアドバイスに人々は群がる。それは、この宣伝文句にあるリターンを4Rのリターンではなく、400%のリターンと読み取ってしまうところに原因がある。もっと気の利いた質問をすべきであることに気づくまで彼らはこの段階を脱することはない。

　ここで彼らのうちの何人かは奇跡的に次の段階にステップアップする。「お金を儲けるためにはどうすればいいのか」と考えるようになるのがこの段階だ。彼らは突然、大儲けできる魔法の手法探しに乗り出すのである。これを「聖杯の探求」と呼ぶ人もいる。彼らは、莫大な富の世界へのパスポートを手に入れるための秘密を解き明かすと思われるものを探し回る。いろいろな手法を学ぶためにセミナー通いが始まるのがこの段階の人々の特徴だ。彼らの通うセミナーのひとつは例えば次のようなものだ

　　これが私の使っているチェアーパターンです。保ち合いのレンジで最低6足続いたあと、このレンジをブレイクしそうな足が現れたらこのパターンが発生したとみなすことができます。左向きに置かれたチェアー（椅子）の形に似ているでしょ？　このチェアーパターンのあとの値動きに注目してください。上昇し始めましたね。もうひとつ例をご紹介しましょう。これはとても簡単です。そして、この10年間で私がこのチェアーパターンで儲けた利益グラフがこれです。わずか1万ドルの初期投資で、毎年9万2000ドルの利益が出ていることが分かりますね。

　このセミナーに出席した投資家が実際にこのチェアーパターンを使った途端に、投資した1万ドルが大きな損失に変わるのはどういうわけだろうか（理由は本書でこのあと説明する）。大損をしたにもかかわらず、彼らはまた別のシステムを求めてセミナーにせっせと通い続

ける。負けてばかりのこの悪循環は、文無しになるか、**聖杯のメタファー**（暗喩）の裏に隠された本当の意味に気づくまで続く。

聖杯のメタファー

　トレーディングサークルでよく耳にする言葉がある——「彼女は聖杯を探しているのさ」。これは、自分を大金持ちにしてくれる市場の秘密、つまりすべての市場の根底にある秘密のルールを探していることを意味する。だがそんな秘密は実際に存在するのだろうか。それは存在するのである。聖杯のメタファーを真に理解できたときが、市場で金儲けができる秘密を理解できたときなのである。

　マルコム・グッドウインの『ホーリー・グレイル（Holy Grail）』（西暦1190年から1220年にかけての30年間に出現した9つの聖杯神話について書かれたもの）をはじめ、聖杯のメタファーをテーマにした書籍は何冊かある。古来から聖杯は、グレイルの聖杯伝説の枠を超えてさまざまな例えに使われてきた。欧米人のほとんどは、「聖杯の探求」と聞けば反射的に非常に重要なものを想起する。古典学者は聖杯という言葉を、血讐から永遠の若さの探求まで、ありとあらゆるタイプのものを意味する言葉として使ってきた。なかには、「聖杯の探求」を、完璧主義、啓蒙主義、統一性、あるいは神との直接交流の探求ととらえる古典学者もいる。投資家の「聖杯の探求」は、先ほども述べたように、こういったものとはまた別のものを探求するという文脈で使われてきた。

　市場には何らかの魔法の秩序が存在する——。こう信じる投資家は多い。それを知っているのはごく一握りの人たちで、市場から莫大な富を得ているのはそういう人たちなのだと彼らは信じて疑わない。こういった少数の人たちの仲間入りをしたくて、彼らはその秘密を探すことに必死だ。確かにそういった秘密は存在する。しかしどこを探せ

ばよいのかを知っている人はほとんどいない。その秘密は彼らが最も思いつかないような場所にあるからだ。

　市場でお金を儲けるための秘密は本書を読み進めるにつれて、次第に明らかになってくるはずだ。そして秘密が明らかになるにつれて、「聖杯の探求」の本当の意味も分かってくる。

　興味深い聖杯伝説のひとつに、天界において今も続く神とサタンの戦いの話がある。中立的な立場の天使たちが対立する彼らの間に置いたのが聖杯だった。こうして聖杯は今でも一組の対立するもの（例えば、利益と損失）の間にあるスピリチュアルパス（魂を真の行き先に導く道）の真ん中に置かれたままだ。しかし時間とともに、関心の的であったこの領域は荒れ地になった。この荒れ地はわれわれの大部分が送る偽りの人生を象徴するものであるとジョーゼフ・キャンベルは言う（ジョーゼフ・キャンベルとビル・モイヤーズ著『神話の力』より）。われわれのほとんどは、他人がしていることと同じことをやる。大勢に従い、人に言われたとおりに行動する。つまり、荒れ地は自分自身の人生を生きる勇気の欠如を表しているのである。聖杯の探求とはすなわち、荒れ地から逃れる手段の探求──自分自身の人生を生き、それによって人間の魂の究極の可能性を引き出すこと──にほかならない。

　大勢に従う投資家は長く続くトレンドではお金を儲けられるかもしれないが、総体的には損をする。一方、自分で考えて行動する投資家は常にお金を儲けられる。大勢に従う投資家を儲けられなくするものは何か。それは、自分で考えて自分に合った方法を自分の手で見いだすことをしようとせず、（隣人を含め）他人にアドバイスを求める彼ら自身なのである。ほとんどの投資家はどのトレードでも間違いはしたくないという思いが強く、そのため市場を支配しているという感覚を与えてくれるような人気のある仕掛けのテクニックを追い求める。例えば、自分が仕掛ける前に市場が自分の命令どおりに動くことを要

求することはできるかもしれない。しかし本物のお金は、負けトレードを損切りし、勝ちトレードの利を伸ばすといった聡明な手仕舞いによってのみ生み出されるのである。そして聡明な手仕舞いに求められるものは、トレーダーと市場の動きとの完全調和である。つまり、市場でお金を儲けるためには、自己を知り、自分の能力を最大限に発揮し、市場と調和することが必要なのである。

機能するトレーディングシステムはおそらく無数にある。しかし大部分の人はそういったシステムを与えられても、それに従うことができない。それはなぜか。それはそのシステムが自分に合ったものではないからである。トレーディングで成功するための秘訣のひとつは、自分に合ったトレーディングシステムを手に入れることである。事実、ジャック・シュワッガーは2冊の本を書くに当たって数多くの「マーケットの魔術師たち」にインタビューした結果、優れたトレーダーに共通する最も重要な特徴は自分に合ったシステムや手法を持っていることであると結論づけている（ジャック・シュワッガー著『**マーケットの魔術師**』［パンローリング］）。つまり、聖杯探求の秘訣のひとつは、自分独自の方法に従うこと――そしてそれによって自分に本当に合った何かを見つけること――である。だがそれだけではない。聖杯のメタファーはほかにもたくさんある。

人生は利益と損失との間の中立的な位置からスタートする――人生がスタートした時点では、損失に対する恐れも、利益に対する欲もない。人生はただそこにあるだけであり、聖杯そのものである。ところが、自我に目覚めると、恐れと欲も同時に生まれる。しかし欲（および、欠乏から発生する恐れ）を取り除けば、すべてのものと

> 市場でお金を儲けるためには、自己を知り、自分の能力を最大限に発揮し、市場と調和することが必要だ。

一体になる。このときが、優れたトレーダーと投資家が生まれる瞬間だ。

偉大な神話学者であった故ジョーゼフ・キャンベルは次のように言っている。

　仮に芝生が次のように言ったとしよう。「やれやれ、いい加減にしてくれよ。いつもこんなに短く刈って、一体何の役に立つっていうんだい？」。刈らなければ、芝生は伸び続ける。これが中心にあるエネルギーの感覚だ。これが聖杯、つまり無尽蔵のエネルギー源のイメージだ。エネルギーはいったん発生したならば、あとはどうなろうと気にしない。（キャンベル著『神話の力』より）

　聖杯伝説のひとつに短い詩で始まるものがある――「いかなる行為も善と悪の結果を持つ」。したがって、人生におけるいかなる行為もプラスとマイナスの結果――いわゆる、利益と損失――を持つということだ。われわれのできる最善のことは、光を好みながらも、陰と陽の両方を受け入れることである。

　これが投資家やトレーダーとしての自分にとって何を意味するのかを考えてみてもらいたい。あなたがプレーしているのは人生という名のゲームだ。勝つこともあれば、負けることもある。だから良い結果のときもあれば、悪い結果のときもある。プラスとマイナスの両方を受け入れるためには、自分の中に自分の存在する場所を見つけることが必要だ。見晴らしの良いその場所から見れば、勝ちも負けも同じようにトレーディングの一部であることに気づくはずだ。私にとってこのメタファーこそが聖

> プラスとマイナスの両方を受け入れるためには、自分の中に自分の存在する場所を見つけることが必要だ。見晴らしの良いその場所から見れば、勝ちも負けも同じようにトレーディングの一部であることに気づくはずだ。

杯の本当の秘密なのである。

　自分の中にそういった場所を見つけられなければ、損を受け入れることは難しい。そして、マイナスの結果を受け入れられなければ、トレーダーとして成功することはない。優れたトレーダーでも、勝ちトレードは全トレードの半数に満たない。損を受け入れられなければ、自分の間違いに気づいてもポジションを損切りできない。そして小さな損失は大きな損失へと変わる。さらに重要なのは、損は起こり得るものだということを受け入れることができなければ、勝率はわずか40％でも長い目で見れば大金をつむぎ出すことができる良いトレーディングシステムがあるにもかかわらず、それを受け入れることができないということである。

トレーディングにとって本当に重要なこと

　私がこれまでに出会った成功した投資家はひとりの例外もなく、聖杯のメタファーが教える教訓――市場で成功するためには自分の内面をコントロールできなければならない――を十分に理解していた。これは多くの投資家にとっては、自分の考え方を根本的に変えることを意味する。自分の内面をコントロールするのはそれほど難しいことではないが、多くの人々にとってその重要性を理解するのは難しい。例えば、大部分の投資家は、市場は犠牲者を生み出す生きた実体であると信じている。あなたがこの言葉を信じれば、それはあなたにとっては真実である。しかし市場は犠牲者を生み出すことはない。投資家が自分で自分を犠牲者にしているだけなのである。自分の運命を決めるのは自分自身なのである。この重要な原理を、意識的にとは言わないまでも、少なくとも潜在的に理解できないトレーダーは、市場で成功することはない。

図1.1　トレーディングの要素

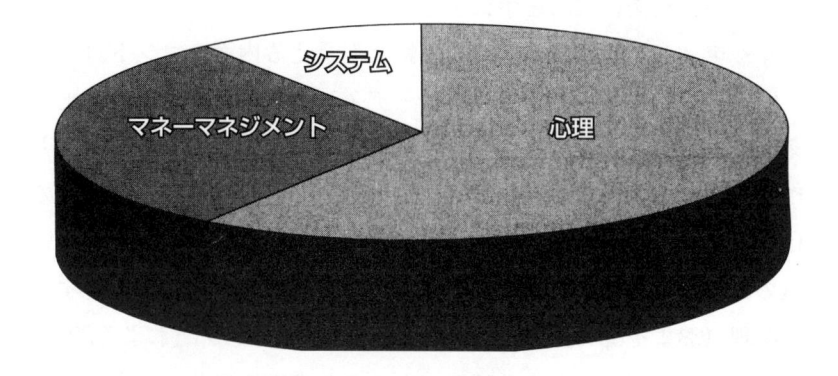

（円グラフ：システム、マネーマネジメント、心理）

ここでいくつかの事実を確認しておこう。

- 成功したマーケットのプロのほとんどはリスクコントロールで成功を手にしている。リスクコントロールは人間の性向に相反する。したがって、リスクコントロールには絶大な内面のコントロールを要する。
- 成功した大部分の投機家のトレードの勝率は35〜50％だ。彼らが成功したのは価格予測にたけていたからではない。彼らが成功したのは、利益が損失を上回っていたからだ。これには絶大なる内面のコントロールが必要だ。
- 成功した保守的な投資家の大部分は逆バリ投資家だ。彼らは人が怖がってやらないことをやる。彼らは人が怖がって買わないときに買い、人が欲を出して売らないときに売る。彼らは忍耐強く、絶好の機会が現れるのを辛抱強く待つ。これにもまた内面のコントロールが必要だ。

投資で成功するために最も必要な要素は内面のコントロールである。内面のコントロールができて初めて、成功するトレーディングに一歩

近づくことができる。このコントロール能力を身につけようと全力を尽くす人が、最後に成功を手にする人だ。

　トレーディングで成功するための鍵とも言える内面のコントロールを、別の観点から見てみよう。トレーディングにおいて重要な要素を考えてみると、３つの項目が挙げられる。心理、マネーマネジメント（つまり、ポジションサイジング）、システム開発の３つだ。大概の人は、システム開発を最も重視し、ほかの２つはあまり重要視しない。見識のある人は３つとも重要だと言う。しかし彼らが最も重要視するのは心理（およそ60％）で、次がポジションサイジング（およそ30％）、最後がシステム開発（およそ10％）だ。これをグラフ化したものが図1.1だ。内面のコントロールはこの３つの要素のうち心理部門に含まれるもの、というのが彼らの共通の認識だろう。

　ある優れたトレーダーがかつて次のように言ったことがある。自分のやることはすべて自動化しているので、トレーディングに個人的な心理が入る余地はない、と。「なるほど。しかし、シグナルのひとつを受け入れないことを決めたとしたらどうなるのでしょう」と私は尋ねた。すると彼は、「そんなことはあり得ない」と答えた。それからおよそ６年後、そのトレーダーはプロのトレーダーを廃業した。彼のパートナーがあるトレードを行わなかったからだ。そのトレードは大きな勝ちトレードで、行っていればその年は大儲けで終わっていた。しかしその銘柄での損失がかさんでいたため、パートナーはそのトレードを行わないという判断を下したのである。

　また別の優れたトレーダーは大学で10週間にわたってトレーディングコースを教えたことがあるそうだ（1970年代の終わり）。１週目はトレーディングの基礎を教えた。２週目はドンチャンの10－20移動平均線クロスオーバーシステムについて教えた。しかし、残りの８週間は彼が教えたシステムを使うことを説得することに費やされた。要するに、そのシステム（あるいは別の良いシステム）が生み出す損失を

受け入れることを学ばせなければならなかったというわけだ。

　私はかねてから、トレーディングは100％心理であり、心理にはマネーマネジメントとシステム開発が含まれると主張してきた。理由は簡単だ。われわれは人間であり、ロボットではないからだ。ある行動を起こすには、まず脳で情報を処理する必要がある。トレーディングシステムを設計して、それを実行するには行動が必要だ。そしてどんな行動もそれを再現するためには、その行動の要素を知らなければならない。そこで必要になるのがモデル化である。

マーケットの天才のモデル化

　おそらくあなたは、投資のエキスパートが成功の秘訣について語るセミナーに出席した経験をお持ちだろう。一流トレーダーのひとりが1970年代の終わりに大学でトレーディングの講義を持ったことについては今話したばかりだ。お金持ちになるための方法（当時の優れた手法）を教えたのは最初の２週間だけで、残りの８週間はその方法を受け入れさせることに費やされたわけである。

　大学で講義を受けた学生のように、あなたも出席したセミナーではエキスパートの風格とスキルに感銘したはずだ。学んだ方法で自分もお金を儲けられることを確信して、セミナーをあとにしたことだろう。ところが、学んだ秘訣をいざ実行に移してみると、セミナーに出席した前後で自分の賢さがまったく変わっていないことに気づいたことだろう。何かが違う、あるいは学んだことを応用できなかっただけなのか。

　これは一体どういうことなのだろうか。それはつまり、あなたがそのエキスパートと同じように思考を構成できないからである。彼の成功のひとつの鍵を握るのが、彼の精神構造、つまり思考方法なのである。

　ある人が市場にアプローチした方法を他人に話すとき、その人は自分がやったことを表面的にしか語っていない場合が多い。何も騙

そうとしているわけではない。彼らは自分がやったことの重要な要素を本当に理解していないだけなのである。たとえ理解していたとしても、その情報を他人に伝達することはおそらくはできないだろう。だから聞くほうは、それはきっと「天性」のもの、つまり市場で成功する才能のようなものがその人には備わっているに違いないと思ってしまうわけである。こうして、自分にはそんな才能はないからと落胆して、市場を去る人は多い。しかし、才能は学ぶことができるのである。

最低2人の人間がうまくやれることは、だれにでもできるようになると私は思っている。スキルを教えるうえで重要なのは、まずはそのスキルをモデル化することである。モデル化の科学はこの20年、地下運動のような形で発展してきた。その大本はリチャード・バンドラーとジョン・グリンダーが創始した**神経言語プログラミング（NLP）**である。

> **最低2人の人間がうまくやれることは、だれにでもできるようになる。**

NLPセミナーで教えるのは、モデル化プロセスから産み落とされた数々の手法だ。例えば、私のセミナーではトップトレーダーや一流投資家のモデル化から得られたモデルを教えるだけだ。しかしNLPセミナーに何度も出席しているうちに、やがてモデル化プロセスそのものが理解できるようになる。

私がモデル化したのは、トレーディングの3つの主要要素と富を築くプロセスだ。最初に作成したモデルは、偉大なトレーダーや投資家になり、市場の達人になるための方法をモデル化したものだ。当然ながら、そういったモデルを作成するためには、多くの偉大なトレーダーや投資家を研究して彼らに共通する要素を見つけだすという作業が含まれる。ひとりの人物をモデル化する場合には、その人独特の特徴を見いだせばよいが、多くの優れたトレーダーや投資家の共通要素をモデル化する場合には、彼ら全員に共通する成功要因を抽出する必要

がある。

　例えば、モデル化の対象とするトレーダーに彼らがやったことを最初に尋ねたとき、彼らは自分の手法について語った。およそ50人のトレーダーにインタビューして気づいたのは、彼らは2人として同じ手法を持っている人はいないという事実だった。こうして私は、彼らの成功の秘訣は手法そのものではなく、全員の手法に共通する「ローリスク」のアイデアであるという結論に達したわけである。つまり、彼らに共通する成功要因のひとつは、ローリスクのアイデアを見つけられる能力だったわけである。ローリスクのアイデアについては次章で定義する。

　彼ら全員に共通する作業を発見したら、次に各作業に含まれる重要な要素を見つけださなければならない。彼らを市場の達人たらしめた考え方とはどんな考え方なのか。その作業を効果的に行うための思考方法とは？　その作業を行ううえで必要なメンタル戦略（つまり、彼らの思考から生み出される結果）とは？　その作業を行ううえで必要な心理状態（例えば、固い決意、開放性など）とは？　お分かりのように、これらの要素はすべて心理的なものだ。これで、トレーディングは100％心理的なものと言った理由がお分かりだろう。

　最後に正しくモデル化できたかどうかを確認しなければならない。そのためには、他人にそのモデルを教え、彼ら全員が同じ結果を得られるかどうかを調べる。私が作成したこのモデルは「ピーク・パフォーマンス・コース」（詳しくは919-466-0043までお問い合わせいただくか、ウエブサイト http://www.iitm.com を参照のこと。これはトレーディングプロセスをモデル化したこのモデルを学習することで、受講者が自分自身でモデルを作成できるようになることを目指した通信講座）に含まれている。このモデルは、ピーク・パフォーマンス・セミナーでも教えている。こうした通信教育講座やセミナーの受講者からは大成功したトレーダーが誕生している。これでこのモデルの正し

さが実証されたことになる。

　２番目のモデルは、偉大なトレーダーや投資家がスキルをどのように学び、リサーチをどのように行うかをモデル化したものだ。これは本書のテーマでもある。トレーディングのこの部分は心理的な要素ではないとする人が多いが、驚くべきことに、自分に合ったシステムを見つけたり開発するという作業は、実は完全なるメンタルな作業なのである。自分の考え方に合ったシステムを開発するには、まず市場に対する自分の考え方を知る必要がある。自分のことを十分に分かっていなければ、自分の目標を設定し、その目標に合ったシステムを開発することは不可能だ。そしてシステムが出来上がったら、そのシステムで快適にトレードできるようになるまで手直しが必要だ。自分にとって快適とは何か。その判断基準を設けることも重要だ。正しい判断基準を設けるうえで障害となるのが心のバイアスである。こうしたバイアスを取り除くには、自己改善のための何らかの対策を講じる必要がある。一般に、セラピー治療を多く受けた人ほど、システム開発をスムーズに行えるようになる傾向は強い。

　自分に合ったトレーディングシステムを設計するに当たってまずやらなければならないことは、自分自身のことを十分に知ることである。しかし、そのためには何をすればよいのだろうか。また、自分自身のことが十分に分かったら、自分にとって何がうまくいくのかを見つけだす必要がある。

　私が作成した３番目のモデルは、優れたトレーダーのポジションサイズの決め方をモデル化したものだ。優れたトレーダーのだれもが話題にするのがマネーマネジメントだ。マネーマネジメントについて書かれた本も何冊かあるが、その内容はマネーマネジメントそのものではなく、マネーマネジメントの効果（つまり、マネーマネジメントを行うことでリスクをコントロールできたり、最適利益を得ることができたということ）についてである場合が多い。マネーマネジメントと

は基本的にはシステムのなかのポジションサイズを決定する部分のことをいう。つまり、それぞれのトレードで「どれくらい」トレードすればよいかを教えてくれる部分である。混乱を防ぐために、本書ではこれ以降このことを「ポジションサイジング」と呼ぶことにする。この言葉は初版でも同じ意味で使っている。

　トレーディングのほかの分野についても同じだが、ほとんどの人のポジションサイジングは根本的に間違っている。それは心のバイアスに原因がある。1997年、初版を執筆するかたわら、アジアの8つの都市を回る講演ツアーを行った。どの都市でも、聴衆のほとんどがポジションサイジングの重要性を理解していないのは明白だった。講演を聞きに来ていた人のほとんどは機関投資家だったのだが、その多くは自分がいくらトレーディングしているのかも知らず、どれくらいの損失を出せば職を失うかもまったく知らなかったのである。そんな彼らがポジションサイズを正しく決められる道理がない。

　ポジションサイジングを理解してもらうために、私はその重要性を示すゲームを彼らに行わせた。しかし私が話し終えても、「タープ博士、私の立場ではポジションサイジングに関しては何をすべきなのでしょうか」と質問してくる人はだれひとりとしていなかった。この質問をして、適切な答えを得れば、トレーディングのパフォーマンスが大幅に上がるというのに、である。

　ポジションサイジングはシステム開発を行ううえできわめて重要な要素なので、キーポイントは本書で学ぶことはできるが、全体的なモデルについては拙著『ザ・ディフィニティブ・ガイド・トゥー・エクスペクタンシー・アンド・ポジション・サイジング（The Definitive Guide to Expectancy and Position Sizing）』を参照していただきたい。詳しくは919-466-0043までお問い合わせいただくか、ウエブサイト http://www.iitm.com を参照のこと。

　4番目のモデルは富をモデル化したものだ。本章の冒頭で述べたよ

うに、他人のルールに従ってもゲームの勝者になることはできない。資金やツールを最も多く持っている人がゲームの勝者になるというのが大勢の考え方だ。百万長者あるいは億万長者になれば勝てるチャンスはあるかもしれないが、それでもほとんどの人は勝てないのが現実だ。

　あるいは、手に入るほとんどすべてのツールや最良のツールを持っていれば、勝てるかもしれない。そして頭金と月々のローンが十分に安ければ、すべてのツールを今すぐにでも買うことができる。ただし、このルールに従ったために負債が増えていけば、金銭的な奴隷への道をたどることになるが。今、平均的なアメリカ人の支出が収入を上回るという現象が世界大恐慌以来初めて発生している。これは、金がなければ借金で物を買えることに原因がある。われわれアメリカ人がマネーゲームで敗者になっていることは明らかだ。

　これを解決するには新しいルールの適用が必要だ。経済的自由を獲得するには、受動的所得（あなたのお金が生み出す所得）が月々の出費を上回らなければならない。例えば、月々の生活費が5000ドルだとすると、経済的に自由になるには月々の受動的所得が5000ドルを上回らなければならないということである。これはそれほど難しいことではなく、強い願望とやる気さえあればだれにでも達成可能だ。具体的な方法については、私の3冊目の著書『**魔術師たちの投資術――経済的自立を勝ち取るための安全な戦略**』（パンローリング）を参照していただきたい。

　本書では、受動的所得を得る方法としてのトレーディングに焦点を当てる。月々の生活費をまかなうのに十分な所得をトレーディングや投資で生み出すことができ、そのプロセスに１日わずか数時間しか要しないものを「受動的所得」と呼ぶ。そしてこのプロセスを通してあなたは経済的自由を手に入れることができる（受動的所得と呼ぶにはリターンが常にプラスでなければならない。例えば、今月は30％のリ

ターン、翌月は20％のリターン、翌々月は－25％のリターン、その翌月も－15％のリターン、そしてその翌月は60％のリターン、といった場合、リターンが毎回プラスではなく当てにはできないため、受動的所得と呼ぶことはできない）。トレーディングというビジネスを学び、ビジネスプランを立て、そのプランに合ったシステムを開発するには数年を要するが、このプロセスが完了すれば、私の言う経済的自由を手に入れることができるだろう。私は実際にこれを達成した多くの人を見てきた。成功の決め手となる確固たる決意と自分を高めたいという願望さえあれば、あなたにもできるはずだ。

　本書は4部から構成されている。第1部は自己発見と自分をマーケットリサーチができるレベルにまで引き上げる方法について、第2部は意思決定ヒューリスティックについて、第3部は自己目標の設定について説明している。そして第4部はそれまで学んだことをひとつにまとめるための章である。読者が"最も待ち望んでいる"システム開発の話題にいつまでたっても行き着かなければしびれをきらしてしまうかもしれないので、第1部はできるだけ手短にまとめた。自己発見の話を一番先に取り上げたのは、それがシステム開発を成功させるうえできわめて重要だからである。

　第2部では私のシステム開発モデルを紹介する。また市場システムの根底にある概念もカバーしており、これらの概念についてはそれぞれの分野のエキスパートに執筆を依頼した。第2部では**期待値**というきわめて重要な概念が登場する。活発な市場活動を行っている人でさえ、**期待値**の意味を知らない人は多い。ましてや、期待値に基づくシステム設計の意味となると、知っている人はほとんどいないといってもよいくらいだ。したがって第2部はしっかり理解していただきたい。さらにこの第2版では、システム開発をするうえで不可欠な、大局観の把握についての章を新たに設けた。

　第3部ではシステムの各要素――セットアップ、仕掛け（タイミン

グ）テクニック、損切りのための手仕舞い、利食いのための手仕舞い、そして最も重要なポジションサイジング――について詳しく解説する。そして第4部はそれまでに学んだことをひとつにまとめる方法を示している。7人の投資家による市場へのアプローチ方法についての章、ニュースレターなどを基に自分のシステムを評価する方法についての章、ポジションサイジングについての章が含まれるほか、最終章では偉大なトレーダーになるために考えるべきそのほかの事柄についてまとめている。

第2章

意思決定バイアス――市場をマスターするのが多くの人にとって困難なワケ

Judgmental Biases : Why Mastering the Markets Is So Difficult for Most People

---

　一般に、われわれはマーケットについて自分が信じていることしかトレードできない。そして自分がいったんこうと信じたことはなかなか変えられるものではない。市場でプレーをするとき、われわれは手に入るすべての情報を考慮してプレーしていると思い込んでいる。しかし実際は、有益な情報のほとんどは自分の信じることだけを通すフィルターによって除去されてしまっているのである。

——バン・K・タープ

　聖杯システムの探求とはすなわち自己の探求であることは、これまでの話ですでにお分かりだろう。本章では、自己の探求の第1ステップとして、あなたを阻害しているものに気づくというプロセスについて解説していく。そういった自覚を持ち、自分の人生の責任者が自分自身であることを認識したとき、不思議なことに、自分を変えることができるようにもなるのである。

　一般に、われわれの持つ問題の源泉は、莫大な量の情報を常に処理しなければならないところにある。フランスの経済学者ジョルジュ・アンデラは人類が集めた情報の量を測定した。その結果、イエス・キリストの時代からレオナルド・ダ・ビンチの時代にかけての1500年

間で情報量は２倍に増え、それからわずか250年後の1750年には４倍、それから150年後の1900年には８倍という具合に、自乗の勢いで増えていったことが分かった。しかし、コンピューター時代の幕開けとともに情報量が自乗になる時間はおよそ５年とさらに短縮した。そして今、電子掲示板、DVD、光ファイバー、インターネットなどの普及により、情報量が自乗になるのに要する時間はわずか１年未満という超情報化時代にある。

　研究者の推定によれば、われわれの今の脳の能力で目に入る視覚情報を一度に処理できるのはそのわずか１～２％にすぎない。人類のなかでも特に多くの情報にさらされているのがトレーダーであり、投資家である。世界中のあらゆる市場を同時に見る彼らの目の前には、１秒ごとにざっと何百万ビットという大量の情報が流れてくる。ひとりで２台から４台のモニターを同時に見るトレーダーも少なくない。そして24時間中、世界中のどこかで市場が開いているわけだから、情報の流れが止まることはない。こういったことを知らないトレーダーのなかには、モニターにくぎ付けになって、脳がパンクするまでできるだけ多くの情報をできるだけ長時間処理しようとする者もいる。

　人間が意識的に処理できる情報量には限界がある。たとえ理想的な状態にあるときでも、一度に処理できる情報量はせいぜい５～９チャンクだ。「１チャンク」の情報は、１ビットの場合もあれば、何千ビットの場合もある（つまり、チャンクとは数字の２を意味する場合もあれば、687941を意味する場合もある）。試しに、次の数字を記憶し、本を閉じて書き取ってみよう。

　　６、38、57、19、121、212、83、41、917、64、817、24

すべての数字を書き取ることができただろうか。おそらく無理だったはずだ。なぜなら人間が意識的に処理できる情報量は７チャンク±２

チャンクにすぎないからだ。しかしわれわれの目の前には秒単位で何百万ビットという莫大な量の情報が流れてくる。しかも情報量は毎年倍増している。これほどまでに大量の情報をわれわれは一体どう処理しているのだろうか。

答えはこうだ。つまりわれわれは目の前に流れてくる情報を一般化し削除することで歪曲しているのである。われわれは情報のほとんどを一般化し、削除している。例えば、株式市場に興味のない人の場合、目の前に現れた市場関連の情報のおよそ90％は、「株式市場なんて私には関係ないわ」というひとつのセンテンスによって「株式市場情報」として一般化され、意識の中から消される、というわけだ。

興味のある情報でも選択することで一般化される。例えば、「次の判断基準を満たす市場の日足チャートだけを見よう」と思ったら、その判断基準に合った情報だけをコンピューターを使ってえり分ける。すると途方もない量の情報はあっという間に数行の情報となってモニター上に映し出されるというわけだ。この数行というのがわれわれが意識的に処理できる情報量だ。

そして、その一般化された情報は指標として表されることでゆがめられる。例えば、われわれは最後の足だけを見るというようなことはしない。情報は10日指数移動平均線や14日RSI、あるいはストキャスティックス、あるいはバンドやトレンドラインなどで表したほうが意味があると思うわけである。これらの指標はすべて歪曲された情報の例を示すものである。そして人々がトレードするものは、本当に正しいかどうかは別として、「自分が正しいと信じて歪曲した情報」なのである。

心理学者はこういった情報の削除と歪曲を「意思決定ヒューリスティック（judgmental heuristic）」と名づけた。「意思決定」という言葉が使われているのは、これが意思決定プロセスに影響を及ぼすことを意味し、「ヒューリスティック」とは近道（簡単な方法）を意味する。

この「意思決定ヒューリスティック」によって大量の情報は短時間のうちにふるいにかけられてえり分けられるわけである。市場に関する意思決定はこのヒューリスティックなくしては不可能だ。しかし、その存在を知らない人、あるいは自分がそれを使っていることに気づかない人にとって、意思決定ヒューリスティックは非常に危険なものでもある。なぜなら、これはトレーディングシステムの開発や市場における意思決定の方法に影響を及ぼすものだからである。

意思決定ヒューリスティックは、現状を維持するという形で使われることが多い。一般に、われわれがトレードするものは市場に関して自分が信じていることだ。そして自分がいったんこうと信じたことはなかなか変えられるものではない。市場でプレーをするとき、われわれは手に入るすべての情報を考慮してプレーしていると思い込んでいる。しかし実際は、有益な情報のほとんどは、自分の信じることだけを通すフィルターによって除去されてしまっているのである。

「知識は、理論を証明することよりも反証することによって発展する」（『客観的知識――進化論的アプローチ』より）と説いたのがカール・ポッパーだ。彼の理論が正しければ、（特に市場に関して）自分が信じていることや仮説を具体化し反証すればするほど、市場で成功する確率は上がる、ということになる。

本章の目的は、意思決定ヒューリスティック（意思決定バイアスともいう）がトレードや投資プロセスに及ぼす影響を調べることである。まず最初に、システム開発プロセスをゆがめるバイアスについて見ていく。ここで取り扱うバイアスのほとんどはこの範疇に属するが、なかにはシステム開発だけでなくトレーディングの別の側面にも影響を与えるものもある。例えば、ギャンブラーの錯誤はシステム開発に影響を及ぼす。なぜなら彼らは長く続く連敗を出さないようなシステムを作ろうとするからだ。それだけではない。システムが開発されたら、そのシステムによるトレード方法にも影響を及ぼすのである。

そして次に、トレーディングシステムの検証に影響を及ぼすバイアスについて見ていく。例えばある紳士は本書に含まれる情報に部分的に触れ、賛同しかねる部分がいっぱいだし、重要なことがすっぽり抜け落ちているじゃないか、と批判したが、その発言は彼の内面が生み出したものにすぎない。本書に含まれる内容は単なる情報だ。だから論争の余地はない。もし内容に不満があるのであれば、それはあなたの内面が生み出したものだ。本書ではシステム開発においてほとんどの人が用いるいくつかのステップは削除されているが、それはリサーチに基づき不必要あるいは良いシステムの開発にとって（役立つというよりも）弊害になると判断して意図的にはずしたものである。

　そして最後に、開発したシステムによるトレード方法に影響を及ぼすバイアスについて考える。本書はトレーディングシステムの探求についての本だが、このバイアスは実際にトレードを始める前に行うリサーチの段階で考えなければならないものとして重要なものだ。ただし本章ではこのバイアスについての議論は最小限にとどめている。もっと詳しく知りたい方は、トレーダーや投資家向け通信教育講座に詳しく説明しているのでそちらを参照していただきたい。

トレーディングシステムの開発に影響を及ぼすバイアス

　トレーディングシステムについて考える前にまずやらなければならないのは、情報を脳が処理できる形に変形することである。**図2.1**はよくあるバーチャートを示したものだ。人々が市場の動きを考えるときに見るのがバーチャートだ。**図2.1**にある日足のバーチャートは1日のデータを1本の足という形で表したものである。1本の足に含まれる情報は多くて4つ——始値、終値、高値、安値——だ。

　ローソク足チャートはこの情報を視覚的にもっと分かりやすい形に

図2.1　簡単なバーチャート

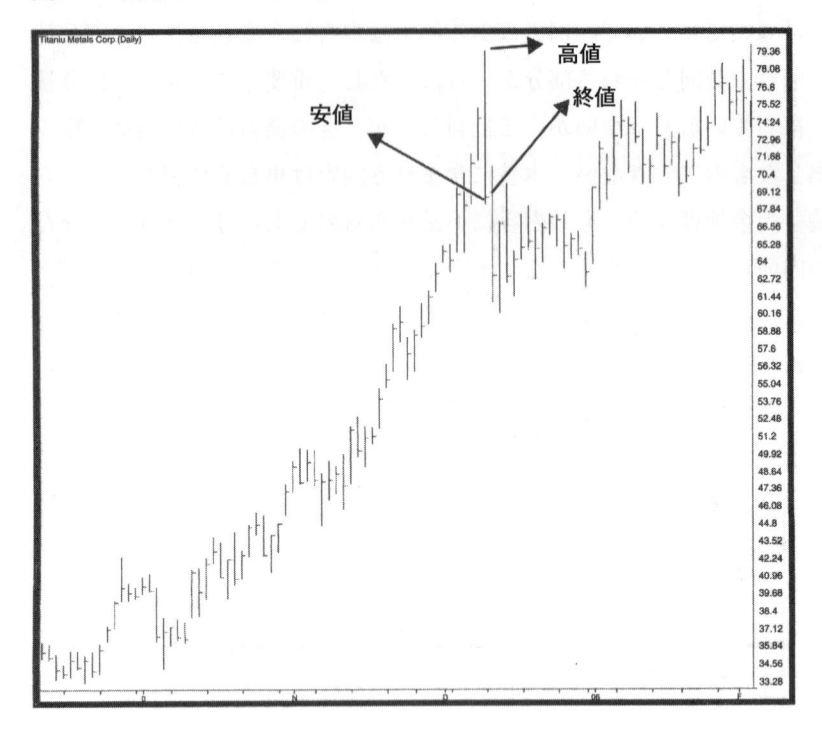

したものだ。その日の市場が上昇したのか下落したのかがひと目で分かるのがローソク足チャートの特徴だ。**図2.2**を見てみよう。足（箱状の部分）の長さが始値と終値の差を表しており、上下に伸びたヒゲの部分が高値と安値を表している。始値よりも終値が安い場合（市場が下落した場合）は実体の色は黒で塗りつぶされ、始値よりも終値が高い場合（市場が上昇した場合）は実体は白で表されるので、市場の動きはバーチャートよりも把握しやすい。

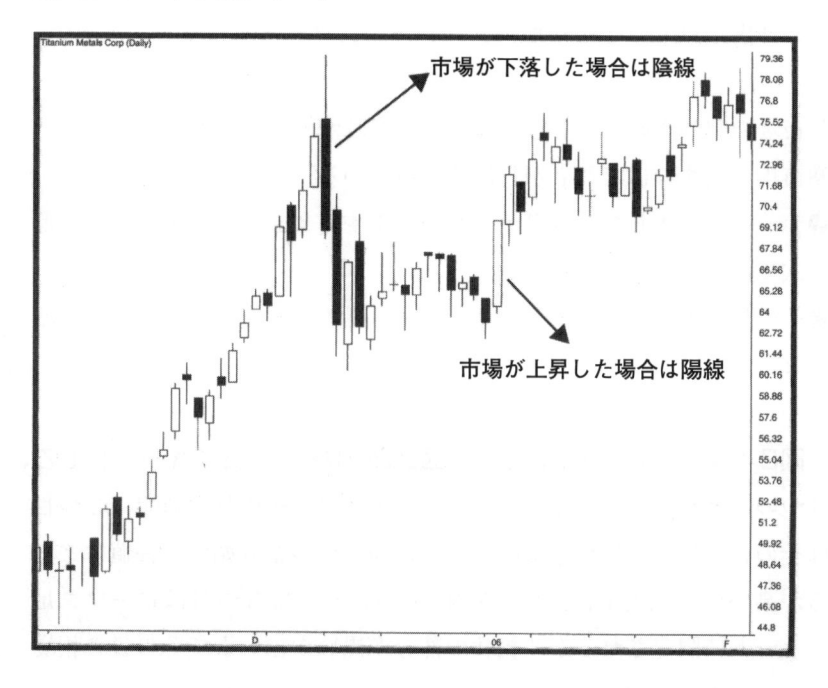

図2.2　ローソク足チャート

（図中注記：市場が下落した場合は陰線／市場が上昇した場合は陽線）

代表性バイアス

　図2.1と**図2.2**に示した２つの日足チャートは、だれもが用いる**代表の法則**と呼ばれる最初のヒューリスティックを示す良い例である。代表の法則とは、何かは何かを代表するものであるとされているとき、その何かは本当にそれを代表すると人々が思い込んでしまうことを意味する。だからわれわれの大部分は日足を見ただけで、それがその日１日の市場データを表していると思い込んでしまうわけである。しかし実際には、日足は紙面上に描かれた１本の線にすぎず、それ以上

の意味はない。しかしあなたは日足に意味があると思い込んでしまう。その理由は以下のとおりだ。

●市場の勉強を始めたとき、日足には意味があると言われた
●市場を表すのにだれもが日足を使っている
●データを購入したり無料データを入手するとき、日足チャートの形式で提供されることが多い
●その日の市場データを考えるとき、日足のバーを頭に思い浮かべることが多い

　図2.1のバーチャートにしろ、図2.2のローソク足チャートにしろ、3つのことを示しているにすぎない。1つ目はその日の値幅、2つ目はその日の値動きについての若干の情報——つまり始値と終値はどちらが高いか（加えて、高値と安値の幅）、そして3つ目はローソク足チャートに限定されるが、箱状の部分が黒いか白いかでその日の相場の全体的な強弱がひと目で分かる。
　それでは日足が示していないものは何だろう。どれくらいの取引があったのかは日足では分からない。どの価格でどれくらいの取引が行われたのかも分からない。また、その日の特定の時点において原資産となる商品や株式の価格がいくらだったのかも分からない（寄り付きと引けを除く）。しかしこれらの情報はトレーダーや投資家にとって重要な情報の場合もある。こういった日足チャートからは分からない情報のなかには、時間枠を小さくした5分足チャートやティックチャートから入手可能なものもある。しかし日足チャートの目的は、確か、あふれる情報にのみ込まれないように情報量を減らすためではなかったか。
　日足チャートには示されていなくても、トレーダーに有用と思われる情報はほかにもたくさんある。例えば先物の場合、その取引が新し

く仕掛けられた新規トレードなのか手仕舞いされたトレードなのか、どういった人がトレードしていたのか、1日中少数のフロアトレーダーだけが互いに相手の裏をかこうとトレードしていただけなのか、最小売買単位（株の場合は100株、商品の場合は1枚）の取引はどれくらいあったのか、大口取引はどれくらいあったのか、大口投資家による取引はどれくらいあったのか、投資信託のポートフォリオマネジャーや大手商品ファンドのマネジャーによる取引はどれくらいあったのか、あるいはヘッジャーや大企業による取引はどれくらいあったのかは、きわめて重要な情報だ。

　日足チャートに含まれないものには、サードクラスの情報——だれが市場に参加しているのか——もある。サードクラスの情報としては、例えば、買いポジションと売りポジションの保有者が何人くらいいるか、そして彼らのポジションサイズはどれくらいなのかなどがそうだ。この情報は不可能というわけではないが、なかなか簡単には手に入らない情報だ。こういった情報を蓄積し次のような情報を日々レポートできるのは、その種の専用コンピューターを持つ各取引所だ。

　　価格は83から85に上昇。買いポジション保有者は4718で、平均ポジションサイズは200枚。その日、買いポジションの数は50600枚増加。売りポジションの保有者は298で、平均ポジションサイズは450枚、売りポジションの数は5枚減少。上位100ポジションの保有者は次の人々で、ポジション数は……（リストが続く）。

　「だれがどんなポジションをどれくらい持っているかはぜひ知りたい情報だ」とおっしゃる方もいるだろう。そこで質問だが、仮にその情報を入手できたとして、あなたはそれをどう利用するつもりだろうか。その情報には何か意味があるのだろうか。トレードするだけの価値があると自分が信じるような情報でなければ、手に入れても無意味

なのである。

　さらに日足チャートは統計的確率（Xが起こったときにYが起こる確率はどれくらいか）も提供してくれない。Yの確率はヒストリカルデータから計算できる。ただし変数Xの値（この目的では変数Yの値も）がそのデータに含まれていればの話である。XやYの値があなたのデータに含まれていなければ、確率など計算できるはずがない。

　最後に、日足に含まれていない情報できわめて重要な情報がもうひとつある。それは、投資家心理に関する情報だ。例えば、買いポジションや売りポジションの保有者がそれらのポジションに対して持っている確信度などがそうだ。トレーダーたちはいつ、いくらでポジションを手仕舞いするのか。いろんなニュースや値動きに彼らはどう反応するのか。相場は上がる、あるいは下がることを信じて、市場の外で静観している人々はどれくらいいるのか。彼らはどういった状況になったら市場に参入してくるのか。参入するとしたら、いくらで、どれくらいのポジションを建てるつもりなのか。しかし、これらの情報が入手できたところで、それはあなたが市場で稼ぐのに役立つ情報なのだろうか。

　日足チャートは市場を代表するものであると、今までのあなたは思っていたはずだ。しかし日足はコンピューター上の、あるいはチャートブック上の単なる線にすぎないのである。日足は市場を代表するものと信じ込んでいる人もいるだろうし、任意の日の市場のサマリーデータであると考えている人もいるだろう。日足はよく言えば市場のサマリーデータとも言えるが、日足はあなたが意思決定をするときに操作する生データであることを忘れてはならない。

> 日足はよく言えば市場のサマリーデータとも言えるが、日足はあなたが意思決定をするときに操作する生データであることを忘れてはならない。

意思決定ヒューリスティックを理解しておくことがトレーダーにとって重要であることが、徐々に分かり始めてきたのではないだろうか。これまでに提示してきたのはひとつのヒューリスティックの例にすぎない。日足が１日の市場の動きを代表したものであると思い込む傾向がわれわれにはあるという話であった。
　バーチャートをそのままトレードすればよいと思うのだが、ほとんどの人々はトレードする前にデータに何かをしたがる。それで指標を使う。残念ながら、彼らは市場の指標に対してもバーチャートと同じ考えを持っている。つまり、市場の指標を将来的に起こり得る何かを単に代表しているものであるというよりも、現実を表していると思い込んでしまうのである。RSI、ストキャスティックス、移動平均線、MACDなど、確かにどの指標も現実であるような様相はしている。しかし人々は指標が何かを代表していると考えられている生データを歪曲したものにすぎないという事実を忘れている。
　例えば、チャート上の支持線のテクニカル分析上の意味について考えてみよう。支持線とは、価格がチャート上のある水準まで下落すると反転する傾向のあることをテクニカルアナリストが気づいたのがそもそもの始まりだ。この水準がいつしか、多くの買い手がこぞって買う水準、つまり株価を「支持する」水準であると考えられるようになった。**支持線**や**抵抗線**は、人々が過去に発見した関係を表す概念にすぎないにもかかわらず、本当の現象であるかのように考える人は多い。
　これまで話してきた代表性バイアスは、人は物事を確率で考えるのではなく、その「外見」によって判断する傾向があることを述べたものだ。これは、トレーディングシステムを使う場合やトレーディングシグナルを使う場合には特に重要だ。これまであなたは、シグナルの有効性を考えたり、トレーディングシステムの開発において確率に関する情報を取り入れたことはあるだろうか。つまり、あなたの予測した結果がシグナルどうりになる確率を考えたことはあるかということ

である。おそらくはないだろう。こういったことを考えるトレーダーは1000人に1人もいないのだから。いつもその重要性を口を酸っぱくして説いているにもかかわらず、にである。これは言い換えるならば、ほとんどの人は自分のシステムの検証すらしない、つまり自分のシステムの期待値（第7章を参照）すら知らないということにほかならない。

　人々の持つこのほかのバイアスについても見ていくことにしよう。これから述べるバイアスは市場やトレーディングシステムの開発に対するあなたの考え方にどんな影響を及ぼすのだろうか。

信頼性バイアス

　代表性バイアスに関連するバイアスとして、扱うデータが信頼できるものであると思い込むバイアスがある。つまり、データが本来そうあるべきだとされるデータであると思い込んでしまうわけである。日足チャートの場合、日足が1日のデータを代表するものであるとわれわれは決め込んでいる。日足は1日のデータを代表するもののように見えるため、当然そうだと思うわけである。しかしデータベンダーの多くは日中データと夜間データを一体としたデータを提供している。果たして、それで日足が1日のデータを代表するものであると言えるだろうか。また、そのデータの精度についてはどうだろう。

　ベテランのトレーダーや投資家は、データの信頼性測定がトレーダーの抱える最大の問題点のひとつであることを知っている。データベンダーの多くは日足チャートに関して言えばかなり正確なものを提供しているが、ティックデータ、5分足、30分足などのデータについての正確さはまったく期待できない。**したがって、5分足を使ってシステムを検証しているのであれば、得られる結果のほとんど（良い結果であれ悪い結果であれ）は期待される本当の結果というよりは、不正確な結果である可能性が高いということになる。**

データに関する問題を描いたコラムの体験談をお読みいただきたい。これはわれわれのニュースレターに掲載したチャック・ブランコムの話だ。

チャック・ブランコムの体験談

私は自分で設計したシステムで16の先物市場から成るポートフォリオをトレードしている。発注は毎晩、日次データに基づいてポートフォリオトレーディングシステムにプログラミングする。仕掛けと手仕舞いの基本的なルールはリアルタイムソフトウエア・プログラムにプログラミングして、ポジションが建ったときにアラートが出るようにしている。

1995年7月10日、仕掛け注文と手仕舞い注文は市場の寄り付き前にすでに正しく出していた。ところが、シカゴの通貨市場が寄り付いた直後、リアルタイムソフトウエアがカナダドルの買い注文が通ったことを知らせるアラートを出してきたのだ。その日はカナダドルの注文は出していなかったので、私はかなりあわてた。信じられない思いで数秒間スクリーンをただ見つめた。市場では予期しない出来事が起こるもの。そんなときでもショックを受けないように私はメンタルリハーサルを繰り返してきた。私は準備しておいたシナリオに無意識に従っていた。まず深呼吸、次に息を吐きながら頭のてっぺんからつま先まですべての筋肉をリラックスさせる、そして、間違いを犯した可能性が最も高いものから最も低いものまでチェックするシステマティックなプロセスを作成する――ことである。

ものの数分で、前日の安値が私がダウンロードしたデータとリ

アルタイムソフトウエアが収集したデータとで異なっていることが判明した。前日のティックデータを素早くチェックして、自分の懸念が的中していたことが分かった。ポートフォリオシステムが使っていたデータは無効だったのだ。すぐさまデータベースを手動で編集し、再度プログラムを実行してみた。これで正しい仕掛けの注文が生成された。モニターを見ると、市場は仕掛けのポイントよりもかなり上昇していた。フラストレーションが体中を駆け巡るのを感じたが、ポジションサイズを決めるために冷静になってプログラムから得たデータをポートフォリオマネジャーのスプレッドシートに入力した。ようやく発注の準備ができたというのに、モニターを見ると市場はさらに5ティックも上昇していた。そのときの私の反応は完全に機械的だった。気がつくとトレードデスクに電話して成り行き注文を入れていた。

　これらのプロセスに要した時間はおよそ10分。その間、カナダドルは私の仕掛け価格からはどんどん遠ざかっていった。幸いにも、メンタルリハーサルを繰り返していたおかげで何をすべきか迷うことはなかった。私がトレードにおける目標として掲げていることは、**絶対に**仕掛けをし損なわないこと、だ。大きな動きはいつやって来るか分からないからだ。大きな勝ちトレードを見逃すことは、小さな損を被ることよりもはるかに悪い。もっと前に仕掛けておかなければならないことに気づいたときには、無意識に受話器を持ち上げていた。私が行うタイプのトレーディングでは、そうすることが正しいのだ。市場が仕掛けのポイントまで戻ってくることを**期待**したり、仕掛けを遂行すべきかどうか迷ったりすることは私の主義ではない。

　この出来事によって、私は各銘柄の日次データのチェックを自分に規律づけるような手順の作成の必要性を痛感した。そのときまで、日次データのチェックは十分だと思っていた。これまでに

も数々のエラーを発見してきたが、今回の出来事では、確実に自分のビジネスプランどおりにトレードできるようにさらなる努力が必要であることを悟った。（ニュースレター『マーケットマスタリー』1996年7月号　Vol.1[2] pp.2-3より）

　ほとんどの人は市場を現実の姿以上のものと考えがちだが、この話を読めばその理由がお分かりいただけるはずだ。何もかもが自分の期待どおりになるわけではない。良いシステムを持っていると思っていたとしても、それは単に間違ったデータによって良く見えただけということもあり得るのだ。逆に、悪いシステムを持っていると思っていたとしても、それは間違ったデータによって本当は良いシステムなのに悪いシステムに見えてしまっていたのかもしれない。

　仮に、日足のバーチャートが本当に市場を代表するものであるとあなたが信じているとしよう。あなたは日足のバーチャートがそういうものであることを信じてそのチャートでトレードしたいと思っている。それもいいだろう。しかし、あなたの思考に忍び込んでいると思われるバイアスはほかにもまだある。それをこれから見ていきたいと思う。

宝くじバイアス

　宝くじバイアスは、何らかの方法でデータをいじることで自信が増大することである。あたかもそのデータをいじることに意味があり、それによって市場を支配できると思い込んでしまうわけである。市場を表す方法として日足のバーチャートを使おうと決めたのであれば、日足でトレードするか、日足でトレードするだけの十分な自信が得られるまでデータを操作しなければならないが、データ操作は人を自信

過剰にさせるという側面がある。

　市場を支配できるという幻想はどこから生まれるのだろうか。その最も良い例が**ロト**と呼ばれる州営宝くじだ。ロトは、いくつかの番号（通常、6つか7つ）を選び、それがすべて当たれば一瞬のうちに億万長者になれるという一種のギャンブルで、人々の間で非常に人気がある（オッズのことを理解している論理的な人々でさえハマる）。理由は簡単だ。賞金額が大きくて、リスクが少ないからだ（ドルチケットが賞金額に比べて安い）。オッズが悪いので（それぞれに番号の異なる）くじを百万枚買っても勝てる見込みがほとんどないことなどはお構いなしだ。州営宝くじで百万ドルを勝ち取る確率は1300万分の1だ（これ以上の賞金だとオッズはさらに悪くなる）。

　少額で大金を手に入れられるというのも一種のヒューリスティックだが、これは宝くじバイアスではない。宝くじバイアスとは、宝くじを引くときに人々が持つ、自分が支配しているという幻想のことをいう。**自分がある数字を選べば当選する確率は上がるはず、と人々は思ってしまう**のである。だから誕生日や結婚記念日などの数字を選んで勝率を上げようとする人もいる。数年前、ある男がスペインの国営ロトでジャックポットを当てた。夢にその番号が出てきたという。7晩続けて番号7の夢を見たらしい。そして7×7を48と計算違いをして、4と8の番号を含むくじを買ったのだそうだ。

　夢以外にも、霊能者や占い師に相談する人もいる。番号の選び方は、お金さえ出せばいろんな人からいろんなアドバイスをもらえる。次に起こる番号はそれまでの番号の分析で予測できると考えている人、自らロトマシンを開発してひと続きの番号を無作為に生成すれば、それが州のロトマシンが選び出す番号になるはずだと考えている人のところへ行けば、彼らは喜んでアドバイスをしてくれるはずだ。ある占い師のところからジャックポットを当てた人が何人か出た（客が多ければジャックポットを当てる人が何人か出るのは当たり前）と聞けば、

その占い師のもとには客がどんどん押し寄せる。魔法の番号を見つけるためには人々は何だってやるのだ。

どこかで聞いたことがあるような話だと思う人がいるかもしれないが、それもそのはず、これぞまさに投機市場で起こっていることなのである。手っ取り早く儲けるには正しい番号を選べばよいと人々は信じている。投機家や投資家の場合、正しい番号を選ぶことは、いつ何を買えばよいかを知ることを意味する。一般人にとって最も重要なのは、「今何を買えば大金持ちになれるか」なのである。だれかがそれを教えてくれたら、とほとんどの人は思っている。

今何をやればいいのかを知るために人々はあらゆることをやる。番号を選んでくれて、傾向を分析してくれるソフトウエアの購入もそのひとつだ。ラジオやテレビの番組で仕掛けのポイントを読み上げて番号選びを手助けしてやれば、人々が自分たちのアドバイスに群がることに気づいたのがブローカーだ。アドバイスを与える人は、そのアドバイスの正確さ（あるいは不正確さ）とは無関係に、エキスパートとみなされるのである。また世の中には宣伝にたけたグルたちが大勢いる。彼らはニュースレターで何をいつ買えばよいのかを人々に教えることに無上の喜びを感じる人々だ。もちろん、占い師や易者もこの部類に入る。

人に頼るよりも自分でやったほうがよいと考える人もいる。彼らは仕掛けのシグナルこそが完璧なトレーディングシステムだと考え、仕掛けのシグナルに夢中になる。自分が選んだ市場への参入ポイントは市場が自分たちの思いどおりのことをやっているポイントだ。だから彼らは仕掛けのシグナルに対してある種の支配感を持つ。仕掛けだけでなく、市場をも支配しているように錯覚する。ところがいざポジションを建てると、市場は自分のやりたいことをやる。こうなると彼らがコントロールできるのは手仕舞い以外何もない。

人々のトレーディングシステムのとらえ方には驚くばかりだ。例え

ば数年前、ある紳士がオーストラリアから私のもとを訪れた。どんなトレーディングシステムがいいのかを彼はアメリカ中の専門家に聞いて回ったという。ある日のディナーの席で、彼は私の同意を得ようと、それまでに見つけだした各種システムの「中身」について話してくれた。なかなか素晴らしいアイデアの持ち主ではあったが、彼のシステムはどれもこれも仕掛けのテクニックを主体とするものばかりだった。事実、それぞれのトレーディングシステムについて彼が話したのは仕掛けについてだけだった。言っていることは的外れではないが、手仕舞いとポジションサイジングについても仕掛けと同じくらいの時間をかければ本当に良いシステムになる、と私は彼にアドバイスした。

　お金が儲かる仕掛けのポイントを教えてくれるシステムがシステムであるとほとんどの人は信じ込んでいる。本書を読み進めていくと分かってくると思うが、プロのトレーディングシステムには10もの要素があり、重要度の順に並べれば仕掛けのシグナルはおそらくは最下位辺りになるだろう。にもかかわらず、人は仕掛けについて知りたがる。

　1995年にマレーシアで開催された先物と株式のテクニカル分析の国際会議に、私は講演者のひとりとして参加した。アメリカからの講演者は私を含めおよそ15人で、講演者に対するパフォーマンスのランク付けが行われた。高位にランク付けされたのは主として仕掛けのシグナルについて話した講演者だった。トレーディングシステムの各種要素について話したある講演者の話は、きわめて貴重な内容であったにもかかわらず、ランクはかなり低かった。

　その会議で私は高位にランク付けされた講演のひとつを聞いた。その講演者は、1994年の口座のリターンはおよそ76％、ドローダウンはわずか10％というすご腕のトレーダーだった。しかし彼の話は、トレンドの変化をとらえるためのシグナルについての話がほとんどだった。講演ではそういったシグナルの６～８つの例を提示し、手仕舞いとマネーマネジメントについては聴衆からの質問に答える形で若干話した

程度だった。あとで、私は彼にあのシグナルのすべてをトレードするのか聞いてみた。彼は答えた。「そんなはずないでしょ。私がトレードするのはトレンドフォローのシグナルだけですよ。でも、彼らが聞きたいのはこんな話なんです。だから話したまでです」

私の顧客のひとりは本書のこの部分を読んで次のようにコメントした。「この"宝くじバイアス"は支配できていないという不安を取り除こうとする方法ではないかとずっと感じていました。人は自分のいるべき環境を支配できていないという不安を感じるよりも、(幻想でもいいから) 支配していると思い込みたいものです。しかし"自分の行動をコントロール"できてこそ、トレーダーとして大きく飛躍するのです。自分の行動をコントロールできればそれで十分でしょ」。

とはいえ、この宝くじバイアスはなかなか根深いものがある。市場で成功するのに必要な情報が得られないのはそのためだ。人は自分の聞きたいことしか聞こうとしない。結局、お金を稼いでいる人のほとんどは、大衆が必要とすることではなくて大衆が聞きたがっていることを話すことでお金を儲けているのである。そういった意味では本書は例外だ。将来、こういった例外的な書籍が多く刊行されることを願っている。

少数の法則

図2.3に示したパターンも人々の持つバイアスを表すものと言えるだろう。動きのない日が4日 (図に示した最初の5日内で) 続き、その直後に急上昇する日が発生する箇所がいくつかある。チャートブックに何冊か目を通すと、こういった例が4つや5つはすぐに見つかるだろう。少数の法則に従えば、結論を出すのにこうした例はそれほど多くはいらない。例えば、小さいレンジの日が4日続いたあと価格が大きく動いたときに仕掛けてみるとよい。

図2.3　大衆をマーケットに引きつけ仕掛けさせる傾向のあるパターン例

```
Bar Chart for GC85-95
```
ほとんど動きがない日が4日続き
5日目に急上昇

　私が観察したところによれば、ほとんどの人は少数の厳選された例で観測されたパターンに従ってトレードしている。**図2.3**で示したようなパターンを見つけたとき、人は良い仕掛けのシグナルを見つけたと思うだろう。実はこれまでに見てきた4つのバイアスも人々をこれと同じ意思決定に導くものだ。

　この偏見はウィリアム・エックハートの次の言葉によく言い表されている。

　　人は中立的な立場でデータを見ないだろ。チャートを見るとき、それぞれのデータ・ポイントを平等に見ることはないんだ。目立つポイントに集中してしまう傾向があり、人はそれらの特殊なポイントから考えをまとめることになりやすい。素晴らしい成功を収めたポイントばかり目がいき、日々の失敗を記したポイントを見落としがちなのが人間なのさ。したがって、注意深いチャートの研究者でさえ、システムが実際よりよく作動していると勘違いしがちなんだ（ジャック・シュワッガー著『**新マーケットの魔術師**』［パンローリング］のなかのウィリアム・エックハートのインタ

ビューより)。

　この種のバイアスは科学的研究のなかにも存在する。非常に注意深い研究者でも、結論を自分の仮説を正当化する向きに偏らせるという傾向は必ずある。科学者が**二重盲検法**を用いるのはこのためである。二重盲検法とは、２つに分けたグループのどちらが実験グループでどちらが統制グループかを実験が終わるまで実験者に知らせないで行う試験のことをいう。

保守主義バイアス

　トレードの概念を持った途端に人の心を支配するのが保守主義バイアスである。つまり、自分の主張と相反する事実は受け入れられない、あるいは見ようともしないということである。人間には、役に立たない例は排除したり無視したりして、役に立つ少数の目立った動きの例だけ素早く見るという習性がある。例えば、多くのデータを見たことがある人なら、**図2.3**で示したパターンのあとでは20％の確率で大きな動きが起こり、残りの80％では大したことは何も起こらないことを知っているだろう。
　ほとんどの人は自分の主張と相反する事実は完璧に無視する。たとえそれが抗し難い事実であったとしてもだ。しかし７回か８回連敗すると、自分のトレーディングシステムの予想連敗数を知ろうともせずに彼らはシステムの有効性に疑問を抱き始める。
　20％の確率で起こる動きが十分に大きな動きであれば、まだトレードは可能である。ただし、何も起こらない80％で抜かりなく損切りすればの話だが。これぞまさに宝くじバイアスの核心を示すものだ。パターンだけに気を取られれば、お金儲けなどできないのである。
　このバイアスが示唆するものは、人は市場に対して自分がこうなっ

てほしいと期待するものだけを探そうとするということである。その結果、ほとんどの人は市場に対して中立的ではなく、流れに従うことができない。彼らが常に探し求めているのは自分が見たいと思うことだけなのである。

ランダムバイアス

　次のバイアスは２つの点においてトレーディングシステムの開発に影響を及ぼす。第一に、経済学者、それに投資家の多くは市場はランダムであるとみなす傾向がある。つまり、価格の動きは偶然に支配されていると考えているわけである。第二に、そういった偶然性が存在するとするならば、人々はそういった偶然性の意味を間違ってとらえている。

　人々が天井と底を当てたがる理由のひとつは、市場はいつでも反転する可能性があると想定しているからだ。基本的に彼らは、市場はランダムであると思い込んでいる。実際、学術研究者の多くは、市場はランダムであるといまだに信じている（例えば、ゴードン・マルキール著『ウォール街のランダム・ウォーカー』［日本経済新聞社］第８版を参照のこと）。しかしこの仮説は正しいのだろうか。仮にこの仮説が正しいとして、果たしてそういった市場でトレードが可能だろうか。

　確かに市場にはランダムな要素はあるが、だからといって市場がランダムというわけではない。例えば、乱数発生器を使えば、チャートを作成することができる。作成されたチャートを見ると、それらはチャートに見える。しかしこれは代表性バイアスを表すひとつの例であり、「ランダムに見える」は「ランダムである」とは違うのである。この種のデータは市場データとは異なる。なぜなら、市場の価格分布は正規分布に従うランダムな価格からは予測できない極端なテールを

持っているからである。これはなぜかというと、市場データを見てみると分かるように、サンプルのばらつきはデータが増えるごとに大きくなるからである。S&P先物取引の開始から10年もたたない1987年10月19日に発生したS&Pの80ポイントの大暴落は乱数系列から予測することは困難だっただろう。こういった大暴落が起こる確率は１万年に一度しかないが、それはわれわれの生きている時代に起こった。そして、同じような大暴落は再び起こった。1997年10月27日、S&Pは70ポイントもの大暴落を記録し、翌日のレンジは87ポイントだった。また2000年から2002年にかけては、ナスダックが１日で大暴落を記録する日が数回あった。

　市場価格分布の分散は無限大、あるいはほぼ無限大だ。つまり、あなたが想像する以上の極端なシナリオがすぐにでも発生する可能性があるということである。したがって、いかなるリスク予測も現実をはるかに下回る数値になる。そして困ったことに、ほとんどの人が市場でとるリスクはあまりにも大きすぎる。マーケットの魔術師のひとり、トム・バッソは、リスクをとりすぎる人々に対して、ひとつのポジションで自己資産の３％ものリスクをとることは「きわめて危険」だと警告する。

　たとえ市場がランダムであったとしても、そのランダムさの意味を人々は真には理解していない。ランダム系列で長期トレンドが起こったとき、市場はランダムであるにもかかわらず、何らかの規則性があると思ってしまう。これは、われわれ人間がこの世界を、すべてのことが予測可能で理解できるものである、というとらえかたをすることに原因がある。その結果、人々はありもしないパターンを探し、何の根拠もなく因果関係があると思い込んでしまうのである。

　ランダムバイアスと宝くじバイアスが引き起こすひとつの現象として、人々は天井と底を当てようとする。常に「正しく」あり、市場を支配したいと思い、市場に自分の考えを投影させる。それが自分は天

井と底を当てることができるという錯覚を生む。トレーダーや投資家がそのキャリアのなかで天井と底を当てられることなどめったにあることではない。天井や底を当てようとする人には数多くの失敗が待ち受けているだけである。

「理解しなければならない」バイアス

このバイアスはトレーディングシステムの開発に影響を及ぼす。トレーディングシステムを開発する際にランダムさという要素をまったく無視させてしまうのがこのバイアスだ。システム要素のひとつとしてポジションサイジングを考えようともしないのがその何よりの証拠である。

私の顧客のひとりであるジョーは、市場での苦労話を打ち明けた。ポジションを建てたあとでどうすればよいのか分からずに混乱してしまうのだという。この話を聞いて、私は彼にいろいろ質問をした。「ポジションが勝ちトレードになる頻度は？」。およそ60％、と彼は答えた。「混乱したとき、勝ちトレードを手仕舞いした頻度は？」。混乱しても勝ちトレードを手仕舞ったことはほとんどない、と彼は答えた。私は言った。「あなたのシステムはランダムなシステムとさほど変わらない。おそらくあなたは市場のことはあまりよく理解していないのでしょう。しかし、自分が混乱していることが明らかなときには、すぐに手仕舞うべきです」。おそらくそうすべきでしょうね、と彼は同意した。

ジョーのトレーディングシステムについて言えば、彼は本当にシステムを持っているとは言えない。それはなぜか。ジョーは市場のあらゆる側面を理解することだけに集中するあまり、①どんなときに手仕舞いして資産を保全すべきか、②どんなときに利食いすべきか――を教えてくれる手仕舞いシグナルを明確に定義していなかったからだ。

それでも人々は、市場で何が起こっているのかを説明する精巧な理論作りに余念がない。メディアは市場のことを何も分かっていないにもかかわらず、常に市場のことを説明しようとする。例えば、ダウが100ポイント急落すると、翌日の新聞はそれを説明するさまざまな記事であふれかえる。あなたの地域の地方紙には次のような記事が載るかもしれない。

　　水曜日遅くに発表された連邦準備制度理事会による利上げ予告は、投資家たちの不安を駆り立てた。業界全体の収益下落不安から、木曜日には建設株を中心とする売りが相次ぎ、株価の急落を招いた。今日の市況を見ると、投資家が特に気にしているのは金利上昇の時期で、それと同時に中東情勢の影響も懸念している。いかなる問題の兆候も、投資家たちにとっては不安材料になる。

翌日、ダウが100ポイントを上回る上昇を見せると、次のような記事が載るはずだ。

　　利上げの噂に神経をとがらせていたウォール街だが、ダウが100ポイントを上回る上昇を見せると、その噂を振り払うかのように市場は再び買われ始めた。J・P・モルガン証券のR・P・ジナーは次のように言った。「このところ企業収益が順調に伸びていたため、不利なニュースは無視されたようだ」（これは私の創作だが、市場の動きを説明しようとする記事によく見られる例である）。

トレーディングシステムの設計ということになると、「理解しなければならない」バイアスはさらに精巧さを増す。人々は数々の奇妙な方法で日足データをいじくり、そのいじくったデータを基に市場を説

明する奇妙な理論を作り上げる。それらの理論はやがて独り歩きを始めるが、実際には何の論理的根拠も持たない理論にすぎない。例えば、エリオット波動理論の論理的根拠とは何だろうか。価格変動はなぜ一方向の3つの波と逆方向の2つの波で構成されるのか。

トレーディングシステムの開発という作業がさまざまな心理的バイアスの影響を受けることが次第に分かってきたのではないだろうか。私の経験から言えば、恐れや怒りといった心理上の問題点を解決するまでは、トレーディングシステムの設計の際に直面する問題には対処できない。さらに言えば、なかにはこういった問題を解決したいとさえ思わない人がいる。おそらくは読者のなかにも、この章をスキップしてシステム開発の章に飛んでしまう人がいることだろう。

トレーディングシステムの検証に影響を及ぼすバイアス

次にトレーディングシステムの検証に影響を及ぼすバイアスについて見ていくことにしよう。ほとんどの人はシステムの検証をするには至らないので、これらのバイアスを経験することはない。事実、前述した保守主義バイアスによってシステムの検証をやらない人がほとんどだろう。これよりももっと重大なのは、検証できるシステムを持つに至らない人が多いことである。しかし、検証できるシステムを持つに至る人もいる。そういう人にとって、これから述べるバイアスの影響を知っておくことは重要だ。

自由度バイアス

自由度とは自由に変更することのできる変数の個数のことを言い、

いくつの自由度を持たせるかによって生み出されるシステムは違ってくる。例えば、移動平均線を計算するとき、10日分のデータを使った場合と、24日分のデータを使った場合とでは得られる移動平均線の値は異なる、といった具合だ。この場合、移動平均線の長さが1自由度を表す。人々はシステムを設計するときできるだけ多くの自由度を持たせようとする。過去の市場価格は指標の数が多いほどより正確に記述することができる。だから、システムに多くの自由度を持たせるほど価格系列によりフィットする。ところが、システムはその開発に用いたデータにフィットするほど、将来的に利益を出さないものになる傾向が高いのである。

　システム開発ソフトウエアのほとんどは事実、この自由度バイアスを受けている。システム開発者に十分な選択の余地を与えてみるとよい。その開発者は市場の動きを完璧に予測し、大金を稼ぎ出すシステムを作り出すことだろう。ただしこれは理論上での話だ。つまり、特定の過去の市場では大金を生み出すということである。ほとんどのソフトウエアはシステムを心ゆくまで最適化できるように設計されている。その結果、出来上がったシステムは開発に用いたデータ上では利益を出すが、実際のトレーディングではひどいパフォーマンスしか示さない無意味なシステムだ。

　ほとんどのシステム開発ソフトウエアはこのバイアスを満たすように設計されている。人々は市場に対する完璧な答えを知りたがり、市場を完璧に予測できるようになりたいと思っている。そして、過去の市場データにさまざまなデータ解析を適用できるソフトウエアを数百ドル出して買う。ソフトウエアを使い始めてものの数分で、市場は完璧に予測可能だと思い始める。しかし、最適化された過去の市場ではなく実際の市場でトレードし始めた途端に、その思いはくつがえされる。

　このバイアスのことをどんなに話したところで、読者のほとんどは

このバイアスから逃れることはできないだろう。つまりシステムをできるだけ最適化したいという思いは変わらないということである。そこで、最適化に関していくつか警告をしておきたいと思う。まず、自分のトレード概念をしっかり理解すること。そうすれば最適化の必要性さえ感じることはなくなるだろう。自分のトレード概念に対する理解が深まるほど、ヒストリカルテストの必要性は感じなくなる。

　第二に、市場で起こり得るさまざまなシナリオを考えておくこと。この点は特に強調しておきたい。考えられるシナリオとしては、再び世界戦争が勃発、テロリストによる核攻撃、国際準備通貨としてユーロを採用、アジアが共通通貨を導入、日中が共同体を構築、失業率が120％上昇などが挙げられる。いささか乱暴なシナリオもあったかもしれないが、こういったイベントが実際に発生したときにあなたのシステムがこれらのイベントにどう対処するかを理解することができれば、自分のトレード概念に対する理解は深まるはずだ。

　過剰最適化がいかに危険であるかがどんなによく分かっていても、なお最適化したがるのがトレーダーや投資家だ。だからシステムには4～5以上の自由度を持たせないようにすることを強く勧める。全システムに使えるのは、おそらくは指標が2つ（それぞれ1自由度）とフィルターが2つ程度だろう。あなたが使うと思われるフィルターや指標については、本書でこのあと詳しく解説する。

あと付け説明エラーバイアス

　事が起こったあとでしか入手できないような情報を検証に用いることを、あと付け説明エラーという。これはシステムの検証で犯しやすい過ちだ。例えば、ソフトウエアによっては、注意していないと検証に今日のデータを使ってしまうという過ちを犯しやすいものがあるが、これは例外なくあと付け説明エラーに当たる。今日の価格を予測する

のに今日の終値を使えたらどんなことになるか想像してみるとよい。これぞまさしくあと付け説明エラーである。

このエラーはときとして非常に分かりづらいことがある。例えば、あなたのデータでは最高値のあとにほとんどいつもそれより安い価格が続くので、トレーディングルールがうまく機能するように高値をルールにこっそり取り入れるといったことはあり得ることだ。しかしこれはあと付け説明にほかならない。

データを検証しているとき、結果があまりにも良すぎて本当とは思えない場合、おそらくその結果は間違っている。その結果はあと付け説明エラーによって得られた可能性がきわめて高い。

「自分を十分に保護しない」傾向

システムを設計するときには、ローリスクのアイデアを生み出すシステムの設計を目標とすべきである。私は「ローリスクのアイデア」を次のように定義している。

> 長期的な期待値が正で、自分の許容できるリスク・リワード・レシオを持つ手法（ただし、リスクとは最大ドローダウンを意味し、リワードとは全体的なリターンを意味する）。この手法は、短期的な最悪な状態からあなたを保護すると同時に、システムの長期的な期待値を達成できるようなポジションサイズ水準（通常、資産のパーセンテージで表す）でトレードしなければならない。

多くの人は、こういった短期的な最悪なシナリオから自分を保護できるような低水準のポジションサイズでトレードしない傾向を持つ。自分のシステムに影響を及ぼすかもしれない想像できる最大のイベントを、ほとんどの人は予想することができないし、予想しようともし

ない。その結果、価値のあるどんなトレーディング手法や投資手法を使っても、市場が逆行したときにあなたを保護するあらゆる種類のバックアップ手段を用意しておかなければならないことになる。

「トレードがあなたの思惑と逆行したとき、そういった悪いトレードはどのように手仕舞いしますか」と普通の人に聞いてみるとよい。おそらく答えは返ってこないだろう。彼らは当然持つべき保護手段を持っていないだけではない。もっと深刻なのは、とるリスクが大きすぎることだ。例えば、5万ドルの資金で5つ以上の異なる先物を同時にトレードしているとしたら、おそらくあなたのリスク水準は高すぎる。デイトレーダーの場合、追証が発生したらリスク水準が高すぎるということになる。ハイリスクはハイリターンにつながることもあるが、結局は口座を破産させるだけである。人は自分を十分に保護しない傾向がある。このバイアスについて考えてみることだ。このバイアスに注意するだけでも、今ある口座資産の多くは保全できるはずだ。

システムによるトレード方法に影響を及ぼすバイアス

システムが出来上がり、検証も済ませ、何とかトレードできる状態にまでもってきたとしよう。注意すべきバイアスはもう出尽くしたかというと、それがまだあるのである。それはシステムを出し抜こうという衝動にあなたを駆り立てるバイアスだ。

あなたは最高のパフォーマンスを求めている。だからいつもシステムを出し抜こうという衝動に駆られる。システムを出し抜くために何かをして、その結果、パフォーマンスが上がった数回の体験は記憶に残るが、うまくいかずに毎日スリッページが発生してパフォーマンスが低下した体験は忘れてしまう。

トレーディングシステムを持っていなければ、非常に多くのバイアスがあなたのトレーディングに影響を及ぼす。しかし、最高のシステ

ムを持っていてもいくつかの主要なバイアスの影響は依然として受ける。それでは、システムを出し抜こうという衝動に人々を駆り立てるバイアスについて見ていくことにしよう。

ギャンブラーの錯誤

　ギャンブラーの錯誤はランダムバイアスの当然の結果として生じるものだ。ギャンブラーの錯誤とは、市場においてトレンドが形成されたとき、トレンドはすぐにでも変わるかもしれないと信じることをいう。したがって、市場が４日続いて上昇すると、次の日は下落すると思ってしまうわけである。優秀なアナリストでもこのバイアスを持つ。例えば、ラリー・ウィリアムズの次の言葉にはこのバイアスが含まれているのではないだろうか──「３回か４回連敗すると、その次のトレードは勝ちトレードになるだけではなく、かなり大きな勝ちトレードになる確率は高い」（ラリー・ウィリアムズ著『ラリー・ウィリアムズの相場で儲ける法』［日本経済新聞社］）。

　プロギャンブラーのように、勝つためにはどうしたらよいかを理解している人は、連勝中は掛け金を増やし、連敗中は掛け金を減らす。ところが、一般人はその逆をやる。つまり、連敗のあとで掛け金を増やして、連勝のあとで掛け金を減らすのである。

　ラルフ・ビンスは博士号を持つ40人を対象に実験を行ったことがある（デビッド・W・ルーカスとチャールズ・ルボー著『**マーケットのテクニカル秘録**』［パンローリング］の「ラルフ・ビンスの実験」を参照）。彼は参加者に勝率60％の簡単なコンピューターゲームを100回やってもらった。元手として1000ドルずつ与え、毎回好きな額だけ賭けてもよしとした。彼らのだれひとりとしてポジションサイジング（ここでは、賭け金がゲームの成績に与える影響）のことを知っている者はいなかった。

彼らのうち儲けの出た人は何人いただろうか。100回のゲーム終了時点で、残金が元手の1000ドルを上回っていたのは40人中わずか2人だった。つまり、5％の人しか儲からなかったわけである。しかし毎回10ドル賭けていれば、残金はおよそ1200ドルになっていたはずだし、さらに、最大利益を得るために最適に賭けていれば（つまり、毎回そのときの残高の20％のリスクをとるということ。ただし、これは著者が勧める方法ではない）、残高は平均でおよそ7490ドルになっていたはずだ。

一体、参加者はどのように賭けたのだろうか。実は彼らは負けたあとには賭け金を増やし、勝ったあとには賭け金を減らす傾向があった。例えば、最初の3回が負けで、各回に100ドル賭けたとしよう。これで残高は700ドルだ。そこであなたは思う。「3回続けて負けたから、60％の勝率からいくと、次は勝てるはずだ」。そして次の回には400ドル賭ける。しかしその回も負ける。いまや残高は300ドルだ。これでは損失を取り戻せる見込みはほとんどない。

このギャンブラーの錯誤に影響されるのが、トレーディングシステムの開発であり、ポジションサイジングであり、トレード方法だ。ランダムさという要素をまったく無視してしまうわけである。彼らは確実さを求め、あたかも確実であるかのようにシステムでトレードする、十分な保護手段も講じないで。こうして彼らはポジションサイジングをシステムの一部として取り入れようともしないのである。

「利益に対しては保守的、損失に対してはリスキー」になる傾向

おそらくトレードで最も重要なルールは、「損切りは早く、利食いは遅く」だろう。このシンプルなルールに従うことのできる人が、市場で大儲けできる人だ。ところが、大部分の人はこのルールに従うこ

とができない。それは、このルールに従うことを阻害するバイアスを持っているからである。

　次の例を考えてみよう。あなたは次の２つのうちから１つを選ばなければならない。あなたならどちらを選ぶか。①確実に9000ドル損をする、②損をしない確率が５％で、１万ドルの損をする確率が95％。

　あなたは、確実に損をするのと、リスクの高いギャンブルのどちらを選んだだろうか。おおよそ80％の人はリスクの高いギャンブルを選んだだろう。しかし計算してみると、リスクの高いギャンブルのほうが損失額は多い（１万ドル×0.95＋０×0.05＝9500ドルの損失）。ギャンブルは「損切りは早く」という重要なトレーディングルールの前半の部分に反するものである。しかしほとんどの人は、いつまでも損が続くわけじゃない、市場はこの辺りから反転するはずだ、と思ってギャンブルをし続ける。しかし、そのとおりになることはめったにない。その結果、損失が少しだけ増え、損を受け入れられなくなる。次も損失が少しだけ増え、損を受け入れられなくなり、その次も……と、このプロセスは続く。そして、にっちもさっちもいかないくらい損失が大きくなり、最後には大きな損を被らざるを得なくなる。小口投資家の多くが破産するのは、損を受け入れることができないからにほかならない。

　では、別の例を考えてみよう。あなたなら次のうちどちらを選ぶか。①確実に9000ドル利益が出る、②１万ドル利益が出る確率が95％で、利益がまったく出ない確率が５％。

　あなたは、確実に利益が出るほうと、リスクの高いギャンブルのど

ちらを選んだだろうか。おそらく80％の人が確実に利益が出るほうを選んだだろう。しかし計算してみると、この場合はリスクの高いギャンブルのほうが利益は多いのだ（1万ドル×0.95＋0×0.05＝9500ドルの利益）。確実な利益を選ぶことは「利食いは遅く」という重要なトレーディングルールの後半の部分に反するものである。

　人は幾ばくかの利益を手にしたら、その利益を逃すまいとして市場が反転する兆しを見せたらすぐに利益を確定する傾向がある。システムが手仕舞いシグナルを出していないにもかかわらず、利益を逃したくない衝動に駆られて小さな利益を受け入れることで大きな利益を取り損なう投資家やトレーダーは多い。

　人々によく見られるこれら２つのバイアスは次の古いことわざによく言い表されている――「チャンスをとらえよ。だが逆境では地に足をつけよ」。これをトレーダー向けに言い換えると次のようになる――「利食いのチャンスは見逃すな。だが逆境の最初の兆候が見えたら鹿のように走れ」。

「今のトレード（投資）は勝ちトレードで終わらなければならない」というバイアス

　人には今のポジション（今保有しているポジション）を勝ちトレードにしたいという強い願望がある。この願望が「今のトレードは勝ちトレードで終わらなければならない」というバイアスを生む。それでどうするかというと、第一に、負けトレードになった場合、勝ちに転じることを願いながら、そのポジションを大事に持ち続ける。その結果、その負けポジションはさらに大きな負けポジションと化す。第二に、勝ちトレードの場合、今の利益を逃すまいと早く利食いしすぎる。

　これは、正しくありたいという人間の持つ強い願望のなせるわざである。市場予測をするとき、あるいはさらに悪いことに、市場にお金

を投資するとき、正しくあることがいかに大事かという話を、私はトレーダーや投資家から嫌というほど聞かされた。

　昔、特定の商品の価格予測をファクスで毎日配信しているある顧客と仕事をしたことがある。彼の価格予測はずば抜けて正確だったため、世界中のビッグトレーダーたちが彼のファクス配信を定期購読していた。これほど正確な価格予測を出せるにもかかわらず、彼のその商品に対するトレード能力はひどいものだった。それは、彼が常に正しくある必要があったからだ。人はいったん予測を立てるとエゴが生まれ、予測と反することがトレーディングの最中に発生するとそれを受け入れられなくなるのだ。したがって、どういった形であれ世間に向かって予測したことを自分でトレードするのは困難を要するというわけである。

まとめ

　今、われわれがさらされている情報量は1年ごとに倍増している。しかし情報が消える前に意識的に処理できる情報量はおよそ7チャンクにすぎない。こうした莫大な量の情報を処理するために生み出された便利な方法が、簡便法、つまりヒューリスティックである。ヒューリスティックそのものは通常は便利なものだが、それがトレーダーや投資家に及ぼす影響はあまりにも強く、そのためトレーダーや投資家はヒューリスティックにうまく対処できるようになるまでは市場でお金を儲けることは不可能だと私は思っている。このヒューリスティックは3つのタイプのバイアスに分類できる。

トレーディングシステムの開発に影響を及ぼすバイアス

　代表性バイアス　何かは何かを代表するものであるとされていると

き、その何かは本当にそれを代表すると人々は思い込む。日足のチャートは市場を表すもの、あるいは自分の好みの指標は市場を表すものであるとわれわれが思い込んでしまうのはそのためだ。代表性は莫大な量の情報を表現する簡単法、さらに言えば、その情報を歪曲しているものにすぎないことを忘れてはならない。

信頼性バイアス　人は正確ではないかもしれないものを正確であると思い込んでしまう傾向がある。例えば、あなたがヒストリカルテストで使っている市場データや生で入手する市場データにはエラーが含まれていることが多い。エラーが含まれることを想定しておかなければ、トレーディングや投資における意思決定で多くの過ちを犯すことになる。

宝くじバイアス　人は市場を支配したいと思っている。そのため、仕掛けを重視する傾向がある。なぜなら、仕掛けのポイントは実際に仕掛ける前に市場にいろいろなことを「強制的に」やらせることができるポイントだからだ。しかし残念ながら、いったん仕掛けると市場は自分のやりたいことをやる。「**損切りは早く、利食いは遅く**」というトレードの黄金律は手仕舞いに関係するものであり、仕掛けとは何の関係もないのである。

少数の法則　人はありもしないパターンがあると思い込む傾向がある。したがって、パターンに意味があることを人に信じさせるには、厳選された少数の例があれば事足りる。このバイアスに保守主義バイアス（以下を参照）が組み合わされれば、非常に危険な状態に陥る。

保守主義バイアス　パターンを見つけたと思い込み、（厳選されたいくつかの例を通して）それに意味があるといったん信じてしまうと、

それが誤りであることを示す証拠を回避することなら何でもやる。

ランダムバイアス　市場はランダムで、楽にトレードできる天井と底が多く存在すると人は思いたがる。しかし、市場はランダムではない。価格分布を見ると分かるように、市場のばらつきは時間と共に無限化する。統計学ではこれを、ベルカーブの「テールが長くなる」という。さらに、ランダムな市場でも長いトレンドが発生することがあるということを人々は理解していない。したがって、底で買って天井で売るのは至難の業なのである。

「理解しなければならない」バイアス　人は市場から秩序を作り出し、あらゆることの理由を見つけだそうとする。秩序を見つけだそうとするこうした行為は、市場の流れに沿うことをできなくする。なぜなら、われわれは実際に起こっていることよりも、自分の見たいものしか見ないという性質を持つからだ。

トレーディングシステムの検証に影響を及ぼすバイアス

自由度バイアス　われわれはシステムを最適化したがる。そして、データを操作して過去の経歴にフィットさせればさせるほど、トレードのことをよく理解していると思ってしまう。それよりも自分の概念（トレードや投資するときに用いる概念）を理解することに努めるべきであり、ヒストリカルテストは最小限にとどめたほうがよい。

あと付け説明エラーバイアス　システム開発では実際のトレーディングではまだ発生していない情報を誤って使うことがある。例えば、分析に今日の終値を使えば、完璧な検証結果が得られる。特に引け前に手仕舞いする傾向のある人は注意が必要だ。

「自分を十分に保護しない」傾向　人はポジションサイジングと手仕舞い戦略を軽視する傾向がある。その結果、１トレードでとるリスクが高すぎることが多い。

システムによるトレード方法に影響を及ぼすバイアス

ギャンブラーの錯誤　人々は長い連敗のあとは勝ちトレードになり、長い連勝のあとは負けトレードになる確率が高いと思い込む傾向がある。

「利益に対しては保守的、損失に対してはリスキー」になる傾向
利食いは早すぎ、損失は野放しにする傾向が人々にはある。人々は自分が正しいことをしていると思い込んでいるが、これは単なる幻想にすぎず、彼らが実際にやっていることは、利食いは早すぎて、損切りは遅すぎることである。

「今のトレード（投資）は勝ちトレードで終わらなければならない」というバイアス　ほかのすべてのバイアスの根底にあるのがおそらくこのバイアスだ。しかし、正しくあることとお金儲けとは無関係である。

第3章

目標の設定
Setting Your Objectives

　自分の行く道を知っている者には、大衆も、世界も、そしてときには墓さえも脇に寄るが、目的のない漂流者は脇に追いやられる。
　　　　　　　　　　　　　　――古代ローマのことわざ

　聖杯探しが自己の探求にほかならないことを知り、自分を阻害する要因も分かったところで、次にやらなければならないのは自分が何を達成したいかを決めることである。サムは思いどおりの結果が得られなかったと見えて、10分間だけ会って相談に乗ってほしいと言ってきた。私は了解し、出張帰りにシカゴのオヘア国際空港で会うことになった。以下に紹介するのはそのときの会話だ。

で、今日はどうしたんだい、サム？
実は、トレード結果が思わしくなくてね。

「思わしくない」っていうのは？
満足のいく結果が出ないんだ。

君の今年の目標は？
特には。

今年、どういったことを達成しようと思っているんだい？
（長い沈黙のあと）トレードで稼いだ金で女房に車を買ってあげたいと思っているんだ。

分かった。で、どんな車を買うつもりなんだい？　ロールスロイス、ベンツ、レクサス、それともピックアップトラック？　彼女にどんな車を買ってあげたいんだい？
そうだねぇ。アメリカ製で、1万5000ドルくらいのやつ。

そう。で、いつごろ買うつもり？
9月。ということはあと3カ月しかないってことだ。

それで今、トレード口座にはいくらあるの？
およそ1万ドル。

じゃあ、3カ月で今の口座で150％のリターンを出したいわけだね？
そういうことになるかな。

3カ月で150％のリターンってことは、年次リターンで言えば1000％に当たるってことは分かってる？
えっ、そうなの？

それで、リスクはどれくらいとるつもりなんだい？
リスク？　そんなこと考えたこともない。

5000ドルのリスクはとれる？
それはちょっと無理だなぁ。多すぎるよ。

じゃあ、2500ドルはどう？　つまり25％のリスクってことだ。
それでもまだ多すぎるよ。10％くらいならなんとか。

つまり、3カ月でリターンは150％、とるリスクは10％、ってことだね？
そう。

リスク・リワード・レシオが常に15：1になるトレーディング手法は何か知ってる？
知らない。

私もそんな手法は知らないね。リスク・リワード・レシオは普通、3：1でもかなりいいほうだからね。

　かなり稼げるトレーディング手法や投資手法はたくさんあるが、サムの要求を満たすような手法を私は知らない。しかしこれはサムに限ったことではない。トレードや投資の初心者は少ない資産で同じようなことを考えている。つまり、あり得ないことを期待するのである。

目標の設定──あなたのシステムの最も重要な部分

　以前、新進の商品投資顧問業者（CTA）に対する資金援助を職業とする男と仕事をしたことがある。そういったCTAが開発したシステムを評価することも仕事の一部であったため、彼のことをシステム開発の世界的エキスパートのひとりと認識する人は多かった。
　ある日、私は彼に尋ねた。「開発したばかりのシステムを持ってあなたの元を訪れるトレーダーに何かひとつアドバイスするとしたら、どういったアドバイスをしますか」。彼の答えは、「システム開発に要

する時間の少なくとも50％は目標の設定に当てよ、と言うね」だった。どんなシステムでも目標の設定は非常に重要な部分であるにもかかわらず、目標の設定に相応の時間を割こうとする人はほとんどいない、と彼は言った。トレーディング用あるいは投資用のシステムを開発するつもりなら、まずは自分が何を達成したいのかを明確にすることが大切だ。

　目標設定はシステム開発においてきわめて重要な部分である。システムに何をやらせたいのかが分からなくて、どうしてシステムの開発ができるだろうか。行きたい場所が分からなくて、どうしてそこに行き着くことができるだろうか。したがって、まずは何を達成したいのかを決めることが必要だ。目標が決まったら、それが現実的なものかどうかを調べる。現実的なものであれば、その目標を達成するためのトレーディングシステムを開発することは可能だ。

　初めてのセミナー「あなたにフィットする勝てるトレーディングシステムの開発方法」を開いたとき、私は友人の助言を肝に銘じ、目標の設定に重点を置いた。しかし、セミナーに目標の設定が含まれていることに多くの参加者は不満を漏らしたので、今はセミナーに参加する前に目標を設定してくるように指導している。

　目標設定に対してよく聞かれる言葉は、「トレーディングとどんな関係があるのか」と「これはプライベートな問題だ。だから自分の資産なんかの話にセミナーの時間を無駄に使いたくはない」だ。目標設定に時間を割かないで自分に「フィットする」システムを開発することは不可能であることを、まったく分かっていないのである。自分の強みと弱み、自分の時間、資産、スキル、その他の資源、そして自分が何を目指しているのかを知ることは、システム開発には不可欠だ。どれくらいのリターンを目指しているのか、そして、そのリターンを達成するためにどれくらいのドローダウンを許容するつもりなのか。これは聖杯を探求するうえでのポイントのひとつである。

トム・バッソ、目標設定について語る

　最初の３回のシステム開発セミナーにゲストスピーカーとして参加してくれたのがトム・バッソだ。セミナーの間、私は彼に目標設定について何度も話を聞いた。実例を示したほうが参加者には分かりやすいと思ったからだ。そして今回、彼は再び本書のためにインタビューに答えてくれた。

　トム・バッソはアリゾナ州スコッツデールにあるトレンドスタット（Trendstat）社の社長で、CTAとRIA（登録投資アドバイザー）の資格を持つプロのマネーマネジャーでもあった。また自分の運用するファンドに自分の金を投資しているという意味で、個人投資家でもあった。

　『**マーケットの魔術師**』（パンローリング）では私の提案でジャック・シュワッガーのインタビューも受けた。バッソはシュワッガーから「ミスター平穏（セレネティー）」と名づけられ、インタビューしたマーケットの魔術師のなかで最良のロールモデル（模範的人物）だとシュワッガーに言わしめたほどの人物だ。バッソは私がこれまでに会ったなかで最も論理的で物事を計画的に進める人物のひとりでもある。こういった人物のトレーディングシステム開発に対する考えを知っておくことは読者にとっても有意義だと考えた私は、本書のために彼にインタビューすることにしたわけである。

　目標を設定するうえでまずやらなければならないのは、自分の時間、お金、スキル、その他の資源がどれくらいあるのかを示す資質（インベントリー）の調査だ。

トム、資産はどれくらいあるの？
わが社の管理下にある資産がおよそ9500万ドルだ（このインタビューのあと、トレンドスタット社の管理下にある資産は５億ドルを超える

までに増加。しかし、トムはこのインタビュー後にプロのマネーマネジャーを引退し、今は引退生活をエンジョイしている)。

1年の生活費はどれくらい？
8万ドルってところかな。

生活費のうちトレーディング利益でまかなわなきゃならない額は？
ゼロだ。トレンドスタットからサラリーをもらっているからね。

　私が彼にこの質問をしたのは、生活費のためにトレード資産の何パーセントの利益を上げなければならないかを決めるためだ。トレード資産に対する利益の割合が適切かどうかを知ることは重要だ。例えば、生活費のためだけに30％の利益を上げなければならないような人は話にならないわけで、トレード資産の成長はほとんど望めない。
　トレード資産や投資資産が10万ドルで、1年間の生活費に5万ドル必要というような人によく会うが、私に言わせればとても正気とは思えない。つまり彼らは毎年50％のリターンを達成できると思っているわけである。不可能ではないとしても、もし30％のドローダウンが出始めたら──これはかなり現実的──、かなり苦しくなるだろう。だから、こういう事態に陥ることもあるということを、実際に陥る前に考えておかなければならないのである。トム・バッソがこういった問題とは無縁であることは言うまでもないだろう。

パート1──自己分析

1日のトレーディング時間はどれくらいか？（どういったタイプのトレーディングシステムを開発しなければならないかは、トレーディングに使える時間によって決まってくるので、トレーディングにどれく

らい時間を使えるかはきわめて重要。フルタイムの仕事を抱え、市場を見るのは夜だけという人には超長期システムが必要なのは明らか）

およそ6時間ってところだ。でも、その大部分はわが社のトレードビジネスの運営に当てられている。

トレーディングの最中に気を散らすようなことはいくつくらい考えられるか？

無数だ。

ということは、そういった気を散らすようなことに対処できるようなトレード手法が必要ってことになるか？

そのとおりだ。

トレーディングシステムの開発、心理分析、トレーディングのビジネスプランの作成にはどれくらい時間を当てるつもりか？

私の場合、この20年間これらの作業にはかなりの時間を使ってきたが、プラン作りとリサーチに終わりはない。だから、たとえどんなに時間が必要でも、その時間を削るわけにはいかない。

コンピューターは得意か？　またトレーディングという冒険に足を踏み入れる前に必要なスキルは？

コンピューターは得意中の得意だ。トレンドスタットの初期のモデルはすべて自分でカスタムプログラミングしたほどだ。でも、今ではオフィスは完全に自動化され、フルタイムのプログラマーもいるから、私はただ非効率性を探してそれをスタッフに改善させるだけだ。

統計学の知識は？

簡単な統計学なら分かるし、自分でも使える。多変量統計についても

多少知識はある。

市場に関する知識は？（市場に関する知識とは、トレーディングの仕組み、市場を動かすもの、効果的かつ低コストで発注する方法、必要な指標などに関する知識をいう）
オプション、先物、株式、債券、投資信託、現金通貨のトレード経験は豊富だし、トレーディングの仕組みについても、低コストで発注する方法についてもよく知っている。また、市場の原理についても自分なりの考え方を持っている。

心理面での強みと弱み、特にトレーディングシステム開発における心理面での強みと弱みは？
私は非常に戦略的で忍耐強い人間だ。この性格は長期的トレーディング戦略の開発に役立っていると思っている。それに、自分に自信もある。自分自身に対して自信を持つことで心理的に強くなれるため、システム開発ではこれが強みとして働く。つまり、自分で開発するシステムを信じることができるということだ。欠点は、いつも多くのことをやろうとしすぎること。だからときとして、ほかのことに気を取られて、トレーダーとして第一にやらなければならないことがあと回しになってしまうこともある。

自分を律するうえでの強みと弱みは？
自分を規律づけることは得意だ。だからシステムに従うことができないといったことはない。

**強迫観念に取りつかれるといった傾向はあるか（つまり、トレーディングでどうしようもないほど興奮してしまうことはあるか）。個人的な葛藤はあるか（つまり、日常生活、仕事、あるいはトレーディング

で何らかの葛藤を感じたことはあるか)。恐れや怒りといった感情に常に支配されているといったことは？

私は自分を強迫観念にとらわれた人間だとは思わない。トレーディングがエキサイティングだとは思ったこともない。トレーディングは私にとってはあくまでビジネスだ。トレーディングは面白い頭の体操だと思っている。葛藤を感じたこともない。家庭生活は適度に安定しているし、怒りやフラストレーションを感じることもほとんどない。昔はときどき緊張することもあったが、緊張するとどうなるかをあなたのセミナーで学習した。私の場合、緊張するとまず指がこわばる。指がこわばっているなと自分で感じたら、無意識のうちにリラックスモードに入るようだ。今ではリラックスモードに入ったことにも気づかないほど自然にそうなる。

自分の資質について、トレーディングを始める前に学ばなければならないこと、成し遂げなければならないこと、あるいは解決しなければならないことはほかにあるか。あるとすれば、あなたはそれをどうやって行うのか。

私の資質は昔も今も充足しているので、これ以上必要なことはない。トレードがうまくいくのはそのおかげだ。

　克服しなければならないことがたくさんある人にとって、彼の資質の完璧さはまさに目からウロコものではないだろうか。これらのことはすべて、トレーディングシステムを開発する前に考えなければならないことだ。なぜなら、良いトレーディングシステムの探求とは、自分に最もフィットするシステムを見つけることを意味するからである。

パート2——目標を設定する

　おそらくこのパートはトレーディングシステムを開発するうえで最も重要な部分だろう。行きたい場所が分からなければ、そこに到達することはできない。したがって、トレーディングシステムの開発では目標の設定に最も時間を割くべきだろう。
　個人トレーダー・投資家の目標と、マネーマネジメントをしている人の目標とは、おそらくは異なるものになるはずだ。バッソは両方の立場にいるので、両方の質問をした。まずは、個人トレーダー・投資家としての質問から。

A．個人トレーダー・投資家としての目標

トレーディングにおけるあなたの強みは？　また、あなたのトレード概念であなたを優位に立たせる概念とは？（概念については第5章で詳しく解説する）
　われわれの強みは戦略的思考だ。なぜならほとんどの人は戦略的思考を持たないからだ。忍耐力と客観的な態度もわれわれの強みと言える。ほとんどの人は忍耐力がなく、客観的でもない。コンピュータープログラミングもわれわれの強みだ。われわれのような高レベルのプログラミングができる人はほとんどいないだろう。長期的自動化トレンドフォローシステムはまさにそういった高度な技術のたまものだ。

あなたの個人資産は？　またそのうち損失許容額はどれくらいか。例えば、ほとんどのファンドは全資産の50％を失うとトレードをやめるが、あなたの場合はどうか。さらに、1トレード当たりの許容リスクはどれくらいか。
　個人資産は数百万ドルで、損失許容額はその25％だ。私の金はすべて

わが社のトレーディングプログラムで運用しているので、１トレード当たりのリスクはわずか0.8～1.0％だ。しかし自分で運用するとなれば、１トレード当たりのリスクは１％～1.5％になるだろう。一度に参入する市場数が最大で20市場ということも考えれば、最大許容リスクは２～３％くらいにはなるだろう。

毎年いくらの利益を出さなければならないか。また、その利益で生活費をまかなう必要はあるか。生活費をまかなうのに十分な利益が出なかったらどうするのか。生活費をまかなう以上の利益を上げてトレード資産を増やすことはできるか。トレード資産から毎月一定額の金を引き出して月々の支払いに当てることはできるか。
私はトレンドスタット社からサラリーをもらっているので、トレードで得た利益を生活費に当てる必要はない。私にとってトレードの利益は副収入にすぎない。

これはあなたには関係ないことは分かっているが、目標設定に関する標準的な質問のひとつとしてお聞きしたい。あなたは現実に即したトレードをしようと思っているか、それとも世界一のトレーダーのようにトレードしようと考えているか。例えば、50％の割合で正しく、損失の２倍の利益を出すような優れたシステムを持っているとする。こうした優れたシステムでも、偶発的に10回連敗することだってある。システムは今は期待どおりの成果を上げているが、10回連敗することもあることにあなたは耐えられるか。
私はリターンに対してもリスクに対しても非常に現実的だ。10連敗するようなことがあることも知っている。私自身過去にそういった経験をしたこともある。こういったことは当然想定しておくべきことだと思っている。

短期トレードをする時間はあるか。
１日にトレードに当てる時間はおよそ６時間で、残りの時間は特定の仕事や個人的なことに当てている。短期トレードはするつもりはないので、そのための時間がなくても特に問題はない。

人との付き合いは？
それほど必要とはしないが、適度にエンジョイしている。

毎日ひとりで仕事をしても平気か？　あるいは少人数、または大勢の人と働くのが好きか。他人があなたに与える影響は？
トレンドスタット社には大勢のスタッフがいるが、必ずしも人と一緒に仕事をしなければダメだということはない。ひとりで仕事することにまったく抵抗はない。トレーディングモデルの開発の初期段階で彼らに影響されるということもまったくない。

１年当たりのトレード資産に対するリターンとしてはどれくらいを目指しているのか。
およそ20～40％だ。

それを達成するために許容できるリスク水準は？
潜在的利益のおよそ半分だ。だから１年の最大許容損失は20％ということになる。

許容できる最大ドローダウンは？
およそ25％だ。

自分のプランがうまくいっているか否かはどうやって判断するのか。
いろいろなタイプの市場、つまりトレンド市場、横ばい市場、高ボラ

ティリティ市場でシステムに期待するリターンは？

私はあらゆるケースを想定したプランを立てる。最悪のケースのシナリオを設定し、その状況下でシステムを実際に実行してみて、シナリオごとに最良のケースと最悪のケースになった場合の数字をはじき出す。だからどういった事態になっても、得られる期待値の幅はすでに計算しているのであわてることはない。結果が予測した期待値の範囲内であればプランどおりにいったことが分かるし、結果が期待値を外れれば改善の必要があることが分かる。その場合は、どこが間違っていたのかを調べる。

期待するリターンは、最高で40％、最悪で10％、平均で15～25％だ。また、予想最大ドローダウンは25％だ。

昔、40％を超えるリターンを出した年があった。予想最大リターンを上回っていたので満足なのだが、とるリスクが大きすぎたことが分かった。だから一歩間違えれば、予想損失の枠を超えた巨大な損失になった可能性もあったわけである。それ以降、そういった最悪のケースが発生しないようにリスクを減らした。

B. トレーディングマネジャーとしての目標

次はいよいよあなたの本分であるトレーディングマネジャーとしての目標についてお聞きする。あなたが取引したい顧客は、個人投資家か、数人の仲の良い友人か、貴社に運用委託してくれる数人のプールオペレーターか、あるいはベテラントレーダーか。

適切な目標を持ったバランスの取れた顧客を望む。私のトレーディングマネジャーとしての目標は、わが社がAUMで上位100社の1社であり続けることだ。だからそういった目標を達成させてくれそうな顧客を選ぶ。わが社には今、個人トレーダーの顧客もいれば機関投資家の顧客もいる。彼らはある意味では違うし、ある意味では同じだが、

どちらのタイプの顧客も歓迎だ。

貴社の顧客はどういった人たちか。また彼らの目標は？　貴社は彼らにどういったサービスを提供しているのか。例えば、預かった金を分散投資するとか。
彼らは間違いなく分散投資を望んでいる。わが社は、リターンが10％から20％でドローダウンの低い４つの分散投資プログラムを用意している。われわれが目標とするのは、10％のドローダウンで20％のリターンを上げることだ。顧客はこれを知ったうえでわが社に運用を任せてくれているので、おそらくこれが彼らの目標だ。

あなたは顧客の金を運用しているが、顧客のリスク許容量はどれくらいか。また、顧客が貴社から金を引き揚げるのはどんなときだと思うか。
彼らは５～10％のリスクを望んでいる。15％を上回るドローダウンを出したとき、あるいはドローダウン期間が１年を超えたときは致命的だ。つまり、多くの客がわが社を切るのはそんなときだ。

ついでにお聞きするが、顧客が過剰に興奮するのはどれくらいの利益が出たときか。
利益が25％を超えると彼らは興奮を抑えきれなくなる。われわれとしてはあまり高いリターンは出したくないというのが本音だ。リターンが高すぎると、彼らはさらに高いリターンを期待し、しかもそういったリターンが続くと思ってしまうからだ。

貴社の手数料はどれくらいか。つまり、四半期ごとあるいは毎月顧客の口座から差し引かれる金額は総額でいくらか。顧客が貴社の手数料に満足するためには、どれくらいのリターンを上げる必要があるか。
当社の手数料は、２％の管理手数料と20％の成功報酬だ。手数料差し

引き後のリターンが15～20％で、ドローダウンがそれほど大きくないかぎり、顧客はこの手数料で満足する。

貴社の最大運用可能額は？　その額はどうやって達成するのか。またその額に達したらどうするのか。それによって貴社のトレーディングはどう変わるのか。
当社の最大取引額は10～20億ドルだ。今のところ、銀行、大口プールオペレーター、富裕層の個人投資家に対するマーケティングで達成するという方針を採っている。この額に達したら、それ以上は引き受けない。会社が大きくなるにつれ、トレーディングデスクを減らしてトレーディングを合理化する必要がある。

顧客との関係で発生する最悪の事態としてはどういったことが考えられるか。そういった事態が生じないようにするには、どういった対策を立てればよいと思うか。
顧客にとって最悪なことは、予期しないことが発生することだ。だから、顧客を教育することで予期しないことが発生してもパニックにならないようにしている。教育の一環として、彼らには私が書いた『パニック・プルーフ・インベスティング (Panic Proof Investing)』という本を配布している。

顧客からの投資額がいきなり増えたり、いきなり大金が引き揚げられたりした場合、どう対処するのか。
投資額がいきなり増えた場合のプログラムはすでにある。大金がいきなり引き揚げられた場合は自社で開発したソフトウエアで簡単に対応できる。

　お分かりのように、トムはトレーディングのどんな些細なことでも

詳細にプランを立てている。こういった訓練が重要な理由は理解していただけたことと思う。こういった訓練は、訓練を受けなければ思いつきもしなかったような問題について考える機会を与えてくれるのである。

パート３──トレーディングアイデア

　最後のパート３は、どういったトレードをしたいのかがメインテーマだ。市場、仕掛け、手仕舞い、マネーマネジメントについての考え方──トレーディングプランの要素──についてトムに話を聞く。

あなたがトレードしたい市場は？　それは専門に扱うのに適切な市場か。また、流動性のある市場だけでトレードしたいと思うか。あるいは非流動的な市場でも興味のある市場はあるか。
私はトレードする市場は特定せず、いろいろな市場でトレードしている。私がトレードしている市場は、先物市場が20、現金通貨市場が15、投資信託が30だ。私は流動性のある市場でしかトレードしないので、これらはすべて流動性のある市場だ。こういった流動性のある市場に限定しなかったら、今のように数十億ドルという金は集まらなかっただろう。

仕掛けについての考えを聞かせてもらいたい。仕掛けの重要性についてはどう考えているか。
私のトレーディングでは仕掛けは最も重要でない要素だろう。私が仕掛けたいのはトレンドが変化したときだ。トレンドが変化するまさにそのときに仕掛ければ、最高のリスク・リワード・レシオが得られるからだ。

目標とするリターンとドローダウンを達成するために用いる初期リスクストップは？　市場が再びその水準に近づいたら、動きに乗り遅れないようにすぐに市場に戻ることはできるか。
そもそも市場に参入したいと思った理由を考えると、ストップというものはその理由に反するものではないかと私は思っている。もちろん、市場に戻ることはいつも考えている。

　私のストップは、市場が今何をしているかによって決まる。リスクがポジションも建てられないほど大きくないかぎり、ストップはリスクとは間接的な関係しかない。私の場合、リスク管理はポジションサイジングのなかで行っている。これについては、このあと質問されると思うので詳しくはそのときに。

利食いの方法は？　反転ストップ、トレーリングストップ、テクニカルストップ、目標値などを使うのか。一般的な考え方には反するが、私はストップと手仕舞いに重点を置くべきだと思うのだが。
私は途中で利食いして利益を制限するようなことはしない。利はなるべく伸ばせ、というのが私の持論だ。手仕舞うのが惜しいほど自分の思惑どおりにトレードが動けば、そんなすごいことはない。

　トレーリングストップやテクニカルストップは使う。このストップ水準に達したら、ポジションを手仕舞う。

あなたのポジションサイジングの方法は？
資産の比率で設定したリスクとボラティリティ限界値でトレードする商品のポートフォリオを作成する。初期リスクとボラティリティは常に監視し、設定した限界値に維持する。さらに、現在のリスクとボラティリティは資産の比率で設定した値に維持する。こうすることで、ポートフォリオにオーバーナイトで発生しそうな変動は常に把握できるので、睡眠時間も確保できる。

トレーディングシステムを開発するに当たって自分の目標を設定することがいかに重要であるかは、これでお分かりになったことと思う。理解してくれたのであれば、本章は立派にその役割を果たしたことになる。本章の締めくくりとして、私がトムに聞いたのと同じ質問を読者のみなさんにもしてみたいと思う。

全質問に答えても数分しかかからないはずだ（そんなにかからないで答えられる人もいるだろう）。しかし重要なのは、これらの質問が提起する問題をじっくり時間を取って考えてみることである。トレードを始める前の準備作業の50％がすでにここに書かれていると考えると、理由は言うまでもないだろう。

あなた自身の目標を設定する

パート1——自己分析

1日のトレーディング時間はどれくらいか？（どういったタイプのトレーディングシステムを開発しなければならないかは、トレーディングに使える時間によって決まってくるので、トレーディングにどれくらい時間を使えるかはきわめて重要。フルタイムの仕事を抱え、市場を見るのは夜だけという人には超長期システムが必要なのは明らか）

トレーディングの最中に気を散らすようなことはいくつくらい考えられるか？

トレーディングシステムの開発、心理分析、トレーディングのビジネスプランの作成にはどれくらい時間を当てるつもりか？

コンピューターは得意か？　またトレーディングという冒険に足を踏

み入れる前に必要なスキルは？

統計学の知識は？

市場に関する知識は？（市場に関する知識とは、トレーディングの仕組み、市場を動かすもの、効果的かつ低コストで発注する方法、必要な指標などに関する知識をいう）

心理面での強みと弱み、特にトレーディングシステム開発における心理面での強みと弱みは？

自分を律するうえでの強みと弱みは？

強迫観念に取りつかれるといった傾向はあるか（つまり、トレーディングでどうしようもないほど興奮してしまうことはあるか）。個人的な葛藤はあるか（つまり、日常生活、仕事、あるいはトレーディングで何らかの葛藤を感じたことはあるか）。恐れや怒りといった感情に常に支配されているといったことは？

自分の資質を調査して、トレーディングを始める前に学ばなければならないこと、成し遂げなければならないこと、あるいは解決しなければならないことはほかにあるか。あるとすれば、あなたはそれをどうやって行うのか。

　これらのことはすべて、トレーディングシステムを開発する前に考えなければならないことだ。なぜなら、良いトレーディングシステムの探求とは、自分に最もフィットするシステムを見つけることを意味するからである。

パート２——目標を設定する

おそらくこのパートはトレーディングシステムを開発するうえで最も重要な部分だろう。行きたい場所が分からなければ、そこに到達することはできない。したがって、トレーディングシステムの開発では目標の設定に最も時間を割くべきだろう。

A．個人トレーダーや投資家としての目標

トレーディングにおけるあなたの強みは？　また、あなたのトレード概念であなたを優位に立たせる概念とは？（概念については第５章で解説する。概念についてよく知らない方は、第５章を読んだあとで答えてもよい。よく考えて答えてもらいたい）

あなたの個人資産は？　またそのうち損失許容額はどれくらいか。例えば、ほとんどのファンドは全資産の50％を失うとトレードをやめるが、あなたの場合はどうか。さらに、１トレード当たりの許容リスクはどれくらいか。

毎年いくらの利益を出さなければならないか。また、その利益で生活費をまかなう必要はあるか。

生活費をまかなうのに十分な利益が出なかったらどうするのか。生活費をまかなう以上の利益を上げてトレード資産を増やすことはできるか。トレード資産から毎月一定額の金を引き出して月々の支払いに当てることはできるか。

あなたは現実に即したトレードをしようと思っているか、それとも世

界一のトレーダーのようにトレードしようと考えているか。例えば、50％の割合で正しく、損失の２倍の利益を出すような優れたシステムを持っているとする。こうした優れたシステムでも、偶発的に10回連敗することだってある。システムは今は期待どおりの成果を上げているが、10回連敗することもあることにあなたは耐えられるか。

短期トレードをする時間はあるか。

人との付き合いは？

毎日ひとりで仕事をしても平気か？　あるいは少人数、または大勢の人と働くのが好きか。他人があなたに与える影響は？

１年当たりのトレード資産に対するリターンとしてはどれくらいを目指しているのか。

それを達成するために許容できるリスク水準は？

許容できる最大ドローダウンは？

自分のプランがうまくいっているか否かはどうやって判断するのか。いろいろなタイプの市場、つまりトレンド市場、横ばい市場、高ボラティリティ市場でシステムに期待するリターンは？

B．トレーディングマネジャーとしての目標

　トレーディングマネジャーを目指す人は、トレーディングマネジャーとしての目標も立てておこう。

あなたが取引したい顧客は、個人投資家か、数人の仲の良い友人か、あなたに運用委託してくれる数人のプールオペレーターか、あるいはベテラントレーダーか。

あなたの顧客はどういった人たちか。また彼らの目標は？　あなたは彼らにどういったサービスを提供するつもりか。例えば、預かった金を分散投資するとか。

あなたは顧客の金を運用しているが、顧客のリスク許容量はどれくらいか。また、顧客があなたから金を引き揚げるのはどんなときだと思うか。

顧客が過剰に興奮するのはどれくらいの利益が出たときだと思うか。

あなたの手数料はどれくらいか。つまり、四半期ごとあるいは毎月顧客の口座から差し引かれる金額は総額でいくらか。顧客があなたの手数料に満足するためには、どれくらいのリターンを上げる必要があるか。

あなたの最大運用可能額は？　その額はどうやって達成するのか。またその額に達したらどうするのか。それによってあなたのトレーディングはどう変わるのか。

顧客との関係で発生する最悪の事態としてはどういったことが考えられるか。そういった事態が生じないようにするには、どういった対策を立てればよいと思うか。またクライアントの問題あるいは問題のあるクライアントにはどう対処するつもりか。

顧客からの投資額がいきなり増えたり、いきなり大金が引き揚げられたりした場合、どう対処するつもりか。

パート３──トレーディングアイデア

　最後のパートは、どういったトレードをしたいのか、がメインテーマだ。市場、仕掛け、手仕舞い、マネーマネジメントについての考え方──トレーディングプランの要素──について質問する。

　あなたがトレードしたい市場は？　それは専門に扱うのに適切な市場か。また、流動性のある市場だけでトレードしたいと思うか。あるいは非流動的な市場でも興味のある市場はあるか。

　市場への参入条件として設定したい条件はあるか。あるのなら、どういう条件を参入条件として設定したいと思っているか（この質問にはトムは答えなかったが、きちんと回答を出しておいたほうが後々役立つと思うのでぜひ答えてもらいたい）。

　仕掛けについての考えを聞かせてもらいたい。仕掛けの重要性についてはどう考えているか。

　目標とするリターンとドローダウンを達成するために用いる初期リスクストップは？　市場が再びその水準に近づいたら、動きに乗り遅れないようにすぐに市場に戻ることはできるか（言い換えるならば、どういったタイプのストップロスを使う予定か、ということ）。

　利食いの方法は？　反転ストップ、トレーリングストップ、テクニカルストップ、価格目標などを使うのか。一般的な考え方には反するが、私はストップと手仕舞いに重点を置くべきだと思うのだが。

　あなたのポジションサイジングの方法は？（あなたが今考えているこ

とを書けばよい)

　これらの質問で提起した問題は非常に重要なものばかりだ。じっくり時間を取って考えてみていただきたい。

第2部
システムの概念化

Conceptualizing Your System

　第2部は、システムを概念化し、その構築に必要な基盤作りの手助けをすることを目的とする。第2部は4つの章から構成されている。まず第4章では、あなたにフィットするシステムを開発するうえで必要となる、きわめて重要な手順を提示する。これは、世界のベストトレーダーや投資家たちのリサーチ方法を調査するために、彼らを何年にもわたって追跡調査した結果として得られたものだ。

　第5章では、さまざまな概念のなかからあなたのシステム作りに役立つと思われるものをいくつか選んで説明する。この章は各概念に精通したエキスパートに執筆を依頼した。加えて、私自身による項目もいくつか含まれる。提示した概念のなかであなたの興味を引く概念はどの概念だろうか。気に入ったものがあれば、あなたのシステムに採用しても構わない。

　どういったシステムを開発するにしても、世界の全体的な動きを把握し、その変化に柔軟に適応できなければならない、というのが私の基本的な考え方である。第6章は世界の大局観に関する私の考え方を述べたものだ。例えば、あなたが1998年にハイテク株だけを買うトレンドフォロー型システムを持っていたとすると、自分は大金持ちになれた、大成功をした、と思ったことだろう。しかし、2000年にはすべてが逆さまになった。だからそのシステムでは対応できなかったはず

だ。
　第7章では期待値について説明する。本書で言う**期待値**とは、あなたのトレーディングシステムがリスク1ドルにつきいくらの利益を上げられるかを示すものだ。期待値を真に理解しているトレーダーや投資家は少ないが、期待値は本書を通じて最も重要なテーマのひとつである。

第4章

システム開発の手順
Steps to Developing a System

　航海領域を示し最善の航路を記すための地図がなければ航海は不可能だ。これと同様に、情報をうまく表現するためにはデータのマップ化やモデル化が必要だ。　　　　　——デビッド・フォスター博士

　複数の人がうまくやれることなら、そのスキルは複製、つまりモデル化が可能で、ほかの人にも教えることができる。この考え方を基に考案されたのが、モデル化の科学といわれる**神経言語プログラミング（NLP）**である。良いモデルを作るには、まずモデル化しようとしていることをうまくやっている複数の人を見つけだし、彼らに話を聞き、彼らがやっていることのなかから共通するものを見いだすことが必要だ。共通する重要な作業を抽出することはモデル作りの鍵を握る重要な作業だ（モデル化に必要なのはこれだけではない。各作業の要素を洗い出し、出来上がったモデルを人々にインストールするという作業も必要になる。本書ではモデル化の手順をシステム開発モデルを使って説明しているが、モデル化そのものは説明に本をまるまる1冊を要するほどのテーマである）。成功した人が行っていることのなかから**共通する**ものを見いだすことはきわめて重要だ。そうでなければ、彼らの特異性を発見するだけに終わり、そんなことをしても大して意

味はない。

　この25年間、私は何百人という優れたトレーダーや投資家の指導に当たってきた。その間、こういったエキスパートからトレーディングに関するリサーチを行う方法を知る機会を得た。システム開発の手順はいたって明快で簡単だ。本章では、彼らとの付き合いを通じて開発したモデルの概要を述べていく。この第2版では、初版で紹介したモデルの改良版を紹介する。

1．資質の調査

　システム開発を行うに当たってまずやらなければならないのは自分の資質（インベントリー）の調査である。つまり、自分の強みと弱みを知るわけである。市場で成功するためには、自分に合ったシステムが必要だ。そしてそういったシステムを開発するためには、まず自分自身のことをよく知る必要がある。自分にはどういったスキルがあるのか。自分はどういった性格をしているのか。トレーディングにはどれだけの時間を費やすことができるのか。自分の持つ資源や自分の強みと弱みは？　自分自身のこともよく知らないで、自分に合った手法を開発することなど不可能である。しかし、自分自身のことを知ると一口に言っても、どういったことを知る必要があるのだろうか。次に示すのはその具体例だ。

- ●プログラミングスキルはあるか。ない場合、専門家を雇ったり、プログラミングを教えてくれる人を雇う資金はあるか。
- ●自分の全資産は？　そのうちのリスク資産は？　自分で開発したシステムでトレードしたり投資したりするには十分な資金が必要だ。資金不足はトレーダーや投資家の抱える大きな問題点のひとつである。十分な資金がなければ、十分なポジションサイズでトレードす

ることは不可能だ。この点は見落とされがちだが、良いシステムを開発するための重要な要素のひとつである。
●どれくらいの損失に耐えることができるか。
●数学は得意か、また、統計学や確率の知識はどれくらいあるか。

　このほかにも考えなければならない問題はいろいろある。例えば、トレーディングに費やすことのできる時間に制限があるかどうかもそのひとつだ。フルタイムの仕事を抱えている人の場合、その日の終値のデータを毎晩30分だけ見ればいいような長期システムを開発する必要があるだろう。こういったシステムを使えば、終値のデータを確認したあと、ブローカーに翌日分のストップオーダーを出すだけなので時間はそれほどかからないため、時間のない人にはお勧めだ。１日中相場を見ているプロのトレーダーでも、終値のデータのみを用いる長期システムに依存している人はいまだに多い。
　また、自分のお金を運用するのが目的なのか、あるいは他人の資金を運用するのが目的なのかも重要な要素である。他人の資金を運用することが目的の場合、彼らの心理があなたのトレーディングに与える影響を考慮する必要がある。この影響はかなり大きい。例えば、いつも文句を言っているような顧客がいたとしたら、あなたのトレーディングも少なからず影響を受けるはずだ。
　一例を考えてみよう。あなたがマネーマネジャーだと仮定する。２カ月続けて損を出したあと、顧客が資金を引き揚げる。次の３カ月は利益を出したので、その顧客は再びあなたに資金を預けてくる。そしてまた２カ月続けて損を出したので、彼女は再び資金を引き揚げる。彼女はあなたがまた利益を出すまで待つことにする。そして５カ月続けて利益を出したところで、彼女は再びあなたに資金を預けてくる。するとあなたはまた２カ月続けて損を出す。つまり、あなたはマネーマネジャーとして大金を稼いでいるにもかかわらず、彼女はずっと損

をし続けているわけである。彼女の側に原因があるにしても、これが続けば彼女の被る痛手は相当なものになり、それがあなたにもあなたのトレーディングにも影響を及ぼす可能性はある。彼女が文句の多い人間であれば特にそうだ。

　さらに、自分の心理面についても十分な分析が必要だ。第3章の資質のところでは、顧客の資金の運用について質問をした。そのときのことを思い出してみよう。あなたはすぐに答えを出したか、それとも自分の信じていること・感じていることをじっくり考えてみたか。さらに、ただ質問に答えただけか、それとも答えを書く前に一つひとつの答えをじっくり見直したか。自分の答えとトム・バッソの答えを比較してみよう。自分はプロのトップマネーマネジャーとどこが違うのか。

　第3章の質問以外にも、自分の資質を調査するうえで重要なのは、「自分は何者なのか」を自分に問うてみることである。この質問に対する答えはあなたのすべての行動の基礎となる。だから真剣に考えてみていただきたい。

　昔、顧客のひとつに大きなトレーディング会社があった。私はその会社の社長に毎月1回電話でアドバイスをしていた。ところが2006年の初め、彼は月1回の電話によるアドバイスをキャンセルしてきた。やることを変えようと思っている、だから重要なことを選り分ける必要がある、と彼は言った。彼からのeメールを読んでその意味がはっきりした。つまり彼は「自分は何者なのか」という質問をもう一度自分に突きつけてみたわけである。それまで彼は、①トレーディング会社のCEO、②トレーディンググループのリーダー、③そのグループ内のベストトレーダーの1人──という3つの肩書きを持っていた。「自分は何者なのか」を考え直した結果、彼はトレーディンググループを解散し、トレーディングにもっと集中すべきであるという結論に達した。なぜなら、自分の資質を調査した結果、2番目の役は自分に

は合わないと判断したからである。

「自分は何者なのか」を考える場合、自分自身について自分はこういう人間だと思っていることを洗いざらい書き出してみることをお勧めする。紙を何枚か用意して、思いつくままに自分のことを書いてみよう。自分はどういう人間なのか、何を信じているのか。自分自身のことを100個も書き出してみれば、自分自身のことがはっきり見えてくるに違いない。

次に示すのは、私の顧客のひとりが自分について思っていることを書き出したもののなかからいくつかを抜粋したものだ。

- 私はフルタイムのプロトレーダーで、1日の数時間を費やしてベストなトレーダーになるために努力している。
- 私は向こう12カ月以内にフルタイムトレーダーになるために懸命に努力している。
- 私は個人口座は短期トレードで運用し、年金口座は長期トレードで運用している。
- 私は短期トレード口座では50％以上のリターンを上げる自信はあるが、年金口座は市場を上回る程度のリターンを上げられればいいと思っている。

これは私の顧客のひとりが自分自身のことを書き出したほんの一例だが、あなたが自分自身のことを書き出すときのヒントになるはずだ。それでは自分自身のことを書き出してみよう。

2．先入観にとらわれることなくマーケットの情報を収集せよ

われわれが行っている3日間セミナーのひとつが「デベロービン

グ・ア・ウイニング・システム・ザット・フィット・ユー」セミナーである。1回前のセミナーからはオーディオシリーズでの聴講も可能になった。彼らはこのセミナー（またはオーディオシリーズ）から多くのことを学んではいるが、心理的な問題を克服するまでは十分な学習ができない人もいる。例えば、われわれが教えようとすることをまったく受け入れようとしない人がいる。彼らは自分の考えにとらわれ、一般的なモデルを学習して自らの手法を改善しようとはしない。ましてや自分を変える必要があるという話になど耳を貸すはずもない。面白いことに、われわれが提供するアイデアを最も必要としているのが、実はこういった自分の考えに固執する人たちなのである。

　システム開発の第2ステップの最初の項目は、先入観を捨て去ること、である。そのための方法をいくつか紹介しよう。

　まず第一に、教えられたこと――本書でこれまでに読んできたすべての文を含む――に関しては、信じることが大事であることを理解することである。「地球は平らだ」はひとつの考え方である。「地球は丸い」もひとつの考え方である。「違うよ、2番目の陳述のほうが真実だ」とあなたは言うかもしれない。おそらくそうだろう。しかし2番目の陳述もひとつの考え方であり、その一つひとつの言葉に重要な意味がある。例えば、**丸い**は何を意味するのだろうか。同様に、**地球**が意味するものは？

　真実であるように思えるものでも、比較的そうであるというだけであり、その真実度は状況によって異なる。つまりその真実度は設けられる前提や持ち込まれる見方によって違ってくるということである。そして設けられる前提や持ち込まれる見方もすべてそれぞれがひとつの考え方である。「真実」はあなたが作り出した「都合の良い考え方」である――こういう風に考えれば、思考に柔軟性が増し、広い心で物事を考えられるようになるはずだ。

　われわれが真実と考えていることは、われわれが信じていることに

すぎない。あなたの考え方が変われば、あなたが真実と思うことも変わる。もちろん、私が今言ったことも私が信じていることにほかならない。こういった考え方ができるようになれば、何が真実かは実際には分からないのだということを認めることができるようになるだろう。つまりあなたが真実だと思っていることは、あなたが生きていくうえで規範とするひとつの世界モデルにすぎないのである。そして新しい考え方に出くわすたびに、**有用性**に基づいてその考え方を評価できるようにもなる。自分の知っていることや信じていることと対立するものに出くわしたら、「これは自分の考えていることよりもっと有用だろうか」と自分に問うてみるとよい。新しいアイデアや新しい情報に対して先入観を捨てて対峙できる自分に驚くことだろう。私の好きな言葉のひとつは、「物事の真の姿などわれわれはけっして知り得ない、けっして」というアインシュタインの言葉である。

したがって、マーケットについてあなたが何を信じるのかを決めるときに必要な要素のひとつが、先入観を持たないことで

> 次のことに留意すること――あなたがトレードや投資するのは市場ではない。あなたがトレードできるのはマーケットについてあなたが信じていることだけである。

ある。先入観を持てば自分の信じていることは「本当に信じていること」ではなく、信じていると「錯覚」しているものにすぎなくなる。「錯覚」でトレードすること――だれもが錯覚でトレードしている――は、本人がそれに気づいていないときには特に危険である。そしておそらくは、自分の信じていることに対して大きな思い違いをしている可能性が高い。

40歳のベテラントレーダーであるチャールズ・ルボーは、トレーディングシステムの設計を始めたとき、マーケットについて信じていることが何百もあったという。しかしそのほとんどは、コンピューター

による検証には耐えることはできなかったそうだ。

　先入観をぬぐい去ったら、マーケットについて書かれた本を読み始めるとよい（ここで紹介する本はすべて巻末の「推薦図書」で紹介している）。特にお勧めなのが、ジャック・シュワッガーのものだ。シュワッガーの書籍ならどれを読んでも構わないが、『**マーケットの魔術師**』（パンローリング）や『**新マーケットの魔術師**』（パンローリング）辺りから始めるのがよいだろう。いずれもトレーディングと投資の本のなかでは最高傑作である。このほか『**ファンダメンタル・アナリシス（Fundamental Analysis）**』と『**ジャック・シュワッガーのテクニカル分析**』（パンローリング）もお勧めだ。

　チャールズ・ルボーとデビッド・ルーカス共著の『**マーケットのテクニカル秘録──独自システム構築のために**』（パンローリング）はトレーディングシステムの開発プロセスを体系的に書いた本としては最高のものだ。私自身この本から学んだことは多い。またチャックと定期的にセミナーを開催することからも多くのことを学んでいる。このほかのお勧めとしては、ペリー・カウフマンの『**スマーター・トレーディング（Smarter Trading）**』、シンシア・ケイスの『**トレーディング・ウィズ・ジ・オッズ（Trading with the Odds）**』、ウィリアム・オニールの『**オニールの成長株発掘法──良い時も悪い時も儲かる銘柄選択をするために**』（パンローリング）などが挙げられる。また、概念について本書の枠を超えた思考を促すという点で、トゥーシャー・シャンデの『**売買システム入門──相場金融工学の考え方→作り方→評価法**』（パンローリング）もお勧めしたい。

　ゲームを有利に戦うためには、マーケットについてあなたが信じることが有用なものでなければならない。ここで紹介した参考図書は、そういったマーケットの見方ができるようになるための基礎作りとして最適なものばかりだ。あなたの頭の中に渦巻く、トレーディングに関する切実な疑問にも答えてくれるはずである。詳しくは巻末の「推

薦図書」をご参照いただきたい。

　紹介した本を読み終えたら、マーケットについて自分が信じていることを書き出してみよう。本書の一文一文は私がマーケットについて信じていることを表すものである。このなかにはあなたの考えと同じものが見つかるかもしれない。自分がマーケットについて信じていることを見いだすときの参考にしていただきたい。このステップは、マーケットを探究し大金を紡ぎ出す自分のシステムを開発するときに取り組むべき後々の作業の準備作業になる。マーケットの探究とマーケットについて自分が信じていることを書き出したリスト（最低100項目）は、あなたに合うトレーディングシステムのベースになるはずだ。少なくとも、出来上がったリストはシステム作りの良い出発点にはなるだろう。本書で述べられているトレーディングシステムの各要素と自分のリストとを見比べて、自分のリストがシステムの各要素をすべて網羅しているかチェックしてみよう。

　本書を読むときには、自分が同意する点と同意しない点をメモしながら読み進めていただきたい。どれが正しくて、どれが間違っているということはない。本書に書かれていることは私が信じていることにすぎず、それに対してあなたがどれほどの意味を感じ、エネルギーを注げるのか。それだけのことである。こうした批判的な読み方をすることで、自分が何を信じているのかが本当に分かってくるはずだ。私は本書の原稿を10人のトレーダーに読んでもらった。彼らからもらったコメントには彼らが信じていることがそのまま反映されていた。以下に彼らのコメントのいくつかを紹介する。

●ポジションサイジングは別のシステムではなく、システムの一部だと思う。
●指標はチャートデータをゆがめたものというよりは、チャートデータから導き出されるものだ。

- 期待値には「カーブフィッティング」「データマイニング」、長期データ問題といったヒューリスティックが持ち込まれるため、多くの欠点がある。
- カタストロフィー（破局）をもたらすイベントは、それによってマーケットのボラティリティや価値の少なくともいずれかが増加や減少するかもしれないという以外は予測不可能だと思う。したがってシステム設計で重要なのは、ボラティリティの変化に対応できるようなシステムを作るということだ。
- 悪いトレードは負けトレードのことではなく、自分の仕掛けの判断基準を満たしていないにもかかわらず仕掛けたトレードのことである。
- 勝率は仕掛けとは無関係で、手仕舞いと関係があると思う。
- 今のマーケットはメジャーなベアマーケットだなんて言えば、読者の心理的バイアスを生むことになりはしないか。あなたは預言者ではないのだ。
- マーケットは85％は横ばいだとあなたは言っているが、この数値はちょっと高すぎるのではないだろうか。マーケットが横ばいなのはせいぜい50％から75％だと思う。

　彼らは自分たちの考えを反映するように本書の内容を変更してもらいたかったようだが、私は自分の信じていることを貫くことにした。その代わり、あなた方読者には、あなたの信じていることは私の信じていることと違うものがあるかもしれない、と言うことにした。あなたの信じていることはあなたにとって有用なものだろうか。自分の信じていることを認識することは重要だ。なぜなら、トレードに使えるのは自分の信じていることに合ったシステムだけだからだ。

3．目標を定める

　自分が何を目指しているのかも分からずにお金儲けのできるシステムを開発することは不可能だ。自分の目標を考え、それを頭の中にしっかりたたきこんでおくことは、システムを開発するうえできわめて重要なことだ。目標設定には、システム設計にかかる全時間の20～50％は費やすべきだろう。ところが目標設定をまともにやる人は少なく、大部分の人は目標設定は完全に無視するか、わずか数分しか費やさない。目標設定を真面目に考えているかどうかは、第3章の質問にどれくらいの時間を費やしたかで分かる。

　第3章の質問には時間をかけてじっくり取り組んでいただきたい。わずか15分から30分やそこらでは、十分に時間をかけたとは言えない。目標設定はほとんどの人にとってできれば避けて通りたい作業のひとつだとは思うが、素晴らしいシステムを開発したいのであれば、この作業には十分な時間を当てなければならない。先入観を捨てることがいかに重要なことであるかをくれぐれも忘れずに。これはしっかりとした目標を設定するうえで重要なことである。

4．どういった概念でトレードするのか

　トレーディングの指導をしてきた経験から言えば、概念は明確なものでなければ役に立たない。次のステップは、トレードに用いられるさまざまな概念を知り、そのうちから自分に合ったものを見つけるという作業だ。概念についてはこのあと1章分を使って説明するが、そのうちのいくつかをここで簡単に紹介しておこう。

トレンドフォロー

　この概念は、マーケットはときとして**トレンド**を形成する（つまり、長期にわたって上昇や下落を続ける）ことを前提としたものだ。トレンドの始まりを見抜き、動きの大半をとらえることができれば大金を稼ぐことができる。しかしトレンドフォロワーと言えるためには、上昇しているものを買い、下落しているものを売ることができなければならない。そしてマーケットの上昇期間が長ければ長いほどやりやすくはなるだろうが、どこかの時点で買うことができなければトレンドフォロワーとは言えない。トレンドフォローで行こうと考えている人は、次のことを事前に決めておく必要がある。

- トレンドの始まりはどうやって見抜くつもりなのか。トレンド市場であるかどうかをどうやって見極めるつもりなのか。
- 上昇トレンドと下降トレンドのどちらでトレードするつもりなのか。
- 横ばい相場になったらどうするつもりなのか（一般にマーケットの85％は横ばい相場であると言われている）。
- 仕掛けるべきかどうかは何を基準に判断するつもりなのか。
- 逆行する値動きにはどう対処するつもりか。
- トレンドの終わりはどうやって見極めるつもりなのか。

　図4.1はトレンド相場を示す良い例だ。トレンドの始まりを早めに発見できれば、大金を稼げる可能性がきわめて高いことが分かるはずだ。トレンドフォローについては第5章でトム・バッソが詳しく説明する。

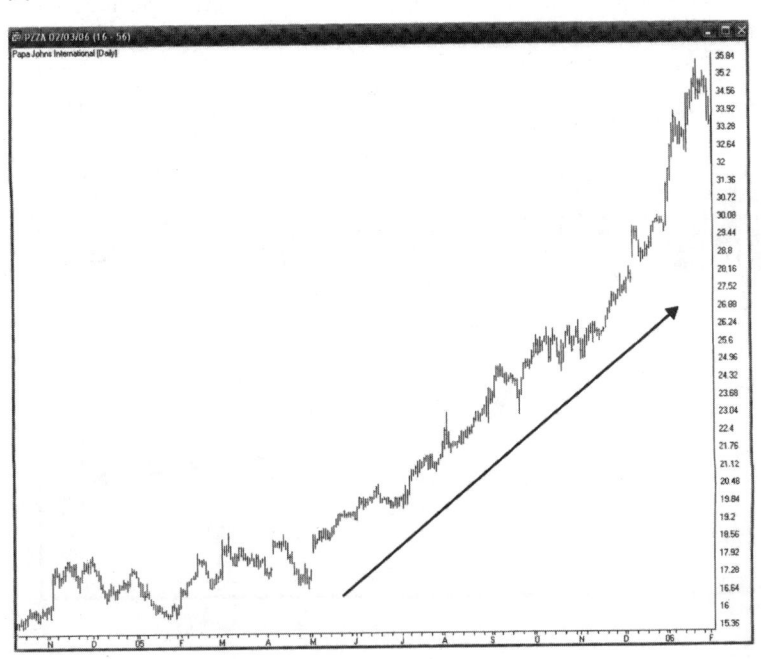

図4.1　パパ・ジョーンズ・ピザ──上昇トレンド株が明らかな例

バンドトレーディング

　トレードでよく使われる2番目の概念が**バンドトレーディング**である。マーケットがレンジ相場であることを前提とするのがこの概念だ。一定時間上昇してレンジの上限に達したら、今度は一定期間下落してレンジの下限に達するといった動きを繰り返すのがレンジ相場の特徴だ。**図4.2**はバンドトレーディングが可能なレンジ相場の例を示したものだ。

　図4.2はリニアテクノロジー社のチャートを示したものだが、このチャートを見れば、価格がバンドの上限に達してそれを上抜いたら売り、逆に価格がバンドの下限に達してそれを下抜いたら買いであるこ

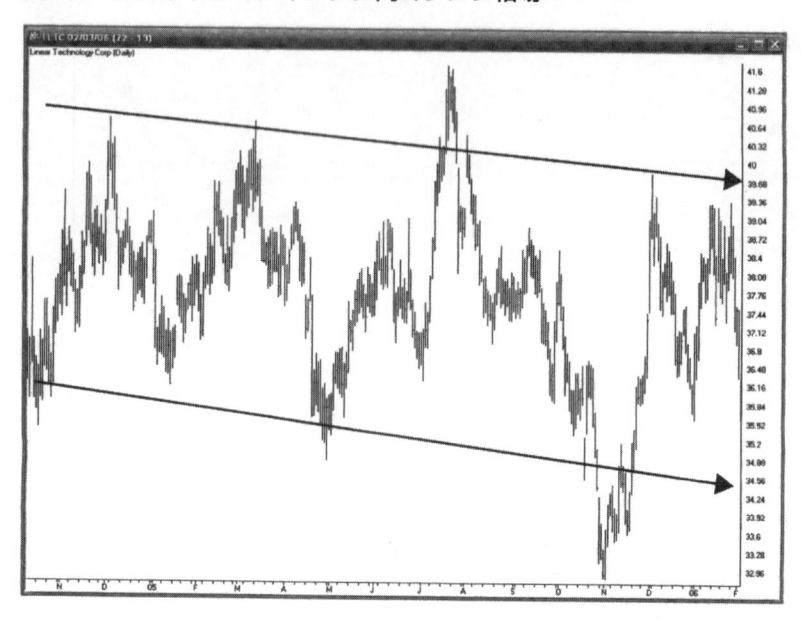

図4.2　バンドトレーディングに向くレンジ相場

とが分かる。しかし、だれもが疑問に思うのは、バンドの上限と下限をどうやって見極めればよいのか、ということだ。**図4.2**のバンドは過去のチャートの上に私が勝手に描いたものだが、数式を使えばバンドの位置をもっと客観的に計算することができる。価格はいつもバンドの上限や下限に達するとは限らない。仕掛けた側と反対側のバンドに達しなくなったら、どうやってポジションを手仕舞いすればよいのだろうか。あるいはバンドが崩れたらどうすればいいのか。

　レンジ相場では、レンジの上限で売り、レンジの下限で買うのが一般的だろう。この概念でトレードするには、次のことを事前に決めておく必要がある。

● レンジ相場かどうかはどうやって判断するつもりなのか。
● 自分の使っているバンドはトレンド相場ではうまくいくのか。

●レンジをどう定義するのか。例えば、固定バンドを使うべきなのか。
●仕掛けるべきかどうかは何を基準に判断するつもりなのか。
●バンドが崩れたらどうするのか。つまり、どうやって手仕舞うつもりなのか。
●手仕舞いは仕掛けた側と反対側のバンドで行うのか。また手仕舞いの判断基準は？

バンドトレーディングについては、第5章でD・R・バートンが詳しく説明する。

バリュートレーディング

バリュートレーディングで重要なのは、バリュー（価値）をどう定義するかである。割安の株や商品を買い、割高なものを売るのがバリュートレーディングだ。このアプローチを用いるときには次のことを事前に決めておく必要がある。

●バリューをどう定義するのか。
●何かが割安というのは、どういうときにそう言えるのか。
●割安なものを買うときの判断基準は？
●割高なものを売るときの判断基準は？

ファンダメンタリストやポートフォリオマネジャーの多くは何らかの形のバリュートレーディングを使っている。

アービトラージ（裁定取引）

ある市場で何かを安値で買うと同時に、別の市場で同じものを高値

で売る取引のことを**アービトラージ**という。このように同じものであるにもかかわらず価格差が生じるのは、法に何らかの抜け穴があるか、市場の仕組みによるものである。例えば、私の顧客のひとりは最近シカゴ商品取引所（CBOT）の会員権を300万ドルで買い、その会員権に含まれる権利を分割して売れば380万ドルになることを発見した。つまり会員権を買ってその権利を分割して売るたびに27％の利益が確実に得られるわけである。これほど確かな取引はないだろう。しかし、楽な取引の裏には必ず落とし穴が潜んでいるものだ。私の顧客のケースの場合、CBOTの会員権を買うためにはCBOTの株を買うことが義務付けられているという点だ。そしてその株は6カ月たたないと売ることはできない。したがって、その6カ月の間に株価が27％下落すれば、会員権の分割売りで得た27％の利益と相殺されて総利益はゼロになる。つまりアービトラージにはリスクが伴うのである。

アービトラージが自分に合った概念だと思う人は、次の質問に答えられるかどうかチェックしてみよう。

- 抜け穴を見つけるには市場のどの部分を調べる必要があるのか。
- 抜け穴とは一体何なのか。それを最大限に利用するにはどうすればよいのか。
- どういったリスクが考えられるのか。
- 抜け穴はどれくらい存続するのか。また、抜け穴が消失したことはどうやって知ればよいのか。

フロアトレーダー、なかでもオプション取引をしているフロアトレーダーはさまざまなタイプのアービトラージを行う。さらにデイトレーダーのなかには2000年以降も生き延びた人が何人かいるが、彼らが生き延びることができたのは良いアービトラージの機会を見つけることができたからだ。アービトラージについては第5章で故レイ・ケリ

ーが詳しく説明する。

概念としてのサヤ取り

マーケットメーカーやオプショントレーダーたちが用いるもうひとつのテクニックがサヤ取りである。**サヤ取り**とは価格差を利用してサヤを取るという点ではアービトラージに似ているが、サヤ取りではあるものを買うと同時に別のものを売る。例えば、外国為替取引は、ひとつの通貨を買う（価格が上昇したら利益になる）と同時に別の通貨を売る（価格が下がったら利益になる）ことを意味するので、取引のほとんどは一種のサヤ取りだ。

サヤ取りを考えている人は、次のことを考えてみよう。

- 何が動くと思っているのか。
- リスクをヘッジするためには、その動きに対して何を売ればよいのか。
- 利益は限定されるのか（オプションのサヤ取りのなかには利益が限定されるものもある）。
- 自分が間違っているとき、それをどうやって知ればよいのか。
- あるいは正しいとき、その動きが終わったことをどうやって知ればよいのか。

ケビン・トーマスは私のスーパートレーダープログラムに最初に参加してくれた人物だ。サヤ取りについては第5章で彼が詳しく説明してくれる。

第5章ではこれらの概念以外にも、**季節性**（マーケットが動きやすい特別な期間や時期にトレードすること）や、この宇宙には秘密の秩序が存在することを信じるといった概念についても紹介する。私は概

念についてはこれら以外には知らないが、これだけあれば自分に合ったものがひとつか２つは見つかるはずだ。

５．大局観を把握せよ

　私がトレーダーのコーチングを始めたのは1982年のことだ。それ以降現在に至るまで、マーケットに発生する周期を何度も見てきた。コーチングを始めた当時の生徒は、先物トレーダーとオプショントレーダーがほとんどだった。これは何とも不思議だった。なぜなら、私がコーチングを始めたのは、折りしも株式市場が超長期のメジャーなブルマーケットに入ったばかりのころだったからだ。

　1980年代、先物市場は大手CTAの独壇場であったにもかかわらず、私の顧客のほとんどは先物をトレードし続けた。そして1980年代の終わりにかけて、（インフレの沈静化に伴い）先物市場でトレンドが形成されなくなると、先物トレーダーたちは全員が徐々にFXトレードへと移行していった。

　そして1990年代中ごろには、株式トレーダーの顧客が増え始めた。株式トレーダーの顧客数がピークを迎えたのが2000年３月で、われわれが催した株式市場セミナーの参加者は70人を超えた。当時、セミナーの開催場所であった地方のホテルのあるバーテンダーが別のバーテンダーに話していた。「俺たちもタープ博士の株式市場セミナーに出席したほうがよさそうだね」。しかし別のバーテンダーの答えはこうだった。「いや、おれはセミナーの講師をやりたいね。おれでもやれると思うから」

　マーケットが極端な水準になると、こういったことはよく起こる。2000年のことはまだ記憶に新しいはずだ。そして2006年の今、われわれの顧客の半数は再び先物トレーダーになっている。こうしてみると、われわれの顧客がホットな銘柄を追いかけて周期で動いているのは明

らかだ――おそらくは悪いタイミングで。こういった顧客の振る舞いを見てきた結果として言えることは、システム開発の一環として大局観の把握を組み入れるべきだということである。勝てるトレードプランの構築には、大局観に合った相関性のない複数のシステムの開発が不可欠だ。また大局観が変われば、さらなるシステムの開発が必要になることもあるだろう。

このステップ（大局観の把握）はきわめて重要だ。したがって大局観の把握については章を改めて説明する。さらに私の大局観についての見解はフリーeメールのニュースレター「Tharp's Thoughts」で毎月更新しているのでそちらも参考にしていただきたい。

6．トレードする時間枠を決める

6番目の仕事は、どれだけアクティブにトレードしたいのかを決めることだ。あなたはどういった時間枠でトレードしたいのか。ポートフォリオの見直しは四半期に一度という長期型トレーダーになりたいのか。ポジションの保有期間が1年以上の株式トレーダーになりたいのか。あるいはポジションの保有期間が1カ月から半年の長期型の先物トレーダーか。1日に何度もトレードを繰り返し、1トレードの保有期間が数日を超えることがないスイングトレーダーか。あるいは究極のアクティブトレーダー――つまり、1日に3～10回トレードを行い、オーバーナイトリスクを避けるためにすべてのトレードはその日の終わりまでに手仕舞いするデイトレーダーになりたいのか。

表4.1は長期トレードの長所と短所を示したものだ。長期トレード（または長期投資）は簡単だ。1日にトレードに要する時間はごくわずかで、心理的プレッシャーも最低限で済む。空いた時間を仕事や趣味に当てればプレッシャーを感じることもほとんどないだろう。使うシステムもかなりシンプルなものでよく、ポジションをかなり大きく

表4.1 長期トレードの長所と短所

長所	短所
●マーケットを１日中見ている必要がない――自衛手段としてはストップやオプションを使えばよい ●心理的プレッシャーがほとんどかからない ●取引コストが少なくて済む ●１回か２回のトレードで１年分の利益を稼ぐことができる ●損失１ドル当たりに対する利益が１ドルを大幅に上回る期待値（第７章を参照）が得られる ●簡単な手法で大金を稼げる ●それぞれのトレード（または投資）に対する利益機会が理論的に無限 ●データや設備にかかるコストが最小限で済む	●日中の値動きでちゃぶつく危険に日々さらされている ●１つのポジションによって資産が大きく変動することがある ●忍耐力が必要 ●勝率（全トレードに対する勝ちトレードの割合）が50％以下 ●トレード回数が少ないので多くの市場に投資する必要があり、そのため資金力が必要 ●流動性の高い大きな先物市場でトレードする場合、大きな資金力が必要 ●大きなトレーディング機会を１回逃せば、勝ち年が一瞬のうちに負け年に転じてしまうことがある

すれば大金も稼げる。

　長期トレード（または長期投資）の最大の長所は、それぞれのポジションで無限の利益機会が得られる（少なくとも理論的には）点にあると私は思っている。投資で大金持ちになった人を調べてみると、多くの銘柄を買い、それを長期保有することで富を築いた例が多いことに気づくはずだ（おそらく彼らは時価総額の小さい銘柄を多数買ったのだろう。こういった銘柄はひとつでも大化けすれば、残りがダメでも大儲けできる。こういった銘柄のほとんどは放っておかれることが多かったため、負けトレードになっても無価値になるまで手放されることはなく、勝ちトレードも大化けして初めてそれに気づくというケースが多い）。保有していた銘柄のひとつが金脈に変身するのである。

表4.2　短期トレードの長所と短所

長所	短所
●毎日多くのトレード機会がある ●非常にエキサイティングで刺激的 ●期待値がリスク1ドル当たり50セント以上の手法を使えば、1カ月の収支がマイナスになることはない――1週の収支がマイナスになることさえないこともある ●デイトレードはオーバーナイトリスクを伴わないため、巨大なマーケットでトレードしても追証が発生することはほとんどない ●だれもが欲しがる高確率仕掛けシステムが使える ●ひとつの機会に失敗しても別の機会が常にある ●取引コストが以前に比べるとかなり安くなったため、参入しやすくなった	●取引コストは以前に比べ安くなったとはいえ、まだまだ高く、しかもトレードを繰り返せばコストがかさむ。例えば、私自身のアクティブ口座の昨年の取引コストは口座の当初資産のおよそ20％にも及んだ ●エキサイトしてもお金は儲からない。エキサイトするのは心理的な欲求でしかない ●時間に制約があるため利益にも制限がある。したがって利益を出すには50％を優に超える勝率が必要。ただしこの経験則には例外もある ●短期トレードでは最新の気配値が必要になるためデータコストがかかる ●高確率な仕掛けをしても損失が利益を上回ることが多々ある ●短期システムはマーケットのランダムノイズの影響を受けやすい ●心理的プレッシャーが大きい

つまり数千ドルの投資が10～20年の間に何百万ドルにもなるというわけである。

　長期トレードの最大の短所は忍耐力が求められる点だ。例えば、長期トレードでは機会はそれほど多くないため、その機会が訪れるまで辛抱強く待たなければならない。また、いったんポジションを建てれば資産はかなり大きく上下する（資産変動を最低限に抑えるための対策は講じることができる）ため、資産変動が落ち着くまで待つことも必要だ。長期トレードのもうひとつの短所は、資金力が必要という点である。十分な資金がなければ十分なサイズのポジションを建てられ

ないからだ。事実、ただ単にトレード資金や投資資金が不足していたばかりにマーケットで資金を失った人は多い。

　一方、短期トレード（デイトレードから１～５日のスイングトレード）にも長所と短所がある。それを示したものが**表4.2**だ。長期トレードの長所・短所と比べてみると、どちらのタイプのトレードが自分の性格に合っているかが分かるはずだ。

　昔、１日におよそ６回トレードを行う短期のFXトレーダーがいた。どのトレードの保有期間も１日あるいは２日を上回ることはなかった。ところが不思議なことに、利益と損失はほぼ拮抗し、トレードの75％で利益を出していた。これはトレード手法としては申し分ない。彼のトレード資産は50万ドルで、信用取引枠は1000万ドルだった。本書でこのあと述べるポジションサイジングを理解すれば、このシステムが実在するシステムのなかでは聖杯システムにきわめて近いシステムであることが分かってくるだろう。このシステムとこの資産額があれば、彼にとって毎年１億ドル稼ぐことも夢ではないだろう（こういった素晴らしいシステムを持つ人にも運命は過酷だ。このトレーダーの場合、大きなサイズでトレードすることができなかった。悪いことに心理が邪魔をしてその問題を解決することもできなかった。要するに、自分の問題点をしっかり認識できていなかったわけである。彼は今トレードできない状態にある。神経質になり、トレードしようとすると胃痙攣を起こすからだ。私に言わせれば、彼は聖杯システムの真の意味――自己の探求――をまったく理解していなかったのだ）。

　しかし、すべての短期システムがこうかといえば、そうではない。60％を大幅に上回る勝率を持つシステムはめったになく、利益は損失を下回るのが普通だ。ときには期待値がマイナスになることもある（私の顧客の１人は、利益が損失を大幅に上回ることを主眼に置いてデイトレードシステムを開発した。彼のシステムの勝率は50％を下回るが、かなり良い正味リターンを上げている。短期システムの開発に

はこうした別の視点で取り組むことも可能だ)。また１回の大きな負けがシステム全体を崩壊させ、大きな心理的ダメージを与えることもある。さらに短期トレードにはかなり大きな心理的なプレッシャーがかかる。かつて次のような内容の電話を受けたことがある。

　　私はほぼ毎日儲けを出していますし、この２年負けた週は一度もありませんでした。少なくとも今までは。ところが先日、この２年間の利益をそっくりそのまま市場に返してしまったのです。

　短期トレードが自分に合っているかどうかを決める前に、次の点を今一度確認していただきたい。短期トレードは利益に限度がある。取引コストがかかる。一番重要なのは、心理的プレッシャーにつぶされることもあるということである。とはいえ、最も高いリターンを上げているのは、しっかりしたトレーダー心理を身につけたアクティブな短期トレーダーだというのが私の持論である。事実、マーケットとの調和や自分自身との調和が取れているときには、５万ドルのような小口口座で月50％を上回るリターンを上げる短期トレーダーを見たことがある。

7．あなたのトレーディングにおいて最も重要なものとは何か。そしてその測定方法は？

　あなたのトレーディングにおいて鍵となるアイデアとは何だろう。おそらくはどういった状況のときに自分の求める動きが発生するのかを示してくれるものがそのアイデアには含まれているはずだ。では、アイデアのその部分を客観的に測定するにはどうすればよいのだろうか。この質問に対する答えが、あなたのシステムの２つの要素を決めるものである。その２つの要素とは、使おうと思っているセットアッ

プと、タイミングシグナル（仕掛けのシグナル）である。これら２つの要素については本書でのちほど詳しく説明する。

　セットアップとタイミングシグナルはシステムの勝率――つまり、そういった動きが発生したらどれくらいの割合で利益が出るか――を決める重要な要素である。したがって、これらの要素はシステムのほかの要素とは別にテストしなければならない。

　ルボーとルーカスは『マーケットのテクニカル秘録』のなかで、こういったシグナルの優れた検証方法を紹介している。彼らの方法は、各種時間経過後のシグナルの勝率(何％の割合で利益が出るか)を調べるというものだ。検証に用いる経過時間は、１時間後、その日の終わり、１日後、２日後、５日後、10日後、20日後といった具合だ。ランダムなシステムの平均勝率はおよそ50％である（一般には45～55％）。あなたの概念がランダムより優れていれば、あなたのシステムの勝率は55％以上になるはずだ。特に検証期間が１日～５日の場合はこうなるはずだ。もしこうならなければ、概念がどんなに優れたものに思えても、そのシステムはランダムなシステムより劣っているということになる。

　仕掛けを検証する場合、仕掛けの信頼度を検証することが目的であれば、選択した時間経過後の勝率だけを見ればよい。ストップは置いていないので考慮の対象からは外される。ストップを置いている場合、勝ちトレードのいくつかはストップに引っかかって損失を出すはずなのでシステムの勝率は下がるはずだ。またシステムの信頼度テストでは取引コスト（スリッページと売買手数料）も考慮の対象から外される。取引コストを加味すれば、システムの勝率は当然下がるだろう。あなたが知りたいことは、こういった要素を一切考えない場合の仕掛けの信頼度が偶然仕掛けた場合よりも良いかどうかである。

　アイデアのなかには最初に思いついたときに素晴らしいと思えるものもあるだろう。良い動きの例を100例知っている。そして自分のアイデアはそれらの例のすべてに当てはまる。あなたはすごいアイ

デアを思いついたと興奮する。しかし、ここで考えなければならないのは、正しいと思えるアイデアが間違っている確率である。つまり、いい動きがないときにあなたのアイデアが当てはまる割合はどれくらいあるか、ということである。間違いであるのに正しいという結果が出る確率が高いほど、あなたのアイデアはそれほど優れたものではなく、偶然とさほど変わらないということになる。

> システムを最適化するよりも、自分のアイデアをできるだけ理解することに努めるべきだ。自分の強みが何なのかをしっかり理解すれば、ヒストリカルな検証はそれほど必要ではなくなるはずだ。

　こういった検証を行う場合に念頭に置かなければならないのは、システムの良し悪しを決定する要素は勝率だけではないということである。仕掛けのアイデアが大きな動きをとらえるのに役に立つのであれば、まあそれはそれで役には立つかもしれないが。

　システム開発において重要な手順を私が無視していると言う人もいる。彼らが指しているのは最適化のことである。しかし、最適化というのは自分のアイデアを過去のデータにこじつけることにほかならない。システムを最適化すればするほど、システムは将来的に役に立たないものになる。システムを最適化するよりも、自分のアイデアをできるだけ**理解**することに努めるべきだと私は思う。自分の強みが何なのかをしっかり理解すれば、ヒストリカルな検証はそれほど必要ではなくなるはずだ。

8．初期1Rリスクの決定

　あなたのアイデアで重要なのは、そのアイデアが機能しなくなるのはどういったときかを知ることである。したがって次のステップとし

ては、システムにプロテクティブストップ（損切りストップ）を加えることの効果について理解することが必要になる（ここでいう「ストップ」は「逆指値」を意味する。つまり、「価格が指定した価格に達したら成り行きで注文を実行してください」ということである）。**プロテクティブストップとは、自分の資産を守るためにはいつ手仕舞えばよいかを教えてくれるシステムの部分のことをいう**。どういったシステムにおいてもこれはきわめて重要な部分だ。あなたのアイデアが機能しなくなったため、資産を守るために手仕舞いしなければならない地点。それがプロテクティブストップである。あなたのアイデアが機能していないことを知る方法は、アイデアの中身によって異なる。

例えば、市場に対する「完璧な」条理を教えてくれるアイデアを持っていたとしよう。このアイデアに従えば、あなたはその日の市場の転換点を正確に予測することができる。ときには１時間以内に発生する転換点をも正確に予測することもできる。この場合、市場が動く兆候が見えればセットアップが発生したことになる。実際に仕掛けるのは、例えばボラティリティブレイクアウト（第９章を参照）のように、市場が実際に動き始めたことが確認されてからだ。この時点で、アイデアが機能していないことを教えてくれるストップを置く必要がある。あなたはどういったストップを使うだろうか。つまり、十分な利益が出る前に市場が逆行してしまったらどうするのか、ということである。この場合、仕掛けの根拠となる転換点を正しく予測することができなかったのだから、すぐに手仕舞いしたくなるかもしれない。あるいは、過去10日の平均レンジ（例えば、アベレージトゥルーレンジ）をノイズとして、価格がそのノイズ量（あるいはこのノイズ量の複数倍）だけ逆行した地点を手仕舞い地点にしようと思うかもしれない。

プロテクティブストップの例については第10章で詳しく説明する。第10章をよく読んで、自分に最も合うアイデアをひとつ（複数でも可）選んでいただきたい。またその章には出てこなくても、自分の考えた

論理的なストップポイントがよいと思えばそれを使っても構わない。

　仕掛ける場合、その仕掛けで何を目指すのかを考えていただきたい。特に目標はないのか。あるいは大きなトレンドが発生することを予測しているのか。後者の場合、トレンドが形成されるまでじっくり待つ必要があるだろう。したがって、ストップの設定幅は大きく取る必要がある。

　一方、アイデアがきわめて正確な場合を考えてみよう。読みを間違えることも多いが、正しいときには損を出すことはない。その場合、ストップの幅を小さく設定することで損失を小さく抑えることができる。

　どういったストップを使うかが決まったら、前のステップで行った計算にストップと取引コスト（予想されるスリッページと売買手数料）を加えて勝率の計算をやり直してみよう。これらの値を加味すると、仕掛けのシグナルの勝率は極端に低下することに気づくはずだ。例えば、これらの値を加味する前の勝率が60％だったとすると、これらの値を加味した勝率は50～55％に下がるだろう。

　ここで行ったのは、1トレード当たりの初期リスク（R）を決定するという作業である。これはきわめて重要なステップだ。なぜなら、初期リスクを決めれば利益を初期リスクの倍数（R倍数）で表すことができるからだ。優れたトレーダーのほとんどは利益をR倍数で考える。例えば、潜在的利益が3R（潜在的リワードが潜在的リスクの3倍）以上でなければそのトレードは行わない、といった具合だ。どのシステムもそれが生み出す損益のR倍数分布で定義されるということは、本書でこのあと詳しく学習する。

9. 利食いストップを加えてシステムのR倍数分布と期待値を決定する

　システムは値動きが終わる時期を教えてくれるものでなければならない。これがシステムの3番目の要素だ。したがって次のステップでは、利食いの方法を決めなければならない。手仕舞いについては第11章で詳しく説明する。どういった手仕舞いが最も効果的なのか、自分の概念に最も合うのはどの手仕舞い方法なのかは、第11章をよく読んで決めていただきたい。その場合に重要なのは、自分の状況をよく理解するということである。自分は何を目指しているのか、どういった時間枠でトレードするのか、どういったアイデアを持っているのかなどを十分認識したうえで、自分に最も合う手仕舞い方法を選んでいただきたい。

　一般に、大きなトレンドをとらえたり、長期的なファンダメンタルバリューによる利益を得ることを目標とする長期トレーダー（または投資家）はストップの幅を広く取る。いつもマーケットに出たり入ったりしていなければ気が済まない性質の人でないかぎり、そういったことはしたくないのが普通だ。利益が出るのは全ポジションのわずか30～50％である。だから、彼らの目指す利益は非常に大きく、平均リスクの20倍もの利益を目指す場合もある。あなたがこのタイプのトレーダーならば、大きな利益が得られるような手仕舞い戦略を立てなければならない。

　逆に、マーケットに出たり入ったりを繰り返すデイトレーダーやスキャルパーの場合、ストップの幅は狭く設定するのが一般的だ。彼らは全ポジションの50％以上で読みが正しいと想定している。実際こういったトレーダーの場合、マーケットに長くとどまって大きな利益を狙うわけではないのでポジションの50％以上で読みが正しくなければならない。彼らが目指しているのは、リスク・リワード・レシオがお

よそ１になるように損失を小さく抑えることだ。しかしこういったトレーダーでも、50～60％で利益を出し、損失を最小限に抑えながら、大きな利益をもたらすトレード機会を何回かとらえることは可能だ。

いずれにせよ、システムに手仕舞い戦略を組み入れることによって何を目指すのかというと、システムの期待値をできるだけ上げることである。**期待値**とはトレーディングシステムの平均Ｒ倍数のことである。あるいは、システムで何度もトレードを繰り返した場合、１トレード当たりリスク１ドルにつき平均でいくらの利益が出るかを表す値、と言い換えてもよい。期待値の計算式とそれに用いる要素については第７章で詳しく説明する。今のところは、できるだけ高い期待値を得ることがモデル化の最終目標であることだけを知っておいていただきたい。また高い期待値を得るためには、限られた時間枠のなかでできるだけ多くのトレード機会を得ることが必要になる。

期待値は手仕舞いでコントロールできる、というのが私の考え方だ。したがって、最良のシステムは３つから４つの異なる手仕舞い戦略を持っている。どの手仕舞い戦略を採用するかはひとつずつ検証してみて選ぶ必要がある。自分のトレーディングアイデアや投資アイデアに基づいて論理的に選びたいと思う人がいるかもしれないが、とりあえずはこの時点までに知り得たすべての要素を加味したうえで、ひとつずつ検証することで手仕舞い戦略が期待値に及ぼす影響を知ることが先決である。

期待値が分かったら、システムによるトレード結果をトレードごとにチェックしてみる。またその期待値を決定づけたトレードについても調べてみる。リスク・リワード・レシオが１：１か２：１のトレードが大部分を占めていたためにその期待値になったのか。あるいは１つか２つのビッグトレードによってその期待値になったのか。長期トレーダーの場合、ビッグトレードが期待値を決定づける要素になっていない場合は、ビッグトレードをとらえられるように手仕舞い戦略を

修正する必要があるだろう(実際のトレード結果、つまり、あなたがこれまでに市場で行ってきたことを基に期待値を算出している場合、低い期待値[リスク1ドル当たりの利益が15セント以下]は、システムに従わない、パニックになる、早く利食いしすぎるといった心理的な問題が要因になっている可能性がある)。

10. R倍数分布の精度を決定する

ここまで来るとシステムの重要な要素がR倍数分布であることは分かったはずだ。つまり、過去の損益結果を見よ、ということである。あなたのシステムのR倍数分布を見てみよう。損失は1R以下の場合が多いだろうか、あるいは1Rを上回る損失を出す傾向が強いだろうか。また、利益が初期リスクの何倍になっているかを見てみよう。20Rや30Rといった高利益のトレードが時折発生するのか。あるいは2Rや3Rといったトレードが多いのか。あなたのシステムのR倍数分布の全体的な特徴は?

最初に決定した期待値にはバイアスが多分に含まれているものだ。したがって、そのシステムによる小さいトレードサイズでのリアルタイムトレードでR倍数分布の精度を確認する必要がある。1~10株の株式トレードを行った場合、あるいは商品を1枚トレードした場合のR倍数分布はどうなるだろう。理論的に計算したものあるいはヒストリカルテストで得たものと比べるとどうだろうか。リアルトレードでも高い期待値が得られただろうか。

また、市場のタイプ別のR倍数分布を知ることも必要だ。例えば、上昇相場、下降相場、横ばい相場でのR倍数分布はどうなるかということである。また、ボラティリティが高いときと低いときとではどう違ってくるだろうか。こういった要素をすべてひっくるめて考えると、市場のタイプは次の6つに分けられる。

●ボラティリティの低い上昇相場
●ボラティリティの高い上昇相場
●ボラティリティの低い横ばい相場
●ボラティリティの高い横ばい相場
●ボラティリティの低い下降相場
●ボラティリティの高い下降相場

　また、それぞれの市場タイプでのシステムの期待値はどれくらいなければならないかを知っておく必要もある。手仕舞いしたトレードを基に計算したR倍数はいずれの市場タイプのときも30以上でなければならない。この数値が得られなければ、実際にトレードを始める前に、あなたのシステムがそれぞれの市場タイプでどういった振る舞いを見せるのかを理論的に理解しておく必要がある。あなたのシステムはボラティリティの高い下降相場でうまく機能するだろうか。若干のオプション用システムを除いては、ほとんどのシステムは横ばい相場やボラティリティの低い相場ではうまく機能しない。ただこれは一般論なので、あなたのシステムはどうなのかということを確実に押さえておく必要がある。

11. システム全体の評価

　システムが出来上がったら、その良し悪しを判断する必要がある。これにはいくつか方法がある。
　もっとも経験の浅い人が採る方法が、**勝率**で判断するというものだ。つまり、勝つのが最も多いシステムが最良のシステムということである。しかし、第1章の意思決定バイアスのところで示したように、正しいシステムでもトレードを繰り返し行えば90％で損を出すシステムもあるのだ。したがって勝率は良い判断基準とは言えない。

システムの良し悪しを判断するもっと優れた方法としては以下のようなものが考えられる。

●システムの期待値。1トレード当たりの平均利益が2.3Rのシステムは0.4Rのシステムよりも優れていると言えるだろうか。まあ「そんなときもある」と答えておこう。
●では、一定期間経過後のRで測定した期待利益はどうだろう。例えば、システム1の月末の利益が20Rで、システム2の月末の利益が30Rだとしよう。この場合、システム2のほうが優れていると言えるだろうか。この場合もさきほどと同じように、「そんなときもある」としか答えられない。というのは、この値はあくまで平均値であって、実際の期待利益にはバラツキがあるからだ。例えば、平均利益が30Rのシステムは30%の割合で負の期待値を持つが、平均利益が20Rのシステムは負の期待値を持つことはない、といったこともあり得るのである。

さて、システムの精度、各種市場タイプにおけるパフォーマンスが分かり、ほかのシステムと比較した場合のパフォーマンスも分かったところで、次はいよいよあなたの目標を達成する方法について考えていくことにしよう。そこで登場するのがポジションサイジングという概念である。

> ポジションサイジングはシステムのなかで最も重要な部分だ。自分の目標を達成できるか破滅するかはこのポジションサイジングにかかっているといってもよい。つまり、ポジションサイジングはシステム要素のなかであなたが目標を達成するのを手助けしてくれる部分ということである。

12. ポジションサイジングによる目標の達成

　期待値はあなたのシステムの真の潜在能力をおおざっぱに推定したものにすぎない。十分満足のいくシステムが出来上がったら、次はポジションサイズを決めるのにどういったアルゴリズムを使うかを決めなければならない。ポジションサイジングはシステムのなかで最も重要な部分だ。自分の目標を達成できるか破滅するかは、このポジションサイジングにかかっているといってもよい。つまり、ポジションサイジングはシステム要素のなかであなたが目標を達成するのを手助けしてくれる部分ということである。

　あなたはひとつのポジションでどれくらいトレードするつもりなのか。最小売買単位（つまり、株式で言えば1株、先物で言えば1枚）を張るだけの資金さえないといったことはないのか。これはあなたが目標を達成できるかどうかを決める重大な質問だ。3桁のリターンを上げたい、なめらかな資産カーブを描きたいなど、人によって目標は異なるだろうが、ポジションサイジング・アルゴリズムが適切でなければ、必ず破産する。「破産」といっても人によって定義はいろいろだろう。資産の50％を失うことを破産とみなす人もいれば、資産をすべて失うことを破産とみなす人もいる。しかし、破産をどう定義しようと、ポジションサイジング・アルゴリズムが適切でなければ、「破産」を免れることはない。しかしポジションサイジングのテクニックがあなたの資産、システム、目標に沿ったものであれば、ほとんどの場合は目標を達成することができる。

　第14章ではポジションサイジングモデルを多く紹介する。そのなかから自分に合ったものを見つけるとよいだろう。目標を定め、高期待値のシステムを開発したら、こういったモデルを使って自分の目標を達成することができる。ただし、どのモデルが自分の目標を達成するうえで最も適しているのかは、さまざまなモデルを適用・検証してみ

る必要がある。

13. 自分のシステムを改良する方法を決める

　システムが出来上がったら、次はそれをいかに改良していくかを決めなければならない。市場リサーチは常に行う必要がある。市場はそれに参加するプレーヤーの性格によって絶えず変化するという性質を持つからだ。例えば、今の株式市場はプロの投資信託のマネーマネジャーの独占状態にある。しかし、7000人以上のこれらのマネジャーのうち、1970年代に発生した長期のベアマーケットの時代からずっとこの市場にいるマネジャーは10人に満たない。一方、先物市場はプロのCTAの独壇場と化している。そして彼らのほとんどはトレンドフォローで巨額の資金を運用している。これから10年あるいは20年先には、株式市場も先物市場も参加者がガラリと変わっているかもしれない。そうなれば当然ながらマーケットの性質も変わる。

　高い正の期待値を持つシステムは一定の期間内にトレードを行えば行うほどパフォーマンスは上昇する。つまり、独立したマーケットを加えればパフォーマンスは改善できるということである。事実、良いシステムであればどんな銘柄でも高いパフォーマンスを上げるはずだ。したがって、トレードする銘柄を増やすことで機会は増えることになる。

　パフォーマンスを上げるもうひとつの方法は、それぞれに独特のポジションサイジングモデルを持つ相関のないシステムを加えることである。例えば、トレンドフォローシステムを中心としたトレードを行っている場合、それに横ばい相場に強い超短期システムを組み合わせることで、パフォーマンスは上がるはずだ。トレンドのあるマーケットがないときに短期システムで利益を上げることができれば、この間にトレンドフォローシステムが被るドローダウンの打撃は緩和される。

あるいは両方のシステムを合わせた損益がプラスになるかもしれない。いずれにしても、トレンドが発生したときに使える資金はトレンドフォローシステムだけでトレードした場合よりも多いはずなので、ひとつのシステムだけを使う場合よりもパフォーマンスは確実に上がるはずだ。

14. 最悪の事態に備えたメンタルリハーサル

　さまざまな状況におけるシステムの振る舞いを考えることは重要だ。つまり、あらゆるタイプのマーケットの状態——ボラティリティの高いマーケット、横ばいのマーケット、トレンドの強いマーケット、人々の関心の薄い薄商いのマーケットなど——を想定し、それぞれの状態のときにシステムがどういった動きを見せるかということである。予想されるそれぞれのマーケットの状態におけるシステムのパフォーマンスが分からなければ、システムに何を期待すべきかを知ることは不可能だ。

　トム・バッソは私たちのシステムセミナーでシステムの考え方について参加者によく次のような訓練をさせていた。

　　それぞれのトレードにおいてその反対のことをやった場合を想像してみよう。つまり、売ったときには買ったと思い、買ったときには売ったと思うのである。どんな気持ちがするだろうか。どんなことを考えるだろうか。

　この訓練はあなたができる訓練のなかで最も重要な訓練のひとつだ。ぜひ真剣に取り組んでいただきたい。

　さらに、起こり得る可能性のあるあらゆるカタストロフィー（破局）に備えて準備することも必要だ。例えば、ある日突然あなたにと

って不利な方向に価格ショック（つまり、非常に大きな動き）が発生した場合、そしてその価格ショックが２日続いた場合、あなたのシステムはどういった反応をするだろうか。ダウが500ポイント急落（過去10年間に実際に二度も起こっている）したり、イラクのクウェート侵攻による湾岸戦争のときのようにまた原油価格が値崩れを起こしたりといった、一生に一度しか起こらないような突発的な事態が発生した場合、あなたはそれに耐えられるだろうか。現在の商品価格の好況を受け、原油価格は１バレル70ドルまで上昇した。世界需要の高まりによって１バレル150ドルまで上昇することもあり得ないことではない。これはあなたやあなたのトレーディングにどういった影響を及ぼすだろうか。あるいはわれわれの借金を消失させるほどの大きなインフレが再び起きたらどうなるのだろうか。金本位制の復活によって通貨の安定がもたらされたら、それはFXトレーダーのあなたのシステムにどんな影響を与えるだろうか。隕石が大西洋の真ん中に落ち、ヨーロッパとアメリカの人口が半分になったらどうなるのか。あるいは日常的な話では、通信が不能になったりコンピューターが盗まれたりしたらどうなるのか。

　このように、あなたのシステムに起こり得るありとあらゆる最悪の事態を想定し、それに対処する方法を考えておくことが必要だ。あなたのシステムに壊滅的な被害を及ぼす可能性のあるありとあらゆるシナリオを思いつくままに拾い出してみよう。最悪のシナリオのリストを作成したら、それぞれのシナリオに対処するプランを考えよう。そして、こういう事態になったらこう対処すると、何度もメンタルリハーサルしておくことが大切だ。不意の災難に遭遇したときに取るべきアクションが頭のなかにしっかり構築されたら、あなたのシステムは完成だ。

第5章

うまくいく概念を選ぶ
Selecting a Concept That Works

> トレードに用いる概念をよく理解していれば、それがどのようなマーケット状態でどういった振る舞いをしようと、ヒストリカルな検証はそれほど必要ではなくなる。
> ──トム・バッソ

　私の推測によれば、トレードや投資の道しるべとなるシステムを持っている人はトレーディング人口の20％にも満たないのではないだろうか。システムを持っている人でも、システムに事前に組み込まれた指標を使っているだけで、そのシステムの裏にある概念というものを理解している人はほとんどいない。私は試しに、多くの専門家たちに彼らがトレードに使っている概念を書いてもらった。それは練りに練った概念と呼べるようなものではなく、思いつくままをただ書き出しただけのものにすぎなかった。本章では、さまざまな概念について見ていく。それぞれの概念が自分の性格と信じていることに合っているかどうかをチェックしていただきたい。あなたに合う概念とは、あなたのトレードを成功に導いてくれる概念である。その概念を使ってシステムを開発するに当たっては、まずはその概念を完璧に理解する必要がある。

　本書の初版を執筆中、カオス理論の専門家から電話があった。彼は

私の研究に関心があり、長年にわたってフォローし続けてきたという。私の考え方はほぼ完璧だが、システムについては間違っている、と彼は言った。どういったシステムでも可能であることを前提にするのはバカげていると言うのである。システムは運と個人の心理に大きく左右されるものだ、というのが彼の言い分だった。**システム**を単なる仕掛けのテクニックと定義づけるのなら彼の言い分は正しい。しかし、心理とポジションサイジングを意味のあるものにするためには、ストップと手仕舞いとによって正の期待値（期待値については第7章で詳しく説明する。期待値はトレーダーや投資家が理解すべき重要なテーマのひとつである）を持つ手法を開発する必要がある。私は彼にこう答えた。

ほとんどの人は高勝率の仕掛けのシグナルをシステムだと思っている。手仕舞いや適切なポジションサイジングという概念は彼らにはない。その結果、期待値が負のトレーディング手法を生み出してしまうのである。これに対して、手仕舞いやポジションサイジングがシステムにおいて果たす役割を理解している人は、勝率がわずか40％の仕掛けのシステムにも十分満足することができる。先ほどの話に戻るが、私に電話をしてきたカオス理論の専門家は少し驚いたようだったが、私が間違っていると言い張った。「過去のデータから期待値を計算できるわけがない」と彼は言った（CFTC［米商品先物取引委員会］はCTA［商品投資顧問業者］に、広告や開示書類には過去の実績は将来の実績を約束するものではないという文言を含むことを義務づけている）。この彼がカオス理論でマーケットから「大金」を稼ぎ出す方法なる本をいまだに書いているのは、何とも興味深い話だ。

彼との会話からは学ぶべき点がたくさんあった。**期待値が正であれば"どういった"概念でもトレードは可能**、というのが私の基本的な考え方なので、私は自分のことを非常にオープンな人間のひとりだと思ってきた。しかし彼との会話を通じて、期待値が正であればどう

いった概念でもトレード可能という基本的前提はあくまで前提――私がシステムを考えるうえでの基本となる前提――にすぎないことを知った。前にも言ったように、われわれはマーケットについて自分が信じていることしかトレードできない。この前提を念頭に置き、トレーダーや投資家の間でよく用いられているトレーディング概念をいくつか見ていくことにしよう。

トレンドフォロー

　概念のことを書くに当たり、私は数人の偉大なトレーダー（素晴らしい友人でもある）にコンタクトを取った。そのひとりが第3章のインタビューで登場したトム・バッソである。バッソと私はおよそ20のセミナーを共催した間柄だ。その経験から、彼は私がこれまでに会ったなかで最もバランスの取れたトレーダーだと明言できる。バッソはすでにトレーディングからは引退したが、現役のころの彼は私の知るかぎり最もメカニカルなトレーダーだった。彼のオフィスは何もかもがコンピューター化されていた。ブローカーへの発注もコンピューターが自動でファクスを送るようにしていた。トレードにはコンピューター化された2台のトレンドフォローシステムを使っていたこともあり、トレンドフォローについて書いてもらうのに最適の人物であると判断し、本概念の執筆は彼に依頼した。

トム・バッソ――トレンドフォローの哲学

　成功している投資家の多くは**トレンドフォロワーグループ**に属する。トレンドフォローとは何なのか、そしてなぜ投資家はこの原理を採用することを好むのかをこれから話していくことにしよう。
　まず**トレンドフォロー**という言葉であるが、これは「トレンド」と

「フォロー」という2つの単語で構成されている。まず**トレンド**について考えてみよう。どのトレーダーにとっても、トレンドはお金を稼ぐうえでなくてはならないものだ。例えば、何かを買ったあとトレンドが形成されなければ、それを高値で売ることはできない。そうなれば、そのトレードでは損を出すことになる。これはテクニックとは無関係だ。高値で売るためには、買ったあとで上昇トレンドが発生しなければならないのである。逆に空売りした場合は、安値で買い戻すために下降トレンドが発生しなければならない。

次は**フォロー**だ。トレンドフォロワーはまずトレンドが変わるのを待ち、そのあとそのトレンドに「フォロー（従う）」する。これが「フォロー」という言葉の由来だ。例えば、相場が下落しているとき、大きく上昇する兆しが見えると、トレンドフォロワーたちはすぐに買う。これがトレンドに「フォロー（従う）」するという意味である。

「損切りは早く、利食いは遅く」という古くからあるこの格言はトレンドフォローの性質を実にうまく表している。トレンドフォロー指標はマーケットの方向が上昇から下落へ、あるいは下落から上昇へと変わったことを教えてくれるものだ。マーケットの現在の方向性を測定したりトレンドの転換を観測するのに用いられるのが、各種チャートをはじめとするマーケットを数学的に表現したものである。いったんトレンドが形成されれば、トレンドが思惑どおりに順行しているかぎり、黙ってトレンドに乗り続ければよい。これを「利を伸ばす（利食いは遅く）」という。

昔、ある新人投資家が大成功したトレンドフォロワーに質問しているのを聞いたことがある。そのトレンドフォロワーがFX取引で何枚か買った直後のことだった。「このトレードの利益目標は？」。するとそのトレンドフォロワーは答えた。「月に行けるくらい。でもまだそこまでは行ったことがないんだ。でもいつかはきっと……」。この言葉はトレンドフォローの哲学を雄弁に物語っている。もしマーケット

が思惑どおり順行してくれるならば、トレンドフォロワーは自分の「トレンド」に対する判断基準を満たしたらすぐに仕掛け、そのまま死ぬまでトレンドに乗り続けることもできるわけである。そうすれば月まで行くことも夢ではない。

しかし残念ながら、トレンドはずっと続くわけではない。いつかは終わる。トレンドが終わればその方向は転換するため、さきほどのことわざに従って素早く損切りしなければならない。トレンドの方向が自分のポジションとは逆行したことを素早く察知したトレーダーは間髪を入れずにポジションを清算する。その時点で利益が出ていれば儲けになるが、損が出ていれば損切りして損失がかさむのを防ぐ。いずれにしても、市場が逆行すればポジションを仕切る。

トレンドフォローの長所

トレンドフォローの長所は、単純で、どんな市場であっても大きな動きを見逃すことがない、ということである。見ている市場が下落から上昇に転じれば、トレンドフォロー指標も買いシグナルを発してくるはずだ。問題は「いつ仕掛けるか」だけである。大きな動きであれば、トレーダーはすぐにそのシグナルを受け入れるだろう。トレンドフォロー指標の期間が長期であればあるほど、取引コストは安くつく。これもまたトレンドフォローの利点のひとつだ。

戦略的には、ほぼすべての市場で大きな動きに乗ることができれば、1トレードだけで巨額の利益を得られる。つまり1トレードだけで1年分の利益を稼ぐのも夢ではないということである。このように、戦略の勝率が50％を大幅に下回っていたとしても、利益が得られる。これは勝ちトレードの平均利益が負けトレードの平均損失を大幅に上回っているからである。

トレンドフォローの短所

　トレンドフォローの短所は、利益を生む大きな動きと利益を生まない短命に終わる動きとの違いを区別する能力が指標にはない点である。したがって、あるシグナルが出た直後に反対のシグナルが出るためちゃぶつくことも多く、小さな損失が多発する。たびたびちゃぶつけばトレンドフォロワーは不安に駆られ、その戦略を投げ出したくなる。

　ほとんどの市場はトレンドのないときのほうが多い。トレンドが形成されるのは全体の15～25％にすぎない。いつか現れるビッグトレンドを逃さないようにするためには、こういった不利な市場でのトレードもいとわない覚悟がトレンドフォロワーには求められる。

トレンドフォローは今でも有効なテクニックなのか

　もちろんだ。まず第一に、トレンドがまったく形成されないのであれば、組織化されたマーケットなど必要ないはずだ。生産者が自己防衛のためのヘッジを心配することなくマーケットで生産物を売ることができるのも、消費者が適切な価格で欲しい生産物を買うことができるのも、人々が純粋に配当目的で企業の株を買うことができるのも、組織化されたマーケットが存在するからである。いかなる長さのトレンドも一切発生しなければ、そのマーケットはおそらくは消滅するだろう。

　第二に、トレンドがまったく形成されなければ、価格変動分布はかなりランダムなものになるはずだ。しかし、どのマーケットにおいても長期的な価格変動分布を見てみると、正規分布よりも裾が広い（ファットテール）という特徴がある。これは、ある一定の期間内ではほとんど見ることがないような異常に大きな価格変動が発生することを示すものだ。例えば、S&P先物市場は1982年に取引を開始したが、5年後には数百年に一度しか起こらないような大きな価格変動が発生した。トレンドフォローが機能するのは、こういった異常に大きな価格

変動が短期間のうちに発生するからである。そして、こういった大きな価格変動は頻繁に発生しているのである。

トレンドフォローはだれにでも向いているものなのか

トレンドフォローは初心者にとって理解しやすく、また使いやすい最も簡単なテクニックのひとつと言えるだろう。また期間の長い指標を使うほど、トータル取引コストが利益に及ぼす影響は少なくなる。一方、短期モデルは売買回数が多いため、コストが高くつくという問題がある。コストには売買手数料以外にもスリッページも含まれる。頻繁にトレードしなくても耐えられるのであれば、売買回数が少ないほど取引コストは少なくて済むので、それだけ利益も出やすい。

トレンドフォローが向かない例も多数ある。例えば、スキャルピングで数ティックの利益を狙うフロアトレーダーはトレンドフォロー戦略はあまり使わない。ヘッジャーはリスクのヘッジ方法として、パッシブヘッジよりもトレンドフォロー指標による方法のほうがリスクが高いと思っている。またデイトレーダーにとってはトレンドフォローモデルは使いづらいかもしれない。デイトレードは1トレードの時間に制約があるため、トレンドフォロー指標に従って利を伸ばすことができないからだ。しかも、その日に仕掛けたトレードはその日のうちに手仕舞いしなければならない。

トレンドフォローが自分の性格とニーズに合っていると思うのであれば、一度試してみるとよいだろう。時の試練に耐えたこのアプローチだけで成功しているトレーダーや投資家の例は多数ある。世界経済が不安定さを増し、常に新しいトレンドが形成されている今はトレンドフォロワーにとっては絶好の機会と言えるかもしれない。

編集者のコメント

　さまざまな概念のなかで、おそらくトレンドフォローは最も成功しやすい高いテクニックではないだろうか。事実、本書でこのあと紹介するシステムモデルのなかでうまくいくモデルはすべてトレンドフォローを採用している。トム・バッソが指摘するように、トレンドフォローの最大の問題点は、市場にいつもトレンドが形成されているとは限らないという点である。しかし、これは株式市場のプレーヤーたちにとっては問題とはならない。株式市場には買いか売りのいずれかのサイドでトレードできる銘柄は何千とあるからだ。買いと売りの両サイドから仕掛けるつもりなら、トレンドのある銘柄は必ず存在するので問題はない。

　株式市場のプレーヤーにとっての問題点は、①上昇トレンドにある銘柄がほとんどないため、売りサイドにしか良いトレード機会がないことがある、②空売りという概念をよく理解していないため空売りを避ける、③規制当局による規制によって空売りはやりづらい（空売りをするには株券を借りることができなければならない、また空売りはアップティックのときしか行えない）、④年金口座での空売りは原則として禁じられている。しかし、市場が下落している絶好のコンディションのときは、これほど魅力的な取引はない。

ファンダメンタル分析

　本概念は別の友人であるチャールズ・ルボーに執筆を依頼した。ルボーは絶大な人気を誇るニュースレター『テクニカル・トレーダー・ブレティン』の元編集者で、秀作『**マーケットのテクニカル秘録——独自システム構築のために**』（パンローリング）の共著者としても知られている。ルボーは弁が立つため投資セミナーなどで講演する

ことも多い。われわれの「ハウ・ツー・デベロープ・ア・ウイニング・トレーディング・システム・ザット・フィット・ユー」セミナーでもゲストスピーカーとしてたびたび講師を務めてもらった。今は引退してアリゾナ州セドナに住んでいるが、現役のころはアクティブトレーダーで、商品投資顧問業者（CTA）としても活躍し、その後はヘッジファンドも設立した（チャック・ルボーへのアクセスはclebeau2@cableone.net）。

テクニカルトレーダーとして活躍してきたルボーになぜファンダメンタル分析について書かせるのか、と思っている方もいらっしゃることだろう。実は彼はその昔、大きな大学でファンダメンタル分析の講師を務めたことがあり、アイランド・ビュー・ファイナンシャル・グループからはトレーディングシステムによるファンダメンタル運用も一任されていたという経歴を持つ。チャック・ルボーは次のように言っている――「私は自分のことを、今ある最良のツールを使って仕事を成し遂げるトレーダー、と思っている」。

チャールズ・ルボー――ファンダメンタルトレーディング入門

ファンダメンタル分析は、例えば先物トレードを例に挙げるならば、実際および、または予想される需給関係を基に、先物価格の将来的な変動の方向と大きさを予測することをいう。もっと厳密な定義はあるのだろうが、ここではファンダメンタル分析の長所と実際の応用方法を簡単に説明することに主眼を置いているため、あくまでそれに沿うような形で定義した。

ほとんどのトレーダーは、需給分析だけに依存するファンダメンタリストと、ファンダメンタルは一切無視し、値動きのみを基に投資判断を行うテクニカルアナリストのいずれか一方でなければならないと

考えているが、それは間違いだ。最良のトレードを行うのに、どちらか一方でなければならないといった非論理的なことを考える必要はまったくない。複数の良いアイデアを思いついたら、どれかひとつのアイデアに絞りこむよりも、すべてを組み合わせたほうがうまくいくとは思わないだろうか（人生における意思決定はどうすべきかといった議論で横道にそれたくはないので、この話はこれくらいにしておく。この話題に興味のある方は、タープ博士のセミナーに出席してみるとよい。きっと面白い話を聞けるはずだ。要は、トレーディングではファンダメンタル分析とテクニカル分析を組み合わせて使ってもまったく構わないということである）。

　ファンダメンタル分析がテクニカル分析に圧倒的に勝る点は、利益目標の設定である。もっと正確に言えば、テクニカル指標は値動きの方向とタイミングは教えてくれるが、予想される値動きの大きさについては教えてくれない。テクニカルアナリストのなかには、自分たちのテクニックでも利益目標の設定は可能だと主張する人がいるが、トレーディングの世界に身を投じて40年、利益目標の設定に有効なテクニカル手法に私は一度もお目にかかったことはない。一方、優れたファンダメンタル分析がおおよその利益目標を決めるのに有効なことに疑問の余地はない。ファンダメンタル分析を使えば、短期で小利を狙ったほうがよいのか、長期間保有して大きな利益を狙ったほうがよいのかのおおよその見当はつく。もちろんファンダメンタル分析といえども利益目標の精度には限界があるが、おおよその利益目標を設定できるだけでもトレーディングを成功させるうえできわめて有利だ。

　ファンダメンタル分析にも限界があることは言うまでもない。ベストを尽くしたファンダメンタル分析でも、精度の低い結果しか出せない場合もある。たとえあらゆることを正しく分析しても、できればこちらのほうがよいのだが、ファンダメンタル分析のエキスパートに高度な分析を依頼しても、分かるのは、特定の市場が将来のどこかの時

点で「大きく」上昇するだろうということだけである。このように、ファンダメンタル分析からは将来の値動きの方向とそのおおよその大きさが分かるのがせいぜいだ。いつ、どのくらい動くのかは正確には分からない。しかし、将来の値動きの方向とそのおおよその大きさは、トレーダーにとって非常に貴重な情報であることは明らかだ。ファンダメンタル分析にテクニカル分析を組み合わせることで、トレーディングという名のパズルの欠落部分――ポジションサイジング――を埋めようというのがわれわれの大きなテーマのひとつである。

ファンダメンタル分析の正しい使い方

それではファンダメンタル分析の使い方に話を進めることにしよう。これから述べるアドバイスは長年にわたるファンダメンタル分析による実際のトレーディングを基に導き出したものであり、登場する順序は重要度とは無関係だ。

ファンダメンタル分析は高度な訓練を積んだとしても、自分でやることは避けよ 私は40年にわたって先物取引を行ってきた。大きな大学の大学院生相手にファンダメンタル分析の講義をすることもよくある。しかし自分でファンダメンタル分析をやろうとは思わない。ファンダメンタル分析の専門家たちはあなたや私よりもはるかに優れた分析能力を持ち、この仕事をフルタイムでやっている人たちだ。しかも彼らの分析結果は無料で入手可能だ。だから自分でやる必要はない。

まずは調査レポートを一般公開しているファンダメンタル分析の専門家を探すことから始めよう。そのためには大手ブローカーにコンタクトをとり、メーリングリストのメンバーに入れてもらう。**アナリスト・コンセンサス情報**を試用購読し、すべての調査レポートに目を通す。気に入ったレポートを選び、信頼度の低いものは捨てる。そのなかから、核心にずばり触れた、分かりやすく、役に立つ予測を目指し

ていることが分かるようなアナリストを探す。ファンダメンタル情報は、しっかりしたものが1市場にひとつだけあればよい。情報がありすぎると、対立する情報に振り回されて判断力が鈍るからだ。

ニュースとファンダメンタル分析は同じものではない　ファンダメンタル分析は値動きの方向を**予測**するものであるのに対し、ニュースは値動きの方向に**従う**ものである。私が大手商品先物取引会社の役員をしていたとき、メディアはマーケットが閉まると、あの銘柄はその日なぜ上がったのか、下がったのかとよく電話で聞いてきたものだ。上がったときは私が気になった強気なニュースを教え、下がったときには弱気なニュースを教えた。こんなニュースはマーケットには毎日五万とあふれている。つまり、**新聞で報道されるものはその日の値動きの方向とたまたま一致した内容の"ニュース"に過ぎない**のである。

　実際に発表されたニュースよりも、これから発表されるニュースのほうがマーケットに対する影響力が大きいことにも気づくはずだ。強気なニュースに対する期待だけでマーケットは数週間、場合によっては数カ月上昇し続けることもある。そして実際にニュースが発表されると、マーケットはおそらくは逆方向に動く。昔から「うわさで買って、事実で売れ」とよく言われているが、これで理由はお分かりだろう（当然ながら、弱気のニュースにも同じことが言える）。

ファンダメンタルレポートは慎重に分析せよ　例えば、大豆の収穫高が昨年より10％減少することを予測した穀物レポートが発表されたとしよう。大豆の供給量が大幅に減るわけだから、これは一見強気なニュースのようにも思える。しかし、大豆市場のトレーダーやアナリストがレポートの数字を15％と期待していたとすると、大豆価格は一見"強気"に思えたそのレポートによって大幅に下落するだろう。**レポートが強気か弱気かを判断する前に、関係者が何を期待していた**

のかに注意し、その期待も含めたうえでレポートを判断することが重要だ。また、市場の最初の反応だけでレポートが強気か弱気かを判断するのはやめよう。マーケットにそのニュースを消化する時間を与えなければならない。レポートに対するマーケットの最初の反応は、多くの場合、過剰反応か正しくない反応であることが多い。

　需要が伸びているマーケットを探せ　需要は長く持続する上昇トレンドを生み出す要因になる。長く持続する上昇トレンドでは大きな利益が狙えるのは言うまでもない。**需要主導型市場は長期トレードが可能で、たぐいまれな高いリターンが期待できるマーケットだ**。もちろんマーケットを押し上げるのは需要の伸びばかりではない。供給不足も価格上昇の一因になる。しかし一般に、供給不足によるマーケットの上昇は短命に終わることが多く、供給不足市場の長期価格予測は過大評価される傾向がある。**需要主導型市場を探し、その銘柄をトレードせよ**。

　タイミングが重要！　ファンダメンタルシナリオが発生しても時期が来るまで辛抱強く待て　最良のファンダメンタルアナリストは価格傾向の予測にかけてはおそらくはほかの市場参加者よりはるかに優れているだろう。もちろんこれはタイミングに注意すれば有効な情報として使える。しかし、衝動に駆られて早く仕掛けすぎれば、あっという間に大金を失うこともある。しかるべき方向にトレンドが形成され始めたことをテクニカル指標が教えてくれるまで辛抱強く待つことが重要だ。一番乗りで正しい予測をすることが目的ではないのだ。お金を儲け、リスクを常にコントロールすることが目的であるということを忘れてはならない。**正確なファンダメンタル予測をうまく利用するためには数週間、あるいは数カ月待たなければならないこともある**。いくら正しい予測をしても、早く動きすぎれば瞬く間に負けトレード

へと転じることもあるのである。

　大きな値動き予測はなぜか外れることが多い　広範な市場グループのファンダメンタル情報についての確かな情報源を見つけたとき、1年に平均で8～10件の大きな価格変動予測が得られることを期待するかもしれないが、こういった予測のうち当たるのはせいぜい6件から7件だ。しかしこれらの価格予測のおよそ半数に対して良いタイミングでポジションを持ち、利を伸ばすことができれば、その年はかなり良いパフォーマンスを上げられるはずだ。

　決断力を持ち、進んで損切りを　ファンダメンタル面での大きな期待から動いているマーケットを追いかけることを恐れてはいけない。ファンダメンタルかテクニカルかとは無関係に、上昇し始めたら仕掛けると決めておいたにもかかわらず、度胸がないか規律を守れないためトリガーを引けないトレーダーは多い。より有利な価格で仕掛けたいと思うのは人間として当たり前のことだ。だから今度押したら仕掛けようと、現れることのない押しを待って仕掛けを先延ばしにする。トレードでは、自信を持って敏速なアクションを取る勇気も必要だ。どんなに優れたファンダメンタル分析であれ、あるいはテクニカル分析であれ、決断力のない**トレーダー**にとっては宝の持ち腐れにすぎない。不安ならまず小さなポジションで仕掛け、あとで増し玉をすればよいのである。

　ファンダメンタル分析について簡単に説明してきたが、トレーディングプランを作成するうえで役立つアイデアが何かしら浮かんできたのではないだろうか。ファンダメンタル分析に興味を持ったのであれば、さらに詳しく学習することをお勧めする。ファンダメンタル分析関連の書籍で私がお勧めしたいのは、ジャック・シュワッガーの『シ

ュワッガー・オン・フューチャーズ──ファンダメンタル・アナリシス（Schwager on Futures : Fundamental Analysis）』だ。非常によく書かれた本で、ファンダメンタルでトレードしようと思っている人には参考になるはずだ。

編集者のコメント

チャック・ルボーの解説は主として先物のトレードを対象にしており、本書でこのあと登場するギャラハーが考案した手法のなかで利用できるのではないだろうか。株式トレーダーや株式投資家の方は次に紹介するバリュートレーディングをよくお読みいただきたい。またファンダメンタルズをベースにした２つのシステム──ウィリアム・オニールのCANSLIMとウォーレン・バフェットのビジネスモデル──については後ほど説明する。バフェットのモデルは完全にファンダメンタルズのみに基づくものだが、オニールのモデルはセットアップ（お膳立て）にのみファンダメンタルズを用いる。

バリュートレーディング

バリュートレーディングはポートフォリオマネジャーが株式トレードによく用いる手法のひとつだ。割安な株を買い、適正価格や割高になれば売る。これがバリュートレーディングの基本だ。空売りの場合は、割高なときに空売りして、適正価格や割安になれば買い戻せばよい。取引としては前者のほうが主流で、後者は少ない。私の会社の年金ファンドは私が「バリュー概念」で運用しているため、この概念の執筆は私が担当した。

バリュー投資ではどういった方法が効果的か

　自分をどういうタイプのトレーダーだと思うかと聞かれたら、株式市場の歴史に残る偉大な投資家の多くは「バリュートレーダー」と答えるだろう。偉大なバリュートレーダーとして挙げられるのは、ウォーレン・バフェットや彼が師と仰ぐベンジャミン・グレアムを筆頭に、テンプルトン卿といった有名人、マイケル・プライス、マリオ・ガベリオ、ジョン・ネフ、ラリー・ティッチュ、マーティ・ホイットマン、デビッド・ドレマン、ジム・ロジャーズ、マイケル・スタインハートなどの偉大な投資家たちだ（推薦図書参照）。これはほんの一例で、ほかにも数多くいる。これらの達人たち全員に共通するのが、バリューの重視、である。しかしバリューの定義の仕方が少しずつ異なるため、やり方は全員異なる。ここではバリュー投資において私が効果的だと思う方法と効果的ではないと思う方法を中心に話をしようと思う。またどんなタイプのバリュー投資でも勝率を高めるためには注意しなければならない点があるが、それについてもアドバイスする。

　まず、バリュー投資において効果的な方法についての話から始めよう。あなたに少しばかり忍耐力があるとするならば、バリュー投資で常に効果的な方法は、本来の価値に対してかなり割安なものを買うことである。当然ながらその前にバリューについて自分なりに定義しておく必要がある。拙著『**魔術師たちの投資術――経済的自立を勝ち取るための安全な戦略**』（パンローリング）では、ベンジャミン・グレアムのお金儲けのための有名な方法のひとつ――グレアムの数のテクニック――について詳しく解説している。このケースの場合、バリューの定義はきわめてシンプルで、「会社の清算価値」がバリューと定義されている。つまり２年以内に会社の全資産を売ればいくらで売れるか、ということである。この数値を知るには、まずヤフーやビジネス・ウィーク誌から「企業の流動資産（current assets）」の数字を拾

い出し、それから全負債額（total debt）を差し引けば、2年以内にその企業を清算したときに得られる金額が計算できる。それが企業の清算価値である。

さて、ある企業の清算価値を計算したところ1株当たり10ドルで、その企業の現在の株価は1株7ドルであったとしよう。こんなとき、あなたならどうするか。ここで登場するのが名づけて**バリュープレー**である。会社の清算価値1ドルに対して1株70セントで買うことができるのだから、これはバリュー株だ。こういった銘柄はマーケットが低迷しているときには簡単に見つかる。例えば、『**魔術師たちの投資術**』（パンローリング）を執筆中の2003年4月、4つの銘柄がわれわれのレーダーにかかった。マーケットはこれから転換しようというときだった。そしてそれから9週間後――『**魔術師たちの投資術**』（パンローリング）が出版される直前の6月20日――、4つの銘柄は86.25％も上昇していた。ちなみにその間のS&P500の伸びはわずか15％だった。ここで重要なのは、これらの銘柄が見つかったのはベアマーケットの底でだったという点だ。そのとき以来、バリュープレーの基準を満たす銘柄はほとんど見つかっていない。

清算価値に対してかなり割安な銘柄を見つけるのは、究極のバリュートレーディングだ。しかし、バリュートレーディングの方法はほかにもある。例えば、資産の真価に対して簿価が非常に低い銘柄を探すのもひとつのバリュートレーディングである。この場合に見るべき資産としては、例えば土地がある。例えば、ある企業が土地資産の簿価を1エーカー当たり1000ドルとして記載しているにもかかわらず、その土地の1エーカー当たりの時価が5万ドルだったとしたらどうだろう。このように時価に対して簿価が極端に安い銘柄を見つけられれば、それが超割安株ということになる。ちなみに、広大な土地を所有し、その簿価が時価よりも極端に安い企業の代表例としては、セントジョー（フロリダの3％を所有し、簿価は1エーカー当たり2ドル）、ア

レクサンダーとボールドウィン（ハワイに土地を所有し、簿価は1エーカー当たり150ドル）、テジョンランチ（広大な土地を所有し、簿価は1エーカー当たり25ドル）などが挙げられる。こういった企業を買うことができれば、莫大な価値のある土地をタダ同然で手に入れたことになる、というわけだ（この種の銘柄の推奨に特に力を入れているニュースレターが**エクストリームバリュー [Extreme Value]** である。アクセスは http://www.standberryresearch.com。ただしニュースレターとしてエクストリームバリューを勧めているわけではないので誤解のないように。このニュースレターは本書でこのあと分析するニュースレターのひとつに含まれている）。

効果的なことをさらに効果的にするための注意点

　バリュートレーディングの効果を高めるひとつのテクニックは、割安株を下落しているときに買わないこと、である。例えば、株価が清算価値の70％である株を見つけたら、翌日に絶対に買おうとは思わないことだ。割安であることは確かだが、その株が割安なのはみんながいろいろな理由で売っているからである。このような株はこれからもしばらくは売られ続けるかもしれないのだ。さらに今日、割安だといっても、2～3カ月先にはもっと割安にならないとも限らない。

　こういった場合は、その株が本当に割安であることが分かるまで静観するのがよい。下降トレンドが終わったときにはマーケットから何らかの合図があるはずだ。私はバリュー株についてはそれが本当にバリュー株であることが判明するまで買わないことにしている。買うかどうかは、少なくともベースが2カ月くらいにわたって形成されたかどうかで決める。つまり、2カ月間同じ価格レンジで推移したかどうかということである。過去2カ月にわたって上昇し続けていればなおよい。こんなことを言うと、純粋なるバリュー投資家は「もっと安い

ところで買えたんじゃないのか」と怒るかもしれない。もちろんそうだ。しかしわれわれは2003年4月にバリュー株を買うときにもこの概念を使った。もっと早くに買っていれば、1年以上保有し続けた揚げ句、利益はゼロだっただろう。この概念を使う使わないはあなたの自由だが、これだけは忘れないでいただきたい。あなたがトレードできるのは自分がマーケットについて信じていることだけであること、そして自分の信じていることが有用かどうかを見極めなければならないということを。

　ちなみに、マーケット自身に証明させるというこの考え方を使えば、バリュー投資をしているポートフォリオマネジャーの大部分よりはるかに優位に立つことができる。巨大ポートフォリオのマネジャーは何百万ドルもの株を買い、それが株価を大きく左右する。したがって株価が上昇し始めるのを待って買うというようなことはしない。しかし少数の株（1万株未満）しか買わないあなたは、株価が上昇し始めてから買うことができる。あなたが見つけた株を巨大な機関投資家が買い始めたら買うというのは、買うタイミングを図るうえでのよい目安になるかもしれない。

バリュー投資でやってはいけないこと

　どの時点で何が割安かを分析させるために、ウォール街は株式アナリストたちに巨額のサラリーを支払っている。ここで株式アナリストたちが割安株と割高株を決定する手順を見てみよう。彼らはまず企業が将来発売する新商品、その商品の潜在的市場、そしてその商品の販売がその企業の翌年の株価にどう影響するかを調べる。莫大なファンダメンタルデータをふるいにかけ、企業の将来の利益予測を立てる。そしてその将来の利益予測に基づいて、「この株は割安だ」「この株は割高だ」と結論づけるわけである。

私はトレーディングコーチとして長年トレーダーたちの指導に当たってきたが、アナリストたちのこの方法がうまくいくという証拠はまだ見たことがない。アナリストのほとんどは見る変数をただ推測しているだけである。企業の役員はウソをつく、と彼らは言う。例え役員たちが本当のことを言ったとしても、私に言わせれば、アナリストたちの将来の利益予測が意味のあるもので、それがその株の将来のパフォーマンスを左右するものだという証拠はない。したがってバリュー投資についての私のアドバイスは、アナリストたちが割安だ、割高だと言っても、それをうのみにしてはならない、ということである。彼らがやっているような方法では、本当の価値を測ることはできないからである。

バンドトレーディング

市場にトレンドが形成されるのはすべての時間のおよそ15％にすぎない。それでは残りの85％では何をすればよいのだろうか。トレードしないという手もある。あるいは、ほとんどの市場でほとんどの時間帯でうまくいく戦略を見つけるのもよいだろう。そんな戦略のひとつがバンドトレーディングである。Ｄ・Ｒ・バートンはわれわれの短期トレーディングセミナー（「スイングトレーディングとデイトレーディング」セミナー）の講師であり、自らもバンドトレーディングの経験がある。また自分で開発・検証したバンドトレーディング・テクニックについてのニュースレターも発行している（Ｄ・Ｒ・バートンへのアクセスは電話302-731-1551またはｅメールアドレスdrbarton@ilovetotrade.comまで。彼のニュースレターのＲ倍数についてはこの第２版刊行前の時点ではまだ評価できていない）。したがってこの概念については彼に執筆を依頼することにした。

D・R・バートン・ジュニア──バンドトレーディングの概要

　トレーダーや投資家はマーケットがどういった状態のときでも有効に使える方法を知りたがる。ほとんどのマーケット環境で有効な戦略、そのひとつがバンドトレーディング（**レンジトレーディング**ともいう）である。これからそれぞれの状態について詳しく説明していくが、その前にまず**バンドトレーディング**について定義するとともに、バンドトレーディングの根底にある考え方について説明しておこう。

　バンドトレーディングとは、トレーディングレンジの下限で買って上限で売る戦略のことをいう。バンドトレーディングの根底にある考え方は、マーケットはゴムバンドやひものように動く、というものである。つまり、マーケットはある時点まで伸びたら元に戻る、ということである。マーケットのこういった振る舞いは横ばい相場を見ればよく理解できる。**図5.1**のチャートの右半分は、明らかに横ばいのレンジ相場である。価格はレンジの上限（点1）に達すると、レンジの下限（点2）まで下落し、再びレンジの上限まで行ったあと、レンジの下限まで下落する……というサイクル（1→2→1→2…）を繰り返している。

　横ばい相場でバンドトレーディングを採用することはよく知られているが、トレンド相場でもバンドトレーディングが使えることはほとんど知られていない。トレンドが形成されているときでも、市場はずっと上昇し続けたり下落し続けることはない。「3つの上昇波と2つの下落波」を繰り返しながらトレンドが形成されることがほとんどだ。ここでもう一度**図5.1**を見てみよう。チャートの左半分は明らかに下降トレンドだ。しかしトレンド相場にあるときでも、横ばい相場で見られるのと同じ値動きパターンが見られることが分かるはずだ。バンドの上限（点1）に達したら、バンドの下限（点2）まで下落し、そ

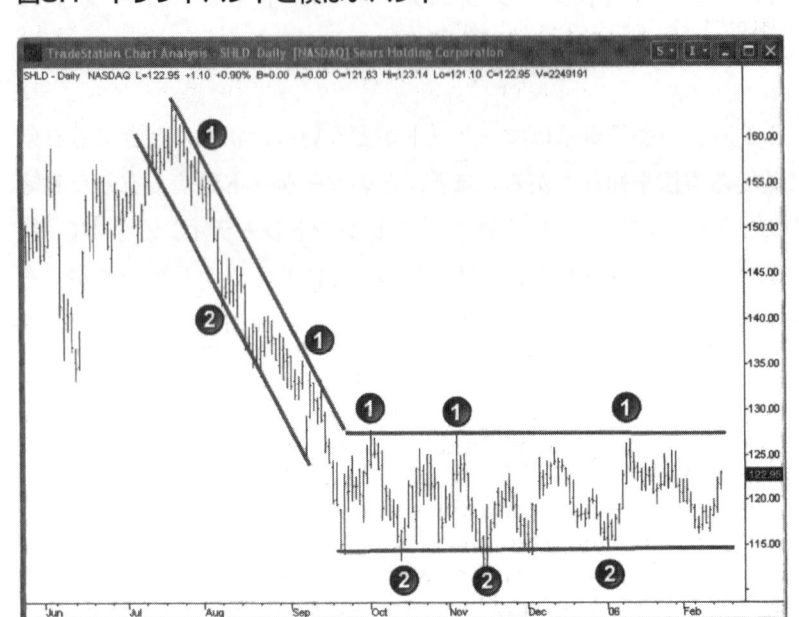

図5.1　トレンドバンドと横ばいバンド

のあと再びバンドの上限（点１）まで上昇している。上昇しては下落し、上昇しては下落するという動きは、マーケットでは同じアクションが繰り返されることを示したものであり、この性質を利用すればトレンド相場でもバンドトレーディングが可能なのである。

バンドに加われ──バンドの定義

　トレーディングレンジは見た目や計算方法によって大きく３つに分けることができる。チャネル、スタティックバンド、ダイナミックバンドの３つだ。チャネルは一般にある価格を結んだ上方チャネルと別の価格を結んだ下方チャネルとからなる。これら２本のチャネルは再

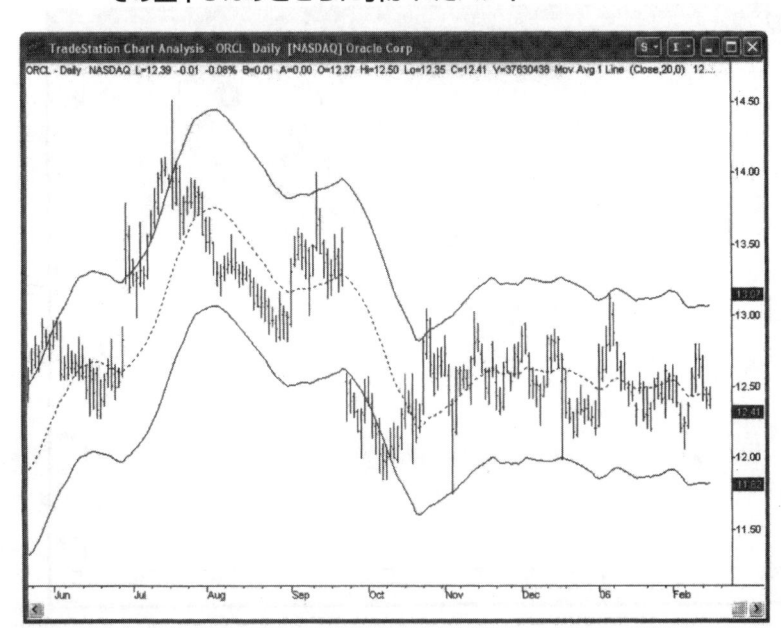

図5.2　移動平均線のスタティックバンドの例──20日単純移動平均線とその上下5％のところに引かれたバンド

定義されるまで変わらない。よく知られた例としては**ドンチャンチャネル**が挙げられるが、これは過去X日の高値を結んだ線を上方チャネルとし、過去X日の安値を結んだ線を下方チャネルとするものだ。チャネルは高値や安値が更新されるまで変わらない。

　一方、スタティックバンドは上方バンドと下方バンドとからなり、各バンドは中心線（基本線）から一定距離だけ離れた位置に引かれる。こういったタイプのバンドは**エンベロープ**とも呼ばれる。**図5.2**は最も一般的なスタティックバンド（またはエンベロープ）を示したものだ。中心線としては単純移動平均線が使われ、移動平均線に対して上下に一定率（ユーザーが決める）だけ乖離した位置に上下のバンドが

183

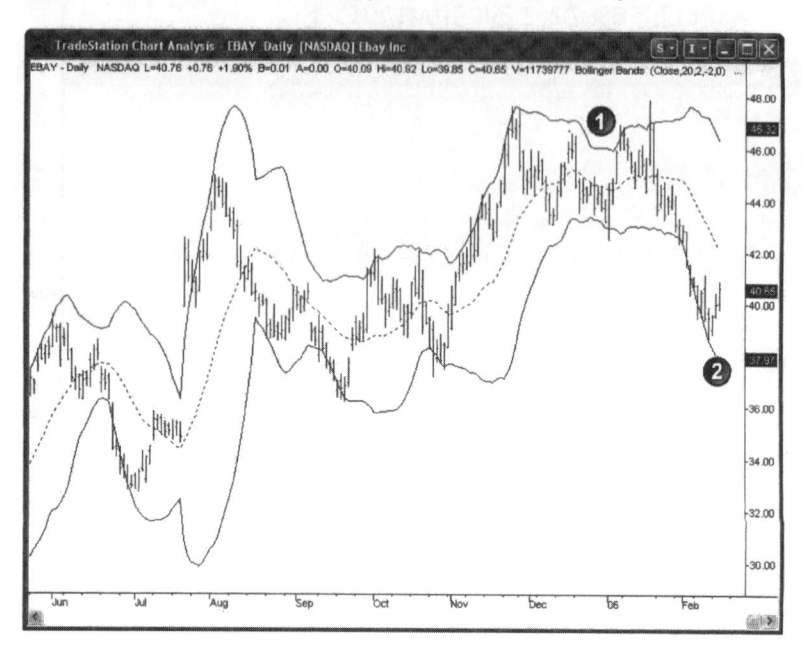

図5.3 ダイナミックバンドの例——ボリンジャーバンド

引かれている(この図では、20日単純移動平均線[SMA]と移動平均線に対して上下に5％乖離した位置に上下のバンドが引かれている)。

ダイナミックバンドはスタティックバンドと同じ基本線(通常はSMA)からスタートする。スタティックバンドと異なるのは、基本線と上下の線との距離が変化する点だ(上下の線は通常現在のボラティリティの関数として表される)。ダイナミックバンドの代表例が**ボリンジャーバンド**だ。ボリンジャーという名は創案者であるジョン・ボリンジャーにちなんで付けられたものだ。**図5.3**は初期設定値によるボリンジャーバンドを示したものだ——基本線が20日単純移動平均

線、上下のバンドは基本線に対して上下に２標準偏差だけ離れた位置に引かれている（**標準偏差**はボラティリティの大きさを表すのによく使われる統計量）。このほかにも、基本線からの距離としてアベレージトゥルーレンジ（ATR）を用いるものもよく使われる。

図5.3はボリンジャーバンドを示したものだ。バンド幅はボラティリティの変化によって変化しているのが分かる。バンド幅はボラティリティが低いとき（点１）は縮小し、ボラティリティが高くなる（点２）と拡大している点に注目しよう。

バンドによるトレーディング

トレーディングシステムで有効に用いられるバンドは以上見てきた３つのタイプだ。私は適応型ダイナミックバンドの使用方法についてのニュースレターを発行している。ニュースレターで紹介するダイナミックバンド（ボリンジャーバンドではない）はすべて検証済みでリアルタイムでうまくいくことも実証済みだ。さて、次はバンドを使ったトレードのためのガイドラインについて見ていくことにしよう。

バンドトレーディングは一種の芸術であり科学でもある。その理由はこれから分かってくるはずだ。バンドトレーディングで最も難しいのはバンド幅の設定である。これはスタティックバンドであろうとダイナミックバンドであろうと同じである。バンド幅の設定がなぜ難しいのかというと、トレードオフ問題が発生するからである。例えば、５％の移動平均線エンベロープのような万能なパラメータを使えばテストパラメータにカーブフィットするという心配はない。しかし、ボラティリティの高い商品に対しても低い商品に対しても１％という値を用いれば、ボラティリティの高い市場ではオーバートレード（トレードのしすぎ）につながり、ボラティリティの低い市場ではアンダートレード（トレードのしなさすぎ）につながる。これに対して、各市場に対して最適化されたバンド幅はほぼ確実に過剰最適化されており、

リアルタイムトレードでは使い物にはならない。妥協案としては、株式の場合はボラティリティの同じような株式を集めた株式セクター別に、商品の場合はボラティリティの同じような商品を集めた商品グループ別に最適な値を見つけるのがよいだろう。

　バンドトレーディングの仕掛けには2通りの方法がある。カウンタートレンド（トレンドに反する動き）での仕掛けとリトレースメント（押しや戻り）での仕掛けだ。カウンタートレンドでの仕掛けは、上方バンドに最初に達した時点で売るか、下方バンドに達したあとで買うというものだ。一方、リトレースメントでの仕掛けは、価格がいずれかのバンドに触れるか突き抜けたあと、ある基準だけバンド内に戻るまで待ってから仕掛けるというものだ。そこで確認しておかなければならないのは、「バンドトレードをするのはポジションが自分の思惑どおりの方向に動いているときなのか」である。

　いったんバンドトレードに入ったら、ポジションはできれば反対側のバンドに到達するまで保持したいはずだ。そして反対側のバンドに到達したらドテンする。理想の世界では、価格が上昇し、上方バンドで売ったら、今度は下落し、そして下方バンドで買う、となるだろう。買いで大儲けしたら、次は空売りで大儲けし、次はまた買いで大儲けし……と利益は永遠に続く。これが理想の世界だ。

　しかし現実世界は理想の世界とは違う。そこでバンドトレーダーは次のような事態になったときのことを考えておかなければならない。

●バンドに一度も到達しなかったらどうするのか。
●バンドが崩壊して信用できなくなったらどうするのか。
●仕掛けたあと価格は順行したが、反対側のバンドに近づかなかったらどうするのか。
●価格がバンドをブレイクしてそのまま上昇、あるいは下落し続けたらどうするのか。

賢明なバンドトレーダーになりたいのであれば、こういった事態に備えて対策を立てておかなければならない。そのためには自分がトレードで使っている概念を完璧に理解することが必要だ。あなたの概念はどのように機能するのか。自分が間違っていることはどうやって知ればよいのか。使っているバンドの性質は？ 使っている概念がうまく機能しなくなったらどうすればよいのか。そして、バンドトレーディングの最中に発生し得る最悪の事態としてはどういったことが考えられるか。こういったことをすべて理解して初めて、その概念を自分に合う手法へと発展させることができるのである。

バンドトレーディングの長所と短所

バンドトレーディングはあなたのトレードツールボックスのなかで最も基本的なツールとなり得るものでもあるし、ほかの戦略を補完する便利なツールとして使える場合もあるだろう。本項目の締めくくりとして、バンドトレーディングの長所と短所を見ておくことにしよう。

バンドトレーディングの長所 トレンドフォロー戦略はある特定のマーケット状態のときにしか機能しないが、バンドトレーディングはボラティリティが十分高く有効なバンドを作成できさえすれば、上昇相場でも下降相場でも横ばい相場でも機能する。そのため、やり手のバンドトレーダーはトレンドフォロワーよりもトレード機会が多く、バラツキのない滑らかな資産カーブを得ることができる。したがってバンドトレーダーはトレンドフォロワーよりもアグレッシブなポジションサイジング戦略を取ることができる。また、戦略を実行するのに必要な口座資産額も少なくて済む。

バンドトレーディングの短所 バンドトレーディングでは仕掛けは基本的にカウンタートレンドでの仕掛けになる。つまり、上がったら

売り、下がったら買うということである。これはトレンドフォロワーにとっては受け入れがたいものだ。株式や商品のなかにははっきりとしたトレンドが形成されずトレンドフォローの候補になりにくいものがあるが、これと同じように、レンジが狭すぎてバンドトレーディングに向かなかったり、レンジトレードがうまくいかない株式や商品もある（例えば、価格がバンドを大きくはみ出すことが多いなど）。バンドトレーディングに使えるバンドかどうかの見極めには、豊富な経験やバックテストが必要になる。

編集者のコメント

バンドトレーディングはトレード機会が多いため、短期トレーダーに向く手法である。①アクティブにトレードしたい、②高値で売りたい、③安値で買いたい――と思っているのであれば、バンドトレーディングを試してみるとよいだろう。

チャートを見ると、うまくいく例もうまくいかない例も多くあることが分かるはずだ。バンドトレーダーとしてやるべきことは、①良いトレードをできるだけ多くする、②トレードをふるいにかけたり、手仕舞いを工夫することで負けトレードをできるだけ抑える――ことである。これはシステム開発にとって重要なテーマなので、本書でのちほど詳しい解説がある。

季節性

市場の季節性の研究におけるリーダー的存在は、オレゴン州ユージーンにあるムーア・リサーチ・センターではないだろうか。この研究所は先物価格、現物価格、株価のコンピューターによる分析を専門としている。同研究所は1989年以来、先物に関するマンスリーレポート

を世界各国で発行してきた。また統計学に基づくマーケットの傾向に関する研究でも素晴らしい成果を上げている。そこで本概念は、同研究所のスティーブ・ムーアに執筆を依頼した。彼は自分よりも適任者がいると、同研究所の広報スペシャリストであるジェリー・タープケを紹介してくれた。同研究所の広報誌『ムーア・リサーチ・センター・パブリケーションズ（Moore Research Center Publications）』の編集者であるタープケは多数の論文を発表しており、セミナーでの講演経験もある（ムーア・リサーチ・センターへのアクセスは1-800-927-7257または http://www.mrci.com まで）。ここに登場するチャートは若干古いが、指摘点は今でも十分通用するものであり、かつ重要なものでもある。

ジェリー・タープケ──季節性（季節的価格変動パターン）が機能する理由

　季節性のアプローチは絶え間なく流れてくるニュース（矛盾するものが多い）に常に反応するのではなく、将来の値動きを予測することを目的に考案されたものだ。マーケットに影響を与える要素は多数存在するが、状態やイベントによっては一定の周期で繰り返されるものがある。だれもが知る周期的イベントの代表例が気候だ。気候は１年を通じて温暖気候から寒冷気候へと、そしてまた温暖気候へと周期的に移り変わる。しかし暦の上でも１年の同じ時期に発生する重要なイベント（例えば、米国では毎年４月15日は所得税の納入期限）がある。こういった年に一度のイベントは１年における需要と供給に周期性をもたらす。例えば、１年のうち穀物の供給量が最も多いのは収穫期で、それ以降は次第に減少していく。冬が近づくと灯油の需要が増すのが一般的だが、在庫の多い年には需要は減る。また税金の支払い時期には貨幣の流動性は減少するが、FRB（連邦準備制度理事会）が資金

を再循環させると上昇する。

　このように需要と供給が年間を通じて周期的に変化することで、価格にも季節による変動が発生する。ただし、季節的な変動は大きいものもあれば小さいものもあり、時間的にズレのないものもあれば若干ズレのあるものもある。状態の変化が1年を通じてあるパターンに従うとするならば、価格変動も、はっきりしたものかどうかは別として、パターンを持つと考えるのは自然だろう。つまり**季節性**とは、マーケットの自然なリズム、毎年同じ時期に同じ方向に動くという価格の確立された傾向、と言うことができる。この傾向はすでに確立されているわけだから、主観が入る余地はなく、したがってどのマーケットにおいても有効な原理として働く。

　周期的変化の影響を強く受ける市場では、季節的な価格変動はそのマーケットに季節性をもたらす単なる要因ではなく、マーケットにあたかもそれが記憶されていたかのように、そのマーケットに生来備わっている基本的状態として認識されることもある。消費者も生産者もいったんパターンにはまれば、それにどっぷり依存する傾向がある。彼らのパターンに対するこうした関心の高さがパターンを定着させるのである。

　パターンは予測可能性の度合いを示しているとも言える。将来の価格は変動が予想されると動き、予想された変動が現実化すると調整される。こういった変動が年に一度発生するという性質を持つ場合、予想と現実化は一定のサイクルで繰り返し発生するようになる。この何かが繰り返し発生するという現象こそが季節性のアプローチの依拠するものである。予想し、仕掛け、繰り返し発生するトレンドが現れたと思ったらそれに注目し、実際にトレンドが形成されたら手仕舞う。これが季節性のアプローチの基本だ。

　それでは季節性のアプローチを具体的に見ていくことにしよう。第一ステップは、言うまでもなく価格の季節的変動パターンを見つける

ことである。パターンを見つけるのに、昔は週次や月次の高値と安値を使った原始的な分析が行われていた。こういった分析からは、例えば4月の生牛価格は67%の期間で3月より高く、80%の期間で5月より高かったといった結果を得られるのがせいぜいだろう。しかしコンピューター時代の今、価格の季節的変動パターンは数年にわたる日々の値動きデータを基に毎日計算される。正しく作成された季節的パターンであれば、過去の年間価格サイクルを推測することも可能だ。

　どういったサイクルも4つの要素——①ローポイント（low point）、②上昇、③ハイポイント（high point）、④下落——で構成される。季節的価格パターンで言えば、4つの要素はそれぞれ季節的安値、季節的上昇、季節的高値、季節的下落に当たる。つまり季節的パターンとは、チャート上に見られる市場価格の確立された傾向ということになる。この季節的パターンから、年間を通じて繰り返されるさまざまな需給状態——供給が最大で需要が最低の状態、需要が増え供給が減っている状態、需要が最大で供給が最低の状態、需要が減り供給が増えている状態——を予測し、これを基に将来的な価格変動をより的確に予測するわけである。

　図5.4は1月の灯油の受け渡し枚数を予測するために作成した季節的パターン（1982～1996年のデータを使用）を示したものだ。需要は一般に7月は低く（7月は1年のうちで最も暑い月）、そのため価格も7月は低い。灯油業界がその年の冬が例年より寒くなることを予想し始めると、将来的な備蓄のための需要は増加し、価格に上方圧力がかかる。そして、予想どおり需要が増せば、冬になる前でも価格はピークに達し、精油所は需要に答えるべく生産量を増やし、市場は将来の在庫一掃に注目する。

　もうひとつの主要な石油製品は、気候主導型ではあるが灯油とはまた違った需要サイクルを持つ。**図5.5**はガソリンの8月の需要を予測するために作成した季節的パターン（1986～1995年のデータを使用）

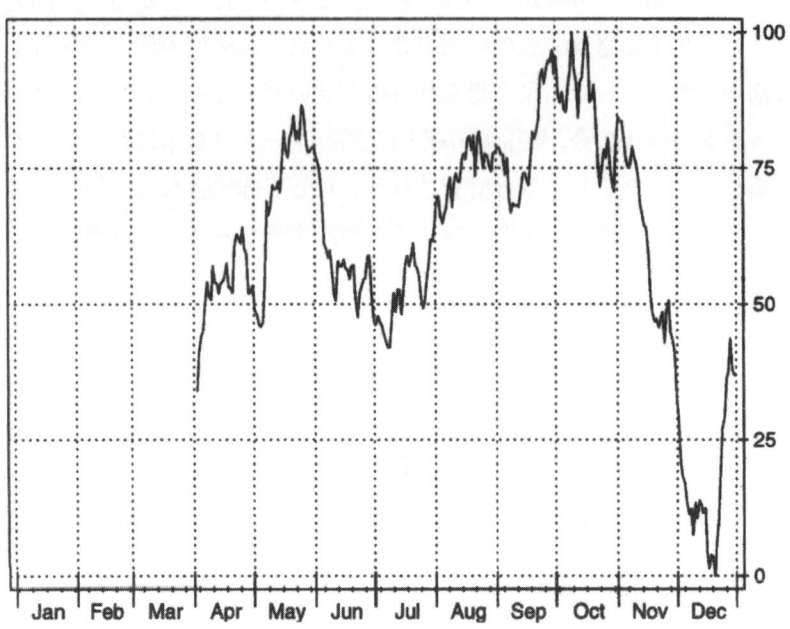

図5.4　1月限の灯油——15年間の季節性(1982～1996年のデータを使用)

を示したものだ。車の運転量が減少する冬は価格は低下する傾向のあることが分かる。しかし夏のドライビングシーズンに向けて需要が増すことが予想されると、将来の在庫に向けての需要が増加し、価格は上方圧力によって上昇する。そしてドライビングシーズンの正式な幕開け(メモリアルデー)までには、精油所は高まる需要に向けてガソリンの生産量を増やす。

　日々の価格を基に作成した季節的パターンは完璧なサイクルになることはめったにない。はっきりとした季節的高値や季節的安値のあるパターンでも、その間の季節的トレンドはトレンドが実際に形成される前に、さまざまな、ときとして相反する力の影響を受けることもあ

第5章 うまくいく概念を選ぶ

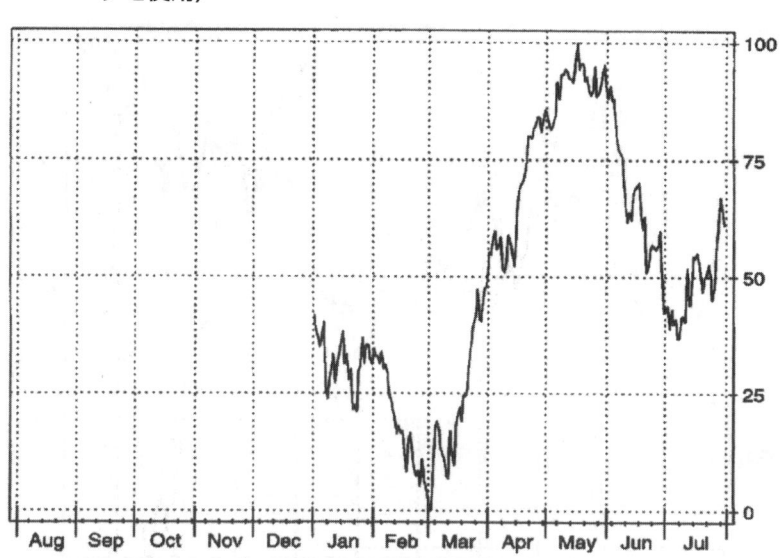

図5.5　8月限のガソリン――10年間の季節性(1986～1995年のデータを使用)

る。一般に、季節的下落の途中には短期間の上昇が何度も発生し下落はたびたび中断させられる。例えば生牛価格は3～4月から6～7月にかけては下落するのが普通だが、5月初めにはメモリアルデーのバーベキュー用に在庫の牛肉が放出されるため一時的に急上昇する傾向がある。また大豆価格は6～7月から10月の収穫期にかけて下落するが、レイバーデーまでには霜害による収穫減不安から上昇することが多い。

　季節的上昇もまた短期間の下落によって中断させられるケースが多い。例えば、先物の場合、期近の最初の通知日に関連する人為的な売り圧力の一時的な発生により、上昇トレンドは一定間隔で中断させら

図5.6　9月限のTボンド——15年間の季節性（1981～1995年のデータを使用）

金利が低い

金利が高い

れる。受け渡しを避けるためのこうした清算は、利食いして、そのあと再びポジションを建てる絶好の機会を与えてくれる。

　このように日々の価格を基に作成された季節的パターンには、季節的価格変動を形成する4つの主要な要素だけでなく、大きな季節的トレンドのなかで発生する信頼のおける小さなトレンドも描き出される。したがって上昇トレンドや下降トレンドを一時的に中断させる基本的イベントの存在を確認することで、パターンに対する信用度は一層増すということになる。

　図5.6を見てみよう。これは9月のTボンド価格を予測するために作成した季節的価格パターン（1981～1995年のデータを使用）だ。米

国政府の事業年度が10月1日に始まると、流動性が増し、借り入れ需要は低減する。その時期から債券価格は上昇し始め、個人所得税の納入期限に向けて下落し始めるが、これは単なる偶然だろうか。

5月に向けて債券価格が下落するのは、税金が支払われることで貨幣の流動性が低下することを市場が見込んでのことなのだろうか。最後に急落している時点に注目しよう。驚いたことに、所得税の最終納入期限である4月15日に一致する。そして6月1日以降、流動性は急激に上昇しているが、これはFRBによる資金の再循環によるものなのだろうか。

12月1日、3月1日、6月1日、9月1日前後での値動きをよく見てみよう。これらはすべて、CBOT（シカゴ商品取引所）の債券先物の最初の受け渡し日に当たる。最後に11月、2月、5月、8月に注目しよう。債券価格は大きく下落している。これら4つの月は各四半期の2カ月目の第1週または第2週に当たる。各四半期における債券借り換え期間の少なくとも2日目に向けて債券価格が下落する傾向があることを債券トレーダーたちは知っている。これは3日間にわたる債券の入札が行われる時期であり、市場はそれを敏感に感じ取るわけである。

図5.7に示した、11月の大豆価格を予測するためのパターンも見てみよう。これは、ブラジルが北半球とはまったく逆の穀物サイクルを持つ最大の穀物生産国になった1981年から1995年までのデータに基づく15年間の季節性についてだ。「2月の小休止」には大豆価格は横ばい状態から下落する傾向のあることに注目しよう。これは2月が米国の生産者が収穫したばかりの大豆を市場に出す時期であることと、ブラジルの大豆の発育状態が良好であることによるものだ。3月限の最初の引き渡し通知日が告示されるまでには、春の価格上昇を促す基本的な力学が出そろう——ブラジルの大豆が「実り（実現化）」、米国生産者の売り圧力が最高潮に達し、河川輸送費が安くなるにつれて需要

図5.7 11月限の大豆——15年間の季節性（1981～1995年のデータを使用）

の戻りが期待され、市場は米国の作付面積に対する奨励金と気候リスクに対するプレミアムに注目し始める。

　しかし５月も半ばを迎えるころには、中西部における大豆の最初の作付面積はほぼ決まり、作付けもすでに始まっている。それと同時に、ブラジルの収穫したばかりの大豆が市場に出回り始める。ブラジルの大豆が市場に出回ると同時に、アメリカで作付けした大豆の良好な発育状況とが重なり、大豆価格は下落する。６月の終わりと７月の半ばに価格が一時的に上昇しているのは、この時期に時折穀物の天候被害が発生することがあるためだ。

　そして８月半ばには、米国での作物が「実り（現実化）」、先物価格

は若干早い季節的安値を付けることがあるが、一般に安値を付けるのは10月の収穫期に向けてのほうが圧倒的に多い。ただし安値を付けるのは、必ず、新しく収穫される大豆に対する商業的需要が高まり、霜害の早期発生が心配される９月にいったん上昇したあとである。また大きなトレンドの途中には、７月限、８月限、９月限、11月限の最初の通知日に関連する小さな下落や上昇があることにも注意しよう。

　こういったパターンは絶対に崩れることがないのかといえば、もちろんそんなことはない。どんな手法にも言えることだが、季節性を使った手法にもやはり限界はある。トレーダーにとっての目下の課題は、タイミングと季節的価格変動に反する動きにどう対応するかだろう。ファンダメンタルズは、日々のものであれ長期的なものであれ、常に同じということはあり得ない。例えば、例年に比べて暑く乾燥した夏があったり、それよりももっとひどい状態の夏もある。きわめて季節的傾向の強いトレンドでも、選択力とタイミングの向上を図ってトレードを成功させるためには、常識やシンプルなテクニカル指標、現在のファンダメンタルズに対する基本的な知識は不可欠だ。

　統計サンプルはどれくらいあれば有意な結果を導き出すことができるのだろうか。一般に、統計サンプルは多ければ多いほどよい。しかし場合によっては、「最近の」歴史のほうが役に立つこともある。例えば、1980年にブラジルが世界有数の大豆生産国として台頭したことによって、1970年代から続くそれまでの大豆市場のトレーディングパターンはほぼ180度逆転した。要するに、1985年から1991年にかけて優勢だったデフレパターンにのみ依存していれば、インフレ環境下では不利になるということである。

　こういった歴史上の過渡期においては、直近のパターンが有効に機能し始めるまでには多少時間がかかる。現物市場の分析はこういった影響をなくすのに役立つかもしれないが、先物に特有のパターン（例えば、受け渡し主導のパターンや納会主導のパターン）を見失ってし

まうこともある。したがって、サンプルサイズとサンプルは目的とする用途に合ったものでなければならない。用いるサンプルサイズやサンプルは裁量で決めてもよいが、裁量が許されるのはその選択がどういった結果を導くかを十分認識しているユーザーだけである。

これに関連する問題として挙げられるのが、統計学による未来予測である。統計学は過去を確認することには役立つが、未来に対する予知能力はない。スーパーボールの勝者と株式市場の方向性を関連づけるというトレーダーに信じられている現象は、統計学上の偶然を示す良い例だ。なぜなら両者には何の因果関係もないからだ。しかし、これは重大な問題を提起する――コンピューターが生データのみ精選する場合、どういったことが発見されれば意味があると言えるのか。例えば、過去15年のうち14年繰り返されたパターンは必ず意味があると言えるのだろうか。

確かにファンダメンタルズから導かれるパターンは勝率は高いが、すべての市場の関連するすべてのファンダメンタルズを調べるのは事実上不可能だ。季節的パターンは正しく作成すれば、特定の日付間で過去にはかなり高い勝率で同じ方向に繰り返し発生したトレンドを発見することができるだろう。このように過去において「繰り返し」発生した信頼度の高いトレンドは、仕掛けと手仕舞いの少なくともいずれか一方を同じような日に行うことで、統計学的な例外が発生する確率を低減させる。それと同時に、将来的にも発生する可能性が高く、程度の差こそあれ直ちにあるいは少し時間を置いて市場に影響を及ぼす基本的な状態が繰り返されることを示すものでもある。

季節的パターンは市場が過去にたどってきた道を示しているにすぎない。しかし、それと同時に市場の一貫性を示すものでもある。季節性はこういった市場の一貫性をうまく利用したものである。

編集者のコメント

　トレーダーのなかには、意味があるとは思えないような季節性の情報を懸命に収集している人もいる。例えば、Xの価格は過去14年のうち13年で4月13日に上昇した、といった情報がこれに当たる。コンピューターを使えばこういった相関はいとも簡単に見つけることができる。だからこういった情報を基にトレードしたがる人がいて当然だ。しかし、論理的な因果関係のない季節性のパターンでトレードするのなら、どんな結果になっても責任はすべて自分にあることを忘れてはならない。例えば、2006年1月に行われたスーパーボールの結果から、2006年の株式市場は上昇することが予想された（昔から、スーパーボールで旧AFLチーム——例えば、デンバー・ブロンコス——が勝てば市場は下落し、旧NFLチームが勝てば市場は上昇するという予言は80％の確率で当たると言われている。しかしこの予言は1998年には見事に外れた。1998年のスーパーボールを制したのは旧AFLチームだったが、1998～1999年の市場がどうだったかはご存知のはずだ。そして2000年と2001年には旧NFLチームがチャンピオンシップに輝いたが、この2年の市場がどうだったかもご存知のはずだ）。あなたはこんな情報でトレードしたいと思うだろうか。

サヤ取り

　ケビン・トーマスは電子化される以前のロンドン国際金融先物取引所（LIFFE）で最も成功したフロアトレーダーのひとりである。彼はわれわれの2年にわたるスーパートレーダー・プログラムを修了した最初の人物でもある。本概念の執筆をだれに依頼しようかと考えていたとき、トーマスはフロアで主としてサヤ取りをしていた。そして私のニュースレター用に彼に初めてインタビューしたとき、彼が延々と

語ってくれたのがサヤ取りについてであった。この概念の執筆を依頼する人物としては彼しかいないと思ったのはそのためだ。本概念の説明に彼がユーロドル（ロンドンで取引されているドル）とユーロマルク（ロンドンで取引されているドイツマルク）を使っているのは、これらが彼が昔よく取引をしていた通貨だからである。ここに登場するチャートのなかには、今は存在しない商品のチャートがいくつか含まれている。これはフロアトレーダーが活躍していたころの取引所でトーマスが取引していた商品のチャートである。しかし、サヤ取りを学習するうえで有益と判断して、そのまま掲載することにした。

ケビン・トーマス――サヤ取り入門

　サヤ取りは、先物市場においては市場予測に基づいて買いポジションと売りポジションを同時に建て、思惑どおりにいったら反対売買をすることで利益を得る、といった方法に利用できる。こういったタイプの合成ポジションは考えてみるだけの価値はある。合成ポジションは買いと売りを独立して行う片張りの取引に比べると、リスクが低い、追証の額が少ない、といった長所がある。またサヤによっては市場チャートのようにチャート化が可能なものもある。

　一例としてユーロドルの場合を考えてみよう。この場合、期近を買い、１年先の期先を売れば、この合成ポジションは、サヤの値段分の売りポジションを建てたのと同じことになる。こういったサヤ取りを**限月間サヤ取り**といい、流動性の高い期先限月のある市場で取引可能だ。ただし、サヤの性質は銘柄ごとに異なる。

　金利先物の場合、よく使われる戦略が短期金利の**カレンダースプレッド**（期近と期先とのサヤをトレード）だ。例えば、金利が上昇すると思ったら、期近を買い、期先を売る。限月が離れているほど、サヤの感応度とボラティリティは高くなる。例えば、同年の６月限と９月

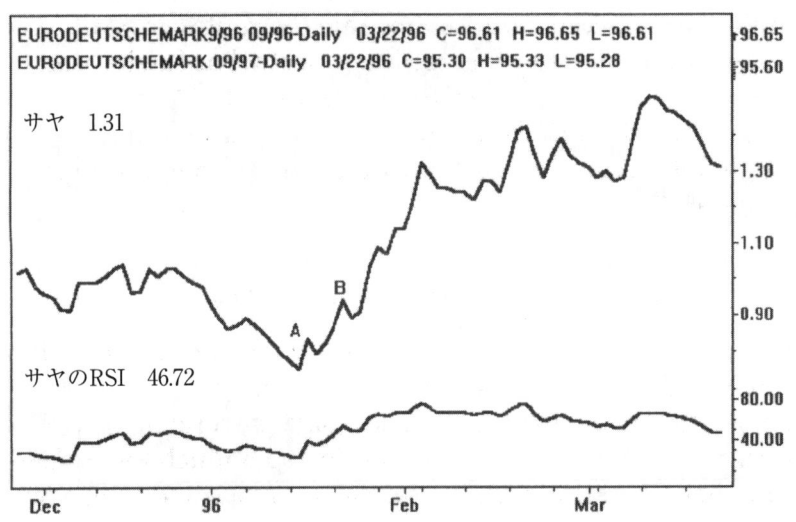

図5.8　期近と期先のカレンダースプレッド(ケビン・トーマスがオメガリサーチ社のSuperChartsで作成)

限とのサヤのボラティリティは、今年の９月限と来年の９月限とのサヤのボラティリティよりも小さいのが一般的だ。この例を示したものが**図5.8**である。

図5.8は1996年９月限ドイツマルクと1997年９月限ドイツマルクのサヤの変動を示したものである。グラフにはサヤの折れ線とサヤの14日RSIが示してある。点Aでダイバージェンスが発生し、点Bでブレイクアウトしていることに注目しよう。これは短期金利が上昇することを示すシグナルだった。したがって、1996年９月限買い－1997年９月限売りにしておけば、この後のマルクの下落で儲けが出たはずだ。その後、サヤは安値から76ティック上昇して高値に達している。

第2部　システムの概念化

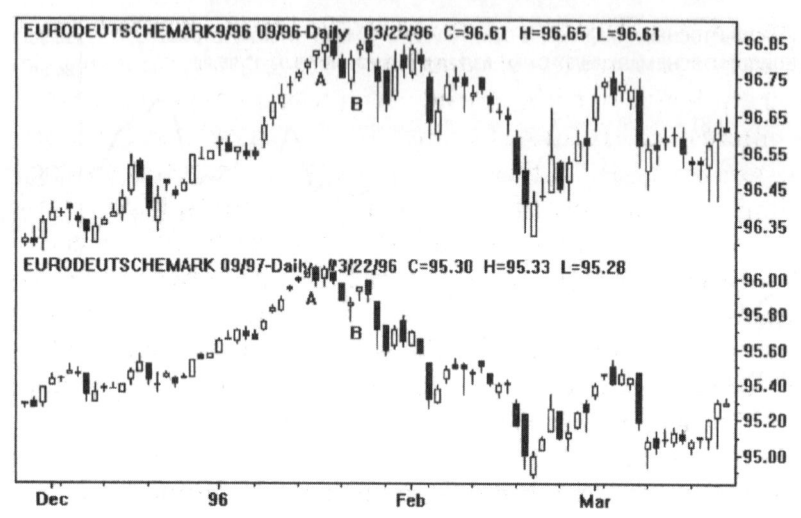

図5.9　各限月の値動き（上が1996年9月限、下が1997年9月限、ケビン・トーマスがオメガリサーチ社のSuperChartsで作成）

> サヤを使えば、ほかの方法では作り出せない関係を作り出すことができる。

　図5.9は同じ時期における各限月の値動きを示したものだ。サヤの動きは各限月の将来の動きを占う先行指標になっていることが分かる。さらに、サヤの動きは1996年9月限の下落より大きく、1997年9月限の下落のおよそ75％である。単なるユーロマルク先物の委託証拠金が1枚当たり1500ユーロマルクであるのに対して、サヤ取りの委託証拠金は1枚当たり600ユーロマルクである。

　こういったサヤ取りは、先物の片張りポジションよりもリスクが低く、潜在的利益の高いポジションを建てることができるため、フロアトレーダーたちの間でよく行われている概念だ。サヤ取りのポジションを建てたら、そのあとの扱いはほかのポジションとまったく同じである。また、トレンドフォローモデルやポジションサイジングモデル

の適用も可能だ。

　サヤを利用すれば、ほかの方法では作り出せない関係を作り出すことができる。例えば**通貨クロスレート**は、ドイツマルク対円など、国際通貨市場（IMM）の通貨であるドイツマルクと円を使って作り出せる関係だ。こうして作り出される関係は世界で最も活発に取引されている関係のひとつだが、ドルやポンドでしかものを考えない人にはなかなか思いつかない関係だ。このほかによく行われる取引例としては、債券の現物価格と先物価格の差を利用したサヤ取りが挙げられる。これは**ベーシス取引**と呼ばれている。

　こういった市場でよく使われる戦略はほかにもある。例えば、**バタフライスプレッド**は同一限月の3つのオプションの2つの価格差（サヤ）を利用するものだ（1996年9月限を買い、1996年12月限を売り、1997年3月限を買う、といった具合）。オフフロアトレーダーにとってバタフライスプレッドは手数料を含めたコストが高くつくためなかなか手が出せないが、ユーロドルやユーロマルク市場のフロアトレーダーの場合、手数料が安くマーケットメーカーとしての立場を有利に生かせるため有効な戦略だ。一般にこの戦略はリスクが低く、利益が出やすいのが特徴である。フロアトレーダーは2つのサヤをトレードしているため、一方のサヤがブレイクイーブンでも、もう一方で1ティックでも利益が出れば儲けになる。もちろんバタフライスプレッド全体がスクラッチになることもたまにはある。

　商品も限月間サヤ取りの対象になり得る。例えば、銅の供給不足によって銅価格が上昇すると考えている場合を想定してみよう。この場合、期近を買い、期先を売るのが普通だ。なぜなら商品が供給不足の場合、期近のほうが期先よりも高くなるからだ。この現象を**逆ザヤ（バックワーデーション）**という。

　商品取引の場合に覚えておかなければならないのは、物理的な受け渡しが契約条項に含まれているという点である。**キャッシュアンドキ**

ャリーは供給量が多いときに金属取引（卑金属、貴金属の両方を含む）に使える戦略だ。倉庫で金属を受け取り（現物を買う）、リターン（価格の上昇率）がその間の金利を上回っていると思ったら先物を売る。金利がリターンを上回っていたり、リターンがマイナスの場合、この戦略は無効だ。

　市場間サヤ取りも魅力的な取引のひとつだ。これは異なる市場間の価格差を利用した取引で、組み合わせ例としては、S&PとTボンド、通貨クロスレート、金と銀などが考えられる。市場間分析については本章の別の節でタープ博士が詳しく解説しており、ジョン・マーフィーはこのテーマで本を書いている（『**市場間分析入門**』［パンローリング］）。2市場の相対的な動きを分析するのが一番儲かる方法だと思うのであれば、ぜひ市場間サヤ取りに挑戦してみていただきたい。

　サヤ取りはこれまで説明してきた以外にもいろいろある。例えば、①オプションのサヤ取り、②アービトラージ（これについては本章でこのあと解説がある）――も魅力的なサヤ取りだ。この２つはそれ自体芸術ともいえるトレーディング形態だ。サヤ取りは好みに応じて簡単にもできれば複雑にもできる。いずれにしても考えてみるだけの価値のある取引であることは間違いないだろう。

編集者のコメント

　これまでに登場した概念はすべてサヤ取りと併用可能だ。サヤ取りの長所は何と言っても、それまではトレードできなかった関係をトレードできる点にある。例えば金を買う場合、実際には金と自国通貨の関係を買うことを意味する。自国通貨の価値が金の価値に対して下落するか、金の価値が自国通貨の価値に対して上昇すれば、その関係は上昇する。例えば2003年、金価格は上昇したかに見えたが、これは米ドルが下落したからにほかならない。つまりわれわれは金価格を米ド

ルとの関係で見ていたわけである。ところが2006年、金価格はすべての為替に対して上昇した。ドルが上昇しているのにもかかわらず、金も上昇した。

サヤとは簡単に言えば、あなたがトレードできる関係を作り出すということである。それは、ドル建てやユーロ建ての株式を買う場合もあれば、金価格と原油価格との関係の場合もある。作り出す関係は自由自在だ。

アービトラージ

レイ・ケリーは私の個人的に親しい友人であり、最初の顧客のひとりでもあった。そして素晴らしい師でもあり、私の知る最良のトレーダーのひとりでもあった。彼とは1987年から1994年まで一緒に仕事をしたが、その間、彼は平均で年40～60％のリターンを上げた。この間のトレードで負けた月は1カ月だけ、しかも損失はわずか2％と低かった。これが彼が高リターンを維持し続けた要因のひとつであることは確かだ。その後彼は引退し、トレーダーの指導に当たるかたわら、南カリフォルニアに精神救済センターを設立した。彼はすでに他界したが、彼のことを思い出さない日はない。これから紹介するのはレイが生前書いてくれたアービトラージについての話だ。彼の話はユーモアに富んでいるうえ、市場のメカニズムについても非常に分かりやすく書かれている。彼の人柄をしのびつつ、抱腹絶倒の解説にしばし浸っていただきたい。

レイ・ケリー——アービトラージとは何か、そしてそれをトレードに応用するには

何をして食べているのと聞かれ「アービトラージだ」と答えると、

相手は「あ？」と言って口をぽかんと開ける。そう、私が車のボンネットを開けるときや、だれかが「カルキュラス（微積分法という意味）」と言うときに口をぽかんと開けるときと同じ表情だ。母親は、そんな人のそばに行っちゃいけません、とばかりに子供たちを引き寄せ、人はうさんくさそうなまなざしで私を見る。

この「あ」から始まる単語に10分間耐えることができれば、アービトラージの本質のみならず、それがあなたの日々の生活に及ぼす影響を必ず理解できることを保証する。「アーブ的思考」ができるようになると、それまでは気づかなかった機会を生活のあらゆる面に見いだすことができるようになる。知識を身につけたあなたは、次のカクテルパーティーでは

> 台座に載ってゆっくり回転するダイヤモンドをあらゆる面からながめていると、見る角度によってまったく違ったものに見えてくる。このように、ひとつの状況のあらゆる部分を見るプロセスがアービトラージである。解けそうもない謎解きをこよなく愛する人。それがアービトラージに向く人だ。

「ちょっとそこのアーブさんたち」と言われて、パンチボールの言い訳をしなければならないこともなくなるはずだ。パーティーでは知識人のひとりとして称賛のまなざしを浴びるだろう。これからの10分間をこの項目を読むことに投資してくれさえすれば、これらはすべて現実のものになるのである。

アービトラージはほぼすべてのビジネスで企業家たちがやっていることである。辞書を引くと**アービトラージ**は「為替手形をある市場で買い、別の市場で売ること」と定義されている。そして**女性**は「人間の女」と定義されている。どちらの定義も間違いではないが、言葉の本質というものをまったくとらえていない。アービトラージとは発見のマジックである。それは物事を不快になるほど掘り下げていく芸術

であり科学である。台座に載ってゆっくり回転するダイヤモンドをあらゆる面からながめていると、見る角度によってまったく違ったものに見えてくる。このように、ひとつの状況のあらゆる部分を見るプロセスがアービトラージである。解けそうもない謎解きをこよなく愛する人。それがアービトラージに向く人だ。

エドウィン・ルフェーブルはその著書『欲望と幻想の市場――伝説の投機王リバモア』（東洋経済新報社）のなかで、1920年代初期に電話の普及とともにどういうことが起きたかについて記述している。当時、ニューヨーク証券取引所（NYSE）の株価気配値はすべてテレタイプ業者（今でいうもぐりの仲買人）によって客に伝達されていた。これは競馬で言えば場外馬券売り場のようなものだ。客に気配値を教えて、売買注文を受けるのである。テレタイプ業者はいわゆるブックメーカーで、客の注文を取引所に取り次ぐのではなく、自分自身でポジションを持ってトレードする。例えば、ティッカーにイーストマンコダックの株価が66 1/2と表示されたのを見て客が「500株買ってくれ」と言ったとしよう。すると業者は客に確認書を送ったあと反対売買をやる、といった具合だ。

電話を持つある賢い男はNYSEのフロアにいるテレタイプ業者よりも電話のほうが速いことに気づいた。彼は業者との関係を築くために業者に小さな注文は出すのだが、ボラティリティが高くなった場合に備えてフロアの仲間と電話で常に連絡を取り合っていた。悪いニュースが発表されたとすると、例えばイーストマンコダックはティッカー上では66 1/2になっていても、証券会社間で実際に取引されている価格

> 重要なのは、経済にはそもそも道徳規範など定められていないということである。経済とはそういうものだ……。「テーブルの上に金があったとすると、その金はそれを取った人のものになる」。これが経済だ。

は65辺りだと分かる。したがって彼は業者に66 1/2でできるだけ多く売り、フロアにいる友人を通して65で買い戻すというわけだ。こうして彼は100株ごとに150ドルの利益を確保した。そのうちに彼は人を雇ってテレタイプ業者に送り込み、業者の多くを廃業に追い込んだ。生き残った業者はたまりかねて電話を買った。

　この行為は悪徳行為なのだろうか。それとも価格付けをより効率的に行う方法なのだろうか。業者が注文を受けた人の名前で発注する代わりに自らがポジションを持ってトレードをするのは悪徳行為なのだろうか。重要なのは、経済にはそもそも道徳規範など定められていないということである。経済とはそういうものだ。「善」か「悪」か、あるいは「正しい」か「間違い」かは慣習によって決まるものである。業者はアーブプレーヤーの行為は間違いだと思っているし、ニューヨークのブローカーは手数料収入が増えるので、アーブプレーヤーの行為を好ましく思う。

　アーブプレーヤー自身は、だれにでも手に入るようになった電話を、賢明な人ならだれもがそうするように、手に入れて使っているだけだと思っている。業者もそのうちに電話の有効さに気づくはず。だから自分のやっていることを何もかも教えて自分たちの賢明さを否定しなければならない義務があるとはアーブプレーヤーたちは思ってはいない。時間がたてば、アーブたちの行為を阻止したり、自らがアーブになってアーブたちの利益機会を減らす人々が現れるのが常だ。経済はプレーヤーたちをえこひいきはしない。「テーブルの上に金があったとすると、その金はそれを取った人のものになる」。これが経済だ。

　私が初めてアービトラージを行ったのは10代のときだ。周りには富裕層ばかり住んでいたが、わが家は貧乏だった。父の元には「年会費無料」のクレジットカードが次から次へとメールで送られてきていた。1960年代のある日のこと、アメリカ中西部をブリザードが襲った。わが家は金物屋の筋向かいにあった。その金物屋には除雪機が1台あり

265ドルで売られていることを私は知っていた。めちゃめちゃ馬力のある除雪機だ。金持ち連中にとっても高価な代物だった。

父の机の上を見ると、未開封のタウン・アンド・カントリー・クレジットカードがあった。父と私の名前は同じなので、私はそのカードを拝借することにした（これはいわゆる**リスクアービトラージ**というものだ）。金物屋が午前7時に開くと、私はそのカードでさっそく除雪機を購入した。そしてその日、金持ちの家の私道を11軒分除雪して、夜の8時までには550ドル稼いだ。そして翌日7時に金物屋に行って除雪機を200ドルで買ってもらった。店主はクレジットカードの控えを私に返し、私はちょっとばかり使った除雪機を彼に返した。その除雪機はまだまだ需要があった。結局は正味で485ドルの儲けを得た。カナリアを食べた猫のような気分だった。

数年前のことだ。3000株所有しているある男からアドバイスを求められた。その会社の株をディスカウント価格で買い増しできるのだが、買うべきかどうかという相談だった。25ドルの株を19ドルで買えるのだ。買い増しできる株数はそれほど多くはないにしても、良い投資機会のように思えた。

私はシカゴ・オプション取引所（CBOE）で25年トレードをしてきたが、こんなに良い投資機会は見たことがなかった。私はそれが良い投資である旨を彼に伝えると同時に、その会社に電話をして同社の配当再投資プランについて聞いてみた。調べていくうちに、同じような配当プランを採用している会社はほかにもあり、証券業界もそのプランに参画し始めていることが分かった。

「どういう仕組みになっているのだろう」と私は疑問に感じた。「何百万という株を買っても、配当分しか再投資できないとなれば、購入にかかる金利を差し引けば利益はなくなるのではないのか？」。しかも大きなマーケットリスクを背負うことにもなる。人がそれをやっているのを見て、その仕組みを解明したいという思いで頭がいっぱいに

なった。確かにその取引で儲けている人はいた。私は取引の実績を調べ、客の口座管理担当者と話をし、配当支払日前に発生するその取引をじっくり観察した。そして次第に全貌が明らかになった。数字上は敗者に見えるその取引のナゾが解けたのだ。自分でもやりたいと思ったが資金不足のためそれはできなかった。そこでそのプランを採用しておらず、説明をしてもアイデアを私から盗んだりしないような証券会社を必死になって探した。まさに血のにじむような苦痛の日々であった。

　アービトラージャーは当たり前のことの先を見ようとするような企業を探し出さなければならない。そこにこそ機会が存在するからである。例えば、何かを変えようとする場合、最大の障害になるのが弁護士である。企業の顧問弁護士は調査をすることで金をもらうだけであって、現状はなかなか変わらない。何か間違いがあれば非難されるが、事が長引いてもお金はもらえるので彼らにとってはむしろそのほうが好都合だ。何かうまくいかないことがある場合、彼らはその打開策を見つけることでお金をもらうのではなく、今の方法ではうまくいかないことをあなたに教えることでお金をもらっているのである。彼らは詳細を強く求められることを好まず、即答も好まない。これは彼らの護身術である。しかし、これを乗り越えることができれば、今度はあなたが現状になりチャンスを手にすることができる（少なくともしばらくの間は）。

　アービトラージは時間との勝負だ。機会はみんなに発見されれば競争が生まれるため利益は減り、それまで見落とされていたその法の抜け穴は最終的には規制当局によって埋められる。この時間枠は一般に「窓」と呼ばれている。配当再投資プランを採用している企業は例えば次のようなことを言うだろう――「このプランは小口投資家用のためのプランです」。でもそういうことはプランの約款には書かれていないでしょ、とアービトラージャーは返すだろう。すると企業は現

行法のなかで、あるいはプランを変更することでその欠陥を修復するはずだ。いずれにしても、アービトラージの機会があるということは、企業の「意図」のなかにほころびがあることを意味する。そのほころびがアービトラージの機会によって発見されたわけである。つまりアーブプレーヤーはそういったほころびを見つけることでお金を稼ぐわけである。

私が長年にわたってアイデアを提供してきた企業は「インフラ」問題を抱えている。大企業は各専門部門を持ち、各部門がそれぞれの専門分野を管理している。例えば、証券会社は顧客の口座管理をするグループ、株の貸し付けをするグループ、トレーダーグループといった具合に、専門グループに分かれている。利益目標とハードルレートは各部門ごとに設定される。**ハードルレート**とは、資金提供者の期待利回りを達成するうえで部門ヘッドが必要と考える最低投資利回りのことをいう。

CEO(最高経営責任者)は各部門の管理は通常その部門のヘッドに一任する。ここで問題となるのが、経済(および機会)は企業の構成などは一切気にかけない、ということである。企業から見れば効率的と思えることのなかにも非効率は存在し、それはビジネスコストとみなされる。ある部門ヘッドが別の部門ヘッドの管理に口出しすることはご法度だ。そのためこういった非効率が直ちに解決されることはまったくとは言わないまでも非常に少ない。

具体例として、私が実際に取引したある大手ブローカーの話を紹介しよう。私はこのブローカーに私の利益を差し引いた正味リターンが67%の戦略を提示した。しかし、このリターンの達成には3部門の参加を要した。各部門のハードルレートは30%で、これ以下には下げようとしなかった。ハードルレートを下げれば企業全体の業績は大幅に上がるが、各部門の業績は下がるからである。ほぼ2年の契約期間の間、期待リターンは67%から35%に下がり、事実上何千万ドルもの潜

在的利益が失われた。にもかかわらずトレードは一切行われず、私の知るかぎり今でも当時のマネジャーがそのまま在任している。

　企業のインフラを調査して信用のおける会社だということが分かっても、問題はまだある。あなたのやっていることは普通ではないため、塹壕の兵士たちをイライラさせるのだ。あなたが彼らに要求するやり方は、彼らが通常顧客のためにやっているやり方とは若干異なる。一見退屈な小さな手順に分単位で集中することを彼らは要求されるのだ。

　例えば、NYSEであるトレードを行う場合、私ならポジションサイズにかかわらず例えば150ドルの固定チャージになるように交渉することができるが、場口銭0.003％について私の顧客が証券取引委員会（SEC）と交渉するのを手助けすることはできない。0.003％の場口銭というと小さい金額のように思えるかもしれないが、1億ドルのトレードであれば、3333.33ドルにもなる。これは少なくとも私にとっては大金だ。

　ブローカーは米国政府にクレームをつけることはできない。その場口銭は顧客に回されるだけであり、それについて顧客は何も文句は言えない。しかし顧客が1億ドルのトレードを1000回トレードするとすれば、場口銭は300万ドルを超える。これもまた、機会の経済が政策の非妥協性――たとえそれが政府の政策であったとしても――には一切無頓着であるひとつの例だ。しかし私が顧客に米国ではなくトロントでこのトレードを行えば、この場口銭は支払わずに済むし、政府当局から尋問されることもなく、しかも米国で悪い評判を立てられることもないとアドバイスしたら、彼女は私に感謝するだろう。一方、これらのトレードを処理しなければならない担当者からは私は恨まれるだろう。彼にとってはつまらないことのために1日を台無しにさせられてしまうわけだから。まあ節約した場口銭の10％を分け前として彼に与えると言えば、問題は直ちに解決するだろうが。しかし秘密を大勢の人に教えれば教えるほど、私の利益はどんどん減っていく。

第5章 うまくいく概念を選ぶ

　やがて人々は私のやっていることに気づき、同じ方法で利益を得ようとするようになるだろう。これを**リバースエンジニアリング**という。なかにはマーケットを監視することに専念させる部署を置き、戦略を見つけだそうとする企業もある。経済システムにおける価格発見にはこのプロセスはきわめて重要であると私は思っている。アービトラージャーは誤算や誤解を、官僚たちが無視できない方法で、あるいは見逃すことができない方法で指摘する。そして多くの場合、企業はアービトラージャーが指摘しなければ気づかなかった状況に目を向けさせられる。

　証券会社や銀行が取っていると思われる予防策にはいまだにあぜんとするばかりだ。予防策を取っているにもかかわらず、彼らはいまだに1兆ドル規模の混乱状態から抜け出せないでいる。戦略の承認には非常に厳しい審査を経なければならないため、アービトラージャーたちは会社のリスク評価を手伝おうという気にはならない。そのビジネスの性質上、彼らは結局は会社とは敵対関係になって終わる。トレーダーは生活のあらゆる面において常に誠実であることが求められる。だがほとんどのトレーディング会社にとって誠実さは最後まで後回しのように思えてならない。

> アービトラージを通してのあなたの使命は、人々が望むと望まざるとにかかわらず、非効率を正すことである。アービトラージャーは間違いを正すことでお金をもらうのである。他人の戦略や概念を一つひとつ酷評することがあなたの仕事なのである。ひとつの戦略や概念をチェックして何も欠点が見つからなければ──通常はこのケースが多い──、次の戦略や概念をチェックするだけだ。

　結論を言えば、あらゆることが常に変化するため、アービトラージ

という仕事に安定がもたらされることはないということだ。法の抜け穴は閉ざされ、利益は目減りする。一方、人間の生活においてはあらゆることが常に変化している。その変化を受け入れることは、すなわち壮大な冒険の人生を送るということである。間違いと誤算とは、人間が作り出すひとつの状態である。間違いと誤算はわれわれが学習し成長する様を表しているのである。アービトラージを通してのあなたの使命は、人々が望むと望まざるにかかわらず、非効率を正すことである。アービトラージャーは間違いを正すことでお金をもらうのである。他人の戦略や概念を一つひとつ酷評することがあなたの仕事なのである。ひとつの戦略や概念をチェックして何も欠点が見つからなければ――通常はこのケースが多い――、次の戦略や概念をチェックするだけだ。アービトラージに対するあなたの考え方は、あなたの物の見方、つまり視点によって決まるのである。

　アービトラージャーとして成功するかどうかは、最後までやり抜く覚悟があるかどうかによって決まる。アービトラージは非効率の掃除屋だ。傍観者になることは許されない。人生においてあなたが身を置ける場所は２つしかない――グラウンドか観客席かのいずれかだ。私はグラウンドでプレーする人間でありたい。

編集者のコメント

　トレードや投資のほとんどは突き詰めれば一種のアービトラージである。要するに、市場の非効率の追究こそがトレードや投資を成功させる秘訣というわけだ。アービトラージは価格を適正に保ち、マーケットの秩序を維持する役割を果たしていると言えるだろう。しかしレイ・ケリーのアービトラージはその純粋なる応用で、「金のなる木」と言っても差し支えない。ただし、金のなる木である期間には制限がある。本当にプロのトレーダーになりたいのであれば、こういった機

会を継続的に探すことをお勧めする。いかなる機会も、それを探し出して正しく利用すれば、何百万ドルという利益をあなたにもたらしてくれるのである。

市場間分析

　本書の初版にはルイス・メンデルゾーンによるニューラルネットワークの項目が含まれていたが、ニューラルネットワークはトレーディング概念というよりは市場分析法の範疇に属するため、この第2版では削除した。しかしニューラルネットワークはトレーディング概念とまったく無関係というわけではない。ニューラルネットワークは市場間の関係を明らかにするのに役立つ。そして、市場間の関係はトレーディング概念とみなすことができる。さらに、経済は今グローバル化していると私は考えている。そういったなか、市場間の関係を理解することはますます重要性を増しつつある。ルイス・メンデルゾーンは市場間分析のエキスパートでもある。したがってこの興味深いテーマについては彼に執筆を依頼した（ルイス・B・メンデルゾーンはフロリダ州ウエスリーチャペルにあるマーケット・テクノロジーズLLC社の社長兼CEOであり、バンテージポイント［VantagePoint］市場間分析ソフトの開発者でもある。また無料教育サイト http://www.tradingeducation.com の運営にも携わっている。彼へのアクセスは http://www.tradertech.com）。

ルイス・B・メンデルゾーン──市場間分析

　レストランのメニューを見てフィレミニヨンが27.95ドルだったら、あなたは少し高すぎると思い、21.95ドルのラムチョップか15.95ドルのチキンを選ぶかもしれない。

市場間分析の世界へようこそ！　意識的か無意識的かは別にして、企業の重役がオフィスや工場の暖房を天然ガスと灯油のどちらでやるかを決定するときのような選択（選択の余地があるものと想定する）を、おそらくあなたも毎日の生活のなかで行っている。農業経営者はトウモロコシと大豆のどちらを作付けするかを決めるのに投入原価と市場価格とを比較するだろうし、投資家は投資先を決めるのに小型株と大型株のリターンを分析したり、市場セクター別のリターンを分析したり、国際株と国内株のリターンを分析したりするだろう。彼らと同じような選択をあなたも日々の生活のなかで行っているのである。

孤立した市場はひとつとしてない

どのひとつの市場も孤立して存在するものはない。特に今日のようにグローバル化し、24時間電子化された市場では、関連する市場で何かが発生すると瞬く間にその影響を受ける。こういった市場環境にあってはどの市場も孤立して存在することは不可能である。市場の過去の価格を振り返り、その市場の過去の振る舞いを知ることで将来的な振る舞いを予測するといったことをトレーダーはよくやるが、自分がトレードしている市場だけでなく、周りを見渡してほかの市場の価格が自分がトレードしている市場に与える影響を調べることも重要だ。

市場が相互関係を持つこと、ある市場に影響を及ぼす進歩はほかの市場にも波及することを、ほとんどのトレーダーは本能的に知っている。ところが彼らが使っている市場分析ツールと情報源は、私が初めてこの業界に足を踏み入れた1970年代から使われている単一市場分析ツールと情報源なのである。

市場間に関係があることは昔からだれもが認識していた。しかし、その関係をトレーダーが投資判断に使えるように定量化するのはそれほど簡単なことではない。私は1980年代半ばから、市場間分析の定量的アプローチの研究を続けてきた。私の目指すアプローチは、伝統的

な単一市場のテクニカル分析から完全に離脱するものではなく、またそれに取って代わるものでもない。

　経済と金融市場のグローバル化が進む今、市場間分析とは伝統的な単一市場のテクニカル分析の拡張にすぎないと私は思っている。特に他市場の価格付けのベースとなる外為市場のような市場に対しては、何らかの方法で市場間分析を盛り込んだアプローチが必要になる。私の研究の最大のテーマは、どの市場同士が最も影響を及ぼしあうのかとその影響度を分析することである。

　2005年に私が創案した「ハリケノミクス（hurricaneomics）」という概念は、イベントと市場は相互に関連していること、そして何ものも単独で見ることはできないことを示す完璧な例である。2005年に米国南部沿岸とフロリダを襲ったハリケーンは地元経済に対する局部的な打撃だけにとどまらなかった。ハリケノミクス効果はこの後何カ月、何年にもわたって世界経済に波及し、エネルギー市場、穀物市場、建設業界、連邦赤字、金利、そしてもちろん外為市場にも影響を及ぼすことになるだろう。自然災害などのイベントとそれがグローバル金融市場に及ぼす影響を調べるには、ハリケノミクス分析と市場間分析との連携が不可欠なのである。

市場への影響を調べる

　私がバンテージポイント市場間分析ソフトの研究開発を開始したのは1991年のことである。この研究開発はそれ以降今に至るまで続いている。この研究を通じて分かったことは、例えば、ユーロ対米ドル（EUR/USD）相場の分析をしたいと思った場合、ユーロのデータだけでなくほかの関連市場のデータを調べ、EUR/USD関係に影響を及ぼす隠されたパターンや関係を見つけることが必要だということである。

- 豪ドル/米ドル（AUD/USD）
- 豪ドル/日本円（AUD/JPY）
- 英ポンド
- ユーロ/カナダドル（EUR/CAD）
- 金
- ナスダック100指数
- 英ポンド/日本円（GBP/JPY）
- 英ポンド/米ドル（GBP/USD）
- 日本円

　各国通貨市場間の関係は分かりやすいが、株価指数、米国国債（Tノート）、原油価格が通貨ペアに及ぼす影響を読み取るのはなかなか難しいものだ。しかし、こういった関連市場が対象となる外為市場に及ぼす影響は絶大で、その影響を知ることでその外為市場の将来価格の方向性を早い段階でつかめることがこの研究から分かっている。

　アナリストのなかには、2つの関連する市場において一方の市場の値動きともう一方の市場の値動きとの関係を調べて、2つの市場の相関を測定する人がいる。一方の市場の値動きがもう一方の市場の値動きから正確に予測することができれば、その2つの市場は完全相関の関係にあるとみなすわけである。2つの市場の動きが同じ方向であれば正の完全相関、2つの市場の方向が互いに逆方向であれば負の完全相関である。

　しかしこのアプローチには限界がある。2市場の価格を比較するだけで、対象となる市場に対するそのほかの市場の影響は一切勘案されないからである。金融市場、なかでも特に外為市場の分析では、2市場間における1対1の因果関係を想定するのではなく、多数の関連市場の影響も考えなければならない。

　相関分析では、経済活動のなかで発生し得るリーズ・アンド・ラグ

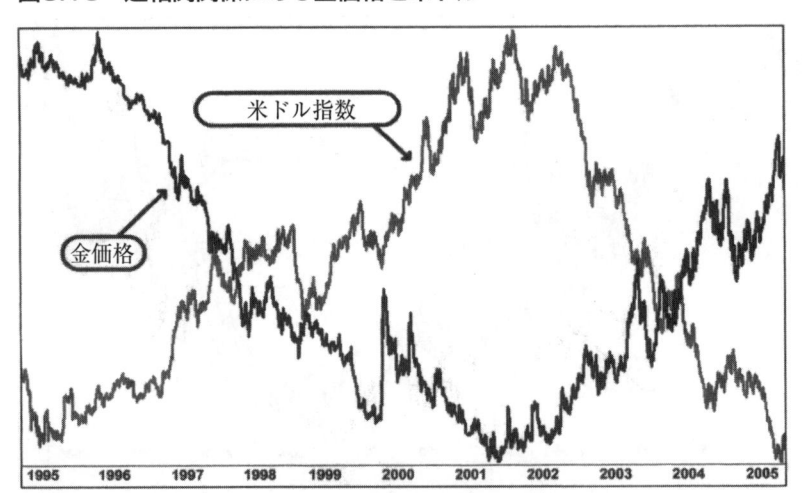

図5.10　逆相関関係にある金価格と米ドル

ズ（為替相場の見通しによって為替決済を早めたり遅らせたりする操作）や外為市場に影響を及ぼすその他のファクターも分析に含めなければならない。しかし、実際にはこういったファクターが分析に含まれることはない。計算は現在の価値のみに基づいて行われ、中央銀行の介入や市場にその影響が現れるまでに時間のかかる政策変更といった長期的な要素は一切含まれない。

逆相関（負の相関）の市場

市場のなかには逆相関を示す市場があり、最も顕著なのが国際取引では米ドルで値付けされる金や原油と米ドルである。金価格と米ドルを比較した**図5.10**を見ると分かるように、米ドルが下がると、外国通貨だけでなく金価格も上昇する。過去数年分のデータを分析した結果、金価格と米ドルとの間には－0.90を上回る負の相関があることが分かった。つまりこれら２市場は同じ向きに動くことはほとんどなく、

図5.11　正の相関関係にある金価格とユーロ

逆の動きをすることが多いということである。

　これとは逆に、EUR/USDと金価格との間には高い正の相関関係がある。これはユーロと金価格が同じ方向に動くことを意味し、米ドルから資金が流出すれば、それは両市場にとって有利に働く（図5.11を参照）。

　金価格チャートにおけるトレンド（つまり価格シグナル）の発生は、まだ動きの始まっていない外為市場でポジションを持つ絶好の機会と言えるかもしれない。あるいは逆に、外為市場の動きが金価格の動きの先行指標になる場合もある。

　原油価格は世界のビジネスや商業において重要な位置を占め、その供給や流通に影響を及ぼすものはほかの市場の反応も促す傾向があるため、監視しなければならない主要市場のひとつである。原油の正常な供給を脅かすテロ攻撃やハリケーン・カトリーナのような自然災害が発生すると、外為市場やほかの市場が敏感に反応するのはそのためだ。

テロ攻撃や自然災害は市場分析を困難にするひとつの要因ではあるが、こういった典型的なシナリオには、市場間関係で発生している微妙な動きを含むのが一般的であり、これは将来的な価格変動を読み取るうえでのヒントとなる。こういったヒントは外側からは見えない。したがって市場間分析を怠れば、市場間の関係もそれが関連市場に及ぼす影響も知ることはできないだろう。

多市場効果

　市場は動的なものだ。絶えず変動し進化している。過去5年から10年分のデータを使って関連する5～10市場が対象とする市場に与える影響を同時に調べることで、将来を予知する繰り返しパターンを見いだそうとする場合、線形相関分析や主観的なチャート分析はトレンドや価格の予測ツールとしては力不足である。

　単一市場分析ツールは市場の相互関係を見つけだすのには使えない。トレーディングに真剣に取り組もうとする者は、まずは正しいツールを手に入れる努力をすべきである。もちろん、どんなに大枚をはたこうが、どんなツールを使おうが、100％正しいということはあり得ない。最良のツールでも数学的な確率を与えてくれるだけであり、確実さを与えてくれることはない。しかしトレーディングで優位に立つのに、ツールは完璧である必要はない。

　それぞれの市場や関連するグローバル市場間において繰り返し発生するパターンを見つけだすことができる分析ツールを持っているのであれば、ほかのトレーダーよりも優位に立つのに必要なものはすべて手中に収めていることになる。次の数日間の取引日における値動きを予測できれば、自分のトレーディング戦略に対する自信は増し、それに従おうとする気持ちも一層高まるため、しかるべき時が到来したらためらうことなくトリガーを引くことができる。

　当然ながら、市場分析は市場間分析だけ行えばよいわけではない。

迅速な遠隔通信と高度なトレーディングテクニックの時代にあっては、**相乗的市場分析**（と私は呼んでいる）が不可欠だ。相乗的市場分析とはテクニカル分析、市場間分析、ファンダメンタル分析を組み合わせた分析で、自分のトレーディングスタイルに合った伝統的なツールとインターネットで入手可能な情報も有効に活用することができる。

編集者のコメント

次章ではメンタルシナリオ・トレーディングについて考える。これは世界を取り巻く環境があなたのトレーディングアイデアに与える影響を理解することを意味する。世界の大局観とそれをあなたのトレーディングにどう生かしていくかを見ていくわけだが、市場が相互関係を持つという考え方も基本的にはこれと同じことである。ドルを取引するのに、ユーロ、金価格、原油価格、金利といった重要な変数（これらはほんの一例）がドル価値に与える影響を知らないで取引できるだろうか。確かに、価格と売買高、バンド、トレンドなどを見れば取引できないことはないだろう。しかしほかの市場がこう動いたからドルはこう動くのではないか、といった予測がついたほうが有利な取引ができるのではないだろうか。これが市場間分析の威力である。

宇宙には秩序が存在する

宇宙には秩序が存在するという考え方はきわめてポピュラーな考え方である。マーケットの仕組みを理解したいと考える人々が最も知りたいと思うのは、その根底にある構造である。言うまでもないが、マーケットの根底にある構造を知りたいと思うのは、それが分かればマーケットの動きを予測できると信じているからである。マーケットの秩序を含むこういった理論はマーケットの転換点を予測することを目

的とするため厳密なものが多い。常に正しくあり、マーケットを支配したいという現実的にはあり得ないことを願う人間の心理にこういった理論が魅力的に映るのも無理はないだろう。それが人々をマーケットの転換点をとらえたいという思いに駆り立てるのである。同時にこの理論は売り物になる理論でもある。マーケットの秩序を含む理論にはギャン理論（645ページ参照）、エリオットの波動理論（645ページ参照）、占星術理論など枚挙にいとまがない。

　本項目は私自身が執筆することにした。それは、①ひとつの市場秩序理論に精通している者でも別の市場秩序理論に精通しているとは限らない、②市場秩序理論の専門家はその概念がトレードに使えるかどうかという議論よりも、自分の理論を証明（あるいは反証）することのほうに関心がある――からである。私はほぼすべての概念はトレードに使えると信じている。したがって市場秩序理論を一般論として議論し、それを使ってどのようにトレードすればよいかを示すことは専門家よりも私のほうが向いているだろう。

　マーケットに秩序があることを想定した概念は基本的に３つのタイプに大別できる。これらの概念はすべてマーケットの転換点を予測するのに役立つ。これらの概念を議論するに当たってはかなり単純化して話を進める。専門家の方々にはその旨をおくみいただき、しばらくの間私の議論にお付き合いいただきたい。

人間の行動にはサイクルがある

　最初の概念は、マーケットとは人間の行動の総体であり、人間がある行動を取る動機は特定の構造によって特徴づけることができることを前提とするものだ。このタイプの構造で最もよく知られているものはエリオットの波動理論である。この理論では、恐れと欲といった衝動は明確な波動パターンに従うことを前提とする。マーケットは５つ

の上昇波とそれに続く３つの下降波から成り、これが反復する、というのがこの理論の骨子である。例えば、マーケットの大きな上げは、５つの上昇波（第２波と第４波は反発波）とそれに続く３つの下落波（真ん中の波は反発波）で構成されている。各波はそれぞれに異なる特徴を持つ。５つの上昇波のなかで第３波が最も長く力強く、トレードに最も有効とされる。しかしそれぞれの波の中にも複数の波が存在するため、理論はさらに複雑になる。つまりそれぞれに規模の異なるエリオット波動が存在するということである。例えば、大きな動きにおける第１波は５つの上昇波と３つの下降波で構成されている。事実、エリオットは波の規模をグランドスーパーサイクルからサブメヌエットまで９つに細分化している。

エリオットの波動理論家は投資判断には特定の法則を用いる。また波には伸張波と圧縮波が存在するためこれらの法則にはバリエーションがあり、パターンにもバリエーションがある。これらの法則とバリエーションは本書の範囲を超えるものなのでここでは議論しないが、**これらの法則はトレードに有効に使えるマーケットの転換点を予測するのに役立つ**とだけ言っておこう。要するに、どの波動列が任意の転換点の形成に関与しているかを見抜けるかどうかが勝負の分かれ目ということである。

物理的システムが予測可能なパターンを持つ人間の行動に影響を及ぼす

市場秩序の２番目の概念は宇宙における物理的システムに基づくものだ。物理的システムを見ることはトレーディングと一体どういう関係があるのだろうか。それは次の前提に基づく。①マーケットの動きは人間の行動に根差すものである、②人間は肉体的にも精神的にもさまざまな物理的システムとそれが生み出すエネルギーの影響を受ける。したがって、③物理的エネルギーが一定のパターンに従うならば、そ

のエネルギーはマーケットに対する強力な予測効果を持つ。

　例えば、太陽表面に現れる黒点は一定の周期で現れることが科学者の研究によって分かっている。黒点は太陽からの電磁気エネルギーの放射によって形成されるものであり、地球に甚大な影響を及ぼす。

　黒点の活発な活動によって大量の荷電粒子が地球磁気圏に蓄えられる。これが地球を太陽からの悪影響から保護すると考えられている。この理論が正しいとするならば、黒点活動の最盛期は人口が最大になる時期と一致すると考えられる（この理論については、http://www.divinecosmos.com/index.php?option=com_content&task=category&sectionid=6&id=26&Itemid=36 を参照のこと）。今はまさにその人口最大期の真っただ中にある。逆に、黒点活動があまり活発ではないときと人口の減少も関連があると思われる。これらの理論が正しくて、かつ黒点活動が予測可能だとするならば、黒点活動はマーケットに強い影響を及ぼすことは明らかだ。

　太陽活動のような重大な物理的システムに基づいて各マーケットを関連づけ、予測するという試みは数多く行われている。最良の例を寄せ集めてこれらの理論が正しいことを他人や自分自身に証明することは簡単だ。私はこれを何百回と見てきた。これは単純な知覚的バイアスによる。つまり、厳選したわずかな例を使って人々にある関係を確信させることができるのは、人間が知覚的バイアスというものを持っているからなのである。しかし実際には、理論と現実の間には大きな隔たりがある。

　電波伝搬の専門家であるジョン・ネルソンは電波伝搬の質が6時間ごとに変化することを88％の精度で予測することに成功した人物だ。彼がこの予測に使ったのは惑星の配置である。何人かのマーケット研究者たちは、1940年から1964年までに発生した巨大な磁気嵐の発生日を調べ、磁気嵐前の10日から磁気嵐後の10日までのダウ・ジョーンズ工業株平均（DJIA）の変化率の統計値を出した。その結果、DJIAは

磁気嵐の2日前から磁気嵐の3日後にわたって統計学的に有意な下落を示すことが分かった。この効果は新月と満月にはさらに強まる。しかしこの時期、株式市場はすでに下落傾向にあったため、この間のほとんどは下げ相場だった（情報源はグレッグ・メドーズとエリック・ギャテーのインターネット上への投稿。巨大ストームの発生日は1940年3月23日、1941年8月4日、1941年9月18日、1942年10月2日、1944年2月7日、1945年3月27日、1957年9月23日、1960年4月24日、1960年7月15日、1960年8月30日、1960年11月12日、1961年4月14日、1963年9月22日。詳しくは http://www.mindspring.com/edge/home.html を参照のこと）。

　1989年3月5日、太陽で巨大なX線フレアが137分間にわたって発生した。モニターのセンサーは過負荷状態になり、フレアの発生領域には黒点が集中発生しているのがはっきり見えた。3月8日、太陽プロトン（イオン）の放出が始まり、大量の太陽プロトンが太陽風に乗って地球に向かって流れ始めた。これは3月13日まで続いた。シェットランド諸島の地磁気モニターは1時間に8度もの地磁気の変化を記録した（通常の変化はわずか0.2度）。また電力線、電話線、ケーブルネットワークの電圧は急上昇し、無線通信や衛星通信は大きな打撃を受けた。カナダの変圧器には過負荷がかかり、100万人を超える人々への送電が突然ストップした。しかしこのフレアは太陽にとってはそれほど驚くほどの出来事ではない。

　1989年3月5日から3月13日まで発生した太陽フレアは太陽のパワーから言えば小規模のものであったが、20世紀における観測史上最大のフレアであり、ネルソンが報告したどの磁気嵐よりも大きかった。そこで当然ながら疑問が生じる。「太陽フレアはマーケットにどんな影響を及ぼすのか」。私が言えるのは、影響はまったくなかった、ということだけである。

　1979年にフランソワ・マッソンが書いた『ジ・エンド・オブ・ア

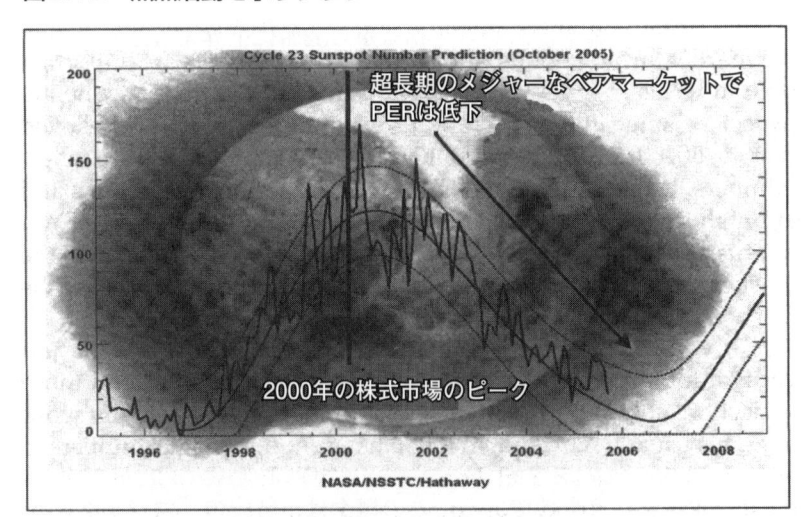

図5.12 黒点活動を示すグラフ

出所＝NASA

ワ・センチュリー（The End of Our Century）』（この理論については、http://www.divinecosmos.com/index.php?option=com_content&task=category&sectionid=6&id=26&Itemid=36 を参照のこと）のなかで、著者は2000年に黒点活動が発生し株式市場はピークを迎えるだろうと予測している。事実、2000年4月、黒点活動は最高潮に達した。マッソンは黒点活動の周期は16年だと主張したが、今科学者の間では11年周期が定説になっている。さらに、黒点活動が最も弱まるのは2006年と考えられているが、経済は2006年以降は好転し始めるのだろうか。私は個人的にはそうは思わない。太陽活動のサイクルについてもっとよく知りたい人は、ステン・オーデンワルトの『ザ・トゥエンティーサード・サイクル（The 23rd Cycle）』に詳しく書かれているので一読をお勧めする。図5.12はこの現象を示すグラフである。

　この理論には反論もあるが、とりあえず、これらの物理的実体の活動には何らかのリズムがあり、それはマーケットにわずかながらも影

響を及ぼすものと仮定しよう。すると、例えばマーケットの変動を「正しく」予測できる確率はおそらく48％から52％に上昇するだろう。これはラスベガスのブラックジャックテーブルでカードカウンターが勝つ確率と同じである。カジノがカードカウンターを締め出そうとするのはこのためだ。これまで見てきたように、マーケットの秩序を物理的システムによって説明することもまた不可能なことではないのである。

宇宙には不思議な数学的秩序が存在する

　マーケットの秩序に関連する３番目の概念は、答えを数学のなかに見つけだす、というものである。この概念は、特定の「マジック」ナンバーとそのナンバー間の関係はマーケットに影響を及ぼすという考え方が根底にある。ピタゴラスは自らが設立した「神秘主義のスクール」で、自然の元素はすべて数と形とに関連づけられる、と説いたという。秘密結社や秘密教団はこの概念を発展させたものを教義としているようだ。W・D・ギャンの理論は今その信奉者たちによってさらなる研究が進められているが、この理論もまた数学的秩序を基に構築されたものである。
　数学的秩序に関する理論は次の２点を大前提とする。①マーケットの転換点を予測するときに重要な数字がある、②これらの数字は価格水準、時間（いつ市場が反転するか）の両方の観点から見て重要。例えば、数字の45、50、60、66、90、100、120、135、144、168……をマジックナンバーだと考えているとすると、「意味があると思われる」高値や安値を見つけて、それらの水準とマジックナンバーとを照合してみる（時間と価格の両方で）。すると例えば、50％、61.8％、66.7％押したり戻したりするだろうといったことや、目標価格に達するまでにかかる日数は45日、144日などのマジックナンバーの日になるだろ

うといったことが予測できるというわけだ。

　十分な個数のマジックナンバーがあれば、事前に行ったさまざまな予測が正しかったかどうかを事後に確認することができる。正しかった予測を将来の予測に使えば、うまくいく場合があるかもしれない。これはマジックナンバーを多く持っているほどうまくいく。例えば部屋に33人以上の人がいる場合、誕生日が同じ日の人がいる確率はかなり高いはずだ。この場合、その誕生日がマジックナンバーだと早とちりする人もいるが、同じ誕生日の人がいる確率が高いからといってその誕生日がマジックナンバーとは必ずしも言えない。

　仮にそういったマジックナンバーが実際に存在するとしよう。さらに、それらのマジックナンバーは完璧ではないが、それらを使えば予測の当たる確率は上がると仮定しよう。そこであなたはマジックナンバーを使ってダウ・ジョーンズ工業株平均の大きな転換点を予測する。それは7月23日になった。あなたはこれが当たっている確率を55％と見積もる。こういった強みを持つということは、言い換えればトレードを可能にするきっかけを持っていることを意味する。

　こうしたマジックナンバーの代表が**フィボナッチ数**（参考文献『**フィボナッチ逆張り売買法**』［パンローリング］）である。フィボナッチリトレースメントをチャート上に書き込んだとき、これらのリトレースメント（押しや戻り）水準と価格水準との間に驚くべき相関のあることを発見したことがある。例えば、0.667、0.618、0.5というフィボナッチ数は転換点を予測するうえで「魔法」とも言える効果を発揮する。しかしこれについては非数学的な説明もできる。十分に多くの人がマジックナンバーの威力を信じれば、マジックナンバーに対する人々の信仰だけで魔法は起こるのである。しかし、あなたがトレードできるのはマーケットに対してあなたが信じていることだけであることを忘れてはならない。

結論

　マーケットの秩序に関する３つの概念を見てきたわけだが、これら３つの概念に共通するものとは何だろう。それは、いずれもマーケットの転換点を予測するものであるという点である。転換点は仕掛け時に関する情報を与えてくれることが多い。ときには、利益目標や手仕舞い時を教えてくれることもある。第９章では仕掛けがランダムでも儲けられるトレーディングシステムが登場するが、要するに、いかなる方法でも偶然よりも高い確率でマーケットを予測することができる方法を持っていれば、人よりも有利に立てるということである。

　では、こういった予測はトレードにどう生かせばよいのだろうか。まずは、予測した目標日（どれくらいのズレを見込むかは本人の自由）を仕掛けのフィルターに用いるという方法がある。例えば、ある方法でマーケットの転換点を７月23日と予測し、ズレを前後１日と見積もった場合、７月22日から24日までの間に発生する仕掛けのシグナルを受け入れる、といった具合だ。

　２番目の方法は、予測した値動きが発生していることを確認できたら仕掛けるというものだ。この場合、トレードシグナルは値動きそのものであって、予測した発生時期は関係ない。この方法を使った最も簡単なトレード方法は、値動きがあると予測し、そこで発生するボラティリティブレイクアウト・シグナルを見つけるというものだ。例えば、過去10日の日々のアベレージトゥルーレンジが４ポイントだったとしよう。シグナルはこのレンジの1.5倍の位置、つまり６ポイント動いた時点で出ることになっている。したがって、昨日の終値から６ポイントの位置があなたの仕掛けポイントになる。仕掛けたら、ストップ、手仕舞い位置、ポジションサイズを適切に設定してトレード管理を行う。これについてはあとの章で詳しく説明する。

　マーケットの秩序を含む概念を使ったトレードで儲けるためのポイ

ントは、ほかの概念と同様、正しい方法でトレードすることである。正しい方法とは、第一に、概念が機能しないとき資産を保護し、概念が機能するときには高い利益を上げられるような優れた手仕舞い戦略を持つこと。第二に、自分のトレード目標を達成できるようにポジションサイズを適切に設定すること。概念を用いても予測精度は１％しか上昇しないかもしれないが、それでも利益は出せる。しかしこういったシステムの予測的側面ばかり強化するのはやめ（システムをコントロールし常に正しくあろうとしないこと）、手仕舞いとポジションサイジングを重視すれば、パフォーマンスはさらに上がるはずだ。

まとめ

　本章では、あなたが信じていることに基づいてトレードや投資を行うに当たって、利用できるさまざまな概念のいくつかを紹介してきた。ここで紹介したどの概念もトレードで人より優位に立つのに役立つものであるが、最初のストップや手仕舞いを設定したり、システムをＲ倍数の分布として理解したり、目標を達成できる適切なポジションサイズを設定するといった、本書に含まれるほかの重要な要素を無視すれば、どの概念を使っても儲けることはできない。これらの要素については本書でこのあと説明するが、マーケットで儲けるためには、これらの要素を、あなたの主要な投資「スタイル」としてあなたの選んだトレード概念に組み込むことが必要だ。

　これらの概念はどれがどれよりも有効である（価値がある）といったことはないと私は思っている。だから、どれが私の好みの概念であるかについては述べないことにする。本書における本章の役割はさまざまなアイデアが存在することを読者に知ってもらうことである（スキャルピング、統計学的トレーディング、ヘッジなど、本章の意図と相反するため省いた概念は多数ある。本章では多くの人に使われてい

る主要な概念についてのみ解説している）。

- まずトム・バッソがトレンドフォローについて簡単に説明してくれた。マーケットは時として長期にわたってひとつの方向に動く、つまりトレンドを形成することがある。これらのトレンドはひとつのトレード手法――トレンドフォロー――を構築するうえでのベースとなる。マーケットのトレンドを見極めるうえでの判断基準を定め、トレンドの方向に仕掛け、トレンドが終わるかシグナルがダマシであることが分かったら手仕舞う。これがトレンドフォローの基本原理である。非常に簡単なテックニックなので、その背景にある概念を理解して一貫して従えば大金を稼ぐのも夢ではない。
- 次の概念は、チャック・ルボーによるファンダメンタル分析である。これは実質的にはマーケットにおける需要と供給の分析であり、多くの学術研究者たちの間では唯一トレード可能な概念と考えられている。この概念は価格目標を決めるのには役立つが、あなたの分析（あるいは専門家の分析）と実際の値動きとの間には何の関連性もない。しかしファンダメンタルデータをトレードにうまく生かしている人はいる。そういった意味では、この概念は考慮する価値のある選択肢のひとつと言えよう。この概念の採用を考えている人に対して、チャックは７つのアドバイスをしている。一般に、ファンダメンタルズに支えられたトレンドはファンダメンタル的要因のないトレンドよりはるかに強い。チャックは主としてファンダメンタル分析の先物市場への応用について議論しており、株式市場への応用については述べていない。ファンダメンタル分析の株式市場への応用についてはバリュー投資の項目で説明されている。
- 次の概念はバリュー投資である。これは割安と思えるものを買い、割高と思えるものを売るという投資スタイルである。非常に簡単な概念で、マーケットの天才と呼ばれている人が好んで用いる概念で

もある。問題は「バリューをどう定義するか」である。本項目ではうまくいく手法とうまくいかない手法の両方について議論するとともに、バリュー投資のパフォーマンスを上げるためのヒントについても述べている。

- 次の概念、バンドトレーディングはD・R・バートンが解説してくれた。マーケットがレンジ相場で、レンジがトレードするのに十分な幅を持っているときに有効なのがバンドトレーディングだ。この概念は短期トレーダーと、高値で買って安値で売ることを極端に嫌う人々に向く。彼はバンドトレーディングの短所・長所についての説明だけでなく、トレード可能なバンドの種類についても簡単に説明している。

- ジェリー・タープケは季節性という概念について説明してくれた。季節性(シーズナル)分析は、ある生産物の価格は1年の特定の時期によって高いときと安いときとがあるという考えに基づくものだ。ファンダメンタル分析、すなわち需要と供給の分析と、トレンドフォローのタイミングとを組み合わせたものがこの季節性分析である。この概念は、自分が発見した季節的傾向がしっかりとした理由に根ざしたものであることを確信している人に向く。

- サヤ取りを担当してくれたのがLIFFEの元フロアトレーダー、ケビン・トーマスである。サヤ取りの利点は、商品そのものを取引するのではなく、商品の関係をトレードすることにある。したがって、別の方法では得られない新たな機会を得ることが可能になる。サヤ取りのさまざまな実例は非常に役立つ。

- レイ・ケリーがユーモアたっぷりに説明してくれたアービトラージは、マーケットにもたらされたわずかな機会を見つけてそれをトレードに利用する手法である。もたらされた好機が大きければ「金のなる木」になるが、その好機はやがては失われ、アーブトレーダーは再び新たな好機探しに奔走する。ケリーはこういった好機の例を

多数提示するとともに、そのような機会をとらえようと悪戦苦闘した彼自身のユーモラスな体験談も紹介してくれた。

● ルイス・メンデルゾーンが説明してくれたのが市場間分析で、これはひとつの市場はほかの多くの市場の影響を受けるという考え方に基づく概念だ。市場間の相互関係を理解できるようになると、自分がトレードしようと考えている市場の値動きが理解できるため、人よりも優位に立つことができる。

● 最後の概念は、市場には不思議な秩序が存在することを前提としたいくつかの理論の概要だ。秩序に関する概念には３つのタイプがある――①人間の感情の波をベースとするもの、②人間の振る舞いに影響を及ぼす大きな物理的出来事をベースとするもの、③数学的秩序をベースとするもの。これらの理論の多くは実際にはほとんど、あるいはまったく有効性はないが、人々は有効性があると信じているためトレードに用いる。十分に多くの人がある概念を信じれば、それは「真実」となって機能するようになる。その結果、これらの概念をトレードに用いれば儲かる。これは仕掛けについての章で説明しているように、ランダムな仕掛けでも儲けることができるのとまったく同じ原理である。この最後の項目では、こういった秩序に関する概念のひとつを選んで、もしそれが自分の感覚に訴えるものであれば、それをトレードに有効に利用する方法を学んだ。トレードを始める前にまず市場の仕組みを学習する必要があると感じている人にとって、おそらくこれらの概念は最高の概念と思えるに違いない。

第6章

大局観に合った
トレーディング戦略
Trading Strategies That Fit the Big Picture

　米国のGDPが１ドル増えると負債額は４ドル増える。これは信用拡大という観点から見ても、もちろん他国と比較しても、史上最悪のパフォーマンスである。
　──カート・リッシュバッハー博士（2005年11月の経済学講義で）

　初版では**メンタルシナリオトレーディング**（と私は呼んでいる）というトレーディングスタイルについては除外した。実際に経験してみて、これは少数の最良の投資家やトレーダーによる一種、芸術とも言えるトレーディングスタイルだと思ったからだ。「メンタルシナリオトレーダー」の一例を挙げるならば、**マーケットの魔術師**と呼ばれるブルース・コフナーやジム・ロジャーズがこれに当たるだろう。そして彼らが行ったことを最も適切に表現するならば、世界で起こっていることを常に把握し、その知識に基づいて優れたトレーディングアイデアを創案した、ということになるだろうか。ジム・ロジャーズはメンタルシナリオトレーディングについて次のように言った。「マレーシアのパーム油に起きていることを理解しないでアメリカンスティールに投資できますか？……３次元の巨大なパズルのどのピースも常に変化しているのです」（ジャック・シュワッガー著『**マーケットの魔**

術師』［パンローリング］より）。

　私はメンタルシナリオトレーダーをモデル化したことがないため、著書のなかでもセミナーや講座のなかでも詳しく触れたことはない。しかしメンタルシナリオトレーディングに対する私の考え方は初版のときからは変化した。今では、何人も最低限、世界で起きていること、つまり経済全体や世界で起きている大きな動向を常に把握し、そこから明らかになるパターンに基づいて開発した２〜３のシステムを使ってトレードすべきであると思っている。以下に示すのは私の大局観に対する考えをいくつかリストアップしたものだ。前にも言ったように、これらは私が信じていること、つまり現実に対する私のフィルターにすぎず、あなたが信じていることとは異なるかもしれない。このことを念頭に置いたうえで読んでいただきたい。

- 新興国家による天然資源の消費は今後ますます増加すると私は信じている。
- 米国は超長期のメジャーな弱気相場時代に突入し、巨額債務やベビーブーマーの退職問題で疲弊するに違いないと私は信じている。
- 米国は世界大国としてのピークにすでに達し、長期的に見ると凋落に向かうと私は信じている。これは歴史上のすべての大国がたどった運命であり、その現実を踏まえれば米国も例外ではない。
- このシナリオを前提とするならば、米国は少なくともドル価値の低下（最良のシナリオ）とおそらくはかなり悪質なインフレに直面することは必至で、これによってドルの購買力は大幅に低下すると私は信じている。ダウは４万ドルになるかもしれないが、そのときドルは今の購買力で言えば５セント程度の価値しかないはずだ。これを株式市場の大ブームを予言するものだと勘違いする人がいるかもしれないのでもう少し説明すると、2006年のドル価値で言えばダウは2000ドルでしかないということである。

これらの考え方は私を次のようなトレーディングアイデアへと導く。

- 米ドルと米株式市場に対しては長期的な警戒が必要。
- グローバル市場では長期的に素晴らしいトレーディング機会が期待できる。
- 金、原油といった商品市場では長期的に素晴らしいトレーディング機会が期待できる。
- 株式（例えば、GE）よりも消費財（例えば、木材）に注目せよ。また今後10～15年は（金のように）希少価値があって収集対象となるようなものも好調。

本章ではこれらのアイデアのいくつか（およびほかのアイデア）について詳しく議論する。これは読者に大局観の構築方法を実例で示すためである。私の大局観とあなたの大局観は同じではないかもしれないが、私の大局観を読むことで疑問が生じたりアイデアがひらめくこともあるだろう。それを自分の大局観の構築に生かしていただきたい。さらに、大局観を構築するときには、それを評価し、変化に応じて再構築する方法を決めておくことも必要だ。

私は、顧客には長期的トレーディングシナリオを最後まで戦い抜くためのビジネスプランの作成を勧めている。プランを作成するに当たっては、まず「今後5年から20年間にわたって世界を取り巻く状況はどうなると思うか」と自問自答してみる。これに対する答えによって、どの市場、どういったタイプのトレーディングに集中的に取り組むべきかは自ずと決まってくるはずだ。

自分の考える大局観を書いている最中、私の脳裏に突如浮かんだのは、**つまり私が言いたいのは、メンタルシナリオを思い描くことはトレーディングの基本であり、だれもが行うべきことだということ**である。例えば、私がやったように、まず自分の思い描く大局観について

考え、それを基にトレードするマーケットと目標とするパフォーマンスを決めるのもよい。あるいは、大局観を定期的に掘り下げて、さらに高レベルのメンタルシナリオトレーダー・投資家を目指すのもよい。

このように基本的には２つの選択肢があるわけだが、良いトレーダーや投資家を目指すのであれば、まず大局観を思い描き、どういったタイプのマーケットでどうトレードすればよいのかを導き出す。この場合、週ごとに（あるいは少なくとも月ごとに）データを収集し、大局観を見直す必要がある。こうすることで、①信じていることを変更する必要があるかどうか、②大局観のなかで間違っている部分はなかったか、あるいは大局観自体が間違ってはいなかったかどうか――が分かる。

もうひとつは、大局観に関するアイデアや情報の収集を日課とすることでより多くのデータを収集するというものだ。毎日データを収集していれば、自分が使いたい特定のトレーディングアイデアは自然と浮かび上がってくるはずだ。こうなればもうあなたはりっぱなメンタルシナリオトレーダーであり、投資家だ。

> ……私が言いたいのは、メンタルシナリオを思い描くことはトレーディングの基本であり、だれもが行うべきことだということである。

そこで、トレーダー・投資家としてあなたが今成長過程のどの辺りにいるのかをチェックしてみよう。この段階では、自分自身と市場についてあなたが信じていることをリストアップしたものはすでに準備できているはずだ。さらに、あなたの心に最も訴えかけてくる概念（第５章を参照）もすでに選び終えているはずだ。本章を読み進めるためにはここまで準備できていることが必要だ。本章では、あなたが思い描く大局観に合うシステムの開発に向けて、あなたが思い描く大局観と、その大局観に変更がないかどうかを

チェックするための手立て(月ごとに何かを測定する)について考える。

　本章は、もちろんほかの章もそうだが、私が自分のトレーディングにおいて、そしてトップトレーディングコーチになるためにも有益だと私が確証した「私が信じていること」を反映したものである。これから、2006年終盤の今の世界を見て私が思い描いた大局観を示していくわけだが、**これはあくまで読者の皆さんに大局観とはどういうものなのか、どう考えればよいのか、を示すためのものであることに注意していただきたい。世界を取り巻く状況についてあなたが考えることはここに示すものとまったく違ったものであっても構わない。何か新たな進歩があれば、私の大局観も今とはまったく違ったものになる可能性もある。**物事が変われば、当然ながらそれに応じて世界の見方も変えなければならないが、私はそういった場合に備えて、データ収集のための市場のモニター方法は考えている。あなたにもこういった方策を考えておいてもらいたい。**また、大局観から何らかの危機が発生することが予感される場合、どういった危機であれ、それは同時にビジネスチャンスでもあるということを理解することも重要だ。**

> 大局観から何らかの危機が発生することが予感される場合、どういった危機であれ、それは同時にビジネスチャンスでもあるということを理解することも重要だ。

私が思い描く大局観

　今日の世界を取り巻く状況を考える場合、主な要因として考えなければならないことがいくつかある。第一は、米国の債務状況である。米国の国債残高は今、国民1人当たりおよそ12万5000ドルという巨大な額に膨れ上がっている。第二は、われわれは今2000年に始まった超長期のメジャーなベアマーケットの最中にあるということだ。これは少なくとも2020年まで続くと思われる。これ

は株価が下落することを意味するわけではなく、株価収益率（PER）で見た株価の評価が下がることを意味する。第三は、世界経済のグローバル化に伴い、中国、インドといったかつての第三世界が経済大国として台頭してきたという事実である。第四は、巨大ポートフォリオマネジャーたちの株式市場に対する影響力である。これは少なくともアメリカ人にとっては深刻である。今、S&P500などの主要な株価指数は彼らによって支えられている。しかし2010年にベビーブーマーたちの退職が始まると、売り越し状態がおそらくは何年も続き、主要な株価指数にマイナス効果を与える。第五は、経済全体を大きく変える可能性のある税制、政策、規制の改正だ。これには十分な注意が必要だ。通常、政府は問題解決手段として短期的な解決法を用いるが、これは未来の世代に大きな負荷を背負わせることになる。そして最後は、お金に関する意思決定をするとき人々は非常に非効率的になるということである。しかし、これはあなたには有利に働く。なぜならあなたはお金に関する意思決定を効率的に行えるからである。今話していることはあくまで私が考える主要な要因であって、あなたがメンタルシナリオプランニングに含めたいと思う要因はほかにもあるかもしれない。

　前にも言ったように、大局観について私が思い描くことを紹介するのは、あなたが大局観を思い描くときの参考にしてもらうためである。当然ながらあなたの思い描く大局観は私のものとはまったく異なることもあるだろう。

要因1──米国の債務状況

　1983年、米国は世界最大の債権国だった。その2年後、米国は1914年以来初めて赤字国家に転落した。そして2006年の今、米国は有史以来世界最大の赤字国になった。1993年、ジェームズ・トラフィキャント・ジュニア下院議員（オハイオ州）は下院で次のように発言した。

議長、米国は今破産状態にあります。有史以来最大の破産国になった米国の再生を国民から受託されている者として、われわれ下院議員は米国の未来のための計画書を提出いたします。これを、米国を死へと導く検視官の報告書と言う人もいますが、われわれはこれは米国の再生を実現させるものであると信じています（米国議会議事録1993年3月Vol.33、p.H-1303。ジェームズ・トラフィキャント・ジュニア下院議員［オハイオ州］の発言より）。

　1980年、米国の赤字が1兆ドルに達したときのことを私はよく覚えている。「これ以上膨らむはずがない」という私の考えは裏切られ、赤字は増加の一途をたどるばかりだ。これ以上悪くなりようがないという状態は永遠に続くかのように思える。しかしそんなことがあり得るのだろうか。そこで過去100年の米国の赤字グラフを見てみることにしよう。**図6.1**がそのグラフだ。そこには恐ろしい現実がはっきり映し出されている。

　1900年の負債額は21億ドルで、連邦準備制度理事会（FRB）設立後の1920年には負債額は26億ドルから160億ドルに増加した。負債額が急激に増加し始めたのが第2次大戦後の1950年で、これは米ドルが世界の準備通貨として採用されたためだ。負債額が再び急増し始めたのが1980年だ。これはベトナム戦争での出費がかさんだことと、米国が金本位制への復帰を拒否したためである。しかしそれ以降の負債額はまさに手のつけようがないほど増加し続け、2000年からわずか6年後の2006年には8兆5000億ドルにも上っている。このペースでいけば、2010年には15兆ドルになることは容易に予想がつく。しかもこのグラフの数字には社会保障給付金を含む将来の公的給付金は含まれていない。これを含んだ場合の2006年現在の負債額は67兆ドルと米国政府は見積もっている。事実、セントルイス連邦準備銀行が資金援助しているローレンス・J・コトリコフ博士の研究結果によると、米国政府は

図6.1　1900年から10年ごとに見た米国の負債額

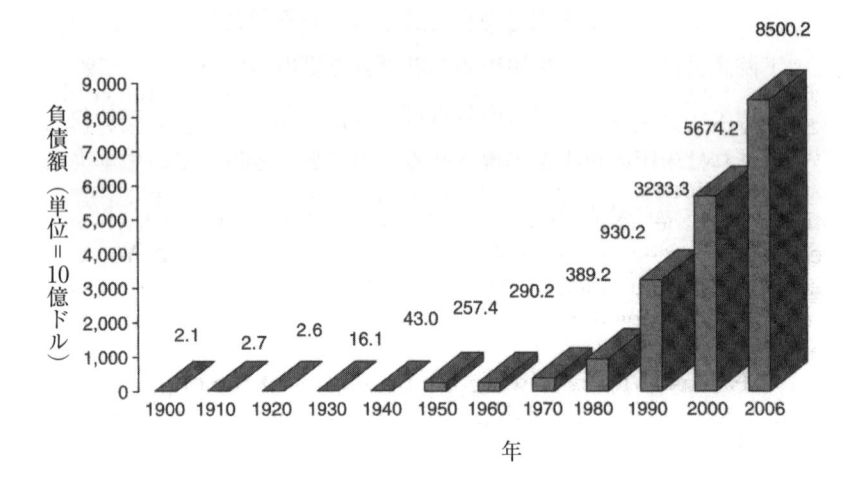

負債額（単位＝10億ドル）

年	負債額
1900	2.1
1910	2.7
1920	2.6
1930	16.1
1940	43.0
1950	257.4
1960	290.2
1970	389.2
1980	930.2
1990	3233.3
2000	5674.2
2006	8500.2

すでに破産しているとのことだ（ジョン・F・ワシックのコメントについては http://www.bloomberg.com、2006年1月17日を参照のこと）。

　米国は今、毎年7500億ドルという巨額の経常収支赤字を出しており、そのうちのおよそ2000億ドルは対中国貿易赤字である。これは、輸入額が輸出額を毎年7500億ドル上回っていることを意味する。諸外国が保有する米国国債の総額はすでに3兆ドルに達している。諸外国はなぜこうも大量に米国国債を買うのだろうか。1990年代に世界経済の成長を支えた米国の消費者に敬意を払っているかのようにも思えるが、3兆ドルという巨額の対外赤字は何十年もの歳月をかけて累積されたものである。経常収支赤字が毎年7500億ドル累積されていることを考えると、諸外国の米国国債保有額が倍になるのにわずか4年しかかからない勘定になる。諸外国が米国国債をこれ以上買わないと言ったらどうなるのだろうか。諸外国は今ジレンマに陥っている。彼らがこれ以上米国国債を引き受けるのをやめたら、ドルの価値は大幅に下がり、

彼らが保有する米国国債の価値も減少する。そしてドルの価値が大幅に下がったら、「オモチャ好きの」米国の消費者に自分たちの製品をこれ以上売ることはできない。そんななか、イタリア政府は外貨準備高における米国国債をすでに売却し、英ポンドと差し替えた。

米国の企業債務

　米国の赤字問題は政府だけにとどまらない。アメリカ企業もまた長年にわたる巨額の債務を抱えている。2002年5月、ナスダックは史上最高値から70％下落した。そのとき友人のスティーブ・ジュガードはナスダック企業の負債総額は2兆3000億ドルにも膨らんでいることを発見した。2大企業（マイクロソフトとインテル）を除けば、ナスダック企業の価値は負債額2兆3000億ドルに対して2兆ドルの価値しかない。これは20万ドルの家を23万ドルの住宅ローンで買うようなものだ。この事実をスティーブが明るみに出した直後、ナスダックはこのデータの公開を中止した。これはアメリカ企業が深刻な債務問題を抱えている証拠である。

　この前の章では、企業価値の計算方法について述べた。流動資産（つまり、2年以内に企業のすべての資産を売ったとしたらいくらで売れるか）から負債総額を引いた値が企業価値である。米国の10～15の大企業の企業価値を計算してみてはどうだろう。GE、ボーイング、グーグル、マイクロソフト、IBM、それに新聞から適当に選び出したいくつかの企業の企業価値を計算してみるとよい。おそらく70％以上の企業の企業価値はマイナスになるはずだ。つまり、米国政府同様、アメリカ企業もまた巨額の赤字を抱えた困った状態にあるのである。

米国の消費者の負債

いくらなんでも米国の消費者は政府や企業とは違うだろうと勘違いするといけないので、米国の消費者の負債についても見ておくことにしよう。米国の消費者の負債は2006年には2兆2000億ドルを超えるという驚異的な数字に達した。1998年には1兆3000億ドルだったものが、10年もしないうちにこの数字だ。住宅ローンはというと、これは10兆円を超えている。ブルームバーグの記者であるジョン・ワシックによれば、2000年から2006年にかけて、消費者負債は年4.5％の割合で可処分所得を上回ってきたという（詳しくはhttp://www.research.stlouisfed.org/publications/review/06/07/Kotlikoff.pdf を参照のこと）。FRBの統計によれば、2003年前半の個人貯蓄額は税引き後所得の2％にまで落ち込み、2005年には1930年代の大恐慌以来初めてマイナスに転じた。これは米経済分析局によるグラフ（**図6.2**）を見れば明らかだ。

赤字を解消するためには

それでは、米国の巨額の赤字を解消するにはどうすればよいのだろうか。方法はいくつかある。最初の方法は、論理的に考えると明白だが、政治家の浪費をやめさせることである。特別保留地になっている広大な公有地など、資産の一部を売却すれば、赤字からは何とか抜け出せるのではないだろうか。コトリコフ博士は米国政府の破産状態についてのレポートのなかで、赤字解消法として、①消費税を33％に引き上げる、②政府の裁量支出を50％削減する、③社会保障制度の民営化、④地球規模予算による医療制度──を提案している。これは可能だろうか。もし可能だと思うのであれば、あなたの知っている政治家と私の知っている政治家とは違う人物だ。米国人は赤字に関しては論

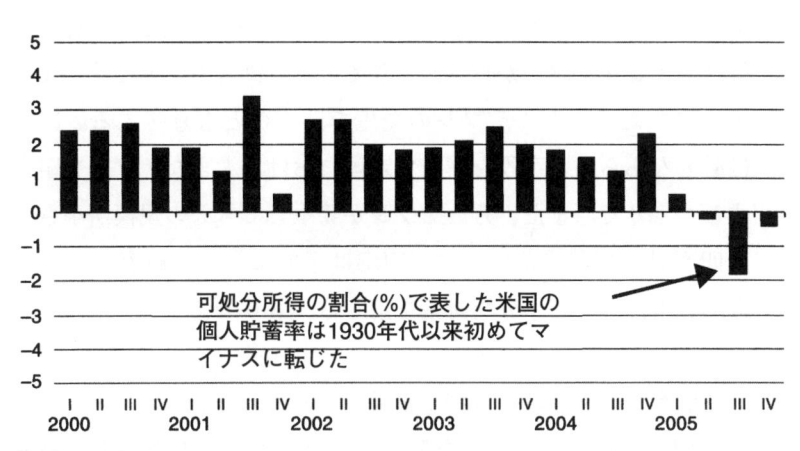

図6.2 可処分所得の割合(%)で表した個人貯蓄額

可処分所得の割合(%)で表した米国の個人貯蓄率は1930年代以来初めてマイナスに転じた

出所＝米経済分析局

理的ではない。だから、われわれの選んだ議員が論理的であるはずがないのである。

　二番目の方法は、債務不履行だ。米国が債務の履行を怠ったらどうなるだろうか。まず、「リスクフリー」のTビル（米短期国債）は無価値になり、Tボンド（米長期国債）も無価値になるだろう。それにドルも無価値になり、米国は破産するだろう。米国に資金を貸す国はなくなるため、米国の信用は失われる。したがって、この二番目の解決法は非現実的だ。

　三番目の方法は、経済が崩壊し大不況に陥るというものだ。この場合、ドルの価値が大幅に上がり物価は下がる。ドルの価値が上がると、37兆ドルの赤字は370兆ドルになるため、赤字を解消するには債務不履行しか方法はなくなる。したがって、このデフレシナリオも現実的にはあり得ない。2002年11月、現在のFRB議長であるベン・バーナンキはナショナル・エコノミスト・クラブで次のような談話を発表した。

米国のデフレに対する二番目の防波堤は……FRBそのものである。FRBは（ほかの目的のなかでもとりわけ）価格の安定を維持する責任を議会から与えられている。価格の安定とはつまり、インフレだけでなくデフレの発生を防ぐことも意味する。FRBは必要なあらゆる手段を講じて米国における大きなデフレを阻止するつもりだ。また、万一デフレが発生してもその規模が小さく期間も最短に収まるように、FRBは必要に応じて政府のほかの機関とも協力して十分な対策を講じるつもりである。

そして四番目の方法は、負債を膨張させることで消滅させるというものだ。FRBは絶対にデフレを発生させないと発言したあと、バーナンキは次のように続けた。

　米国政府は印刷機（あるいは、今で言うデジタル印刷機）というテクノロジーを持っている。このテクノロジーを使えば、ドル紙幣は実質的に無料で好きなだけ造り出すことができる。こうしてドルの流通量を増やすことで、あるいはドルの流通量を増やすことを明確に宣言することで、米国政府はドルの価値を下げることができる。これはすなわちドル価による物やサービスの価格を上げることを意味する。つまり、貨幣システムの下では、政府はいったん決心すれば消費を高めインフレを誘発することが常に可能であるということである。

このようにバーナンキはその発言のなかで最も論理的な赤字解消法——負債を膨張させることで消滅させる——を指摘したわけである。インフレとはすなわちわれわれの通貨がどんどん価値を失っていくことを意味するのである。
　私の母は今生きていれば軽く100歳を超えているが、映画を5セン

トで観られた時代を懐かしむことだろう。私が子供のころ、映画は2本立てで50セントだった。オールナイトのドライブインシアターはもっと安く、定員いっぱいの車でも車1台につき2～3ドルで、しかも4～6本も観ることができた。今では1本で8ドルから10ドルという高さだ。しかも今の映画館は収入源の大部分を映画代金よりも売店からの売り上げに頼っている。だから1回映画を観れば、映画代金、ポップコーン、ドリンクを含めて1人当たり20ドルはかかる。これをインフレと言わずして何と言えばいいのだろうか。

しかし、過去を振り返ると米国は常に比較的マイルドなインフレ状態にあったと言える。実際、FRBは年およそ2％のインフレを目指している。しかし、中南米の国々に見られるようにインフレ率が年100％だったらどういうことになるだろうか。もしそうなれば米国の赤字は瞬く間に消滅するだろう。それと同時にドルも消滅するだろう。しかしドルが消滅したら新しい通貨を作ればよいだけの話だ。米国の増え続ける赤字を解消する最も現実的な解決法は、インフレシナリオということになろうか。赤字を膨張させることで消滅させるというわけだ。その代わり、物価は大幅に上昇することになるが。

こういったインフレシナリオの下では株式市場はどうなるのだろうか。1966年から1982年のベアマーケットでは、米国は比較的高いインフレ状態にあった。その間の株式市場はボラティリティはかなり高いもののレンジ相場で推移し、ダウは500ドルと1000ドルの間で推移した。この期間全体にわたって、株価はやや上昇したが、株式の評価額は大幅に下落したためほとんどの人が損をした。こういったことはよく起こる。そして1982年には、主要な株価平均のPERは1桁にまで下落した。

第五番目の解決策は、ドルの価値がほかの通貨に対して下がるというものだ。この場合、経常収支赤字はゼロになる。あるいは、外国製品価格の上昇に伴って米国人が浪費をやめれば経常収支はプラスに転

じる。したがってこの解決策は選択肢のひとつに含めることができそうだ。一般に、米国が金利を上げればこういう状態になる。なぜなら資金は最も手厚く扱われる場所に流れていくからだ。しかし、金利が上がれば返済負担額は増える。つまりこのシナリオでは、現在の累積赤字は解消できないし、管理することすらできないということになる。

そして六番目の解決策は、社会保障とメディケアの受給権を与えるという約束の下、政府が債務を履行しないというものだ。国債を支払うというのは政府の約束であって、契約上の義務ではない。政府にとって受給権を無効にするように法律を変えることなど朝飯前のことだろう。

要因1に対するあなたの評価は？

- 米国の政府、企業、消費者が今と同じようなペースで支出を続けても、深刻な問題になることはないとあなたは思うか。
- あるいは、もし米国が直ちに赤字をたれ流すのをやめれば、経済的な問題を生じることなく今の巨額赤字から脱出できると思うか。
- 最初の2つの質問に対する答えがノーの場合、どのような経済的問題が発生すると思うか。この質問に対するあなたの答えは、あなたが自分の大局観を描くうえでの参考になるはずだ。
- 最初の2つの質問に対する答えがイエスの場合、米国の利子支払い総額が現在政府支出の14％（政府はこのうちの半分は社会保障のせいだとウソを言っているが）であるという事実をどう考えるか。赤字が増え続けると、どうなると思うか。

要因2──超長期のメジャーなベアマーケット

米国の株式市場は15〜20年の長期サイクルで動く傾向がある。強気

のサイクルに入ると、株式評価は上がる。つまりPERが上昇する。また株価も上昇する。一方、弱気のサイクルに入ると、株式評価は下がり（つまり、PERが下落する）、したがって、株価も下がる（主な情報源は、マイケル・アレクサンダーの著書『ストック・サイクル［Stock Cycles：Why Stocks Won't Beat Money Markets Over the Next Twenty Years］』pp.49-52と彼のリサーチレポート［http://www.crestmontresearch.com］とリチャード・ラッセルのダウ理論に関するeメールマガジン［http://www.dowtheoryletters.com］）。**表6.1**と**表6.2**は米株式市場に影響を及ぼした過去200年間に発生したメジャーなサイクルを示したものだ。

市場の歴史研究家であるマイケル・アレクサンダーによれば、過去200年の間にはこういったサイクルが数多く発生したという。**表6.1**はメジャーなブルマーケットを示したものだ。これらのブルマーケットの平均継続期間はおよそ15年で、株価平均をバイ・アンド・ホールドした投資家は年およそ13.2％のリターンを上げている。過去200年間のうち、これらのブルマーケットの合計期間は103年である。

株式のバイ・アンド・ホールドを信じている人にとってはあまり良いニュースではないが、メジャーなブルマーケットのあとにはメジャーなベアマーケットが続くのが一般的だ。ブルマーケットの行き過ぎを修正する大暴落がこれに当たる。米国は今、2000年に始まったメジャーなベアマーケットの真っただ中にいる。**表6.2**はメジャーなベアマーケットを示したものだ。

メジャーなベアマーケットの平均継続期間は18年で、「実質」年次リターンはわずか0.3％である（「実質」リターンはインフレ率を差し引いたもの。アレクサンダーの『ストック・サイクル』によれば1802年以降の全体的な実質リターンは6.8％。そしてこの3分の2は配当によるもの）。したがって、株価はこの先、長期にわたって下落することが予想される。

表6.1　メジャーなブルマーケット

ブルマーケット	おおよその期間	実質年次リターン(%)
グッドフィーリング	1815–1835	9.6
鉄道ブーム	1843–1853	12.5
南北戦争以降	1861–1881	11.5
第1次大戦前	1896–1906	11.5
狂乱の20年代	1921–1929	24.8
第2次大戦後の好景気	1949–1966	14.1
ハイテクブーム	1982–2000	14.8

表6.2　メジャーなベアマーケット

ベアマーケット	およその期間	実質年次リターン(%)
1812年戦争前	1802–1815	2.8
最初の大恐慌	1835–1843	−1.1
南北戦争前の時代	1853–1861	−2.8
第1次金融危機	1881–1896	3.7
第2次金融危機	1906–1921	−1.9
2番目の大恐慌	1929–1949	1.2
インフレ時代	1966–1982	−1.5
テロ戦争	2000–現在	?

「これは単なる仮説にすぎない。もっと過去にさかのぼってすべてのサイクルについて議論すべきだ。それに過去にサイクルが発生したからといって、今でもサイクルが発生するとは限らない」と考える人もいるだろう。しかし、『バイ・アンド・ホールド時代の終焉』（パンローリング）の著者であるエド・イースタリングの「経済物理学」を理解すれば、あなたの考え方はおそらく変わるだろう。

第6章　大局観に合ったトレーディング戦略

ここで重要なポイントを見ておこう。

● メジャーな弱気のサイクルは、株式市場が18年間にわたって下落することを意味するわけではない。これはメジャーなサイクルの全体的な方向性を示しているにすぎず、このメジャーなサイクルのなかには継続期間が数年間の強気のブルサイクルや弱気のベアサイクルがある。例えば、2005年、アレクサンダーは、2007年にかけては小さな強気のサイクルに入るかもしれない、と言っている。

● メジャーなサイクルによって株価が予測できるわけではない。株のバリュエーションが予測できるだけである。例えば、インフレ環境下では株価は大幅に上昇するが、インフレ率と同じだけ上昇するわけではない。つまり、株式の実質価値は下がるということである。さらに株による儲けは大幅に増えるが、株価の伸びは比較的小さい。したがって、株式市場は上昇しているのに、PERはそれほど高くないという現象が生じる。1966年から1982年にかけての弱気のサイクルでは、ダウ・ジョーンズ工業株平均は1000ドルを何度か上回ったが、PERは下がり続けた。メジャーなブルマーケットとメジャーなベアマーケットとでは、市場上昇日数と市場下落日数の比率にそれほど大きな差はない。メジャーなベアマーケットでは市場が大きく下げる年数の割合が高く、メジャーなブルマーケットでは市場が大きく上げる年数の割合が高いため、違うのは投資結果だけである（エド・イースタリング著『バイ・アンド・ホールド時代の終焉』を参照）。

● メジャーなブルマーケットやベアマーケットは経済とは無関係。例えば、1966年から1981年にかけて経済成長率は9.6％だったが、株式市場は下落した。そして1982年から1999年にかけては経済成長率は年6.2％だったが、その間の株式市場の上昇率は15.4％だった。そして皮肉なことに、過去100年間を見ると、株式市場がメジャーなベアマーケットのときのほうが経済成長率は高かった。

こういった現象を見たことがない人は、過去20年にわたる株式市場の実質リターンを示したクレストモントリサーチ社のマトリックス分析データを見てみることをぜひお勧めする（このデータは http://www.crestmontresearch.com/content/Matrix%20Options.htmで閲覧可能）。PERが高いときに株式市場に投資すれば20年にもわたってマイナスのリターンしか得られない可能性があるという事実に驚くはずだ。この前のメジャーなブルマーケットが終焉を迎えたとき、株式市場のPERは株式市場始まって以来の高値水準にあった。2006年になってもPERはそこそこのリターンが期待できる平均を依然として上回っている。これが意味するものは何だろうか。つまり、バイ・アンド・ホールドは株式市場ではもはや通用しないということである。

　それでは現在の状況はどうだろう。2006年2月1日現在、S&P500のPERは19.26だった。これは過去100年を10年単位で見た期待リターンの下位10％の水準に位置するが、過去100年の平均ヒストリカルリターンである15.8を上回っている。

　S&P500のPERが19以上のとき、10年後の平均PERは通常9前後になる。**図6.3**はメジャーなベアマーケットが始まった2000年以降のS&P500のPERの推移を示したものだ。2003年から2006年の中盤にかけて株式市場はまだそれほど大きく下落してはいないが、PERは2002年以降急激に下落している。イースタリングの理論が正しいとするならば、PERはこれからまだまだ下がるはずだ。

　イースタリングが次に注目したのが、メジャーなベアマーケットが始まる時期と配当利回りが大きく低下する時期とが一致するという点だ。過去100年のS&P500の平均配当率は4.4％前後だった。配当率が高いときはブルマーケットになる傾向が高く、配当率が低いときはベアマーケットになる傾向が高い。現在、S&P500の配当率は上昇している（おそらく配当課税率が引き下げられたことが原因と思われる）が、歴史的に見ると1.48％と低い。配当率がこれくらい低くなるとベ

図6.3 2002年初頭からのPERの推移

S&P500のPER（目盛りは縦軸）

2006年2月1日現在のS&P500のPERは19.26

2002年初頭からPERが急激に下落していることに注目

出所＝FRB

アマーケットになる。

　最後に、エド・イースタリングのリサーチにおける最も重要な要素とも言える、PERの変動に関する彼の理論について見ておくことにしよう。PERの変動は、インフレやデフレと関係があるというのが彼の基本的な考え方だ。インフレ率が低く安定しているとき、S&P500のPERは20以上になるが、インフレやデフレになるとPERは落ち込む。そして超長期のメジャーなベアマーケットが終盤を迎えるころにはPERは1桁になるのが一般的だ。イースタリングのリサーチによれば、投資に最も不向きな時期は、PERが高くインフレが比較的安定しているときである。**図6.3**ではPERは下落傾向にあるが、歴史的に見るとまだ高水準にある。そして、インフレが始まりつつある。

　イースタリングは、米国の経済成長率（実質GDP）は長期にわたり比較的安定しており、米国の企業収益はGDPの成長に伴い一貫し

て増加傾向にあると考えている。したがって、企業の将来的評価に当たって投資家が行うべきことは、将来インフレになるかデフレになるかを見極めることである、と彼は考えている。1～2％の適度なインフレ率の下では、PERは20以上の水準を維持することができる。しかし、インフレ率が3～4％になるとPERは15前後に落ち込み、インフレ率が4～5％になると13前後、7％では10以下に下落する。またデフレ（例えば、－3％）になるとその規模とは無関係に、PERは1桁に落ち込む。

要因2に対するあなたの評価は？

　要因2はあなたにとってどういう意味を持つのだろうか。株式市場の長期展望を描くに当たって、次の質問に答えてみていただきたい。

- 株式のPERはサイクルで動いていると思うか。
- PERが高水準（19を上回る）のとき、株式市場の長期的リターンはゼロになると思うか。
- インフレが加速したりデフレになればPERは下落する傾向があると思うか。
- 要因2はあなたの投資システムに組み込むべきだと思うか。要因2は時間枠が短くなるほど関連性は低くなるとは思うが、「私はデイトレーダーだから、これは私には無関係だ」と考えるのは間違いである。メジャーなベアマーケットの初期段階では市場からボラティリティが消え失せ、デイトレーダーは稼げなくなる。したがって、デイトレーダーにとってもこれは無視できない要素なのである。一般に市場が下落すれば市場に対する関心が薄れるためボラティリティは低下する。

要因３──経済的要因のグローバル化

　米国市場だけに目を向け、世界で起きていることは無視する──。これでは賢明な投資家やトレーダーとは言えない。例えば、2003年、S&P500はおよそ25％上昇し、米株式市場にとっては最高の年に思えた。しかし、たとえ米株式市場で25％の利益を出したとしても、世界規模で見れば損をしたことになる。なぜならドルの価値がおよそ40％下落し、米株式市場は世界で最もパフォーマンスの低い市場のひとつだったからだ。2003年、例えばヨーロッパに投資していれば50％、アジアでは50％、ラテンアメリカでは38％、そして10年以上にわたる大不況の真っただ中にあった日本でも39％のリターンを上げられたはずだ。賢明な投資家はグローバルな経済的観点から全体を見る必要がある。

　それでは大局観に影響を与えるグローバルな要素をいくつか見ていくことにしよう。重要なグローバルな要素は３つあると私は考えている。第一が新興経済国家の台頭だ。第二は、新興経済国家における経済活動の活発化に伴い原材料需要が増し、商品価格が高騰することだ。そして最後は、1990年代の世界成長を支えたのが米国の消費者であったとする考えの下、世界各国がドルを支えているという事実である。これはある経済評論家たちの間では「第２次ブレトン・ウッズ体制」と呼ばれている（この言葉は『**わが子と考えるオンリーワン投資法**』（パンローリング）の著者であるジョン・モールディンのウイークリーｅレター［http://www.JohnMauldin.com］とビル・グロスの市場解説［PIMCOのウエブサイト http://www.pimco.com で閲覧可能］のなかで使われていた）。

　それではひとつずつ見ていこう。まずは新興経済国家の台頭である。グローバルな経済成長を続けている新たな国家として今一番注目されているのが中国とインドだ。中国の経済成長を支えているのが米国企

業による中国への巨額の投資だ。これは米国が人口10億人を超える中国を巨大マーケットととらえている証拠である。中国という巨大マーケットを手に入れるために、米国は中国に対して大きく譲歩する形で中国市場に参入している。

　製造業が中国にシフトしている一方、サービス業はインドにシフトしている。今、インドでは高度な訓練を受けたビジネスやエンジニアリングの専門家が毎年大量に生み出されている。米国人の何分の一という低賃金で雇えるため、多くの企業がサービス業務をインドにアウトソーシングするようになった。例えば、マイクロソフトやデルのテクニカルサポートに電話すると、インドにいる技術者につながれることが多い。フォーレスターリサーチ社によれば、2015年までにはおよそ330万のアメリカのハイテクやサービス業界の業務は海外、特にインドにシフトすることが予測されている。つまりアメリカからおよそ1360億ドルの賃金が消えるわけである（2003年7月23日付けのクリスチャン・サイエンス・モニター紙）。さらに、国際的企業では、アメリカ人の上級幹部は賃金が安くよく訓練されたインド人に取って代わられている（世界的大企業のアジア部門でマネジャーをしていた友人との会話より）。

　次は新興国家の成長によって原材料価格が高騰するという問題だ。エコノミスト誌によれば、「中国の原材料消費が先進国並みに増えれば、世界の供給はその需要に追いつかなくなる」という（2004年8月19日号のエコノミスト）。しかし中国はゆっくりと、しかし確実に原材料を世界中から調達している。したがってインフレにならずとも、今後10〜15年間は商品価格の広範で長期的な上昇が予想される。

　2004年の終わりごろ、友人のスティーブ・ジュガードはアルゼンチンにいた。彼の話によれば、アルゼンチンの至るところに中国人がいて、木材、銅、農産物をはじめ、安く手に入るありとあらゆる原材料の確保に奔走していたという。この10年で原油価格は1バレル70ドル

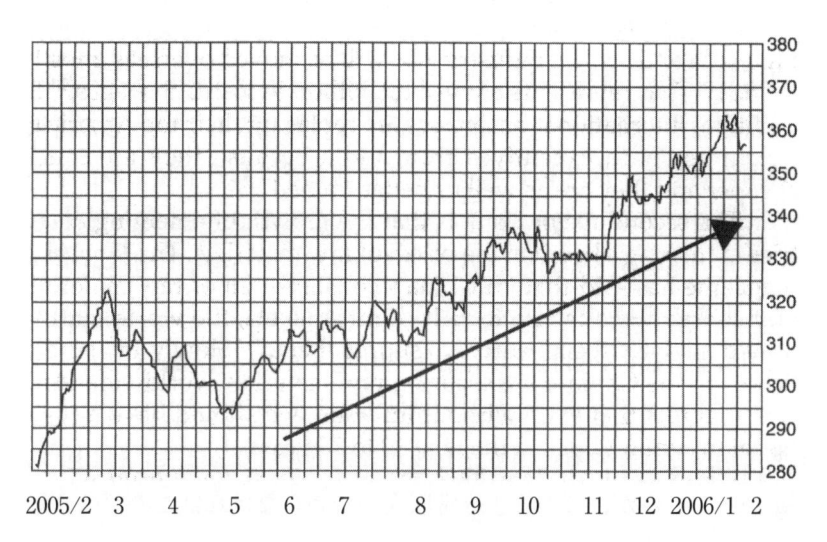

図6.4 商品価格の上昇──CRB指数つなぎ足（2006/2/9現在）

出所＝http://Barchart.com/

の水準まで上昇したが、これは何が原因だとあなたは考えているだろうか。これは原油量が減少したからではない。世界的な需要が高まっているからである。その最大の需要国が中国なのである。

　過去数年の商品価格の推移を見てみると、大きな上昇トレンドにあることに気づくはずだ。商品価格の上昇は、インフレが上昇していることを示唆するだけではなく、限られた原材料に対する需要が世界的に高まっていることも示している。**図6.4**はCRB商品指数が上昇傾向にあることを示したものだ。明確な上昇トレンドが形成されており、CRB指数は280からおよそ360にまで上昇している。年およそ31％の上昇率だ。

　最後は、諸外国、なかでもアジア諸国がドルを支えているという問題だ。これは米国の消費者に自国製品を売り続けるためである。1990

年代の世界経済の成長は米国の消費者が飽くことなく商品を買い続けたことによるところが大きいと言われている。諸外国は米国の消費者に自国製品を売り続けたいと思っているが、これを可能にするためには、自国通貨の価値がドルに比べて低くなければならない。その結果、諸外国の間で第2次ブレトン・ウッズ体制と呼ばれる暗黙上の合意が結ばれたのである。米国の経常収支が大きな赤字であるにもかかわらず、ドルの価値が下がらないのは、諸外国が米国の国債をせっせと買って、ドルの価値が下がらないようにしているからである。諸外国の米国国債保有額の合計は今現在およそ3兆ドルで、彼らがTビル、Tノート、Tボンドをせっせと買い続けることで国債保有額は常にこの水準に維持されている。国債保有額が3兆ドルになるまでには10年以上かかっているが、このまま経常収支が変わらなければこの額は3年以内に倍になるだろう。

　諸外国はこれからどうするつもりなのだろうか。彼らが米国国債を買ってわれわれの負債を支えてくれなくなったら、ドルの価値は急激に下がるだろう。これは、彼らにとっては2つの理由で好ましくない現象だ——①米国の消費者が彼らの製品を買えなくなる、②彼らは国債という形で米ドルを保有しているため、大きな損失を抱えることになる。

　この問題に対して多くの国は次の策を採っている——米国の負債とドルを支えることから徐々に遠ざかる。例えば、中国は自国通貨である人民元を非常に緩やかなペースで切り上げ、さらに米国の国債を抱え込む代わりに、米ドルを放出して財を基礎とする製品や産業を買っている。

要因3に対するあなたの評価は？

　投資結果を見る場合、グローバルな観点から見ることが重要だ。投

資した資金が増えたら、それは良いことだが、投資の基準通貨のほうはどうなっているだろうか。例えば、米株式市場に投資して25％のリターンを上げても、ドルの価値がほかの通貨に比べて40％下落したら損をしたことになる。また、米株式市場への投資で25％のリターンを上げても、米国以外に投資していれば50％のリターンを上げられたかもしれない場合、パフォーマンスとしてはよくない。

　自分の投資スタイルを評価する場合、次に示すようなことを自問自答することで、常にグローバル経済の観点から評価することが重要だ。

- 投資期間における自分の基準通貨は（ほかの通貨と比べて）どうだったか。
- インフレは自分の基準通貨の価値にどういった影響を与えたか。
- 同じ期間に世界のほかの市場に投資した場合に比べて、得られたリターンは妥当だったか。
- 投資期間におけるグローバル経済の動きは？　それは自分の投資戦略にどういった影響を及ぼすだろうか。
  - 例えば、商品価格が年30％の上昇率で上昇し続けるとしたらどうなるか。
  - 主要な投資国（例えば、米国）の経済が世界のほかの国の経済に比べて縮小するとどうなるか。
- 第２次ブレトン・ウッズ体制が崩壊し、他国が米国の負債とドルを支えなくなったらどうなるか。

要因４──投資信託の影響

　これまでのブルマーケットでは人々は株を直接買うことでマーケットに参加してきた。しかし、この前のブルマーケットでは違った。ほとんどの人が投資信託を買ったのだ。リスク分散手腕を持ち、あなた

のためにフルタイムでリサーチをしてくれるプロのマネジャーによって運用されているのが投資信託だ。一般的にはそう思われている。マーケットがピークを迎えた2000年には上場株の数と同じくらいの投資信託が存在した。しかもこういった投資信託の多くは、1982年から2000年にわたる18年間のブルマーケットでしかマーケット経験のない若者によって運用されていた。彼らは長期のベアマーケットなど見たこともなかった。

　長期のベアマーケット入りして30カ月後には566の投資信託が別の投資信託に吸収され、414の投資信託は姿を消していた。つまり長期のベアマーケット入りして30カ月で980の投資信託が消滅したわけである。

　グレゴリー・ベーアとゲイリー・ゲンスラーの共著『ザ・グレート・ミューチュアルファンド・トラップ（The Great Mutual Fund Trap）』によれば、アクティブ運用型投資信託よりもパッシブ運用型投資信託のほうがパフォーマンスははるかに高かったという。理由は以下のとおりである。

● アクティブ運用型投資信託は一般的にプロによる運用がなされておらず、インデックスファンドをアウトパフォームすることはできない。ベーアとゲンスラーによれば、アクティブ運用型投資信託の平均年次パフォーマンスは、最低５年の運用でS&P500指数を年1.9％ポイント下回っていたという。しかもこの数字には消滅したファンドは含まれていない。
● 金融メディアは主としてブローカーと投資信託業界によって支えられている。したがって、金融メディアを通して伝達される情報は金融メディアの「収入源」を支える方向に偏っている。つまり、あなたが見聞する情報はあなたの得になるようなものではなく、あなたを市場にとどまらせ、頻繁にトレードさせるように故意にゆがめら

れたものなのである。
- 人々は話題の投資信託に投資したがる。しかし、「話題の」投資信託が大々的に宣伝されるようになると、市場平均を下回るのが一般的だ。
- 最良の投資信託は規模が小さく運用期間が3年を下回る投資信託である。なぜなら、新たに設立された小規模投資信託はファンドファミリーという同一グループ内の複数の投資信託内で優遇されるからだ。新規株（新規公開株をかなり大きなディスカウント価格で組み込める）を優先的に組み込めるだけでなく、ファンドファミリー内の大きな投資信託よりも先にトレードする権利が与えられる。この投資信託が話題になると、ファンドファミリーは積極的に宣伝して投資信託の規模を大きくすることができる。ベーアとゲンスラーによれば、宣伝されている投資信託は過去に優れた実績を持つが、いったん宣伝されるやそれまでの実績を維持できなくなるケースが多いという。
- 投資信託のなかには市場平均を上回るものもいくつかあるが、パフォーマンスにはバラツキがあるのが一般的だ。例えば、最初の年のリターンは40％、翌年は−15％、次の年は35％、その次の年は−30％、といった具合だ。つまり運用期間全体ではベストのパフォーマンスを上げているかもしれないが、年ごとのパフォーマンスには波があるということである。こういった波のあるパフォーマンスは嫌がられるのが普通だ。インデックスファンドのパフォーマンスのほうがはるかに良さそうなときなどは特にそうである。
- 投資信託は組み込み銘柄を売って利益が出た場合、そのキャピタルゲイン税の負担を投資家にシェアに応じて配分しなければならない。したがって、11月に投資信託を買って評価額が下がっても、あなたが投資信託を買う前の年初に投資信託が組み込み銘柄を売って利益を得ていた場合、あなたは税金を支払わなければならないことにな

る。この税金は、あなたが投資信託を売って利益を得た場合に支払う税金とはまた別のものだが、必ず支払う義務がある。
●投資信託にかかる費用は、運用手数料、管理費やマーケティングフィー以外にも、トレーディングコスト、一定額の資産をキャッシュで保有することによるコスト（機会コスト）、投資信託を売買するときの販売手数料がある。これらの費用はすべてあなたが負担する。したがってアクティブ運用型投資信託を買った場合、かなり大きな費用がかかる。ベーアとゲンスラーによれば、アクティブ運用型投資信託が主要な株価指数をバイ・アンド・ホールドするだけのパッシブ運用型投資信託を上回れない理由は、これらの費用によるところが大きいということだ。

ベーアとゲンスラーの本では指摘されていないが、投資信託には次のような欠点もある。

●第一に、投資信託は株式を保有することで株式市場を支配する。彼らが投資するのは主としてウォール街の優良株だ。流動性が高いことと、たとえファンドの評価額が下がってもGEやマイクロソフトなどの大企業の株を組み入れておけば、投資家は文句は言わないからだ。しかし、要因２で述べたベアマーケットシナリオの下では、この種の戦略は大きな市場リスクを負うことになる。マーケットが大暴落するとほぼ確実にパニック売りが発生するが、そういった場合に投資信託がキャッシュを調達し得る唯一の方法は優良株などの流動性の高い株を売ることしかない。そうなると主要な指数は大暴落する（2000年から2002年にかけての株式市場の下落は主として個人投資家による株の売りが原因だった。投資信託の償還はいまでもそれほど多くはない。巨大な投資信託の償還が発生しないかぎり、本書の最初で述べたような大暴落はないと私は思っている）。

- 第二に、アクティブ運用型投資信託は、高いパフォーマンスを期待できないモデルに基づいて運用されている場合が多いため、市場インデックスを上回ることはできない。だから平均的な投資信託は市場平均とほかの投資信託を上回ることを目標としている。つまり、その年に市場全体が15％下落し、ほとんどの投資信託が20％以上下落したとすると、市場をわずか5％しか下回っていないファンドマネジャーはスターとみなされるわけである。しかし、損をしたことに変わりはない。

- さらに、ほとんどの投資信託は投資方法についての規定を定めた約款に基づいて運用されている。約款には株式投資比率を一定水準に維持しなければならない旨が規定されているのが一般的だ。例えば、ベアマーケット下においても最低90％をS&P500銘柄に投資しなければならない、といった具合だ。約款は投資信託ごとに異なるが、ほぼすべての投資信託に共通するのは、私が顧客に与えてきたようなごく一般的なリスク管理手法を行う自由は許されていないという点だ。要するに、投資信託では本書でこのあと説明するような正しいリスク管理方法やポジションサイジング手法が使えないということである。この超長期のメジャーなベアマーケットが終焉を迎えるころには、残っている投資信託が1000以下に減少していても不思議ではない。

- 最後に、定年退職者は退職金を投資信託に投資することを強いられてきたという点が挙げられる。これは401（k）プランが退職金を投資信託以外のファンドに投資することを認めていないからである。したがって、ベビーブーマーたちが定年退職を迎える2008年から2011年には、膨大な数の投資信託が破綻し始めるだろう。主要な株価指数を支えているのがこれらの投資信託であることを考えると、年金ファンドが市場から撤退すると主要な株価指数が大幅に下落することが予想される。

このなかで最も重要なのが最後の項目だ。自分がこういった現象が発生することを信じるかどうかは、じっくり考えて判断することが大切だ。もしこれが本当だとすると、この現象は今のメジャーなベアマーケットが終焉を迎える前に発生する主な要因のひとつになるだろう。

しかし、投資信託には長期にわたって株式市場に有益性をもたらした側面がひとつある。上場投信（ETF）の開発である。今では、国、市場セクター、投資スタイル、金やエネルギーなどの商品を含め、あらゆるものを対象とするETFが存在する。したがって、長期的に見て株式市場が投資先としてあまり良くない場合でも、世界経済において好調なセクターを対象とするETFに投資することが可能となる。投資家にとって、これは一筋の光明と言えるのではないだろうか。危機のあるところには好機も存在するのである。

要因4に対するあなたの評価は？

大局観を描くに当たっては、機関投資家の動きを見ることが重要だと私は考えている。投資信託が市場に与える影響について私が信じていることを述べてきたわけだが、彼らは今もっと高いリターンを目指して別の投資先を模索中だ。この先も彼らはマーケットにとどまり主要な株価指数を支え続けるとは思うが、年金ファンドがマーケットから撤退したらどうなるかについては考えておいたほうがよい。

機関投資家のほかの側面についてはここでは議論しなかったが、彼らは地球上で最も非効率な投資家だが、いろんなマーケットで巨額の資金をコントロールしている、というのが私の彼らに対する考え方だ。銀行は外為市場を形成するが、銀行のトレーダーは概してきわめて非効率的であり、しっかりと管理されていない（と私は思っている）。あなたがFXトレーダーだとしたら、これはあなたにどういう影響を及ぼすだろうか。

少なくとも次の点については考えてみる必要があるだろう。

- どのマーケットでトレードするつもりなのか。そしてそのマーケットにおけるビッグプレーヤーはだれなのか。
- そのマーケットでそのビッグプレーヤーたちはどういったシステムを使ってトレードしているのか。彼らのシステムは破綻することはないのか。あるとしたら、どういった状態のときにそれは起こるのか。
- ビッグプレーヤーたちの動きはどうやって監視すればよいのか。
- ビッグプレーヤーたちの動きは自分の戦略やパフォーマンスにどういった影響を及ぼすのか。

要因5──規則、規制、税制の改正

トレーディングにおける大局観に大きな影響を及ぼすもうひとつの要因は、あなたがトレードしようと思っているマーケットに影響を及ぼす規則、規制、法律（特に税制）の改正である。こういった法律上の変更があなたのマーケットに将来的にどういった影響を及ぼすのかを正確に理解するのは難しい場合もあるが、こういった変更については常に把握しておくことが重要だ。これまでに発生した法律上の変更例とそれがマーケットに及ぼした影響についていくつか紹介しておこう。将来的にさらなる変更の可能性があるのかどうか、そしてそれに対してどう対応すべきかについては自分で判断していただきたい。

1986年の税制改革法──不動産投資と船舶産業の衰退

1980年代、レーガン政権は数回にわたる税制改革を実施し、個人所得税の最高税率を大幅に引き下げた。これは経済の活性化に一役買ったと私は思っている。しかしそれと同時に、法の抜け穴も多数ふさが

れた。例えば、1980年代には法の抜け穴をうまく利用するために不動産のパートナーシップが多数組成されたが、1986年税制改革法によって法の抜け穴がふさがれると、ほとんどのパートナーシップは破綻に追い込まれた。その結果、こういった法の抜け穴に関与してきた人々の倒産が相次ぎ、その数は史上最多を記録した。また貯蓄貸付組合の危機も発生し、政府はその救済に1250億ドルもの資金を投じる羽目になった。この税制改革によって引き起こされた影響をいくつか挙げてみよう。

● 不動産価値の下落は19～31年間続き、不動産投資としての価値が損なわれた。
● パッシブ運用の投資家は不動産投資による損失を被ることはなかったが、限られたパートナーの減税手段として不動産を買い集めた不動産パートナーシップは一夜にして破綻した。
● さらに、配当税控除が廃止され、ぜいたく品である船舶の購入にかかる税金が増えたため、船舶業界は破綻に追い込まれた。

それでは、次の問いについて自問自答してみよう――税金の抜け穴を利用するビジネスに携わったことはあるか、そういった抜け穴がなくなったときのために何らかの策を講じておくべきだったと思うか。こういったビジネスは実質的には（抜け穴を利用した）一種のアービトラージである。どういった形態のアービトラージにおいても、抜け穴がいつなくなるのか、そしてそのとき経済的に破滅することなくそこから脱却する方法を考えておくことは重要だ。

デイトレーディング――SECによる規制の変更

2001年2月27日、SECはデイトレーディングのあり方を永久的に変

える規制を敷いた。1つ目は、5営業日以内に4回以上トレードするとデイトレーダーとみなされるというもの。つまり5つの長期ポジションを建て、同日にストップに引っかかればいきなりデイトレーダーとみなされるわけである。これはむちゃくちゃな規制という以外にはない（私はデイトレーダーではないが、長期ポジションがポジションを建ててすぐにストップに引っかかったためにこういう状態になったことがある）。

2つ目は、デイトレーダーになると、信用取引の倍率が4倍（ただしオーバーナイトは不可）という長所があったが、最低預け入れ金が2万5000ドルに引き上げられた。これでデイトレーダーのおよそ80％は突然姿を消した。これはトレーディングに大きな影響を与える大きな規制変更であった。

皮肉にも、デイトレーディングについて書いた私の本が出版されたのが2001年だった。出版直前にデイトレーディングに対する規制が大きく変更されただけでなく、ニューヨーク証券取引所（NYSE）が株価を小数点化したのもこの時期だった。それまで売り気配値と買い気配値の最小の差が16分の1ドルだったのに、いきなり0.01ドルになったのである。その瞬間、出版された本のために開発した戦略のいくつかは使い物にならなくなった。

もう一度言うが、自分が選んだマーケットに対する規制のなかで突然変更される可能性があり、それによって自分のマーケットへのアプローチ方法がガラリと変わるような規制とはどういった規制かを自問自答してみてほしい。そういった規制は、あなたのトレード方法と収益性を変える可能性がある。

ロスIRAの導入

1997年の納税者緩和法の施行によって導入されたのが、ロスIRA

（Roth IRA）という新しい年金プランだ。口座に入れるときには所得税控除とならない代わりに、引き出す際の所得税が利息分も含めて一切かからない、というのがロスIRAの大きな特徴だ。米政府にとっては一瞬のうちに棚からぼたもちが落ちてきたようなものだった。ロスIRAが導入されると、だれも彼もがいきなりトラディショナルIRAからロスIRAへの移行を始めた。しかも移行時には、拠出総額に対してその投資家の税率区分に基づいた税金が政府の懐に転がり込んだ。1990年代の終わり、クリントン政権は均衡財政で高い評価を得たが、何百万という納税者がトラディショナルIRAからロスIRAに移行したことで課された巨額の税金が貢献した部分はどれくらいあったことだろう。私も詳しい数字は知らないが、これは現政権が将来の政府収入を犠牲にして今の経済情勢をよく見せるために規制変更するという古くから使われてきた手法の一例を示すものであることは確かである。ところで、犠牲にされた収入を取り戻すために、政府が急に心変わりしてロスIRAから引き出す際にも所得税を課すといった可能性はないのだろうか。これは大いにあり得る。私は絶対にそうなることを確信している。社会保障には課税しないと言いながら、資金が必要になってきたら約束をほごにするのが政府のやり方だ。

強いドル政策から弱いドル政策へ

クリントン政権は強いドル政策を実行し、他国通貨に対してドル高を維持し、短期金利を上げることで海外からの投資を呼び込んだ。クリントンからブッシュに政権が代わると、金利は大幅に下げられ、強いドル政策は弱いドル政策に取って代わられた。いずれのドル政策もドルに対する影響は大きかったが、経済に対する影響はそれほどでもなかった。

要因5に対するあなたの評価は？

　要因5の評価では、最も直近の法改正をチェックし、そういった規定、規制、政策、法律の改正の長期的な影響を見極めることがある程度必要になる。要因5の評価に当たっては、次の項目について考えていただきたい。

● 最も直近に行われた政府による法改正は自分の投資や投資戦略に長期的にどういった影響を及ぼすだろうか。
● 法改正による影響はすでに市場のすみずみまで行き渡っているのか、影響はこれから拡大するのか、それとも影響が出始めたばかりなのか。
● 提案されている法改正が施行されたら、自分のマーケットや戦略にどういった影響を及ぼすのだろうか。
● どういった法改正が今提案されているのか。その法改正は自分の戦略や市場を完璧に崩壊させる可能性はないのか。
● こういった法改正を有効に利用する方法はないのか。

　そして最後に、変更される可能性のあるものを予想することも重要だ。例えば、1986年の税制改革によって崩壊した不動産戦略の多くは、損をするような不動産取引を行い、税制上の優遇措置だけで投資家に利益をもたらすというものだった。例えば、何かコストのかかることを行う場合、ただ税制上の優遇措置のためだけにそれを行うとしたら、それがどれだけ危険なことかはあなたも経験上お分かりのはずだ。

● あなたの戦略は、税制上の優遇措置のためだけに行う戦略の範疇に入ってはいないだろうか。
● もしそうなら、政府の助けを借りずに効果的にお金を稼げる方法は

ほかにはないだろうか。

要因6──人間には負ける経済ゲームをやりたがる傾向がある

　最後の要因として挙げたいのが、人間の非効率性である。成功をモデル化するときいつも思うのは、ほとんどの人は成功することと逆のことをやるように「プログラミングされている」ということである。ここでいくつかの例を紹介するが、これらのことはあなたの長期プランに必ず含めていただきたい。

●最良の投資は、真に本質的価値を持ち、だれもが嫌っているために割安価格で売られているものへの投資である。真に本質的価値を持ちながら割安価格で売られるという現象が発生するのは、ほぼすべての人間が持つ恐れと欲のサイクルによる。人間には、恐れによって底で売り、欲によって天井で買うという傾向がある。
●あなたが関心を持っている投資についてだれもが語り始め、メディアで取り上げられるようになったら、売り時だ。1999年、私の滞在先のホテルのバーテンダーは、自分は人に教えるほどよく分かっているから、私の株式市場コースで勉強する必要などないと言った。またあるレストランのウエーターは、これは単なる「アルバイト」、本業はフルタイムトレーダーで、すでに40万ドル稼いだ、と言っていたのを思い出す。彼らの話を聞いて私は不安を感じた。そして案の定、2000年初期、超長期のメジャーなブルマーケットが終わった。これは彼らの話を聞いてから数カ月後のことだった。
●マーケットで儲けるためには、損切りは早く、利食いは遅くすることが重要だ。しかしプロスペクト理論（2002年のノーベル経済学賞を受賞）によれば、人は損をする局面ではリスク志向的になり、得

をする局面ではリスク回避的になるという。つまり人々は、私が20年以上にもわたって言い続けてきたトレーディングの黄金律とはまったく逆の行動を取るということである。

- マーケットで成功するかどうかは正しい銘柄を選べるかどうかで決まり、もし損をしたら銘柄の選び方が間違っていたからだ、というのが一般的な人の考え方である。良いトレーダーは、本当に重要なのはどう売るかであることを知っているし、本当に成功するトレーダーはポジションサイジングとトレーダー心理こそがマーケットで成功するために最も重要な要素であることも理解している。

- トレーディングにおいて最も重要な要素はトレーダー心理とポジションサイジングである。しかし、これらの要素のことを理解している人は少なく、メディアで取り上げられることもない。彼らは市場心理については議論するが、トレーダーの心理については議論しない。またアセットアロケーションについても議論はするが、アセットアロケーションの本当の意味——キャッシュを含め各資産に「どれくらい」投資すればよいのかを教えてくれるもの——であることを理解している人はほとんどいない。

- マネーゲームで成功するためには、支出よりも多くの受動的所得を得ればよい。私はこれを経済的自由と呼んでいる。普通の人でもしっかりとしたプランを立てれば、5年から7年で経済的自由を手に入れることができる。しかし、ほとんどの人は、最新ツールをたくさん手に入れれば勝てると思っているし、頭金や毎月のローンが少なければ、今すぐにでもそういったツールをすべて手に入れられると思っている。こういった考え方は経済的自由どころか、経済的奴隷を生み出すものでしかない。米国の消費者の貯蓄率がマイナスなのは彼らのこういった考え方が原因である。

これらのアイデアは普通の人が経済的に破綻するように運命づけら

れていることを示すほんの一例にすぎない。普通の人がいかに偏った考え方を持ち、それが彼らを経済的破滅へと導くかということがお分かりいただけただろうか。この問題を解決する方法は、もっと効率的に意思決定ができるように彼らを導いてあげることだと私は思っている。しかし、（ビッグマネー集団も含めて）ほとんどの人はお金のことになると非効率な行為しかできなくなるのが普通だ、とあなたは思っていることだろう。ビッグマネー集団はしかし、マネーゲームで勝とうとするほとんどの人が従うルールを作る立場にあるという点ではほかの人よりも有利である。

要因6に対するあなたの評価は？

　この要因を常に監視することは、トレーディングアイデアを創案したり、感情の起伏によって戦略が機能しなくなるのはどういったときかを見極めるうえでも役立つ。例えば、次のような疑問を常に自分に投げかけることは重要だ。

- 自分はどういった点が非効率的なのか。心理面を充実させることでより効率的に振る舞い、優位な立場に立てるようにするにはどうすればよいのか。
- 今大衆が追い求めている大きなトレンドは？　雑誌の表紙や金融関連のメディアを注意深く観察しよう。メディアがトレンドのことを話し始めたら、そのトレンドはすでに終わっているか、もうすぐ修正されるとみてよい。
- 高い価値を持ちながら、人々に嫌われているものは何か。こういった投資の話を私が友人たちにしたらどうなるだろうか。もし彼らがこういった投資を嫌がってやろうとしなければ、価格が下落しないかぎり、あるいは（もっとよいのは）上昇トレンドに乗り始めてい

れば、おそらく良い投資になるだろう。
● 自分の心理とポジションサイジングを重視し、より効率的なトレーダーや投資家になるにはどうすればよいか。本書にはこれに対するヒントが随所に散りばめられている。

考慮すべきそのほかの要因

　大局観を描くうえで考慮すべき要因はここに取り上げた6つ以外にもいろいろあるかもしれない。例えば、地球温暖化はどうだろう。もしあなたが地球温暖化説を信じるのであれば、常に関心を持って監視すべきだろう。大きな気候変化は向こう5～10年にわたってここで取り上げたどの要因よりも金融やマーケットに大きな影響を及ぼすと考えられる。最近発生したハリケーンのあとで何が起こったかを考えてみるとよい。これらのハリケーンが地球温暖化による影響のほんのプロローグにすぎないとしたらどうだろう。海温が上昇するにつれ、ハリケーンは威力を増すだろう。しかしこれは地球温暖化が経済に与える影響のほんのひとつにすぎないのである。

　世界のどこかで大きな戦争が勃発する可能性はないだろうか。私がここで取り上げたシナリオは、あくまで世界が平和な状態であることを前提としたものである。米国の行動やテロリストの行動によってテロ戦争がエスカレートしたらどうなるのだろうか。そして、それはあなたのマーケットやトレーディング戦略にどういった影響を及ぼすのだろうか。また世界各国間における敵対関係についてはどうだろう。これらのことは大局観を描くうえで熟慮を欠かせないものばかりだ。

　ほかにもまだある。貿易戦争についてはどうだろう。ある国が他国との貿易をやめたとしたら、それはあなたがトレードするマーケットにどういった影響を与えるだろうか。

　米国をはじめとする世界各国で深刻化している健康問題については

どうだろう。米国人に加工食品を与え健康を害している業界は年間1兆ドル産業に肥大化している。その一方で、加工食品を摂りすぎる背景にある原因を除去するのではなく、その兆候に対処するために生まれた産業も年間1兆ドル規模になっている。メリーランド州のある医者は、患者に大量のビタミン剤を静脈注射によって投与しただけで医師免許を剥奪された。私は個人的にはこの治療は若返りに効果があると思うのだが、こういった治療を受けるにはスイスまで行かなければならないのが現状だ。こういったヘルスケアトレンドも経済に大きな影響を及ぼすと私は思っている。ただし、これは私がそれらを信じているというだけの話にすぎない。

これらの要因以外にも見落とした大きな要因はほかにもあるかもしれない。それを見つけて自分の大局観に含めるのはあなた自身の仕事だ。

出来上がった大局観はどう見守っていくべきか

まず提案したいのが、自分で選んだ6つの要因を毎月見直すということである。ここでは6つの要因として何を選ぶかは問題ではない。6つの要因として何を選ぶかは人によって異なるはずだ。信じることは人それぞれで違うのだから。しかし、自分の選んだ要因の一つひとつについては、それがあなたのマーケットと戦略にどんな影響を及ぼすかを考える必要がある。またどういった状況になったら、今トレードしているマーケットと戦略を変える必要が出てくるかを考えておくことも重要だ。さらに、自分が選んだ要因をどのように測定し、見守っていくべきかについても事前に考えておくことが必要だ。

その方法としていくつか例を挙げよう。例えば私はeメール通信「Tharp's Thoughts」のなかで毎月第1水曜日に発表する市場情報を毎月1回更新する（Tharp's Thoughtsは毎週1回配信される無料

第6章　大局観に合ったトレーディング戦略

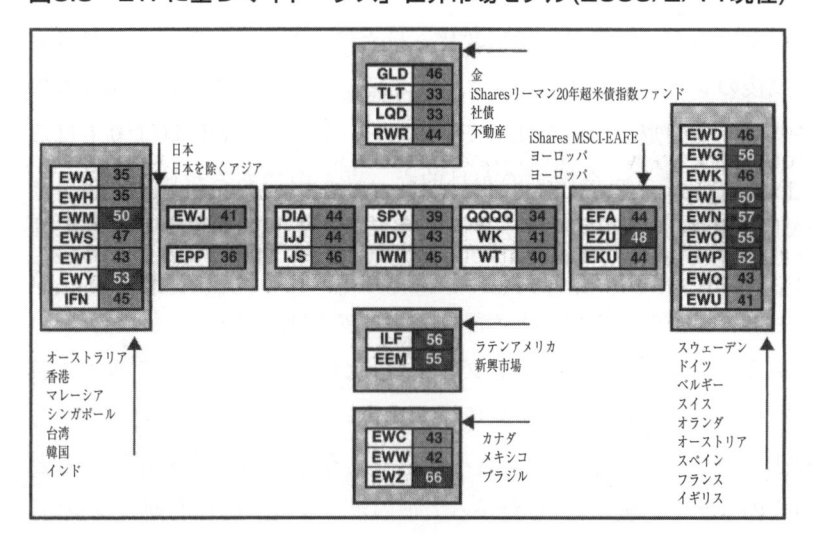

図6.5　ETFに基づく「トータス」世界市場モデル(2006/2/11現在)

```
                        GLD  46  ← 金
                        TLT  33    iSharesリーマン20年超米債指数ファンド
                        LQD  33    社債
                        RWR  44    不動産
                                        iShares MSCI-EAFE            EWD  46
  日本                                   ヨーロッパ                    EWG  56
  日本を除くアジア                        ヨーロッパ                    EWK  46
                                                                      EWL  70
  EWA  35                                                             EWN  57
  EWH  35   EWJ  41   DIA  44   SPY  39   QQQQ  34   EFA  44          EWO  55
  EWM  50              IJJ  44   MDY  43   WK   41   EZU  48          EWP  52
  EWS  47   EPP  36    IJS  46   IWM  45   WT   40   EKU  44          EWQ  43
  EWT  43                                                             EWU  41
  EWY  53
  IFN  45
                        ILF  56  ← ラテンアメリカ
                        EEM  55    新興市場

  オーストラリア                                                        スウェーデン
  香港                                                                 ドイツ
  マレーシア              EWC  43  ← カナダ                             ベルギー
  シンガポール             EWW  42    メキシコ                           スイス
  台湾                    EWZ  66    ブラジル                           オランダ
  韓国                                                                 オーストリア
  インド                                                                スペイン
                                                                      フランス
                                                                      イギリス
```

出所＝http://Barchart.com/

eメール通信。購読申し込みは http://www.iitm.com まで。毎月第１水曜日に市場概観についての私のコメントが各購読者に配信される)。これは、私にとって自分が重要だと思っていることを常に監視する機会を与えてくれると同時に、自分でこの作業をやりたくない人の役にも立っていると思っている。

　ケン・ロングはわれわれのワークショップの講師のひとりで、取引所で取引される上場投信（ETF）の講義には定評がある。彼は世界市場について週１回コメントを発表している。そのなかに含まれる、今取引されている全ETFのパフォーマンスの相対的な重み付けはきわめて役立つものだ。これを示したものが**図6.5**である。

　図6.5の各ボックスは世界経済のさまざまなセクターのETFを示している。各ETF名の隣にある数字は、それぞれの加重レラティブス

275

トレングスを示す値だ（ケンはレラティブストレングスの加重平均を使っているが、効率［＝価格変化÷日々のボラティリティ］やリスク調整後のレラティブストレングス、あるいは自分が重要だと思うものに基づいて測定した値を使ってもよい）。これは、S&P500よりもはるかに強いセクターを探すのが目的だ。真ん中にある数値39のSPYがS&P500を表している。ボックスごとに数値が異なっていることに注目しよう。数値が一番大きいのがEWZ（ブラジル、数値66）で一番小さいのが債券（TボンドのTLT、社債のLQDでいずれも数値は33）である（レラティブストレングスは変動が激しく、このモデルは本書の原稿を出版社に送った時点ですでに古いものになっている。しかし、S&Pのパフォーマンスを上回っているような強いETFを保持するというのがケンの戦略だ。したがって彼のポジションの保有期間は長い）。

この図には世界市場のすべてが集約されている。真ん中の9つのボックスは米株式市場を表しており、その中の一番上の段が大型株型（DIA、SPY、QQQQ）、一番下の段が小型株型（IJS、IWM、WT）、真ん中が中間株型だ。また、左列がバリュー株型、右列が成長株型、真ん中の列がバランス型である。2006年2月11日現在では、米株式市場においては小型株型（一番下の段）とバリュー株型（左側の列）が強かったことがひと目で分かるが、世界水準ではそれほど強くない。

世界市場の動きを知るには、グラフの一番左側のアジア市場、一番右側のヨーロッパ市場、一番下の南米アメリカ諸国の市場を見ればよい。2006年2月11日現在、世界で最も強いセクターはラテンアメリカ（ILF）、新興市場（EEM）、ブラジル（EWZ）、ドイツ（EWG）、オーストリア（EWO）、オランダ（EWN）、韓国（EWY）であったことは明らかだ。

グラフの一番上には、金、Tボンド、社債、不動産といった米国のほかのマーケットの数値が示されている。グラフに示されていない要素はほかにもあるが、私が常に監視している世界市場の大局観を見

るには十分である。こういった情報はトータスキャピタル（Tortoise Capital）から有料で入手できる（ケン・ロングが週1回提供している最新情報については、http://www.tortoisecapital.com まで）が、自分で作成してもよい。

まとめ

トレーディングにおいてメンタルシナリオを描くことは重要な要素のひとつだ。しかし、それと同時に、マーケットに影響を与える主要な要素を最低でも1カ月に一度は見直し、そういった要素の変化と、それが自分のトレーディングに与える影響を測定する手段を持つことも重要だ。

本章では世界の主要な市場に影響を与えると私が信じている要因を例に取って説明してきた。その要因は以下のとおりだ。

- 米国の債務
- 米国の超長期のメジャーなベアマーケット
- 中国やインドなどの新興経済国家の台頭と、彼らの消費パターンが世界の原料市場に及ぼす影響
- 現在の投資信託の構造とベビーブーマーの定年退職に伴う問題
- 各種規定、規制、新法（特に税制）の影響
- 負ける経済ゲームをしたがるという人間の本質
- そのほかの要因

ここに挙げた要因だけでなく、自分が重要だと思える要因についても考えてみることが大切だ。さらに、これらの要因とそれがあなたがトレードしているマーケットと戦略に与える影響を測定する方法を定め、最低でも1カ月に一度は見直すことが必要だ。本章で述べた例を

参考に、さっそく始めていただきたい。

第7章

優れたトレーディングシステムの開発に不可欠な6つの要素

Six Keys to a Great Trading System

> 知って知らずとするは上(じょう)なり。知らずして知るとするは病(へい)なり。
> ——老子

　本章は、偉大なトレーダーのシステムに対する考え方を理解するうえで鍵となる章である。トレーダーや投資家として真の成功を収めたいと願っている人にとって、本章に書かれていることを理解することはきわめて重要だ。そこで読者のみなさんが理解しやすいように、いろいろなたとえ話(メタファー)を繰り返し説明するという方法を採用することにした。そのうちの1回だけでも理解できれば、これから述べる6つの重要な変数があなたにもたらす驚くべき長所は十分に分かっていただけることと思う。

　成功するトレーディングシステムを開発するためには6つの重要な変数の理解が不可欠である。それではさっそく6つの変数とそれがあなたのトレード損益に与える影響を見ていくことにしよう。

1．勝率。つまり何％の割合で利益を出すか　例えば、全投資の60％で利益を出し、40％で損失を出す、といった具合。

2．最小取引単位(例えば、株式であれば1株、先物であれば1枚)

でトレードしたときの損失に対する利益の相対的な大きさ 例えば、負けトレードの1株当たりの平均損失が1ドルで、勝ちトレードの1株当たりの平均利益が1ドルの場合、損失に対する利益の相対的な大きさは同じである。しかし勝ちトレードの1株当たりの平均利益が10ドルで、負けトレードの1株当たりの平均損失が1ドルのときは、損失に対する利益の相対的な大きさはかなり大きくなる。

3．投資やトレードにかかるコスト これはトレードするたびに口座資産を減らすものである。コストには発注コストやブローカーの手数料が含まれ、トレードを重ねるごとに増えていく。デイトレードに手を出したくても出せなかったのはこういったコストが高かったからだ。トレードにかかるコストは近年安くなったとはいえ、アクティブトレーダーにとっては軽視できない要素であることに変わりはない。

4．得られるトレード機会 最初の3つの変数がどのトレードでも一定であると仮定しよう。その場合、3つの変数を合わせた影響はトレード回数によって違ってくる。つまり、1日100回トレードする場合と、1年に100回トレードする場合とでは、まったく違った結果になるということである。

5．ポジションサイジングモデル。つまり、1回につきどのくらいの量でトレードするのか（例えば株の場合、1株か1万株かなど） 当然ながら合計損益は、1株当たりの損益にトレードした株数を掛けたものになる。

6．トレード・投資資産の大きさ 最初の4つの変数があなたの口座に与える影響は、口座サイズに大きく依存する。例えば、100万ドル口座よりも1000ドル口座のほうがトレーディングコストによる影響ははるかに大きい。具体例を見てみよう。例えばトレーディングコストが20ドルだとすると、1000ドル口座の場合、各トレードで2％の利益が出なければ儲けは出ない。つまりトレーディングコストをまかなうだけでも平均で2％を上回る利益を上げなければならない。一方、

100万ドル口座の場合、20ドルのトレーディングコストなど大した額ではない（口座資産のわずか0.002％）。同様に、例えば500ドルの損失が出た場合、1000ドル口座は大きな打撃を受けるが、100万ドルの口座の場合には大した影響はない（100万ドル口座にとって500ドルはわずか0.05％）。

　これら６つの変数のうち、ひとつだけ重視すればよいのだろうか。それとも、どれも同じように重要だろうか。こんな質問をされれば、どちらを選ぶべきかはもうお分かりのはずだ。そう、６つの変数はどれも同じように重要なのである。

　しかし、６つの変数のなかからあえてひとつだけ選ばなければならないとするならば、あなたならどれを選ぶだろうか。６つの変数はどれも同じように重要と言っておきながら、妙な質問をするものだ、とお思いになるかもしれないが、こんな質問をするのにはちゃんとした理由があるのである。最も重要だと思う変数を選んで下のスペースに書き込んでおこう。

あなたの選んだ変数　答

　重要だと思う変数をひとつだけ選んでもらったのは、ほとんどのトレーダーや投資家は日々の活動のなかで６つの変数のうちひとつだけを重視する傾向があるからである。彼らが最も重視する傾向の高い変数は１番の勝率、つまり常に正しくなければならない、である。なぜか彼らはほかの変数はすべて無視して、勝率だけにとらわれる傾向が高い。しかし、成功するためには６つの要素のすべてが必要である。だとするならば、正しくあることだけを重視することがいかに愚かなことであるかが分かるはずだ。

　最初の４つの変数は**期待値**に関連するもので、本章では特にこの４

つの変数について解説する。残りの２つの変数は「どれくらい」要因、つまり**ポジションサイジング**に関連するものだ。ポジションサイジングについては本章では軽く触れる程度にし、詳しくはあとの章で解説する。

雪合戦のたとえ話

　これからひとつのたとえ話を使って、６つの変数の重要性を説明していくことにしよう。お金とシステムのことだけを考えるのとはまた違った視点から、この問題を見ていこうというわけだ。あなたは今大きな雪の壁の後ろに隠れている。だれかがあなたの壁を目がけて雪の玉を投げている。あなたは壁をできるだけ大きくして雪の玉からわが身を守らなければならない。

　ここでは壁の大きさが重要な変数であることが分かる。壁が小さすぎれば雪の玉を投げられれば崩れてしまうが、大きければ雪の玉を投げられても崩れることはないだろう。変数で言えば６番の変数、つまり当初資産の大きさがこの雪の壁に相当する。事実、当初資産はあなたを守ってくれるお金の壁のようなものだ。ほかの変数が一定の下では、お金を多く持っているほど安全性は高まる。

　さて、あなたに雪の玉を投げている人は２種類の雪の玉を持っている。白と黒の雪の玉だ。白い雪の玉は雪の壁にくっついて壁を大きくする。したがって、トレードで言えば勝ちトレードに当たる。白い玉をたくさん投げられたときの影響を考えてみよう。白い玉は壁を補強してくれるので、白い玉を投げられれば投げられるほど壁は大きくなり、あなたの安全性は高まる。

　一方、黒い雪の玉は雪を溶かし、壁に同じ大きさの穴を空けてしまう。したがって黒い玉はまるで火の玉みたいなものだ。こんな黒い雪の玉がたくさん投げられたらどうなるだろうか。壁は消滅するか、穴

だらけになるだろう。つまり黒い雪の玉はトレードで言えば負けトレードに当たる。負けトレードがあなたの資産を少しずつ減らしていくように、黒い雪の玉は安全である壁を少しずつ壊していく。

変数1、つまり、あなたはどれくらいの頻度で正しいか、は、白い雪の玉の割合を重視するのに似ている。あなたとしては当然ながら白い雪の玉ばかりが投げられて、あなたの壁が補強されていくのを望むはずだ。もうお分かりかもしれないが、大局観を無視する人は、白い雪の玉の「数」だけを考える人である。

ところで2種類の雪の玉の大きさはどうなっているのだろうか。どちらがどれくらい大きいのだろうか、あるいは小さいのだろうか。例えば、白い雪の玉はゴルフボール大で、黒い雪の玉は直径1.8メートルの巨石大だとしよう。この場合、たとえ白い雪の玉が1日中投げ続けられたとしても、黒い雪の玉が1回当たれば壁は崩壊するだろう。逆に、白い雪の玉が直径1.8メートルの巨石大で、黒い雪の玉がゴルフボール大だとすると、白い雪の玉が毎日1回投げられれば、黒い雪の玉がどんどん投げられても壁は黒い雪の玉の攻撃に十分太刀打ちできるだけの強靭なものになるだろう。2種類の雪の玉の相対的な大きさは、われわれのモデルで言えば変数2、つまり利益と損失の相対的な大きさに相当する。この雪合戦のたとえ話で変数2の重要性を理解していただけたならば幸いだ。

さて、変数3のトレーディングコストは、雪合戦のたとえで言えば、それぞれの雪の玉が白い玉であろうと黒い玉であろうと、雪の壁に対して小さな破壊力を持つことに相当する。白い雪の玉は壁を補強する効果を持つと同時に、それよりも弱い力ではあるが壁に対してわずかな衝撃を与える。一方、黒い玉は壁に当たるたびに壁を少しずつ壊していくため、黒い玉の本質である壁に対する破壊効果は増す。白い玉と黒い玉のそれぞれが持つ総合的な破壊力の大きさが雪合戦の勝敗を左右することは明らかである。

ここで、雪の玉は一度にひとつずつしか飛んでこないと想定しよう。雪の玉が100回投げられたあとの壁の状態は、飛んできた白い玉と黒い玉の相対的な体積によって違ってくる。この雪合戦モデルでは、どちらの玉がどれだけ飛んできたかは、壁の状態によって測定することができる。壁が大きくなっていれば、壁に当たった白い雪の玉の体積が黒い玉の体積よりも大きいことを意味する。これはトレードで言えば、利益が増加することに相当する。利益が増加すれば安心感は高まるはずだ。逆に壁が小さくなっていれば、壁に当たった白い玉よりも黒い玉の体積ほうが大きいことを意味する。壁は最後には防護能力を失う。これはトレードで言えばプレーを続けられなくなることを意味する。

　ひとつの雪の玉が壁に与える平均的な影響を計算するには、最初の３つの変数を足し合わせればよい。100個の雪の玉が壁に当たったときの白い玉と黒い玉の壁に対する総合的な影響を調べるには、まず白い玉のプラス効果から黒い玉のマイナス効果を差し引き、それから雪の玉全体の破壊力（変数３）を差し引く。100個の雪の玉の全体的な効果をはじき出したら、その値を100で割れば雪の玉１個の効果が計算できる。得られた値が正値（つまり、白い雪の量のほうが多い）であれば壁は大きくなるし、負値（黒い雪の量のほうが多い）であれば壁は小さくなる。一つひとつの雪の玉の相対的な効果は、トレードで言えば「期待値」に相当する。

　数学が得意な人は次のように数値例で考えたほうが分かりやすいかもしれない。

①壁に当たった白い雪の玉は60個で、それによって壁の体積は240立方インチだけ増える。
②壁に当たった黒い雪の玉は40個で、それによって壁の体積は120立

方インチだけ減る。
③100個の雪の玉全体の破壊力は10立方インチ。
④したがって、100個の雪の玉が壁に与える影響は、240－120－10＝110立方インチ。
⑤110÷100＝1.1立方インチ。したがって雪の玉ひとつが壁に与える影響は1.1立方インチ。

　実際の投資やトレーディングでは、期待値は、シングルユニットトレード（株式では1株、先物では1枚の最小売買単位をシングルユニットという）を何回も繰り返したときにリスク（掛け金）1ドルに対して期待できる正味損益を意味する。1トレード当たりの正味効果が正であれば口座資産は増えることが期待できるが、負であれば口座は消滅するおそれがある。

　期待値モデルで注意すべき点は、例えば99回負けトレードになり、各負けトレードの損失が1ドルだとすると合計で99ドルの損失が出るが、500ドルの勝ちトレードが1回あったとすると、正味損益は401ドル（500ドル－99ドル＝401ドル）になるという点である。つまり、99％が負けトレードで、勝ちトレードが1回しかないにもかかわらず、トータルではプラスになるのである。これに、例えば、トレーディングコストとして1トレードにつき1ドル、もしくは100トレードにつき100ドルかかったとすると、正味利益は301ドルになるので、期待値（各トレードの平均効果）はリスク1ドルにつき3.01ドル（301ドル÷100トレード＝3.01ドル）ということになる。これで期待値を構成する要素が最初の3つの変数であることが少しずつ理解できてきたのではないだろうか。雪の壁に対する影響が雪の玉1個の平均的な効果（雪の玉期待値）で予測できるように、あなたの資産に対する影響はそれぞれのトレードの平均的な効果（トレーディング期待値）で予測することができるのである。

それでは雪合戦のメタファーを少し発展させて考えてみることにしよう。変数４は雪合戦で言えば、雪の玉が投げられる頻度に相当する。雪の玉１個が壁に与える平均的効果を1.1立方インチの雪が壁に付加されることであるとすると、雪の玉が壁に向かって１分おきに１個ずつ１時間にわたって投げられた場合、壁には66立方インチの雪が付加されることになる。１時間に２個しか投げられなければ、あなたの壁の体積は１時間に2.2立方インチしか増えない。前者のシナリオの効果は後者のシナリオの効果の30倍である。この例から言えることは、雪の玉が投げられる頻度も壁の状態に大きな影響を及ぼすということである（この話からは、トレーディングコストを含めると頻繁にトレードしたほうが有利であるような印象を受ける。確かにそうだが、この仮説には頻繁にトレードすることによる心理的負担というものが考慮されていない）。

トレード頻度はあなたの資産の変化率にも同じような影響を及ぼす。例えば、100回トレードして正味で500ドルの利益を手にしたとする。そのときあなたの口座の成長率を決めるのは、その100回のトレードにかかった時間である。100回トレードするのに１年かかるとすると、口座資産は１年にわずか500ドルしか増えないことになる。しかし毎日100回トレードすれば、口座資産は１カ月で１万ドル増え（１カ月のトレード日を20日とする）、１年で12万ドル増える。１年で500ドル儲けられる方法と１年で12万ドル儲けられる方法、あなたならどちらの方法でトレードしたいと思うだろうか。答えは聞くまでもないだろう。しかし、期待値が同じという意味では、どちらの方法も同じである。唯一の違いは、トレード頻度である。

これまでトレードを雪合戦にたとえて見てきたわけだが、ここでもう一度質問しよう。最初の４つの変数のうち、あなたが最も重要だと思うものはどれか。また、それはなぜか。そう結論づけた根拠は？ ひとつだけ選ぶことはできない、と答えてくれることを私は期待して

いたのだが、あなたの答えはどうだっただろうか。これらの変数のどのひとつを欠いても正しい期待値は求められないし、有効なトレーディングシステムを開発することもできないのである。

　変数5と6——ポジションサイジング変数——は、総合的な収益性を決めるうえで最も重要な要素である。ゲームを戦ううえで壁の大きさ（変数6）がいかに重要であるかはもう理解しているはずだ。壁が小さすぎれば、黒い雪の玉が何個か当たっただけで壊れてしまうだろう。壁はあなたを守ることができるだけの十分な大きさでなければならない。

　変数5は、「どれくらい」を教えてくれるものだ。これまでは雪の玉は一度に1個しか壁に当たらないことを前提としてきた。そこで今度は、一度に多くの雪の玉が壁に当たるときの影響を考えてみよう。まず、ゴルフボール大の黒い雪の玉が1個壁に当たったときの壁に対する影響を考えてみよう。このとき壁にはゴルフボール大の穴が1個空くだろう。それでは一度に1万個の黒い玉が壁に当たるとどうなるだろうか。ここであなたはハッとするはずだ。

　そう、1万個の雪の玉のたとえ話を取り上げたのはあなたにポジションサイジングの重要さに気づいてもらうためだ。ポジションサイジングはあなたに「どれくらい」を教えてくれるシステムの重要な要素である。これまではシングルユニットを前提に話をしてきた。つまり雪の玉で言えば1個、株で言えば1株だ。ところが今回は一度に1万個の雪の玉が壁に当たるわけである。壁が相当に強力なものでないかぎり、崩壊することは言うまでもない。

　例えば、負けたときの損失が1株につき1ドルのトレーディング手法を使っていたとしよう。1株当たりの損失はわずか1ドルだが、1万株買えば損失はいきなり1万ドルに膨れ上がる。ここでもう一度ポジションサイジングの重要さを認識していただきたい。資産が100万ドルあれば1万ドルの損失などわずか1％にすぎないため、大した

ことはない。しかし資産がわずか２万ドルでは、１万ドルの損失は資産の50％にも上るのである。

システム開発を成功させる（雪合戦で勝つ）ためには６つの変数のすべてが重要になることが分かったところで、期待値について詳しく見ていくことにしよう。期待値とは、雪合戦のたとえ話では雪の玉１個の平均的な影響を意味し、トレードでは１回のトレードがあなたの口座に及ぼすリスク１ドル当たりの平均的な影響を意味する。

拡大鏡を通して見た期待値

トレードで成功するための秘訣のひとつは、トレードをリスク・リワード・レシオで考えることである。これは本書で言う期待値を理解するうえでの鍵でもある。つまり、「このトレードにはどれくらいのリスクが潜んでいるのか？　潜在的リワードは潜在的リスクに見合っているか？」と自分に問えということである。そこで問題になるのが、１トレードにおける潜在的リスクはどうやって決めたらよいのか、である。例えば、あるトレードを仕掛ける場合、資産を守るためにはこの額以上の損失は出せないのでここで手仕舞うという水準があるはずだ。その水準がそのトレードの持つ潜在的リスク、つまり予想損失である。数値例で見てみよう。例えば40ドルの株を買い、株価が30ドルまで下がったら手仕舞おうと決めたとすると、そのトレードのリスクは10ドルということになる。

リスクのことをＲと呼ぶことにしよう。Ｒはリスク（risk）の頭文字をとったものなので覚えやすいはずだ。Ｒは、前例で見た１株当たり10ドルといった具合に１株（または１枚）当たりのリスクを表す場合もあれば、トータルリスクを表す場合もある。例えば、１株当たりのリスクを10ドルとして100株買ったとすると、トータルリスクは1000ドルである。

これからはあらゆることをリスク・リワード・レシオで考える癖をつけていただきたい。あるポジションのトータル初期リスクが1000ドルであることが分かっているとすると、利益と損失はすべて初期リスクに対する比率として表すことができる。例えば、2000ドルの利益（または1株当たり20ドル）を目標とするならば、その利益は2Rと表すことができる。1万ドルの利益なら10Rである。

損失についても同じである。500ドルの損失は0.5R、2000ドルの損失は2Rである。えっ？　トータルリスクが1000ドルなのにどうして2Rの損失が出るの、と思う人もいるだろう。これはおそらく1000ドルのリスクをとるという約束を守らず、手仕舞うべきところで手仕舞わなかったことが原因だ。おそらくマーケットが逆行してギャップダウンで寄り付いたかどうかしたのだろう。1Rを上回る損失はいつでも発生しうる。トレーダーや投資家としてのあなたの目標は、損失を1R以下に抑えることである。世界一の投資家として知られるウォーレン・バフェットの投資における第一のルールは、損をしないこと、である。だから彼は絶対に損はしないと思われているが、彼だって損はする。したがって、**損失を1R以下に抑える**というルールのほうがバフェットの第一のルールよりもはるかに現実的だし優れていると言えよう。

一連の損益をリスク・リワード・レシオで表すということは、R倍数分布（と私は呼んでいる）を取得することを意味する。**つまり、いかなるトレーディングシステムもR倍数分布として表すことができる**ということである。トレーディングシステムをR倍数分布として表すことで、システムに対する理解が高められるだけでなく、そのシステムから将来的に期待できることを知ることもできるという長所がある。

> 損失を1R以下に抑えるというルールのほうがバフェットの第一のルールよりもはるかに現実的だし優れている。

リスク・リワード・レシオで考えることは期待値とどのような関係があるのだろうか。システムのR倍数分布が分かったら、次はその分布の平均を取る必要がある。その平均R倍数がそのシステムの「期待値」である。そのシステムで何回もトレードを行った場合にそのシステムから期待できるもの、それがすなわち期待値、言い換えれば平均R値である。もっと分かりやすく言えば、本書で言う期待値とは、そのシステムで何回もトレードした場合、リスク1ドルにつき平均でどれくらいの利益が出るかを示したものである。雪合戦のたとえ話では、期待値はひとつの雪の玉が壁に与える平均的な影響であった。トレーディングや投資の世界では、期待値は任意のトレードの初期リスクRに対する平均的な影響ということができる。

　具体例で見てみよう。前にも言ったように、トレーディングシステムはR倍数分布として表すことができる。そこでトレーディングシステムをビー玉の入った袋とみなすことにしよう。今ここに青いビー玉が60個と黒いビー玉が40個入った袋があり、袋の中からビー玉を取り出すゲームをすることにする。青いビー玉を取り出したらリスク額と同じ額のお金がもらえ（つまり、1Rの利益）、黒いビー玉を取り出したらリスク額と同じ額のお金を支払わなければならない（つまり、1Rの損失）。取り出したビー玉はその都度袋の中に戻すものとする。このゲームの期待値を計算するには袋の平均R倍数を求めればよいので簡単だ。やってみよう。1Rのお金をもらえるビー玉が60個、1Rのお金を支払わなければならないビー玉が40個なので、袋からビー玉を1個取り出したときの期待値は、（60R－40R）÷100（つまり、100回のトレード）＝0.2Rとなる。つまり、このシステムで多くのトレードを行うと平均で0.2Rの利益が期待できるということである。

　期待値を使えば、任意の回数だけトレードを行ったときの利益は次のようにして求めることができる。例えば、1回2ドルの賭け金でビー玉を1000回取り出すとする。ただし、ビー玉はその都度袋に戻すも

のとする。したがってどのビー玉（トレード）も期待値は同じである。ビー玉を１回取り出したとき（１回トレードしたとき）の平均損益は0.2Rの利益なので、1000回取り出す（トレードする）と200Rの利益が期待できる。１回当たりの賭け金（リスク）が２ドル（つまり、R＝２ドル）なので、期待できる利益は200R×２＝400ドルということになる。これで「期待値」の意味が分かったはずだ。つまりあなたのシステムから（１ドルのリスクに対して）平均してどれくらいの利益が期待できるのか。それが期待値である。

例えば１カ月に20回トレードを行うとしよう。１カ月の平均利益目標は4Rだ。この場合、毎月4Rの利益を上げなければならないのだろうか。そんなことはない。**期待値とはRで表した平均利益（または損失）のことである。したがって、半分の月では4Rよりも利益が少なくて、半分の月では4Rよりも利益が多くてもよいのである**。ちなみに私はこのR倍数分布で１カ月20回のトレードを１万回モンテカルロ法でシミュレートしてみた。つまり、１カ月20回のトレード（袋の中からビー玉をひとつ取り出すという試行を、取り出したビー玉をその都度袋に戻しながら20回行う）をコンピューターを使って１万回繰り返して、システムから平均してどういう結果を期待できるかを調べてみた。その結果、行った月数のおよそ12％では損失が出ることが分かった。

では、実際のマーケットや運がものをいうゲームのように、ビー玉の袋をもっと複雑にしてみたらどうだろう。例えば、勝つ確率と負ける確率がそれぞれ複数あると仮定してみるのである。袋には７色のビー玉が合計で100個入っており、各色のペイオフ（リスク・リワード・レシオ）は表7.1に示したとおりである。

ここでも取り出したビー玉はその都度、袋に戻すものとする。このゲームの勝率はわずか36％だ。あなたはこのゲームをやりたいと思うだろうか。その理由は？　質問に答える前に、投資で成功するための最初の４つの要素を思い出していただきたい。それを基に、「このゲ

表7.1 ビー玉のペイオフマトリックス

ビー玉の色と数	勝ち・負け	ペイオフ
黒　50個	負け	1:1
青　10個	負け	2:1
赤　 4個	負け	3:1
緑　20個	勝ち	1:1
白　10個	勝ち	5:1
黄色　3個	勝ち	10:1
透明　3個	勝ち	20:1

ームの期待値はどれくらいか。最初のゲームよりも良いか、悪いか」を考えてみていただきたい。

　このゲームの期待値を求めるには、まず平均R倍数を求めなければならない。平均R倍数は、R倍数をすべて足し合わせてそれをビー玉の総数で割ればよい（つまり、平均を取るということ）。勝ちビー玉のR倍数の合計が＋160R（$20×1+10×5+3×10+3×20=160$）で、負けビー玉のR倍数の合計が－82R（$50×1+10×2+4×3=82$）なので、ビー玉全体のR倍数は＋78R。袋には100個のビー玉が入っているので、平均R倍数は0.78Rである。最初の袋の期待値は0.2Rだったので、この2番目の袋の期待値のほうが良いということになる。

　これら2つの例はわれわれに重要なことを教えてくれる。ほとんどの人は勝率の高いゲームのほうを好む傾向がある。しかし、最初のゲームは勝率は60％だが期待値はわずか0.2Rだった。一方、2番目のゲームは勝率はわずか36％だが期待値は0.78Rと高い。このように期待値で考えれば、最初のゲームよりも2番目のゲームのほうが4倍良いゲームなのである。

ここでひとつ注意点を述べておきたい。それは、変数5と変数6は収益性を上げるのにきわめて重要な要素であるということである。つまり、**長期的な期待値を達成するためには、資産に基づく正しいポジションサイジングが必要になる**ということである。ポジションサイジングは、1ポジション当たりどれくらいのリスクをとればよいのかを教えてくれるシステム要素である。これはシステム全体のなかできわめて重要な要素である。これについてはこのあとで詳しく解説する。

　しかしその前に、ポジションサイジングと期待値との関係について見ておくことにしよう。先ほど見た勝率が60％のゲーム1で考えてみよう。あなたは元手100ドルでこのゲームに参加しているものとする。例えば、1回目に100ドルすべてを賭けるとする。負ける確率は40％だ。そして1回目に取り出したビー玉がたまたま黒だったとする。こういうことは当然起こり得ることであり、この場合あなたは有り金のすべてを失うことになる。言い換えるならば、あなたのポジションサイズ（この場合は賭け金）は資産（元手）に対して大きすぎたわけである。お金はもう残っていないので、あなたはこれ以上ゲームを続けることはできない。したがって長期的な期待値0.2Rを達成することはもう不可能である。

　次に別の賭け方をした場合を考えてみよう。今度は各回の賭け金を持ち金の100％ではなく、50％にすることにする。したがって1回目の賭け金は50ドルだ。1回目は黒いビー玉を取り出したので負け、持ち金は50ドルに減る。2回目は50ドルの50％だから25ドル賭ける。また負け玉を取り出したので、持ち金は25ドルに減る。3回目の賭け金は12.50ドルだ。3回目も負け玉だったので、持ち金は12.50ドルに減る。勝率がわずか60％のシステムでは3回続けて負ける（3回続けて同じ事象が起こる確率はおよそ10分の1）ことなどよくあることだ（1年に100回トレードする場合、3回続けて負けることは必ずある。実際、100回のトレードでは、7回続けて負けることもよくある）。ブレイク

293

イーブンに持っていくには87.50ドル稼がなければならない。つまり残りの持ち金を700％増やさなければならないということである。勝ったときのペイオフがわずか1Rでこれを達成するのはかなり難しい。この場合もまたポジションサイジングが不適切だったため長期的な期待値を達成することは不可能で、結局、損をして終わった。

どのトレードにおいてもポジションサイズはシステムの長期的な期待値を達成できるような小さいサイズにしなければならないことを覚えておこう。リスクはポジションサイジングではなく手仕舞いでコントロールできる、と言う方がいるかもしれない。しかし、雪合戦のたとえ話を思い出していただきたい。リスクを表しているのは変数2、すなわち損失に対する利益の大きさ、である。これは手仕舞いでコントロールできる。ポジションサイズを表しているのは別の変数（変数5）で、リスク管理には利益と損失の相対的な大きさ（変数2）だけでなく、資産に対してどれくらいのリスクをとるべきかを教えてくれる変数5も必要なのである。

> どのトレードにおいてもポジションサイズはシステムの長期的な期待値を達成できるような小さいサイズにしなければならない。

機会と期待値

システムを評価するうえで期待値と並んで重要な変数はほかにもある。それは変数4で表される「機会」である。つまり、ゲームを何回プレーできるか、である。あなたはゲーム１とゲーム２のいずれか一方をプレーできる。ただし、ゲーム２ではビー玉は５分に１回しか取り出すことはできない。一方、ゲーム１では１分に１回取り出すことができる。この場合、あなたはどちらのゲームをプレーしたいと思う

だろうか。

　機会という要素がゲームの価値にどういった影響を及ぼすかを考えてみよう。プレー時間は１時間とする。ゲーム１では１分に１回ビー玉を取り出すことができるので、１時間に60回チャンスがあるが、ゲーム２では５分に１回しかビー玉を取り出せないので、チャンスは12回しかない。

　本書で言う期待値は、何回も試行を行ったときに１ドルのリスクに対してどれくらいの利益を得られるかを示したものであることを思い出そう。したがって、試行回数が多いほど期待値を達成できる確率は高くなる。

　どちらのゲームが得かを判断するには、期待値にプレー回数を掛けた数値を比較する。プレー時間を１時間とした場合、２つのゲームの値はそれぞれ次のようになる。

ゲーム１　　期待値0.2R×プレー回数60回＝１時間当たり12R
ゲーム２　　期待値0.78R×プレー回数12回＝１時間当たり9.36R

　任意に設けた「機会」という制約を考慮した場合、ゲーム２よりもゲーム１のほうが得であることは明らかだ。マーケットでの期待値を評価する場合も、これと同じように、システムが与えてくれる機会を考慮する必要がある。例えば、１週間に３回のトレード機会を与えてくれる期待値0.5Rのシステム（取引コスト差し引き後）と、１カ月に１回しかトレード機会を与えてくれない期待値0.5Rのシステムとでは、前者のほうが圧倒的に有利である。

予測――恐ろしいワナ

　ここで話を中断して、トレーダーや投資家がよくはまる「予測」と

いうワナについて考えてみよう。将来、マーケットはどうなるかを**予測**することがこれまでの失敗の原因であったことは、期待値というものを考えてみるとよく分かるはずだ。第5章で議論したトレーディング概念の大部分は、将来何が起こるかを「予測」する何らかの方法に基づくものである。例えば、われわれは将来について次のような仮説を立てる。

- トレンドは持続する。
- 価格は反対のバンドに向かって動く。
- ファンダメンタルズで価格は動く。
- 価格は多くのマーケットで起こる相関関係で決まる。
- 価格はヒストリカルサイクルに従って動く。
- 宇宙には秩序が存在し、それは価格や反転ポイントを予測するのに使える。

　第5章で述べた概念の予測アルゴリズムはすべて歴史に基づくものだ。なかには歴史が正確に繰り返されることを前提とする概念もある。しかし、予測がどんなに完璧なものであったとしても、資産をすべて失うこともある。つまり、勝率が90％でも、それでトレーディングすれば資産をすべて失うような手法もあるということである。

　勝率が90％で、勝ちトレードの平均利益が1R、負けトレードの平均損失が10Rの「システム」を考えてみよう。このシステムでは90％で正しいのだから完璧な予測が可能だと思うかもしれない。しかし、このシステムの期待値はどうだろうか。

　期待値＝0.9（1R）－0.1（10R）＝－0.1R

　ごらんのとおり、このシステムの期待値は負である。**90％で正し**

くても、トレードしてみると資産のすべてを失うシステムもあるという意味が、これでよくお分かりになったことと思う。投資において正しいことを行っていると思うとき、そこには強い心理的バイアスが働いている。つまり、自分のアプローチで利益を出したいと思う気持ちよりも、絶対に利益が出るはずだという思い込みが強くなり、実際に得られる利益がどれくらいになるのかを冷静に考えられなくなるわけである。その結果、マーケットを支配したいという思惑に反して、結局はマーケットに支配されることになる。

ある手法が有効かどうかを判断するには、ペイオフと勝率の両方を考えなければならないことが分かってきたはずだ。つまり、期待値——1ドルのリスクをとった場合、1回のトレードでいくらの利益が出るか——が重要だということである。また、システムや手法の相対的価値を評価するには、変数4（どれくらいの頻度でプレーできるか）も考慮する必要がある。

実際のトレーディングへの応用

これまではビー玉の入った袋で考えてきた。ビー玉の袋では、入っているビー玉の数も分かっているし、それぞれのビー玉を取り出す確率とそのペイオフも分かっている。しかし実際のトレーディングではこういうわけにはいかない。

実際のトレーディングでは、勝つ確率も負ける確率も分からないし、いくらの利益が得られていくら損をするのかも分からない。しかし、ヒストリカルテストを行うことで、どういったことが期待できるかはある程度予測できる（サンプルが得られる）。さらにリアルタイムのトレーディングや投資からは、R倍数として表された大量のサンプルデータを入手できる。もちろんこれはあなたのシステムが生み出す実際のトレードとは異なるが、どういったことが期待できるかは知るこ

表7.2　トレードデータから求めたR倍数

銘柄	初期リスク	損益	R倍数
ATI	$509	$1,251	+2.46
DLX	$498	−$371	−0.74
GES	$512	−$159	−0.31
MTH	$500	$2,471	+4.94
ORA	$496	$871	+1.76
WON	$521	−$629	−1.21
合計		$3,434	6.90R
期待値＝			1.15R

とができる。

　ここで**R倍数**についてもう一度確認しておこう。R倍数とはリワードのリスクに対する倍率の略語である。任意のトレードのR倍数を計算するには、そのトレードの正味損益をトータル初期リスクで割ればよい。**表7.2**は具体的な数値例を示したものだ。

　表7.2からはいくつか気づいた点があるはずだ。1つ目は、どのトレードもトータル初期リスクがほぼ同じである点だ。これは、トータルリスクが資産の1％になるようにポジションサイズを決めたことによる。この場合、口座資産が5万ドルなので、トータルリスクはその1％の500ドルになる。数字を切りのよい値に丸めたので、トータルリスクはトレードごとに若干異なる。

　最悪の事態における手仕舞い水準（つまり、損切り注文を置く水準）はトレードごとに異なるかもしれないが、初期リスクはどのトレードでもほぼ同じである。これは、前述のとおり、どのトレードでも初期リスクは口座資産5万ドルの1％である500ドルに設定したからである。つまり、ポジションサイジングは基本的に、ストップは違ってい

ても初期リスクを一定にするために使っているということである。初期リスクの設定とポジションサイジングはどちらとも重要である。これについてはあとで詳しく説明する。

　２つ目は、ビー玉ゲームとは違って、実際のトレーディングではＲ倍数は切りのよい数字にはならないという点だ。通常は、小数になることが多い。**表7.2**では小数点以下２桁に丸めている。この例からも分かるように、実際のシステムでは損失の30％は1Rの損失になるというようなことはほとんどない。通常は、1.11R、1.21R、0.98R、1.05R、0.79R……といった具合になる。実際の損益には取引コストが加味されるため、切りのよい数字になることはまずないと思ってよい。

　３つ目は、**表7.2**のサンプル数がわずか６トレードと少ない点だ。結果的には1.15Rとかなり大きな期待値が出ている。しかし、わずか６トレードであなたのシステムの本当のパフォーマンスが分かるだろうか。否である。６トレードは有意な数のサンプル数とは言えない。正確なパフォーマンス予測を得るためには、サンプル数はできるだけ多いほうがよい。期待値を計算するだけでも最低30のトレードサンプルは必要だ。システムの将来性をより正確に見積もるには、できれば100回程度のトレードサンプルがあったほうがよい。

　サンプルによる期待値を実際のトレーディングに応用した場合、問題点がある。過去２年間使ってきたトレーディングシステムがあるとしよう。これまでに行ったトレードは103回だ。そのうち43回は勝ちトレードで、60回は負けトレードだった。このトレード分布を示したものが**表7.3**である。ただし、１トレード当たりのトレードサイズは１株または１枚（最小のポジションサイズ）である。

　この**表**を見ると、各トレードのトータル初期リスクを示すデータがないことに気づくはずだ。Ｒ倍数の概念を理解せずにトレーディングを行うとこういった状態になる。しかし各トレードの初期リスクを示すデータがなくても、負けトレードの平均損失を1Rとすることで期

表7.3 サンプルシステムの2年間におけるトレード結果

勝ちトレード			負けトレード		
$23	$17	$14	($31)	($18)	($16)
$12	$32	$8	($6)	($23)	($15)
$6	$489	$532	($427)	($491)	($532)
$611	$431	$563	($488)	($612)	($556)
$459	$531	$476	($511)	($483)	($477)
$561	$499	$521	($456)	($532)	($521)
$458	$479	$532	($460)	($530)	($477)
$618	$1,141	$995	($607)	($478)	($517)
$1,217	$1,014	$832	($429)	($489)	($512)
$984	$956	$1,131	($521)	($499)	($527)
$1,217	$897	$1,517	($501)	($506)	($665)
$1,684	$1,501	$1,654	($612)	($432)	($564)
$1,464	$1,701	$2,551	($479)	($519)	($671)
$2,545	$2,366	$4,652	($1,218)	($871)	($1,132)
$14,256			($988)	($1,015)	($978)
			($1,123)	($1,311)	($976)
			($1,213)	($1,011)	($993)
			($876)	($1,245)	($1,043)
			($1,412)	($1,611)	($3,221)
			($1,211)	($945)	($1,721)

平均利益=1259.23ドル　　　　　　平均損失=－721.73ドル

利益合計=54147ドル　　損失合計=43304ドル　　正味利益=10843ドル

待値とR倍数分布は求められる。**表7.3**のデータを使って計算した期待値は以下のとおりだ。

　　平均損益 = 総損益÷103トレード
　　　　　　 = 10843ドル÷103
　　　　　　 = 105.27ドル

期待値＝（１トレードの平均損益）÷（負けトレードの平均損失）
　　　＝105.27ドル÷721.73ドル
　　　＝0.15R

これは期待値の概算値にすぎないが、１トレードの初期リスクが分からない場合にはこうするしかない（初版の段階では、期待値が平均R倍数に等しくなることはまだ分かっていなかった。この過ちは最近の著書『ファイナンシャル・フリーダム・スルー・エレクトロニック・デイトレーディング［Financial Freedom through Electronic Day Trading］』と『**魔術師たちの心理学――トレードで生計を立てる秘訣と心構え**』［パンローリング］では修正されている。こういった知識に欠けていたため、初版では期待値を計算するのにトレードをグループ分けし、グループ分けしたトレードを基に期待値をはじきだすという原始的な方法を使った。平均損失を1Rとして、平均利益を平均損失で割って期待値を求めるという第２版で用いたこの方法は依然として正確さには欠けるが、初版で用いた方法よりははるかに良い）。

それでは、２つの異なるトレーディングシステムを期待値を使って比較する方法について見ていくことにしよう（ポジションサイジングを考慮する場合、システムの質を評価するもっと良い方法はあるが、これは本書の範囲を超えるのでここでは議論しない）。

フレッドのシステム

最初のシステムは、オプショントレーダーであるフレッドの使っているシステムだ。５月１日から８月31日にかけて、彼は**表7.4**に示した21回のトレードを行った。

このシステムは４カ月の間に21回のトレードで1890.43ドルの利益を上げた。これは１トレード当たり平均90.02ドルの利益に相当する。

表7.4　フレッドのオプショントレードの結果

	利益	損失	
	$2,206.86	$143.14	
	$1,881.86	$68.14	
	$3,863.72	$543.14	
	$181.86	$1,218.14	
	$1,119.36	$143.14	
	$477.79	$3,866.57	
	$48.43	$340.64	
	$327.36	$368.14	
	$21.80	$368.14	
		$358.14	
		$493.14	
		$328.14	
合計	$10,129.04	$8,238.61	= $1,890.43
トレード数	9	12	= 21
平均	**$1,125.45**	**$686.55**	**= $90.02**

　負けトレードの平均損失は686.55ドルで、これを1Rとする。90.02ドルを686.55ドルで割ると0.13Rなので、このシステムの期待値は0.13Rである。

　フレッドのシステムの最大の問題点は、3864ドルの大きな利益が3867ドルの大きな損失で相殺されている点だ。この損失さえなければ、フレッドのシステムは素晴らしいシステムと言えただろう。フレッドの課題は、この損失の原因を究明し、将来こういった大きな損失が出ないようにすることである。今の段階では、彼は損失を1Rに制限する努力はしていない。

エチルのシステム

次に別のトレード結果を見てみよう。このシステムは「エチルのシステム」と呼ぶことにする。エチルは2年間にわたってこれらの株式トレードを行った。そのうちの1回は1000株で5110ドルの利益を上げ、もう1回は200株で680ドルの利益を上げた。そして300株で6375ドルの損失を出したトレードも1回ある。ポジションサイジングの効果を消すために、ここでは1トレードのサイズを100株として計算し直している（5110ドル÷10＝511ドル、680ドル÷2＝340ドル、6375ドル÷3＝2125ドル）。

1トレードのサイズを100株として調整したあとのシステムは、2年の間に合計18回のトレードで7175ドルの利益を上げている。これは1トレード当たり平均398.61ドルの利益に相当する。フレッドのシステムの1トレード当たりの平均利益は90ドルだった。さらに、エチルのシステムの勝率は55.6％だが、フレッドのシステムの勝率はわずか45％だ。エチルのシステムのほうが明らかに優れているように思えるが、本当にそうだろうか。

表7.5に示されたエチルのシステムのリスク1ドル当たりの期待値と機会要因を見てみよう。これらの要素を加味したうえで、どちらのシステムが優れているかを決めることにしよう。

エチルのシステムは18回のトレードで7175ドルの利益を上げているので、1トレード当たりの平均利益は398.61ドルである。負けトレードの平均損失が1527.63ドルなので、これを彼女のシステムの平均リスク（つまり1R）とする。したがってエチルのシステムの期待値は398.61ドルを負けトレードの平均損失1527.63ドルで割って0.26Rと計算できる。結果としては、エチルのシステムの期待値はフレッドのシステムの期待値の2倍ということになる。

ここで注目したいのは、フレッドのシステムの利益は1つの良いト

表7.5　エチルの株式トレードの結果

	利益	損失
	$511	$2,125
	$3,668	$1,989
	$555	$3,963
	$1,458	$589
	$548	$1,329
	$3,956	$477
	$340	$1,248
	$7,358	$501
	$499	
	$503	
合計	$19,396	$12,221
トレード数	10	8
平均	**$1,939.60**	**$1,527.63**

レードに依存しているという点だ。しかし同じことはエチルのシステムについても言える。7358ドルという大きな利益が1回出ており、これは2年間の正味利益である7175ドルを上回っている。つまり彼女のシステムの2年間における利益は、1回の大きな利益によるものであるということである。これは優れた長期システムでよく見られる現象である。

フレッドとエチルのシステムの比較

　機会要因はシステム評価にどう関係してくるのだろうか。フレッドのシステムは4カ月の間に21回のトレードをした。したがって2年間続けると、このおおよそ6倍のトレードが行われることになる。そこ

で期待値に2年間の機会数を掛けて、2つのシステムを比較してみることにしよう。

期待値に機会数を掛けると、フレッドのシステムのほうが優れたシステムになる。ただし、どちらの投資家もこの機会を最大限に活用したものとする。

期待値に機会数を掛けた値で2つのシステムを比較すると、機会に関する興味深い変数が現れる。エチルは2年間で18回しかトレードを行っていないが、これは必ずしもこの間に18回しかトレードする機会がなかったというわけではない。投資家が機会を最大限に活用していると言えるのは次の条件が満たされたときだけである——①トレード機会が発生するたびに仕掛ける、②手仕舞い戦略を持っており、手仕舞いは必ずその戦略に従って行う、③別の機会が発生したときでもキャッシュがあればその機会を逃さずに投資する。これら3つの条件が満たされなければ、期待値と機会による比較を行っても必ずしも正しい結果は得られない。

フレッドのシステム			エチルのシステム		
期待値	機会数	期待値×機会数	期待値	機会数	期待値×機会数
0.13R	108	14.04R	0.26R	18	4.68R

あなたのシステムのパフォーマンスの評価方法

システムから十分な数のトレードサンプルが得られたものとしよう。ありとあらゆる市場で行ったトレードから得た200回のトレードサンプルだ。これだけのトレードサンプルがあればシステムが生み出すR倍数分布が得られるはずだ。ここで、各トレードをビー玉ゲームにお

いて袋から取り出されるビー玉と仮定しよう。ビー玉を１つ取り出したらそのR倍数を求め、そのビー玉は袋に戻す。この方法でトレーディングを100回以上シミュレートすれば、システムから将来的に何が期待できるかが分かるはずだ。

まずやらなければならないのは、期待値どおりのパフォーマンスが得られるようなポジションサイジング・アルゴリズムの作成だ。しっかりしたアルゴリズムを作成することは、目標を達成するうえできわめて重要である。そして、そのポジションサイジング・アルゴリズムを各トレードの初期リスクと現在の口座資産に関連づける必要もある。ここでは、**表7.2**と同じように、簡単な１％リスクモデルを用いる。

次に考えなければならないのが、取り出されるビー玉の潜在的**分布**（取り出されるビー玉の順序）だ。システムの勝率は連敗の長さに逆相関する。したがって、ポジションサイジング・アルゴリズムは、大きな勝ちトレードが得られるようにすると同時に、連敗が長引いてもそれに耐えられるようなものにする必要がある。しかし、勝率が60％でも100回トレードを行えば10回連続して負けることも珍しくない。したがって、連敗に備えて、耐えられる連敗の長さを決めておく必要がある（トム・バッソは目標設定についての話のなかで、長い連敗が続くことは理解していたし、実際に長い連敗を経験したこともよくあると彼は述べている。長い連敗もトレーディングの一部なのである）。

健全なシステムでも失敗した経験を持つトレーダーは多い。それは、①市場が彼らの手法を通して与えてくれるトレード分布に対する心構えができていなかった、②レバレッジをかけすぎたか、資金が少なすぎたかだ。システムの勝率が分かっていれば、1000回トレードしたときの最大連敗数を予測することは可能だが、予測はあくまで予測であって、「実際の」連敗数が分かるわけではない。偏りのないコインを投げても、ずっと表が出続けることだってあるのだ。

図7.1は**表7.1**で行ったものと同じビー玉ゲームでシミュレートし

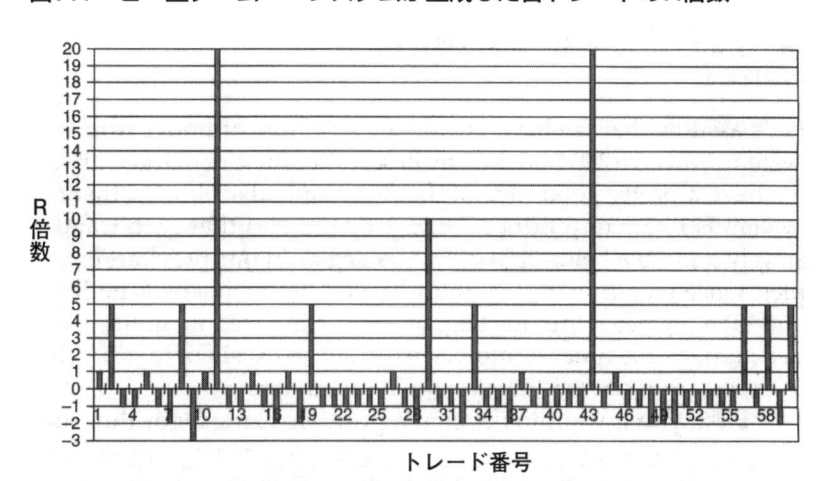

図7.1　ビー玉ゲーム──システムが生成した各トレードのR倍数

た、60回のトレードを１回行ったときのトレード分布を示したものだ。これは１サンプルのトレード分布を示したものにすぎず、サンプルによって分布はおそらく異なるだろう。44回目から55回目にかけて長い連敗が発生していることに注目しよう。ゲームをやっている多くの人の脳裏に次のような考えがよぎるのがこのときだ──①もう「そろそろ勝てるころ」だ、②こういった連敗をうまく利用して、将来のある時点で期待値に逆らった賭けをやろう。ゲームの早い段階で連敗すると、②番目を選択するのが一般的だ。逆に、ゲームの遅い段階で連敗すると、①番目を選択する傾向が高い。長い連敗が続くほど、勝ちがもうそこまで来ていることを「知っている」ので、賭け金を増やそうとする心理が働く者がいる。こうして賭け金を増やすとどうなるかはもうお分かりのはずだ。

図7.2は賭け金を現在の資産の1.0％、1.5％、2.0％として（常に冷静に客観的に）行ったビー玉ゲームの資産カーブを示したものだ。賭け金を1.0％として60回行った場合のリターンは40.1％で、ドローダウ

第2部 システムの概念化

図7.2 リスク別資産カーブ(ベットサイズ別ビー玉ゲームによるシミュレーション)

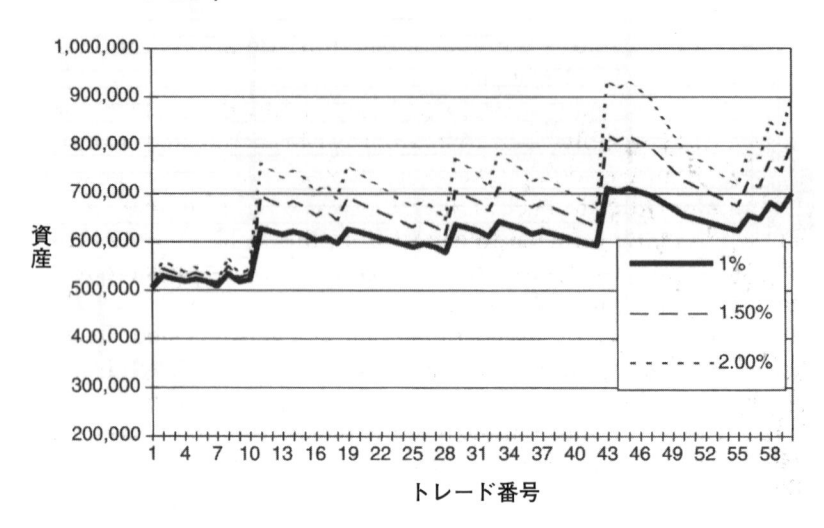

図7.3 確率に従い期待値に逆らって仕掛けた場合のビー玉ゲームの資産カーブ(1トレード当たりのリスク1.0%)

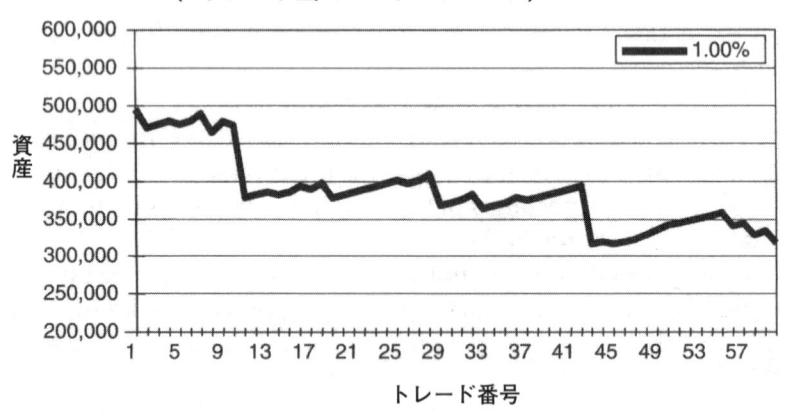

ンは12.3％であった。目立つ連敗は3回で、それぞれ5連敗、6連敗、10連敗である。賭け金が2.0％の場合、リターンは2倍になるが、ドローダウンも2倍になる。こうした大きなドローダウンのあとシステムを放棄すればどうなるだろうか。**図7.2**を見ると分かるように、ど

のトレードでもポジションサイジング・アルゴリムが大きいほうが小さいものよりもパフォーマンスは良い。しかしサンプルの多くでは、ポジションサイジングが大きいほど破産する確率は高い。特に連敗が早期に発生するほどそうなる確率は高い。一方、ポジションサイジングが小さい場合、連敗に対する耐性が高いため、結果的には利益に結びつく。

図7.3は期待値に逆らって賭け金を現在の資産の1.0％としてトレードした場合の資産カーブを示したものだ。**期待値に逆らって賭ける**とは、R倍数の大きなビー玉ほどあなたに不利に働くことを意味する。つまり、あなたは64％で「正しく」、10連勝することがあるかもしれないが、当初資産の37％を失う可能性もあるということである。

このシステムをさらによく理解するためには、こういったサンプルを最低100回は試してみる必要がある。その時点でようやくどういったポジションサイジング・アルゴリズムを用いるべきかが分かってくるだろう。さらに、このシステムから将来的に何が期待できるかを知るためには自分自身のトレーニングも必要だ。ここに示したサンプルは、R倍数に対する理解を高めてもらうために、システムのR倍数をビー玉に見立てて説明したひとつのサンプルにすぎない。

前にも言ったように、こういったサンプルを100回以上シミュレートすれば、将来的に起こる可能性のある多くのシナリオに対して、それが実際に起こったときの対処方法を頭の中に準備しておくことができるようになるはずだ。ただし、100回以上のサンプルをシミュレートしたからといって、ビー玉の袋（マーケット）が将来的にどういった姿を見せるのかを**確実**に予知することは不可能だ。さらに、R倍数の大きな負けトレードがシミュレーションで現れなかったからといって、実際のトレードでもそうであるとは言えないことを理解しておくことも重要だ。したがって、予期しなかった出来事が発生したときにどう対応するかもメンタルリハーサルしておくことが大切だ。

まとめ

　システムを開発したら、たとえそれが不完全なシステムであったとしても、まずはその期待値を計算し、期待値を含むさまざまな問題点を明らかにしておく必要がある。その手順は以下のとおりである。
　トレーディングシステムの期待値を最も効率的かつ正確に計算するには、各トレードのR倍数が分かっていなければならない。R倍数が分かっていれば、期待値はR倍数の平均を取ればよいので実に簡単だ。
　システムをすでに使用している場合、または検証は終わっているがトレード結果をR倍数で表していない場合は、負けトレードの平均損失を1Rとして、1トレードの平均損益をその負けトレードの平均損失で割ったものを期待値とする。
　最後に、その期待値が得られる機会がどれくらいあるかを知る必要がある。つまり、あなたのシステムで1年間にどのくらいトレードが行われるか、ということである。その機会数に期待値を掛けたものが、あなたのシステムから1年間で期待できる利益をRの倍数として表したものである。
　あなたのトレーディングシステムのR倍数分布を表現できると思えるだけの十分な数のサンプルが準備できたら、それぞれのR倍数を袋の中の一つひとつのビー玉と見立てて1年分に相当するトレードをビー玉ゲームでシミュレートする（ビー玉は取り出すたびに袋に戻すものとする）。そのとき、①各トレードにおけるリスク量、②各トレードが資産に与える影響、③各トレードに対する心理的な反応――に注意する。このビー玉ゲームによるシミュレーションは少なくとも100回は行うことが必要だ。これによって、あなたのシステムから将来的に何が期待できるかが分かってくる。
　このシミュレーションは、あなたのシステムが生み出すR倍数が分かっていることを前提とするものだ。しかし、シミュレーションでは

出なかった大きな負けトレードが実際のトレーディングでは発生する可能性があることは念頭に置いておかなければならない。

　期待値と勝率とは別物であることに注意しよう。人間には、どのトレード、あるいはどの投資でも正しくありたいと思う心理的バイアスが常に働いている。人々が高勝率の仕掛けシステムを重視する傾向が強いのは、こういった心理的バイアスによるものだ。しかし、こういったシステムには大きな損失が付き物で、結果的に期待値が負になることが多い。リスクはシステムの期待値の方向に取ること。これが重要だ。

　高い正の期待値を持つシステムであっても、損をすることはある。リスクをとりすぎて負ければ、その損失を取り戻すのが難しいこともある（というより、取り戻すことはほぼ不可能である）。

第3部
システムの重要な要素を理解する

Understanding the Key Parts of Your System

　第3部はいよいよシステム構築の話に入る。第3部に進む前に、第1部と2部を完全に理解しているかどうか確認しよう。第1部と2部はシステムを構築するうえでの基礎となる重要な部分だ。

　それでは各章別に概要を紹介しておこう。第8章はセットアップ（お膳立て）についての話だ。セットアップとは、何か別のことが発生するのに必要となる条件（状態）のことをいう。仕掛けシステムと手仕舞いシステムのほとんどはセットアップとアクションを促すトリガーとから成る。したがって、まずはセットアップの話から始めることにした。第8章では、最もよく使われる仕掛けのセットアップについて学習する。対象とする市場は株式市場と先物市場である。トレードや投資の達人たちも皆このセットアップを使っている。しかし、これらのセットアップはそのままシステムとして宣伝されることも多く、人々はそれをすんなり受け入れる。これは宝くじバイアスによるものだ。しかし、本当に価値のあるものを作り出すには、セットアップだけでなく、システムのほかの重要な部分にも目を向けることが重要だ。これは本書の内容を十分に理解していれば分かるはずだ。

　第9章は仕掛けのテクニックについて議論する。基本的にはシステムの勝率（どれくらいの割合で利益を出すか）は仕掛けのテクニックでコントロールできるが、システムを評価するうえでは勝率は期

待値ほど重要ではないことはこれまでの学習ですでにお分かりのはずだ。なぜなら、勝率が高くても期待値は負になることもあるからである。第9章では、時間枠が長くなるほど仕掛けは重要ではなくなる理由について見ていく。ほとんどの仕掛けのテクニックはランダムな仕掛けとさほど変わらないが、ランダムな仕掛けよりも高い勝率を生み出す仕掛けのシステムも存在する。これについても見ていく。

　第10章は1ポジション当たりのリスク（つまり、1R）の決め方について説明する。どのシステムも資産を保全するための手仕舞い方法を備えていることが必要である。これは、システムの「ディザスターストップ」の要素であり、システムを評価するうえで最も重要な基準のひとつだ。ディザスターストップの目的や仕掛け値から遠いストップと近いストップの長所と短所についても議論する。

　第11章は利食いのための手仕舞いについて議論する。利食いのための手仕舞いは、各トレードのリスク・リワード・レシオを最大化し、ひいては期待値を向上させることを目的とするものだ。第11章では、さまざまな手仕舞いの種類と目的、複数手仕舞いの利点、手仕舞いをシンプルにすることの重要性について解説する。勝率を向上させるためにはどういった手仕舞いを使えばよいのかが分かってくるはずだ。

　第3部は機能するテクニックを中心に議論を進めるが、機能しないテクニックについても一般論程度の議論は含まれる。徹底した議論を行わない点については異論のある読者もいるかもしれないが、第3部の目的は完全なシステムを提示することではない。完全なシステムを提示したところで、あなたの信じていることにフィットしなければ、あなたにとっては無用の長物にすぎない。第3部はあくまで、あなただけのシステム作りのためのツールを提供し、心理的バイアスに惑わされることなく、自分に合ったシステムを開発できるように手助けすることを目的とするものであることをご理解いただきたい。

　また話題のトレーディングシステムの中身を検証し、それぞれのシ

ステムの構成要素についても見ていく。人々はシステムのどの部分を重視しているのか、それを改善するためにはどうすればよいのか。ほとんどの人が無視している部分——そこに改善のための大きなヒントが隠されている。これらのシステムを取り上げたのは批判することが目的ではない。紹介するシステムはよく知られたものばかりで、どのシステムも何かしら優れたものを持っている。これらのシステムで気に入ったものがあれば、オリジナルなソースや書籍を入手してさらに詳しく調べてみるとよいだろう。これらのシステムを詳しく検証し、その強みと弱みを理解することは独自のシステム作りに大いに役立つはずである。

第8章

セットアップを使って
システムの適用時を知る
Using Setups to Jumpstart Your System

> 投機は最も厳密な意味では将来を見通す力を必要とする。
> ――リチャード・D・ワイコフ（『相場勝者の考え方』『スイング売買の心得』『板情報トレード』［パンローリング］の著者）

　何かのアクションを起こす前にある状態（条件）が満たされればそのアクションを起こすというとき、その状態（条件）のことを**セットアップ**という。いかなるシステムにおいても、仕掛けや手仕舞いをするには特定のお膳立てが必要だ。そのお膳立てがセットアップである。セットアップは仕掛けや手仕舞いテクニックの基礎となるものである。したがって、仕掛けや手仕舞いテクニックを理解するためにはセットアップについての理解が不可欠だ。そこでまずはセットアップから説明することにしよう。

　セットアップの最も重要な用途のひとつは、システムを使うべき条件が満たされたかどうかを見極めるためのもの、と言えよう。例えば、第6章の私が描いた「大局観」では、今マーケットは超長期のメジャーなベアマーケットに突入しており、この状態は2020年まで続く可能性があることを示唆した。しかし、だからといって、その間に利益をもたらす強い動きがまったく発生しないというわけではなく、マーケットがそういった強い動きをしているときにはマーケットに参加した

ほうが賢明なのは言うまでもない。どういったときにシステムを使うべきかを知るには、簡単なセットアップがあればよい。

例えば第5章で述べた概念は仕掛けのためのセットアップに関係するものがほとんどである。例えば、「マーケットの秩序」に関連する概念のほとんどは、マーケットの大きな動きが期待できる好機を教えてくれるものであるが、この好機はタイムセットアップにほかならず、仕掛けのシグナルでもなければ、トレーディングシステムでもない。

私は以前エリオット波動の専門家と意見交換したことがある。いわゆる、「宇宙には秩序が存在する」という概念の専門家だ。そのとき彼が言ったのは、自分のアイデアの70％は正しいが、自分のトレードは30％の勝率しかない、ということだった。というのは、彼は資産を保全するために仕掛けのポイントのすぐ下にきつめのストップを置いていたからだ。そのためストップに引っかかることが多かったのである。おそらく彼は自分のアイデアから利益を得るのに、3回から4回は仕掛けなければならなかっただろう。さらに、市場が3回か4回逆行すれば神経質になるため再び仕掛けることができず、そのため動きを見逃すことも多かったはずだ。あるいは、アイデアは正しいが、マーケットが予想以上に大きく動き始め、そのためリスクが大きすぎると感じて動きに乗れないこともあるだろう。彼の問題点ははっきりしている。セットアップ（この場合、マーケットの状態を正しく判断してエリオット波動分析が適用できるかどうかを見極めること）を完璧なトレーディングシステムと勘違いしていたのである。仕掛けのシステム（次章で定義する）も持たず、素晴らしいアイデアをうまく利益に結びつける手立ても持っていないわけだから、仕掛けるそばからストップに引っかかるのも当然だ。

投資家やトレーダーのほとんどがセットアップを完璧なトレーディングシステムと取り違えている。これは彼らに共通する最大の問題点である。彼らは自分のテクニックに関連する本を買って読む。そうい

った本に書かれているのはセットアップにすぎない。これらのセットアップが聖杯であることを読者に納得させるのは簡単だ。えりすぐった最高の例を使ってそれらを示してみせればいいのだから。本書からひとつだけ重要な点を学ぶとするならば、トレーディングシステムにおけるセットアップの重要さは10％（以下）にすぎないという点である。ほとんどの人は正しいセットアップを探すことだけに夢中になるが、セットアップはシステムの最も重要でない要素のひとつにすぎないことを認識すべきである。

それではファンダメンタル分析という概念を使って、概念からセットアップがどうやって生み出されるかを見ていくことにしよう。ファンダメンタル分析は、各国の経済情勢を示す経済指標の値がどういった値になったときに買いや売りで仕掛ければうまくいくかを教えてくれるものである（株式投資におけるファンダメンタル分析は若干異なる。株式投資でいうファンダメンタルズとは、企業の業績、財務、経営状態などその企業の内部構造を表す情報のことを意味する）。ファンダメンタル分析は需給関係から見てその市場が過大評価されているか過小評価されているかを教えてくれるものだが、タイミングについては何も教えてくれない。あくまで将来のある時点で仕掛けるための条件を示してくれるだけである。仕掛けの条件を満たすマーケットの動きが実際に起こるのは数カ月先ということもある。

セットアップをさらによく理解するために、仕掛けを構成する５つ

> 本書からひとつだけ重要な点を学ぶとするならば、トレーディングシステムにおけるセットアップの重要さは10％（以下）にすぎないという点である。ほとんどの人は正しいセットアップを探すことだけに夢中になるが、セットアップはシステムの最も重要でない要素のひとつにすぎない。

の要素について見ていくことにしよう。

仕掛けを構成する５つの要素

あなたのシステムは今のマーケット状態に合ったものか

　第一の要素は、今のマーケットの状態があなたのシステムを用いるのに適切な状態であるかどうかを判断することである。イエスならば、次のステップに進む。ノーの場合は、今のマーケットの状態に合った別のシステムを見つける必要がある。
　拙著『**魔術師たちの投資術――経済的自立を勝ち取るための安全な戦略**』（パンローリング）から一例紹介しよう。同書では、ベアマーケットにおける投資信託のトレーディングテクニックを紹介しているが、このテクニックをシステムのひとつとして使用しようと決めたのであれば、**インバースファンド**にトレード資産の最大50％を投資すればよい。インバースファンドとは、S&P500などの主要な株価指数が下落しているときに上昇する投資信託をいう。ただし、このシステムを使用するに当たっては、マーケットの状態がそれを使用するのに適切な状態でなければならないことに注意しよう。
　このシステムが機能するのは、超長期のメジャーなベアマーケットのときだけである。私が思い描く大局観シナリオでは、向こう10～15年は長期的なベアマーケットが継続することになっている。このシステムを使えるのは、マーケットがいわゆる**赤信号モード**にあるときだけだ。マーケットが赤信号モードにあるかどうかは、次の３つの状態のうち２つが満たされているかどうかで判断する。
１．マーケットが過大評価されている。つまり、S&P500のPERが17を上回る状態が何年にもわたって続いている。
２．連邦準備制度理事会（FRB）が邪魔をしている状態。つまり、

FRBが利上げを予定しているか、その前の6カ月の間に利上げした。本書を執筆中の現時点（2006年後半）は、FRBがそれまでに17回も連続的に利上げをしたという状態にある。
3．市場の動きが悪くなるであろうとき、つまり、市場がその45週移動平均線の上側にあるということ。

　今のメジャーなベアマーケットでは、市場はほとんどの時間帯で赤信号モードにあった。この指標は私の無料マンスリーニュースレターで月1回更新している（無料のウィークリーニュースレター**Tharp's Thoughts**の購読については http://www.iitm.com まで）。このセットアップは実質的に大局観に関係するものなので、非常に幅が広い。2005年7月から現在にかけて市場は**赤信号モード**にあったが、横ばい状態で推移していたため、ベアマーケットでの投資信託戦略は機能しなかった。

　次は初版から一例紹介しよう。初版では、モトリー・フールのフーリッシュ・フォー法（この方法が機能しなくなったのは、モトリー・フールのウエブサイトによってあまりにも広く普及しすぎたためだ。少数の銘柄のみに注目することを特徴とする手法は、広く普及して万人の知るところとなればおそらくは機能しなくなる）を紹介し、そのシステムのさまざまな要素を検証した。このシステムはダウ工業株30種のみに投資し、1年間保有するというもの。したがってこのシステムは今のマーケット状態にはまったく合っていない。投資信託はそれがベンチマークとして用いる主要な株価指数を支えていることは前にも述べたとおりだ。しかし、ベビーブーマーたちが年金ファンドを投資信託から引き揚げ始めたら、投資信託が支えてきた主要な株価指数は暴落するだろう。主要な株価指数を構成する銘柄を1年以上保有するというシステムは、このシステムに限らず、今のマーケット状態で用いるのには適さない。フーリッシュ・フォー法は、特定のシステム

を用いるべきとき（と用いるべきではないとき）を判断するには論理的に考えなければならないことを示す良い例である（このシステムは人気が高まる――4つの銘柄だけ買えばよいという簡易性によって人気が高まった――につれ次第に機能しなくなり、今のベアマーケットに入ってからは完全に破綻した）。モトリー・フールのウエブサイトでこの簡単なテクニックが何百万人という投資家に知られれば、どうなるかは簡単に想像がつくだろう。そう、多くの投資家が4つの特定銘柄だけを買ったのである。**だれもが**4つの特定銘柄だけを買った場合、「ダウの犬」戦略（「犬」は配当利回りが高い銘柄を意味する）は有効な戦略であり続けることができるだろうか。答えはノーだ。この戦略が機能しなくなったのはおそらくこれが原因だろう。

マーケットの選択

　第二の要素は、トレードするマーケットの選択である。マーケットを選択するに当たっては判断基準を設ける必要がある。以下はその判断基準の例である。

1．流動性　そのマーケットが将来盛んに取引されるかどうかを判断するのに便利な指標が流動性だ。自分の希望する価格で（あるいは、できるだけ狭い売り気配と買い気配の差で）仕掛けたり手仕舞ったりできるかどうかを判断するための要素が流動性だ。流動性の低いマーケットは売り気配と買い気配の差が大きくなるため、仕掛けと手仕舞いをするだけで大金がかかる（手数料以外の金が多くかかる）。

　流動性は仕掛けを決めるうえで最も重要な要素である。なぜなら、あなたがビッグトレーダーなら、あなたが1人市場に参入するだけで流動性の低い市場は大きく動くからだ。一方、あなたが小口トレーダーなら、気軽に参入できるとはいえ、「おバカな」ビッグトレーダー

が1人参入するだけで大きく動くような市場に参入したいと思うだろうか。

例えば株式トレーダーは1日の出来高が1万に満たないような株はトレードしたがらないものだ。これはラウンドロット（100株単位の売買）が1日の全取引の1％に相当することを意味する。これでは仕掛けや手仕舞いはスムーズにいかないだろう。

2．マーケットの新しさ　一般に、新しいマーケット——新設された先物や新規公開株（IPO）——は避けるのが賢明だ。公開されたばかりの株式などは将来が未知数であるため、過ちを犯す可能性が高いからだ。少なくとも1年以上取引されているものであれば、どういったことが期待できるかはおおよその見当がつく。

なかには新規公開株だけに狙いを定める人もいる。確かに、新規公開株は強いブルマーケットでは株価は暴騰するが、下落するときには一気に崩落する。新しい企業の情報入手にかけては人には負けない、十分な情報に基づいて投資しようと決めたのだから大丈夫だ、という「自信」があなたにはあるかもしれない。しかし、IPOのマーケットはアマチュアにとっては危険であることを忘れてはならない。

3．どの取引所で取引されているのか。そしてあなたはその取引ルールを知っているか　要するに、あなたが取引しているマーケットの背後にはだれがいるのか、マーケットメーカーはだれなのか、彼らの評判はどうなのか、彼らと取引するとどういったことが期待できるのか、マーケットメーカーを統制しているのはだれなのか、ストップオーダーを置くとどうなるのか（あなたに有利に執行してくれるのか、それともあなたをだますようなことを平気でするのか）、ということである。

例えば、証券取引所や商品取引所のなかには、ほかの取引所に比べてトレードがはるかに難しい取引所がある。つまり、有利な価格で執行されないということである。こういった取引所で以前取引した経験があり、こういったことがよく分かっている人は、こういった取引所

で取引しても構わない。しかし、こういった取引所での取引経験のない人は、確立された古い取引所——例えば、ニューヨーク証券取引所、シカゴ商品取引所、シカゴ・マーカンタイル取引所——で取引したほうが無難だ。

海外市場もまた初心者にとっては難しいマーケットである。大きなチャンスであると同時に、大失敗する可能性もあるからだ。どうしても取引したい人は、海外市場での取引経験のある人を見つけて、最悪の場合のシナリオを聞いてみることだ。こういったタイプのマーケットに参入するときには、そういった最悪の事態に耐えられるかどうかをしっかり見極めることが重要だ。

私事で恐縮だが、私は1992年、マレーシアで生まれ育った素晴らしい女性と結婚した。そして1993年の終わりごろ、彼女の親族に会うために私はマレーシアを訪問した。国中を旅して回ったのだが、どこに行ってもマレーシア株を買えばいくら儲かるという話でもちきりだった。みんなが興味を持つようになったら、もう終わりは近いというのが私の考え方だ。私はマレーシア株はもうじき大暴落することを確信した。そして1994年1月、マレーシア株は50%も下げたのだ。しかし1993年にはマレーシア株を売る良い方法はなかった。

しかし今は、取引所で取引される上場投信（ETF）を通じてほとんどの外国市場を幅広くトレードできる。ETFを買えばさまざまな世界市場でポジションを持つことが可能だ。ETFの例については、図6.5の世界市場チャートをご覧いただきたい。もし今マレーシア株を売ろうと思ったら、私は迷わずマレーシアのETFであるEWMを売る。マレーシア政府はマレーシア株を売る外国人は反マレーシア的だと思っているようだが、アメリカではEWMの売りは簡単に行える。

4．ボラティリティ　ボラティリティとは一定期間内で価格がどれだけ動いたかを意味する。例えば、デイトレーダーはボラティリティの高い市場でトレードする必要がある。通常彼らはその日の終わりまで

にはポジションを手仕舞いするので、大きな利益を得るためには１日のボラティリティが大きな市場でトレードしなければならない。１日のボラティリティが大きい市場として挙げられるのが、特定の通貨市場、株価指数先物市場、流動性の高い株式、債券市場だ。

横ばいのマーケットの転換点でシグナルを出してくるようなシステムを使っている場合、トレードを成功させるためにはボラティリティの十分高いマーケットを選ぶ必要がある。このように、ボラティリティはマーケットを選ぶうえできわめて重要な要素である。

デイトレードにしてもレンジトレードにしても、ボラティリティが十分に高ければ、初期リスクが大きくてもその２倍から３倍の利益を得ることが可能だ。ボラティリティはマーケットを選ぶ際の最も重要な判断基準と言えよう。

5．時価総額　株式トレーダーは売買する株式を時価総額で決めることが多い。大型株しかトレードしない投資家もいれば、小型株しかトレードしない投資家もいる。彼らはなぜ大型株や小型株しかトレードしないのだろうか。

一般に、マーケットの急激な変化を投資機会と見る投機的投資家は小型株（時価総額が2500万ドルを下回る）を好む傾向がある。調査によれば、株価が10倍以上になる株式の大部分が小型株である。通常、小型株に対する需要が増せば、発行済み株式数がわずか数百万株しかないため株価は劇的に上昇する。

一方、保守的な投資家は株価が大きく変動することを好まない。1000株の注文で１ポイント上昇し、そのあと再び1000株の注文で１ポイント下落するといった動きは彼らにとって好ましいものではない。彼らにとって好ましいのは、ゆっくりとしたなだらかな動きだ。こうした値動きを見せるのが、発行済み株式数が数億株の大型株だ。

6．そのマーケットは自分のトレーディング概念に合ったものか　どういったトレーディング概念でトレードするにしても、その概念に合

ったマーケットを選ぶことが重要だ。資金が少ないほど、この選択プロセスは重要になる。

　例えば、トレンドフォロワーの場合、良いトレンドが形成されるマーケットを選ばなければならない。株式の場合はレラティブストレングスの大きな銘柄、先物の場合は毎年数回良いトレンドが形成される銘柄がトレンド市場とみなされる。過去にあなたのトレーディング概念にフィットすることが多かった銘柄は、将来的にもそうなる確率は高いとみてよいだろう。

　そのほかのトレーディング概念についても同じである。季節性に従ってトレードするのであれば、農産物やエネルギー製品といった強い季節性を見せる銘柄でトレードしなければならないし、エリオット波動でトレードするのであれば、エリオット波動理論が最もよく当てはまるような銘柄でトレードしなければならない。またバンドトレーダーなら、広いバンドが常に形成されるような銘柄を選ぶことが必要だ。このように、どういったトレーディング概念を用いるにしても、その概念に最も合った銘柄を選ぶことが重要だ。

7．互いに独立したマーケットを組み合わせる（最初は「独立した」の代わりに「相関のない」という言葉を使っていたが、極端な状態ではすべてのマーケットが相関する傾向があるというトム・バッソの鋭い指摘によって、「独立した」という言葉に変えた）　このテーマはシステム開発の入門書という本書の範囲を幾分か超えているので詳しくは述べないが、あなたが選ぶマーケット間の相関については調べておいたほうがよいということだけは言っておきたい。最も大きな利益が期待できるのは比較的独立したマーケットを選んだ場合だ。選んだすべてのマーケットが相関性を持っている場合よりも、相関性のないマーケットを選んだ場合のほうが、確実に利益を生むトレンド市場が少なくともひとつは含まれている可能性が高いからだ。あなたの思惑と逆方向に動いたときにはすべてが逆行する相関性のあるポジションの

組み合わせなど持ちたくはないはずだ。

マーケットの方向性

仕掛けの第三の要素はマーケットの方向性を見極めることである。マーケットの転換点で仕掛けようと思っている場合でも、動きの速いトレンドがあったらすぐさま仕掛けようと思っている場合でも、過去6カ月の間にそのマーケットが主にどの方向に動いてきたのかを知ることは重要だ。つまり、そのマーケットの長期トレンドを見る、ということである。これは、今のマーケットに潜む「特性」を理解することにもつながる。

これまでに何百万ドルものお金を稼いできたあるトレンドフォロワーの話によれば、彼はトレードしようと思っている銘柄のチャートを壁に貼り、部屋の反対側に行ってそれを見るのだそうだ。そして部屋の反対側から見てもはっきりとしたトレンドが確認できればトレードするのだという。長期のメジャートレンドが数多く存在した60年代や70年代には、こういった昔のやり方がうまくいった。その背景にある考え方は今でも有効だが、マーケットのトレンドが短くなっている今は、もっと短期的な基準のほうが適切かもしれない。

一般に、儲けが出るのはマーケットが上昇しているか下落しているときだ。しかし実際には、マーケットの動く方向には3種類ある。上昇、下落、横ばいの3つだ。マーケットにトレンドが形成されるのは、つまりマーケットが大きく上昇したり下落したりするのは、全体のおよそ15～30％にすぎず、残りは横ばい状態だ。したがって、どういった状態を上昇、下落、横ばい市場とみなすのかを判断する方法を知っておくことは重要だ。例えば、トレーダーの多くは常にポジションを保有させるシステムを持っている。しかし、「横ばい」を市場のひとつの状態とみなすならば、稼げない70％の時間帯ではトレードを見送

るというようなシステムのほうが良いとは思わないだろうか。その場合、マーケットが「横ばい」になりそうなことを教えてくれるシグナルのようなものがあれば便利だ。そのための優れたツールを開発したのがペリー・カウフマンである。このツールについては本書でこのあと解説する。

常にマーケットに参入している人は横ばい相場で過ごす時間が多くなる。これがトレンドフォロワーなら損失を被ることになり、手数料もかさむ。横ばい市場でもボラティリティが十分高ければ、短期のバンドトレーダーにとっては良い市場になる。もしあなたがトレンドフォロワーなら、横ばい市場でのトレードは避けるような手立てをシステムに組み込んでおくのがよいだろう。

セットアップ

仕掛けの第四の要素はセットアップである。前述したように、セットアップとは、マーケットがどういった状態になったら参入すればよいのかを示す、あなたの概念にマッチするマーケットへの参入条件のことをいう。そういったセットアップが発生したとき、マーケットはあなたの思惑どおりの方向に大きく動く可能性が高い。

儲けが出るのは、マーケットが仕掛けポイントから大きく動いたときである。第5章で議論したさまざまな概念は、マーケットの大きな動きが期待できる状態を詳細に記述したものがほとんどだ。つまり、これらの概念はいずれもセットアップで構成されているということである。何が起こるのかを「予測」し、マーケットの正しい方向を選べるように手助けすることを目的に構築されたのがこれらの概念なのである。

例えば、セットアップのなかにはマーケットの転換が期待できる好機として表されるものがある。このタイプのセットアップは、マーケ

ットに参入するに当たって満たされるべきファンダメンタルズ、顕著な季節的特徴など、便利に使える重要な判断基準である場合が多い。

しかし、セットアップはマーケットに参入するための判断基準を示すものだけではなく、そのマーケットでポジションを建てるべきかどうかの判断基準になるものもある。

本章のテーマは、実績がすでに証明されたさまざまなセットアップである。紹介するのは、株式市場で有効なセットアップと、先物、FX（FXとはforexのことで「外為」を意味する。外為市場は世界中の大銀行によって形成される巨大な通貨市場である。実質的に24時間市場で、世界最大の市場である）、オプションといった投機的性格の強い市場で有効なセットアップである。**市販されているシステムは、第2章で述べた宝くじバイアスによって、セットアップのみで構成され、それ以外の要素を含まないものが多い**。各セットアップを紹介する前に、仕掛けの最後の要素であるマーケットタイミングについて見ておこう。

> 市販されているシステムは、第2章で述べた宝くじバイアスによって、セットアップのみで構成され、それ以外の要素を含まないものが多い。

マーケットタイミング

仕掛けの最後の要素はマーケットタイミングである。トレードしたいマーケットが決まり、自分の概念とその概念にフィットするマーケットの状態も理解し、セットアップもいくつか設定し、それらのセッ

> 儲けているトレーダーや投資家は予想した動きが実際に始まってから仕掛ける。

トアップも満たされた。しかし、実際にマーケットに参入する前に満たされなければならない重要な基準がもうひとつある。その基準とは、あなたの期待している動きが期待どおりの時点で始まるかどうか、である。逆に言えば、ファンダメンタルズや季節性、予想される転換日などに基づいてマーケットが大きく上昇することを予想したとしても、あなたが最初に予想した時点でその動きが始まるとは限らないということである。**儲けているトレーダーや投資家は予想した動きが実際に始まってから仕掛ける**。

次章では仕掛けについて見ていくわけだが、ほとんどの仕掛けのテクニックは、例えばコインを投げて買うか売るかを決めるといったランダムな仕掛け方法とさほど変わらない。仕掛けの勝率を上げるには、できることは何でもやらなければならない。

仕掛けの勝率を上げる最良の方法は、市場があなたの思惑どおりの方向に動いていることを確認してから仕掛けることである。これをタイミングシグナルという。重要なタイミングシグナルは多くある。これについては後ほど説明する。

ストーキングのためのセットアップ

私の通信講座、「ピーク・パフォーマンス・ホーム・スタディ・コース（Peak Performance Home Study Course）」をご存知の読者は、偉大なトレーダーたちが日常的に行っている10の課題をご存知のはずだ。そのひとつが**ストーキング**である。ストーキングとは、できるだけ小さいリスクで仕掛けられる仕掛け条件を見いだすために時間枠を短くすることをいう。最良のストーキングツールは短期のセットアップだ。

短期のセットアップと一口に言ってもその種類は多い。ここでは短期のセットアップを3つのカテゴリーに分け、それぞれのカテゴリー

に含まれる短期のセットアップを実例を交えながら説明する。厳密に言えば、説明というよりもこれらのセットアップについての私の考え方を述べると言ったほうがよいかもしれない。詳しく知りたい方は、ローレンス・コナーズとリンダ・ブラッドフォード・ラシュキ著の『**魔術師リンダ・ラリーの短期売買入門──ウィザードが語る必勝テクニック基礎から応用まで**』（パンローリング、「タートルスープ」はコナーズ・バセット・アソシエーツ社の登録商標）をお読みいただきたい。特にこれらのパターンでトレードしようと思っている人にはぜひ一読をお勧めする。

「試しの失敗」のセットアップ

「試しの失敗」のセットアップとは、基本的には前の高値や安値の試しに失敗したら仕掛けるというものだ。特定の高値や安値が発生すると面白いパターンが多数発生する。例えば、以下に述べるケン・ロバーツの手法は、この試しに失敗するというセットアップをベースにしたものだ。

こういった試しがセットアップとして使えるのは、それが仕掛けのシグナルになることが多いからだ。しかし、これらの仕掛けのシグナルは大きな利益を生み出すトレードのお膳立てにはなるかもしれないが、信頼性はそれほど高くない。試しを仕掛けのシグナルとして用いるこの戦略は、いうなればブレイクアウトのダマシ（つまり、高値や安値を更新しないということ）を利用して仕掛ける戦略と言い換えてもよい。

例えば、コナーズとラシュキはブレイクアウトのダマシからひとつのパターンを発見し、タートルスープと名づけた。これは、20日ブレイクアウトで仕掛けることで知られたかの有名なトレーダー集団、タートルズをもじったものだ。タートルズは、市場が20日高値を更新し

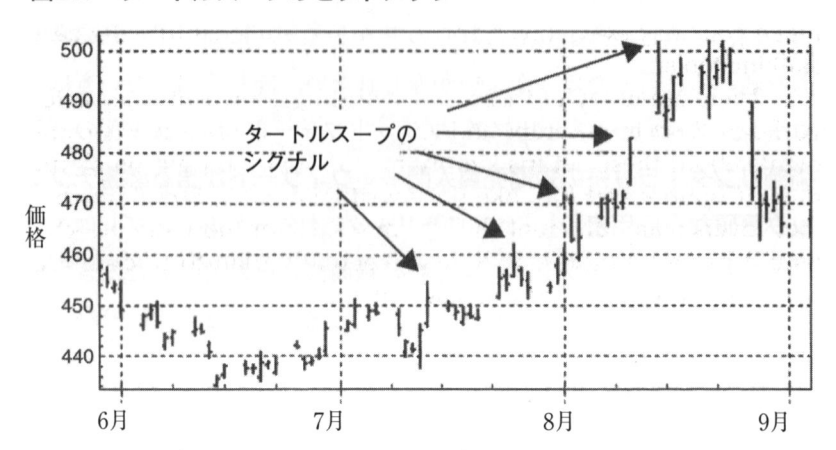

図8.1　タートルスープのセットアップ

たら買い、20日安値を更新したら売るという手法で大金を稼いだ。彼らが仕掛けに使った20日ブレイクアウトシグナルは、今ではほとんどのブレイクアウトがダマシになる。つまり、いったんはブレイクアウトするもののすぐに逆行するということである。コナーズとラシュキはこの事実を利用して、ブレイクアウトしてもすぐにダマシになりそうな20日ブレイクアウトで仕掛けるという手法を開発した。これがタートルスープ戦略だ。しかしタートルズはこのブレイクアウトで大金を稼いだのだから、このブレイクアウトには注意が必要だ（チャネルブレイクアウトについては詳しくは第9章を参照のこと）。

　図8.1はタートルスープパターンの一例を示したものだ。チャートを見ると分かるように、7月中旬に20日高値をブレイクアウトしたところが数カ所ある。いずれの場合も、高値を上にブレイクアウトするとその直後には（短期ではあるが）必ず大きく下げている。このパターンを使えば、短期トレーダーならブレイクアウトするたびに利益を出すことができるだろう。

　このパターンがうまくいくことを表す例を多く示すことができれば、

あなたはきっと興奮するに違いない。しかし、うまくいく例が多い一方で、うまくいかない例も多くある。私の考えによれば、このパターンは、マーケットでお金を儲けるうえで本当に重要なほかのシステムの要素（手仕舞いやポジションサイジング）と組み合わせればうまくいくのではないかと思う。

　もうひとつの高確率なセットアップは、市場がその日のトレーディングレンジの上のほうで引けたときは、翌日はそれよりも高値で寄り付く確率が非常に高いという観測に基づくものだ。この逆の場合も同じである。このセットアップは、大引けがその日のトレーディングレンジの上や下のほうで引けたときには、翌日はそれよりもはるかに上方や下方で寄り付く確率が70〜80％というきわめて高確率なセットアップだ。このセットアップはトレーディングシステムでは手仕舞いに使えるが、試しの順行パターンのセットアップとしても使える。

　もうひとつよく観測されるのは、同じ方向で寄り付く確率は高くても、同じ方向で引ける確率はあまり高くないというものだ。さらに、昨日がトレンド日（つまり、レンジの一方の端で寄り付き、もう一方の端で引ける）だった場合、反転する確率はさらに高まる。これから導き出されるのが**試しの反転パターンのセットアップ**だ。このパターンに必要なのは何らかの反転サインだ。**図8.2**に示したように、この「試し」の反転パターンが成立するためには３つの条件が必要だ。

　図8.2は12月8日（木曜日）から始まるパターンを示したものだ。この日はレンジの上のほうで寄り付き、レンジの下のほうで引けたトレンド日である。これがこのセットアップの第一条件である。

1．その日はトレンド日である。つまり、レンジの一方の端で寄り付き、もう一方の端で引けたということ。**図8.2**の12月８日はトレンド日である。
2．翌日、前日の終値と同じ方向にさらに動いて寄り付く（例えば、

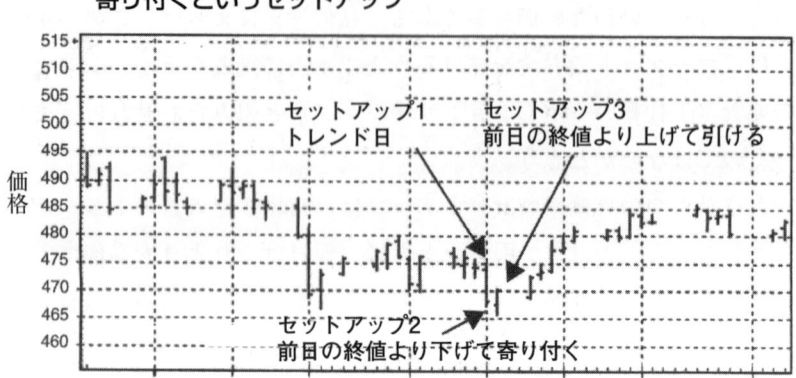

図8.2 トレンド日の翌日がトレンド日よりさらに下げてあるいは上げて寄り付くというセットアップ

[図：価格チャート。セットアップ1 トレンド日、セットアップ2 前日の終値より下げて寄り付く、セットアップ3 前日の終値より上げて引ける]

前日レンジの下のほうで引けた場合、翌日はそれよりもさらに下方で寄り付く。逆に前日レンジの上のほうで引けた場合、翌日はそれよりもさらに上方で寄り付く)。12月9日を見てみよう。この日、前日の終値よりもさらに下方で寄り付いている。

3．マーケットが昨日の高値の方向に反転する（買いシグナル）か、安値の方向に反転する（売りシグナル）。12月9日、市場は反転し、昨日の安い終値を上回って引けている。これがこのセットアップの最後の条件である（このケースの場合、これが仕掛けのシグナルになる）。

チャートを見ると、12月9日に市場は前日の終値より上げて引け、その後数日間にわたって上昇し続けている。しかし、いつもこううまくいくとは限らない。ここではこのパターンを説明するためにうまくいくチャートを選んだだけである。前にも述べたように、セットアップはお金儲けのための方程式のほんの一部にすぎない。セットアップを見つけることだけに血眼になって、見つけたら金脈を掘り当てたよ

うな気になって興奮してはいけない。

　この**試しの失敗のセットアップ**は、短期トレードや「スイング」トレードを目指す人にお勧めだ。試しの失敗のセットアップ（マーケットが高値や安値を更新したあと反転する）の原理が理解できたら、他人のアイデアに頼ることなく、独自のセットアップを設計できるはずだ。自分でいろいろと試してみよう。

クライマックスリバーサルのセットアップまたはイグゾースチョンパターンのセットアップ

　このセットアップは原理的には試しの失敗のセットアップと同じだが、より明確な反転サインが含まれる点が異なる。一般にこのセットアップは、トレンドの反転を察知してローリスクのトレードを目指すときに用いられることが多い。このセットアップが成り立つための条件は３つある——マーケットがすでに極値に達したことがはっきりしていること、ボラティリティが高いこと、自分が仕掛けようと思っている方向にマーケットが動いていること。このタイプのパターンにはバリエーションが多く、またこういったクライマックス的な動きは客観的な描写が難しいチャートパターンになっていることが多く、そのためコンピューター化も難しい。私はチャートパターンというものはあまり信じないことにしている。チャートパターンが客観的にトレードできる実際のパターンとは異なることを示す強力な証拠があるからだ。したがって、ここではギャップ・クライマックス・ムーブというパターンだけを取り上げることにする。

　ギャップ・クライマックス・ムーブ　クライマックス的な動きであることを示すひとつのサインは、マーケットが大きくギャップアップやギャップダウンして寄り付いてもその極値を突破しないことである。マーケットはいったんは極値に達するものの、極値に達してからは逆

方向に動いて引ける。あるいは、そのギャップが翌日に埋まりそうな兆候を示す場合もある。このセットアップは次の２つの観測に基づくものだ──①大きなギャップは埋まる傾向がある、②極値に達してから反転した日の翌朝はそのまま前日の動きを引き継ぐ傾向がある。

こういった動きを利用したトレード方法は以下のとおりだ。

1. マーケットが新たな極値に達する（クライマックスのセットアップの発生）。
2. ボラティリティが高いことを示すセットアップの発生。例えば、過去５日のアベレージトゥルーレンジ（ATR）が過去20日のそれの２倍から３倍であれば、市場のボラティリティが高い証拠。ただし、こういった判断基準がなくても判断できる場合もある。
3. マーケットが弱まっていることを示すサインを発している。例えば、①寄り付いた側と反対側の極値で引ける、②次の日にギャップが埋まり始める──といった現象はマーケットが弱まりつつあることを示すサインになる。
4. 前のトレンドと逆方向の短期的な動きを見込んで、仕掛けのシグナルを設定する。

私は個人的にはこれらのパターンでトレードするのは危険だと思っている。なぜなら、これはフルスピードで走っている貨物列車を「止める」ようなものだからだ。マーケットは少しだけ反転しても再び元の方向に同じスピードで動き出す可能性がある。だから少しだけ反転した時点で得るものを得る（つまり、利益を得る）というのがこの戦略だ。

クライマックスのセットアップは勇敢な短期トレーダーにはお勧めかもしれない。こういったクライマックス的な動きは短期間で反転する確率が高いため、長期トレーダーとしては、マーケットのこういっ

た動きをよく知り、こういった動きをしているときには仕掛けないようにする、という使い方をするのがよいだろう。この戦略に興味のある方は、ローレンス・コナーズとリンダ・ブラッドフォード・ラシュキ著の『**魔術師リンダ・ラリーの短期売買入門——ウィザードが語る必勝テクニック基礎から応用まで**』（パンローリング）の一読をぜひお勧めする。

リトレースメントのセットアップ

短期トレード（または長期トレードのストーキング）に利用できる次のセットアップはリトレースメント（押しや戻り）だ。このセットアップの基本的な手順は、①マーケットの長期トレンドを読み取り、②若干の押しや戻りが起こったら、③高値を更新して再び元のトレンドに戻る兆候があれば、元のトレンドの方向に仕掛ける。これはかなり古くから使われてきたテクニックだ。例えば、1920年代のウォール街で鳴らした投資家、リチャード・D・ワイコフの口癖は、「ブレイクアウトでは買うな。押しを待て」だった。

トレンドフォローシグナルが発生すると、そのあとでリトレースメントが発生する（少なくとも日中に）のが一般的だ。日中のリトレースメントはローリスクの仕掛けセットアップとして利用できる。**図8.3**は明確なリトレースメント（この場合は、押し）の例を示したものだ。

図8.3を見ると、ひとつのトレンドのなかで何回かブレイクアウトシグナルが発生しているのが分かる。上側から矢印で示したものがブレイクアウトシグナルだ。そしてブレイクアウトシグナルが発生したあとには必ず押し（下側からの矢印）が発生している。これらがすべてトレード機会になるわけである。

リトレースメントのセットアップはトレンドフォロワー向きのセッ

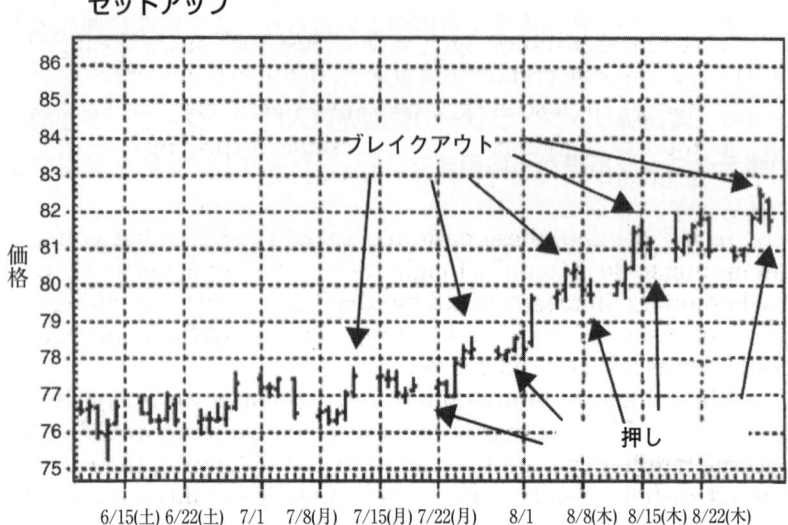

第3部　システムの重要な要素を理解する

図8.3　明確なトレンドのなかで発生するリトレースメント（押し）の
　　　　セットアップ

トアップだ。このセットアップには多くの長所がある──①きつめのストップを置くので、リスク・リワード・レシオの高いトレードを抽出できる、②短期「スイング」トレードにも、長期「ポジション」トレードにも使える、③機会を見逃してもまたチャンスが訪れる、④ストップに引っかかっても再び市場に参入するチャンスが得られる。私がこれまでに見てきた最良のトレンドフォロー戦略のなかにはこの概念をベースにしたものがいくつかあった。このセットアップを基に独自の手法を編み出していただきたい。友人のケン・ロングはこの概念をベースにした独自の手法を編み出し、自分のETFセミナーで教えている。

フィルター対セットアップ

　フィルターとは、自分が決めた基準に合っているときだけ仕掛け

を許可するという基準を示す一種の指標のようなものだ。フィルターはトレーディングシステムの10大要素のひとつ、というのがフィルターに対する私の考え方だが、われわれのシステム開発セミナーでよくゲストプレゼンターを務めてくれるチャック・ルボーは、フィルターは無視せよ、と常に言っていた。確かに、フィルターは過去のデータにおいてマーケットを予測するのには役立つが、リアルタイムでは役に立たない。

> 過去のデータによくこじつけた指標であるほど、過去のデータにおける転換点を完璧に予測できるように思える。

　ここでチャックの話を紹介しておこう。人間には宝くじバイアスというものが働いているため、仕掛ける前に市場を「支配」できるような完璧な仕掛けのシグナルを欲しがる。例えば指標を用いる場合、過去のデータによくこじつけた指標であるほど、過去のデータにおける転換点を完璧に予測できるように思える。

　ほとんどのトレーディングソフトには何百という指標が組み込まれている。あなたはそれらの指標をほとんど機械的に使うと思うが、それは過去のマーケットをこじつけることにほかならない。例えば、オシレーターと移動平均線といくつかのサイクルを使えば、過去のどの時点におけるマーケットもほぼ完璧に予測することができるだろう。そしておそらくは自分のトレー

> フィルターとセットアップの決定的な違いが見えてくる。一般にフィルターは同じデータに基づくものであるため、システムには用いないほうがよい。一方、セットアップは異なるデータに基づくものであるため、システムの有効な要素として使える。

ディングに大きな自信を持つはずだ。しかし、今日のマーケットでいざトレードしようとしたとき、その「過剰に最適化された」指標がまったく役に立たないことに気づくはずだ。

　もっと最近のデータで最適化すれば今日のマーケットを反映する指標になるはずだとの思いから、短期間（例えば、直近の７カ月）での最適化を試みる人もいるが、指標が多すぎるため努力は徒労に終わることが多い。

　一般に、トレーディングシステムはシンプルなほど良い。ただし、例外がひとつだけある。指標は、**異なるタイプのデータを基に作成したものであれば、多くても構わない**、ということだ。

　以上のことから、フィルターとセットアップの決定的な違いが見えてくる。一般にフィルターは同じデータに基づくものであるため、システムには用いないほうがよい。一方、セットアップは異なるデータに基づくものであるため、システムの有効な要素として使える。つまり、異なる、信頼のおけるデータに基づくセットアップであれば、セットアップは多いほどよいということが言える。

　ところで、異なるタイプのデータとはどういったデータを指すのだろうか。これまでに紹介したセットアップの例を使って見てみることにしよう。

タイムセットアップ

　どういったときにマーケットに動きが発生するかは、さまざまなモデルから予測がつく。時間はパターンとは異なるため、時間を使ったセットアップは非常に有効に使える。タイムフィルターとしては、サイクル、季節性のデータ、占星術的影響などが挙げられる。トレーディングに役立ちそうな面白い「タイムセットアップ」については第５章を参照していただきたい。

順番に発生するパターン

パターンが特定の順序で発生することは意味がある。特定の順序で発生するパターンは、マーケットで観測した高確率な関係に基づくものであれば、単なる価格データよりも役立つことが多い。例えば、リトレースメントのセットアップは、こういった一連の価格データをベースにしたものだ──①まずトレンドが形成される、②次にリトレースメント（押しや戻り）が発生する、③最後にマーケットが元のトレンドの方向に戻る。これらはすべてパターンだが、意味のある順序で発生している。

ファンダメンタルデータ

あなたは自分がトレードしているマーケットの需要と供給の特徴についてはある程度分かっているはずだ。例えば、大豆の収穫高の統計値とこの銘柄に対する海外からの新しい需要についての統計値を持っているかもしれない。ファンダメンタルのセットアップについての詳細は本章でこのあと紹介するギャラハーとバフェットの議論に譲るとして、ここでは、ファンダメンタルデータに基づくトレンドは最も強力なトレンドであるということだけ知っておいていただきたい。

出来高データ

マーケットの活発さは現在のパターンとはまったく異なるものであるため、有効に使える。出来高分析について書かれた書籍は多く、なかでも株式市場のエキスパートであるリチャード・アームズの**『相場心理を読み解く出来高分析入門』**（パンローリング）は有名だ。今やマーケット情報には彼の開発したアームズ指数が含まれるのが一般的

になった。アームズ指数は元々は「TRIN」と呼ばれていたもので、(値上がり銘柄÷値下がり銘柄) ÷ (値上がり銘柄の出来高÷値下がり銘柄の出来高) の値で表される。

アームズ指数をセットアップとして利用する場合、アームズ指数の移動平均線（通常はおよそ5日）を用いる。1.2を上回れば、そろそろ底が近いことが分かり、0.8を下回れば、天井が近いことが分かる。これによって1～3日の短期のトレード機会を見つけることが可能になる。注意しなければならないのは、これらの数値は単体で用いるのではなく、トレンドで見なければならないという点だ。

コンポーネントデータ

あなたのトレードしている市場がマルチアイテム市場の場合、それぞれのアイテムの動きを知るだけで貴重な情報が得られる。例えば、株式市場の場合、マーケット全体の動きを知ることと、マーケットを構成するそれぞれの要素――例えば、値上がりしている銘柄数、値上がりしている銘柄の出来高と値下がりしている銘柄の出来高の比較――がどうなっているのかを知ることはまったく別物だ。

例えば、市場指数をトレードしているのなら、指数の組み込み銘柄のそれぞれの動きを見てみることだ。一般に、S&P500などの株価指数の価格データしか見ないでトレードする人は、コンポーネントデータを細かくチェックしているエキスパートに比べるとかなり不利と言えるだろう。

> S&P500などの株価指数の価格データしか見ないでトレードする人は、コンポーネントデータを細かくチェックしているエキスパートに比べるとかなり不利である。

複合指標の一例として挙げられるのがティックだ。これもまたマーケット情報には必ず含まれるデータだ。**ティック**とは、NYSEの上場株のうち株価が直前の約定値よりも上昇した株数と下落した株数の差を示したものだ。ティックをセットアップとして用いる方法をこれから説明しよう。まず、ティックが極値を示すと、マーケットが反転する可能性が高い（少なくとも短期的には）。つまり、極値ティックは試しの反転パターンのセットアップの一例と言えよう。ティックがこの極値に達したらそれを反転シグナルと取り、そこで仕掛ければよい。

ボラティリティ

ボラティリティとはマーケットの活発さを示すものであり、一般に価格レンジによって定義される。ボラティリティは単なる価格とは異なりきわめて有用な情報である。

数年前、私はコンピュータートレーディングのセミナーを開いた。このセミナーでは、①トレーディングソフトに慣れさせること、②ヒストリカルテストに基づき年100％以上のリターンを最適化することなく達成できるシステムを開発させること——を目指した。しっかりとした手仕舞いを組み込んだ高期待値のトレーディングシステムを開発し、システムのパフォーマンスをその限界まで拡大できるようなポジションサイジング手法を組み合わせることで、全員が目標を達成できると私は思っていた。ほとんどの人はこの方法で目標を達成したが、1人だけ例外がいた。その人は、マーケットのレンジが狭いことを示す別のパラメータと組み合わせることで、大きな動きが発生するサインを見いだすことができることを発見した。狭いレンジのセットアップを良い仕掛けと組み合わせれば、リスク・リワード・レシオの高いトレードが可能になる。

狭いレンジのセットアップの例をいくつか紹介しておこう。最初の

セットアップは以下のとおりである。

1. 価格が移動平均線の上にあるのか下にあるのかを示す指標や、ADX値が高いといった指標など、どの指標で見てもマーケットがトレンド相場にある。
2. マーケットが狭いレンジに入りつつある。狭いレンジかどうかは、過去5日のレンジと過去50日のレンジを比較して判断する。例えば、過去5日のレンジが過去50日のレンジの60％以下といった具合に事前に決めておいた値を下回ったら狭いレンジであると判断する。

　長期トレンドフォローシステムの場合、このセットアップを組み込むだけで、リスク1ドル当たりの期待値は10セントから15セント上昇する。
　もうひとつのセットアップは以下のとおりだ。

1. その日がインサイドデイ（はらみ足のことで、価格レンジが前日の高値と安値の間にある日）である。
2. その日のレンジが過去X日で一番狭い。

　その日がインサイドデイの場合、いずれかの方向にブレイクアウトすれば、それは短期トレードの良い仕掛けのシグナルになる。狭いレンジでのセットアップで使える仕掛けにはいろいろなタイプがあるが、詳しくは第9章で紹介する。

企業のファンダメンタルズ

　ウォーレン・バフェットが用いるセットアップのほとんどは企業の

ファンダメンタルズで、そのいくつかはウィリアム・オニールも使っている。企業の業績、配当利回り、売り上げ、利益率、フリーキャッシュフロー、発行株式数、簿価と1株当たり利益、成長率などを総称して、その企業のファンダメンタルズという。ファンダメンタルズ情報は価格データとはまったく異なる。ファンダメンタルズについては次節で説明する。

マネジメント情報

　あなたが投資しようとしているお金を運用しているのはだれなのか。そしてその運用者の実績は？　ウォーレン・バフェットはマネジメントについてはいくつかの信条を持っている。株を買うにしても、投資信託を買うにしても、その運用者の実績によってあなたの投資結果は大きく違ってくるだろう。

　これまで述べてきたタイプのデータ以外にもセットアップに有効に使えるデータがあるかもしれない。例えば、信頼できて他人が入手できないようなデータを見つけることができれば、きわめて貴重なセットアップを開発できるはずだ。

　有用なセットアップが価格データ以外のデータに基づくことが理解できた今、あなたは独自のセットアップを開発するための基礎は身につけたことになる。おそらくこれはあなたの聖杯システムを開発するうえでのひとつの鍵になるはずだ。

　注意しなければならないのは、セットアップにとらわれすぎてはならないということである。セットアップは勝ちトレード数を増やすのには役立つかもしれないが、大きな負けトレードがいくつかあれば、勝率の高いシステムであっても期待値が負になることもあることを忘れてはならない。セットアップや仕掛けに費やすのと同じくらいの時間を、ストップや手仕舞いにも注ぐことが重要だ。そして、システム

のほかの要素に費やす時間をすべて足し合わせた時間よりも多くの時間を費やさなければならないのが、ポジションサイジングである。ポジションサイジングは、あなたとあなたの目的にフィットする聖杯システムを手に入れられるかどうかを決める決定的要素と考えてよい。

よく知られているシステムで使われているセットアップ

株式市場のセットアップ

　株式市場で使えるセットアップは多数あるが、ここではそのすべてを取り上げる代わりに、お金を稼げる２つのアプローチに焦点を当てて説明したいと思う。多数のセットアップを取り上げるよりも、こちらのほうが断然役立つと思うからだ。これから紹介する２つのアプローチは性格をまったく異にするものだ。それぞれのアプローチで使われているセットアップを比較することで、セットアップに対する理解が深まると同時に、独自のセットアップの開発にも応用できるはずだ。気に入ったシステムがあれば、一次資料を取り寄せて研究してみるとよいだろう。私のコメントはさまざまなモデルに対する私の考え方を反映したものにすぎないことをくれぐれも忘れずに。

ウィリアム・オニールのCANSLIM（キャンスリム）トレンドフォローモデル

　高いパフォーマンスを誇り、広く使われているトレーディングモデルのひとつが、ウィリアム・オニールとデビッド・ライアンが開発したCANSLIMである。このモデルについては詳しくはオニールの著書『オニールの成長株発掘法──良い時も悪い時も儲かる銘柄選択をするために』（パンローリング）をご参照いただきたい。このモデルは

彼の新聞インベスターズ・ビジネス・デイリーやチャートサービス「デイリー・グラフ（Daily Graphs）」でも紹介されている。彼のトレーナーたちによるセミナーも全米で開催されており、これまで数多くの人が参加した。ここでは彼のモデルの解説や評価は行わない。代わりに、CANSLIMという言葉の意味を説明しながら、その背景にあるオニールの考え方を紹介する。よく使われているモデルに含まれるセットアップがどういうものなのかは、これを読めば理解できるはずだ。

CANSLIMは仕掛けのセットアップの頭文字をつなげたものだ。

C（current earnings P/E share）は、**当期１株当たり利益**を意味する。オニールは１年前の同じ四半期よりも１株当たり利益が70％上昇している株に投資する。したがって、当期１株当たり利益が彼の第一の投資条件である。

A（annual earnings P/E share）は、**年次１株当たり利益**を意味する。過去５年の年次１株当たり利益は５年複利で最低24％でなければならない、というのがオニールの考え方だ。これが彼の第二の投資条件である。

N（something new）は、その会社の**何か新しい要素**を意味する。新しい要素には、新製品や新サービスの開発、経営方針の変更、あるいは業界の変化も含まれる。これに加え、株価の高値更新も条件のひとつになる。したがって、Nは実質的には２つの条件を含んでいる。しかし、第９章で説明するように、株価の高値更新は実際には仕掛けのシグナルとみなしたほうがよいかもしれない。

S（shares outstanding）は、**発行株式数**を意味する。オニールはパフォーマンスの高い銘柄を調査した。その結果、発行株式数の平均は

1200万株未満で、中央値はわずか480万株であることが分かった。したがって、発行株式数が2500万株未満というのが彼の次の投資条件である。

L（leader）は、**リーダー**を意味する。オニールはマーケットのレラティブストレングスモデルを信用している。レラティブストレングスを利用する人は通常、すべての株価の過去12カ月にわたる変動をランク付けし、上位75～80％に含まれる銘柄を投資対象にする。過去30日間の変動量のほうを重視する人もいるが、オニールのランク付けもおそらくはこちらのほうだ。彼が投資対象に選ぶのは上位80％以上に含まれる銘柄だ。したがってこれも彼の投資条件である。

> なんと、あのオニールのトレーディングシステムはセットアップでのみ構成されているのである。

I（institutional sponsorship）は、**機関投資家による大量保有**を意味する。一般に花形株は機関投資家によるある程度の大量保有がなければ生まれない。しかし、機関投資家による特定株式の大量保有はあまり好ましいとは言えない。その企業に何か問題が発生すると、大量の売りが発生するからだ。しかもすべての機関投資家がそれに気づいたときには、良い動きはもう見込めない。とはいえ、オニールは、機関投資家のある程度の大量保有を投資条件のひとつにしている。

MはCANSLIMの公式に含まれる頭文字（overall market）で、**市場全体の動き**を意味する。ほとんどの株式──75％以上──は市場平均と同じ方向に動く傾向がある。したがって、株を買う前にマーケット全体が上昇傾向にあることを確認することが重要だ。

このように、「オニールのCANSLIMモデルの頭文字」はすべて投資の判断基準を表している。しかし、実際の仕掛けで使えるのは、Nに含まれる「株価が高値を更新する」くらいなものである。プロテクティブストップについては何も述べられていないし、手仕舞いについても何も述べられていない。そして、システムで最も重要な部分であるポジションサイジングについても何も述べられていない。なんと、あのオニールのトレーディングシステムはセットアップでのみ構成されているのである。これは非常に興味深い。オニールのこのほかの判断基準についてはその話題が出てきたときに話すことにする。

ウォーレン・バフェットのバリューモデル

今、世界一の投資家といえばウォーレン・バフェットだろう。そのアプローチについて彼自身が書いた本はないが、彼とその投資手法について書かれた書籍は多数ある。そのなかでも傑作なのが、アンドリュー・カルパトリック著の『オブ・パーマネント・バリュー（Of Permanent Value)』、ロジャー・ローウェンスタイン著の『ビジネスは人なり　投資は価値なり──ウォーレン・バフェット』（総合法令出版）、ロバート・ハグストローム・ジュニア著の『株で富を築くバフェットの法則──世界最強の投資家に学ぶ12の銘柄選択法』（ダイヤモンド社）だ。特に最後の本はバフェットの投資哲学を読み解き、それを詳しく解説したものだ。私の好きなウォーレン・バフェット本は彼自身の言葉によって書かれた唯一の本**『バフェットからの手紙──世界一の投資家が見たこれから伸びる会社、滅びる会社』**（パンローリング）で、彼の投資の年次報告書など役立つ情報が満載だ。ここで紹介した書籍については詳しくは巻末の推薦図書をご参照いただきたい。

ここでもバフェットの戦略を詳細に議論するのではなく、彼が使っていると思われるセットアップを概説するにとどめる。バフェットの

戦略をもっと詳しく知りたい方は、ハグストロームの本をお読みいただきたい。バフェットを取り上げたのは、彼がおそらく全米一の投資家であり、その手法が一種独特だからである。

バフェットの投資に対する基本的な考え方は、株を買うというよりも企業を買う、というものである。あなたは企業を買うとき、それを売ろうとは思わないはずだ。彼は保有している株は売らないと思われているが、彼のこの投資哲学は変わることはないだろう。投資を学びたいという人からアドバイスを求められたら、彼は全米中の株式公開企業についてリサーチし、その情報をいつでも取り出せる形で記憶せよ、と言うだろう。アメリカには2万5000社を超える株式公開企業がある。そんなに多くの企業のことを調べるのは大変だと言ったら、「Aで始まる企業から調べればよい」と彼は言うだろう。

しかし、彼の助言どおりに全米中の株式公開企業のことを調べようとする人はほとんどいないだろう。事実、彼が勧めるリサーチのようなことをやっている人はほとんどいない。自分が実際に買おうとするいくつかの企業についてでさえリサーチしないのだから。割安株を見つけるのに彼がどれだけ優位な立場にあるか、これでお分かりいただけるはずだ。

ロバート・ハグストロームによれば、バフェットは企業を買うかどうかを決めるための判断基準を12個持っているという。そのうちの9つがセットアップで、残りの3つが仕掛けの基準と考えられる。しかし、3つの仕掛け基準も見方によればセットアップとみなすことができるかもしれない。バフェットは投資したら生涯にわたって保有し続けることが多いため、投資のタイミングについては気にしない。彼の仕掛けの基準については第9章で議論するとして、ここでは9つのセットアップについて見ていくことにしよう。

最初の3つのセットアップは企業の性質に関するものだ。①彼はある企業を買おうと思ったら、その企業について調べる。彼は自分で理

解できるビジネスでなければけっして投資しない。例えば、大企業であっても彼はハイテク企業には投資しない。なぜなら、彼はその種のビジネスについてはよく知らないし、内包されるリスクも分からないからだ。②彼は長期にわたって存続してきた企業にしか投資しない。つまり実績のある企業にしか投資しないということである。したがって激しく変化しそうな企業は彼の投資対象からは外される。激しい変化と大きなリターンは相いれないもの、というのが彼の考え方だ。

　そして最後のビジネスセットアップは、③製品価格を定期的に値上げしても、廃業に追い込まれるおそれのない企業に投資する、というものだ。ほかの製品やサービスで代用できないため需要があり、しかも規制の対象にならないような製品やサービスを提供している企業がこれに当たる。

　次の３つのセットアップは企業の経営に関するものだ。事業を営むということは心理的活動であり、その成否を決めるのは経営の強さである、と彼は考えている。したがって彼は、④大衆に対して正直な経営を行っている企業にしか投資しない。一般に認められている会計原理を隠れ蓑にして企業の脆弱さを隠すような経営者を彼は厳しく非難する。大衆に対して正直になれないような経営者は自分に対しても正直になれない、というのが彼の考え方だ。自分をだますような人間にリーダーシップがあるはずはなく、そういった会社はゆくゆくはダメになるものだ。

　経営者の最も重要な仕事は資産配分であるとバフェットは考えている。したがって彼は、⑤資産配分を正しく行っている経営者が営む企業にしか投資しない。これは一般経営者によく見られる行為だが、会社に資本の平均調達コストを下回る額しか再投資しないような企業は、資産配分を正しく行っているとは言えない。バフェットはこういう企業には見向きもしない。

　バフェットの最後のマネジメント基準は、⑥大勢にとらわれて常に

ほかの経営者と自分を比較するような経営者が営む企業には投資しない、というものだ。こういった経営者は変化を嫌がり、余剰資金を使うためだけにプロジェクトを立ち上げ、同業他社のやり方をまね、自分の欲することを正当化するためならどんな理由でも探してきてくれるようなイエスマンに囲まれているのが普通だ。なるほど、バフェットの投資条件にかなう企業を見つけるには、企業の内部構造を徹底的に調べる以外に方法はなさそうだ。

そして残りの３つの投資基準は財務に関連するものだ。最初の財務基準は、⑦株主資本利益率（ROE）が高く、負債が少ないことである。ROEは営業利益（利益にキャピタルゲインやキャピタルロスなどの特別損益を加味したもの）を株主資本（時価ではなく原価で評価）で割ったものである。

バフェットはまた、⑧フリーキャッシュフローを非常に重視する。フリーキャッシュフローは純利益に減価償却、減損、割賦償却を加え、資本支出と会社運営にかかる運転資金を差し引いたものだ。バフェットは、およそ95％のアメリカ企業は減価償却率に等しい資本支出を必要とすると言う。したがってフリーキャッシュフローを評価するときにはこの点に注意が必要だ。

さらにバフェットは、⑨利益率にもこだわりがある。したがって、利益率を上げるには効率的なコスト削減を図る必要があることを理解している経営者が営む企業に投資する。バフェットは、割安なものを買えばやがては市場価格がそれに追いつく、という市場参入哲学を持つ。その結果、大きなリターンが期待できるというわけだ。バフェットの仕掛けの手法については第９章で議論する。

ウォーレン・バフェットとウィリアム・オニールには、思考プロセスのほとんどが仕掛けのための意思決定に結びつくという共通点がある。しかしバフェットの場合、一度買った企業はめったに売らないため、買ってしまえばその判断基準は正しいものになる。彼の判断基準

の正しさは、その実績が証明するとおりである。

先物市場のセットアップ

　ここでは、先物取引で使われてきたモデルのいくつかを見ていく。第6章で述べた私の大局観によれば、商品はこの先10～15年間好況が続くことになっている。したがってこれらの手法はうまくいくはずだ。
　前と同じように、ここでも先物市場に使える可能なかぎりのセットアップを紹介するのではなく、先物市場でお金を稼げるいくつかの異なるアプローチを検証し、そのなかに含まれるセットアップについて見ていくことにする。取り上げたのは私が堅牢だと思うアプローチだ。また私のコメントが私自身のこれらのアプローチに対する考え方にすぎないのはこれまでと同様である。
　ここで紹介する手法は、ペリー・カウフマンの『スマーター・トレーディング（Smarter Trading）』のなかで紹介されているトレーディング手法、ウィリアム・ギャラハーの『ウィナー・テイク・オール（Winner Take All）』のなかで紹介されているファンダメンタル手法、ケン・ロバーツが世界中のトレーディング初心者たちに教えてきたトレーディング手法の3つだ。

ペリー・カウフマンの市場効率モデル

　ペリー・カウフマンはその著書『スマーター・トレーディング』のなかで、トレンドフォロー手法に手を加えた興味深い手法を紹介している。トレンドの方向にトレードするのは古くから行われてきた安全な方法だが、トレンドフォローの難点は、トレンドと**ランダムノイズ**（突然発生するマーケットのランダムな動き）との見分けが難しい点だ、と彼は言う。
　カウフマンによれば、長いトレンドほど信頼性が高いが、マーケッ

トの変化に対する反応は遅い。例えば、期間の長い移動平均線は短期の大きな価格変動にはついていけない。しかも、そういった移動平均線が何らかのシグナルを出してきたときには、動きはほとんど終わっている。したがって、トレンドフォローは適応型に調整する必要がある、というのがカウフマンの主張だ。つまり、マーケットが動いているときには仕掛けをスピードアップし、横ばいのときには何もしないような手法、ということになる。そこでカウフマンが考案したのが適応型移動平均線だ。この移動平均線に興味のある方は、ペリー・カウフマンの本（本書の第10章でも簡単に説明する）をご参照いただきたい。ここでは彼の「市場効率」フィルターのみ紹介する。このフィルターはおそらくはどういったタイプの仕掛けにも適応可能だ。

　市場にはノイズが含まれるため、われわれが使える速い「トレンド」には限界がある。マーケットのボラティリティ（ノイズ）が高まるにつれ、ちゃぶつく可能性も高まるため、遅いトレンドを使わなければならなくなる。例えば、平均日次ボラティリティがおよそ３ポイントの場合、４ポイントの動きはそれほど大きな動きとは言えず、ノイズに「吸収されてしまう」ことが多い。一方、１日のバックグラウンドノイズが３ポイントのとき、１カ月で30ポイント動けばそれはきわめてトレード可能な動きと言える。

　しかしそれと同時に、マーケットの動きが速いほどノイズの影響は小さくなる。例えば、マーケットが１日で20ポイント動けば、３ポイントのバックグラウンドノイズなど大した大きさではない。こうしたことを考えると、ノイズとマーケットがトレンド方向に動く速度を含むマーケットの効率性を測る何らかの測度が必要になる。価格変動が「ノイズを含まない」か「速い」場合、仕掛けには短い時間枠が有効で、これとは逆に価格変動が「ノイズを含む」か「遅い」場合、仕掛けには長い時間枠が有効である。

　カウフマンの効率レシオはノイズと速度の両方を勘案した測度で、

ある期間のトータルで見た価格変動をその期間における個々の価格変動の絶対値の和で割った値として表される。つまり、効率レシオとは価格変動速度の市場ノイズに対する比ということになる。カウフマンは効率レシオの更新には10日を用いるが、もっと大きい数値を使っても構わない。

効率レシオの計算式は以下のとおりである。

価格変動速度＝昨日の終値－10日前の終値

ボラティリティ＝（今日の終値－昨日の終値）の絶対値の10日間の和

効率レシオ＝価格変動速度÷ボラティリティ

効率レシオは1（動きにノイズが含まれないとき）から0（動き全体をノイズが支配しているとき）の間の値を取る。この効率レシオは速度分布上に重ねて描けば優れたフィルターとして機能し、数多くの異なる仕掛けのシグナルを抽出することができる。しかし、この作業は少し難しい。カウフマンは異なる移動平均線を使ってこのやり方の例を示しているが、そこまでやる必要はない。効率レシオが一定の値（例えば、0.6）を上回るかどうかを仕掛けのシグナルを受け入れるかどうかの判断基準にすればよい。

カウフマンのトレード手法については、このあとの章でシステムのほかの要素をカウフマンの手法に加えたときの効果について調べるときに詳しく説明する。しかしカウフマンの手法に興味を持たれた方は、カウフマンの本を読むことをぜひお勧めする。

ウィリアム・ギャラハーのファンダメンタル手法

　ギャラハーの『ウィナー・テイク・オール』はシステムトレーディングに対する痛烈な批判から始まる（システムトレーディングに対して公平を期すため、彼は簡単なドテン手法のみ提示している。このドテン手法は欠点はあるものの予測されるリターンは350％と高い。しかし、ドテンシステムは常にポジションを建てさせておくシステムであり、高度な手仕舞いテクニックを持たないシステムである。このように、彼が「最善の努力をして作成した」システムには改善の余地が多々ある。しかし彼の本は絶品で、ほとんどのトレーダーに役立つ素晴らしいアイデアが満載だ）。そして、ファンダメンタル手法を使えばいかに大金を稼げるかという話に進む。ギャラハーの手法はそれほど普及してはいないが、今のマーケット環境を考えると先物取引についてはファンダメンタル手法がおそらく有効だろうとの判断の下、彼のアイデアを紹介することにした。ここでは、彼のファンダメンタル手法で使われているセットアップについて説明する。

　まず、マーケットはバリューに基づいて選択しなければならないとギャラハーは言う。ここで言うバリューとは、歴史的に見て「安い」か「高い」かを意味する。この判断が簡単なマーケット（つまり、ベーコンは１ポンドが0.75ドルでは安いが3.49ドルでは高い、といった具合に簡単に価値が評価できるということ）もあれば、難しいマーケットもある。例えば、金１オンスが35ドルから850ドルに上昇したあと280ドルに下落し、再び740ドルに上昇したとしよう。このように価格変動が激しい場合、「いくらが高くて、いくらが安いのか」は簡単には判断できない。したがって、ギャラハーの手法では参入するマーケットの選択が重要になる。

　さらにギャラハーは、マーケットごとに異なる「重要な」ファンダメンタル情報を見極める目を鍛えることが重要であると言う。彼は重要な情報は常に変化すると断ったうえで、それぞれの先物市場におい

て自分が今重要だと思っているファンダメンタルズを提示している。

　例えば、トウモロコシの場合、需要の年間変動が重要な要素であると彼は考えている。一般に、アメリカで生産されるトウモロコシは豚の主要な飼料であるため、ほとんどが国内で消費され、輸出されるのはわずか25％である。したがって需要は一定である。その結果、需要の変動はトウモロコシのバリューを決める重要な要素になるというわけである。収穫量が少ない年は以前の余剰分で埋め合わせされてきたが、そういった余剰分が歴史的に見て少なければ、収穫量の減少によってトウモロコシ価格は暴騰する可能性もある。つまり、トウモロコシの場合、「旧穀」と「新穀」が重要なファンダメンタルズになる。

　ギャラハーはこのような調子で、大豆、小麦、ココア、砂糖、生牛、ポークベリー、貴金属、金利先物、株価指数先物、通貨についても注目すべきファンダメンタルズを挙げている。こういったファンダメンタル情報に興味のある方は、ギャラハーの本をご参照いただきたい。ただし、中国やインドからの基本商品に対する需要が高まりつつある現状と、彼の本が数年前に書かれたことを踏まえると、彼の提示するデータは若干古くなっている場合も考えられるので、その点に注意していただきたい。

　私の結論は、商品のファンダメンタルズから正確なセットアップを導き出すのはきわめて難しいということである。結局、ファンダメンタルズ情報からは、①ニュートラル、②強気、③弱気――のいずれで行くべきかという程度のことしか決められないのが普通だ。そして、こういったことはマーケットごとに異なる多くの情報を基に決めるしかない。つまり、データを見たあとであなたがどう考えるかが唯一のセットアップというわけである。

　データを見てどう考えるかは各人の自由だが、仕掛けのシグナル、損失の限定、体系的な利食い、健全なポジションサイジングは必要だとギャラハーは言う。これらのテクニックについてはのちほど説明す

る。

ケン・ロバーツのモデル（『ザ・ワールズ・モスト・パワフル・マニュアル・アンド・コース［The World's Most Powerful Manual and Course］』。この手法を最初に開発・出版したのはウィリアム・ダニガンで、1950年代のことである。ダニガンの本は1997年に復刻された。詳しくは『ワン・ウエー・フォーミュラ・フォー・トレーディング・ストックス・アンド・コモディティーズ［One Way Formula for Trading Stocks and Commodities］』を参照のこと）

　ケン・ロバーツの商品トレーディング講座はこれまでに世界中のトレーディング初心者によって受講され、その数は何千人にも上る。彼はいくつかのシステムを教えているが、いずれも比較的主観的でシンプルな１－２－３セットアップをベースにしたものだ。１－２－３セットアップとは、市場が重要な高値や重要な安値を付けたあと、フック状の反転パターンを示すというもので、メジャートレンドが反転することが「はっきり」した時点でポジションを建てる。

重要な高値や重要な安値　この手法の第一のセットアップは、マーケットが過去９カ月～１年の高値（または安値）を付けることである。つまり、過去９カ月の高値や安値を更新したら、第一のセットアップが満たされたことになる。このセットアップは１－２－３パターンの１に当たる。

フック状の反転パターン　第二のセットアップはきわめて重要で、マーケットがその高値や安値から点２に向かって動き、点２に達したら再び高値や安値の方向に向かって点３まで動くことである。点２と点３によって形成される部分が「フック状の反転」である。ただし、点３は点１と点２の中間に位置する（高値や安値は更新しない）こと

に注意しよう。点3から再び点2に向かって動き、点2を抜いたら仕掛ける。**図8.4**と**図8.5**は1－2－3パターンの例を示したものだ。

　ロバーツのセットアップはいずれも主観的であるように私には思える。重要な高値や重要な安値は客観的なものだから良いとして、過去どのくらいの期間における高値や安値であるかを示す時間パラメータは客観的なものとは言えない。さらに、1－2－3パターンを規定する条件もきわめて主観的だ。こういったパターンは高値が発生したあとでは必ずといってよいほど発生するものだ（少なくとも短い時間枠ではそうである）。しかしロバーツはどういった時間的条件の下で発生するパターンがそのパターンに当たるのかを明確にしていない。つまり、主観的エラーが発生する余地が多すぎるのである。

　図8.4は長期にわたって下降トレンドが続いたあと、1－2－3のリズムで底が形成される典型例である。9月半ばに点1で安値を付け、10月に点2で高値を付けたあと、点3まで下落している（点1の安値を更新するほど下落してはいない）。しかし、その後の市場の動きを見ると、およそ1カ月後に高値を更新している。

　このセットアップの問題点は、どういったパターンでも、特に主観的なパターンでは、多くのダマシが発生することが想定されていない点である。だから、このセットアップが発生したら、トレーダーはダマシである可能性があることを忘れて興奮する。とはいえ、こういったパターンでトレードしてはいけないというわけではない。損切りのストップと利食いのストップを適切な位置に置き、ポジションサイジングを適切に行えば、こういったパターンでトレードしても構わない。

　次に**図8.5**を見てみよう。**図8.4**に似ているが、これは**図8.4**と同じグラフに別の1－2－3パターンを3つ加えたものである。どのパターンでトレードしても損をしていただろう。

　ロバーツのセットアップは幾分主観的ではあるが、手法そのものは今でも検討すべき価値のあるものである。ケン・ロバーツの1－2－

第3部　システムの重要な要素を理解する

図8.4　ベアマーケットにおけるロバーツの1-2-3パターン

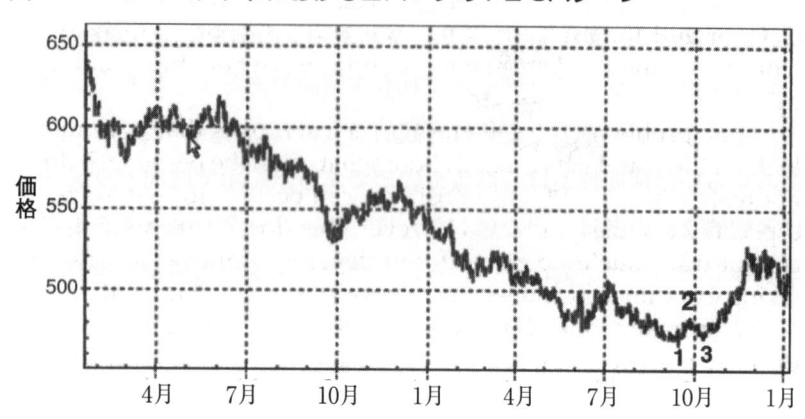

図8.5　図8.4に示した1-2-3パターン以外にも同様のパターンが3つあることに注目

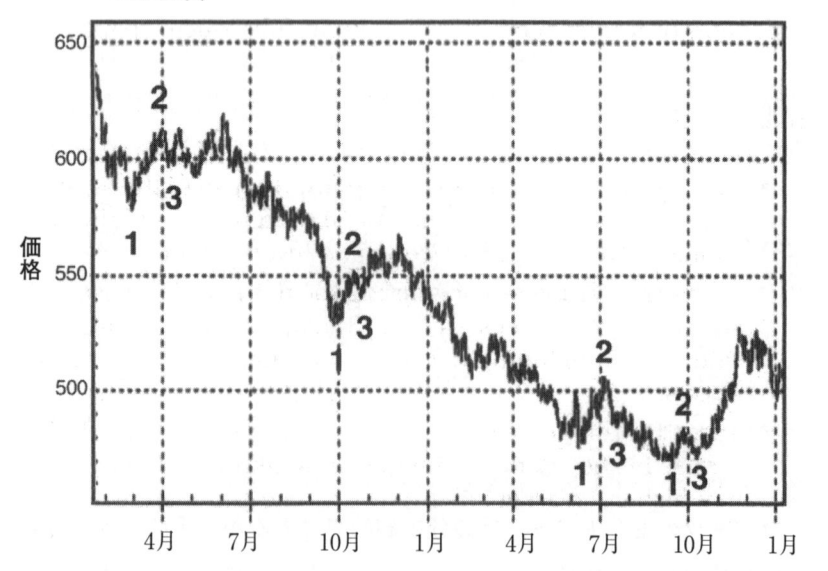

3 システムのそのほかの要素についてはあとの章で議論する。

まとめ

- 多くの人はシステム開発においてセットアップを重視しすぎる傾向がある。セットアップの選択と検証に注ぐエネルギーは全体の10％でよい。
- 仕掛けには5つの要素がある——①システムの選択、②マーケットの選択、③マーケットの方向性、④セットアップ、⑤タイミング。最初の4つの要素はすべてセットアップの範疇に入る。
- 短期トレーディングや「ストーキングツール」に使えるセットアップとしては、短期トレーディングセットアップの3つのバリエーションがある——①マーケットが新たな極値に達してから反転する、②反転シグナルとしてのクライマックスパターンまたはイグゾースチョンパターン、③トレンドの方向に仕掛けるセットアップとして使えるリトレースメント（押しや戻り）。
- フィルターは同じデータを複数の方法で見ることにすぎないため、トレーディングシステムに加えてもあまり役に立たない。フィルターを使えばヒストリカルデータにおける価格変動は完璧に予測できるかもしれないが、今日の市場データにおける価格変動を予測することはできない。これに対して、優れたセットアップは次の項目に示すように異なるタイプのデータを使ったものだ。
- 価格以外のデータを基に作成されたセットアップは非常に有用である。価格以外のデータとして挙げられるのは、①時間、②一連の出来事、③ファンダメンタルデータ、④出来高データ、⑤複合データ、⑥ボラティリティ、⑦企業情報、⑧マネージメントデータ——などである。これらのデータはいずれも、トレーダーや投資家にとって有用なセットアップを作成するうえでの基礎となるものである。

- 価格データのみに基づいて株価指数先物を売買するのはきわめて不利である。なぜなら、競争相手はほかのデータから得たはるかに多くの情報を使っているからである。
- 株式市場向けシステムについては2つのシステムについて検証した。ひとつはウィリアム・オニールのCANSLIM、もうひとつはウォーレン・バフェットの企業購入モデルである。これらのシステムは要素のほとんどがセットアップである。
- 先物トレーディングシステムについては、以下に述べる3つのシステムをセットアップを中心に検証した――ペリー・カウフマンの市場効率モデル、ウィリアム・ギャラハーのファンダメンタルモデル、世界中に広く普及しているケン・ロバーツのモデル。

第9章

仕掛け（マーケットタイミング）
Entry or Market Timing

　過ちを犯すまいとする人は愚か者であり、常に正しくあろうとする人は時代遅れの人だ。
　──ロバート・キヨサキ著『イフ・ユー・ウォント・トゥー・ビー・リッチ・アンド・ハッピー、ゼン・ドント・ゴー・トゥー・スクール（If You Want to Be Rich and Happy, Then Don't Go to School）』より

　仕掛けのシグナルを使う目的は、マーケットへの参入タイミングをうまく的中させることでシステムの勝率を上げることである、と考えている人は多い。トレーディングシステムを設計しようとしている人の95％以上は、「素晴らしい」仕掛けのシグナルを見つけることだけを目的にしているように思えてならない。自分の設計した短期システムの勝率は60％以上だと自慢げに話すトレーダーの言葉からもこのことはうかがえる。ところが、彼らのほとんどはなぜ儲からないのか不思議に思っている。本章を読み始める前にぜひ知っておいていただきたいのは、勝率の高いシステムでも期待値が負の場合がある、ということである。お金を儲けるための鍵は、高い正の期待値を持つシステムを使うこと、そしてその期待値を有効に活用し、ゲームに長くとどまることを可能にしてくれるポジションサイジングモデルを使うこと

である。マーケットでお金を儲けるためのゲームで仕掛けが果たす役割はごくわずかだ。とはいえ、あなたの目的にフィットする仕掛けを見つけるための努力は必要だ。そのための方法は2つある。

　ひとつは、システムの勝率をある程度重要だとしたうえで、ランダムな仕掛けよりも優れたシグナルを見つける、という方法だ。事実、良い銘柄を選ぶことに重点を置いたトレード関連書は多い。一例を挙げるならば、『ハウ・トゥー・バイ・ストックス・ザ・スマート・ウエー（How to Buy Stocks the Smart Way）』『ストック・ピッキング――ジ・イレブン・ベスト・タクティクス・フォー・ビーティング・ザ・マーケット（Stock Picking: The Eleven Best Tactics for Beating the Market）』『ハウ・トゥー・バイ・ストックス（How to Buy Stocks）』『ハウ・トゥー・ピック・ストックス・ライク・ア・プロ（How To Pick Stocks Like a Pro）』『ハウ・トゥー・バイ・テクノロジー・ストックス（How to Buy Technology Stocks）』などがそうだ（私はこれらの本の質が悪いと言っているのではない。ただ、こういったたぐいの本を買いたいと思うような人々の心のバイアスを満足させるために書かれた本があるという事実を述べているだけである。本の良し悪しは読者自身で判断していただきたい）。本章ではわれわれもまた、勝率の高さが仕掛けのシグナルを判断するための重要な基準になり得ることを前提としたうえで、信頼できる可能性のあるシグナルについて議論する。

　もうひとつは、勝率は無視して、R倍数の高い勝ちトレードを提供してくれる可能性のある仕掛けのシグナルを見つける、という方法だ。この方法は最初の方法とはまったく異なる。大きな利益を得るために何を重視すべきかが最初の方法とは異なるからである。いずれの方法も有効だが、トレーディングに対する人々の考え方を根本から変える可能性のある方法は2番目の方法である。

　私の「ピーク・パフォーマンス・コース」を受講した読者であれば、

マーケットのストーキングの重要性はすでにお分かりのはずだ。**ストーキング**とは、リスクを最小限に抑えるために仕掛ける絶好のタイミングを待つことをいう。例えば、世界最速の動物といえばチーターだ。チーターは非常に速く走ることができるが、いつも速く走るのかというとそうではない。弱い動物やケガを負った動物、生まれて間もない動物、年老いた動物が近くにやってくるまで待つのである。そうすればエネルギーをほとんど消耗することなく獲物をほぼ確実に仕留められるからである。仕掛けのテクニックにおいてチーターのこの行為に匹敵するものがストーキングである。方法はいたって簡単で、「獲物に飛びかかる」絶好のタイミングを計るために時間枠を短くすればよい。

本章は4つの項目で構成されている。最初の項目ではランダムな仕掛けと、ランダムな仕掛けよりも勝率を上げるための研究について議論する。次の項目では上記の2つの前提のひとつを満たす、よく使われるテクニックを紹介する。3番目の項目は独自の仕掛けのシグナルの設計方法について、そして最後の項目は以前述べた話の続きになるが、よく知られたシステム（株式市場用やレバレッジ効果の高いマーケット用）とそれらのシステムで使われている仕掛けのテクニックについて議論する。

ここでは、最高にうまくいったケースをふんだんに取り上げて、特定の手法の素晴らしさを説くといったことはあえて避けた。確かにこの方法は、心のバイアスを受けやすく心理的な弱さを持つ人々の心を簡単に動かすことはできるかもしれないが、フェアではない。本章で提案する方法を実際に使用

> **本章で提案する方法を実際に使用する前には必ず自分で検証してみていただきたい。そうすることで、その手法を本当に自分のものにできるだけでなく、安心して、そして自信をもって使えるようになるはずだ。**

する前には必ず自分で検証してみていただきたい。そうすることで、その手法を本当に自分のものにできるだけでなく、安心して、そして自信をもって使えるようになるはずだ。何度も言うようだが、あなたがトレードに使えるシステムはあなたに合ったシステムだけであることを忘れないでいただきたい。システムを自分のものにするためには、自分自身で検証してみる以外に方法はない。

ランダムな仕掛けを打ち負かすための試み

　1991年、マーケットの魔術師トム・バッソ（トム・バッソについては第3章と第5章を参照）と開いたセミナーで、彼は自分のシステムで最も重要な要素は手仕舞いとポジションサイジング・アルゴリズムであると説明した。それを受けてセミナー参加者のひとりは次のように発言した。「あなたの話からすれば、良い手仕舞い方法を持ち、賢明なポジションサイジングを行えば、仕掛けがでたらめでも常にお金儲けができるように聞こえるが」

　トムは、おそらくそれは可能なはずだ、とひとまず答え、オフィスに戻ってからさっそく「コイン投げ」による仕掛けでシステムを検証してみた。具体的には、ランダムなシグナルに基づいて買うか売るというトレードを4つの異なる銘柄でシミュレートした。手仕舞いシグナルが出たらすぐにランダムなシグナルに基づいて再び仕掛けることで、常にポジションが建っている状態にした。その結果、先物1枚当たりのスリッページと手数料を100ドルとしても、常に利益が出ることが確認できた。

　その後、銘柄数を増やして同じシミュレーションを行ったが、結果は同じだった。このシミュレーション結果については私のニュースレターで発表すると同時に、私の意見も述べているので参考にしていただきたい。シミュレーションに使ったシステムは非常にシンプルなも

のだった。マーケットのボラティリティとしてアベレージトゥルーレンジの10日指数平滑移動平均を用い、最初のストップはボラティリティの3倍とした。コイン投げを使って仕掛けたら、ストップを終値から移動させる。ただし、ストップを移動させるのはそれがわれわれに有利になるときのみとした。したがって、市場がわれわれの思惑どおりに動くか、ボラティリティが低下すると、ストップは市場に近づくことになる。また、ポジションサイジングモデルとしては第14章で述べる1％リスクモデルを用いた。

　ランダムな仕掛け、ボラティリティの3倍のトレーリングストップ、そしてポジションサイジングには1％のリスクアルゴリズムという実に簡単なシステムだ。われわれはこのシステムを10銘柄でシミュレートしてみた。いずれの市場でもコイン投げに基づいて買いか売りのポジションが常に建っている状態にした。「システムはシンプル・イズ・ベスト」であることを示すこれ以上の例はないだろう。

　ランダムな仕掛けシステムでは結果はその都度違ってくる。われわれのこのシステムは、先物1銘柄につき1枚トレードした場合、全試行数（10銘柄での10年にわたる試行）の80％で利益を上げた。これに、リスクを1％とする簡単なマネーマネジメントシステムを加えると、100％の割合で利益を上げた。

> ランダムな仕掛け、ボラティリティの3倍のトレーリングストップ、リスクを1％とする簡単なマネーマネジメントシステムから成るわれわれのランダムな仕掛けシステムは、全試行の100％で利益を上げた。

で利益を上げた。利益はそれほど大きなものではなかったが、ランダムな仕掛けと常にポジションを持つという条件の下で100％の割合で利益を上げられるという事実には驚くべきものがある。ちなみにこのシステムの勝率は38％で、これはトレンドフォローシステムの平均的

な値である。

ルボーとルーカスの研究

チャック・ルボーとデビッド・ルーカスは共著『**マーケットのテクニカル秘録——独自システム構築のために**』(パンローリング) のなかで仕掛けについての素晴らしい研究結果を紹介している。彼らはさまざまな仕掛けのシグナルを使ってヒストリカルテストを行った。そして唯一の手仕舞い手法として、5、10、15、20営業日後の終値で手仕舞うという方法を用いた。この検証の目的は、全トレードの何%が勝ちトレードになるのかと、この勝率はランダムに仕掛けたときの勝率を上回るのかどうかを調べることだった。オシレーターとよく用いられるさまざまな移動平均線クロスオーバーの組み合わせを含め、ほとんどの指標はランダムな仕掛けを上回るパフォーマンスは上げられなかった(用いる時間枠が1日未満——例えば、翌日の寄り付きで手仕舞うことをあらかじめ決めているような場合——であれば、勝率が50%を上回る仕掛けのシステムを見つけることは、勝率の高い長期手仕舞いシステムを見つけるよりもはるかに簡単)。

20日たった時点での仕掛けの勝率が60%以上であれば、かなり有望なシステムのようにも思えるが、何日もあとの終値で手仕舞うというのが唯一の手仕舞い手法の場合、壊滅的な損失を被る可能性は高い。こういった損失から自分を守るために必要なのがプロテクティブストップである。しかし、プロテクティブストップを置けば、仕掛けのシグナルの勝率は低下する。つまり、仕掛けのシグナルによっては、仕掛けたあとで市場がストップ(どういったストップであれ)を下回り、そのあと上昇してようやく利益を生み出すものがあるということである。ただし、そのときに市場にいなければこの利益を得られないことは言うまでもない。さらに、初期リスクを減らし利食いするためのト

レーリングストップを加えた場合、仕掛けの信頼度はさらに低下する。これは、初期リスクを減らす目的で置かれたストップに引っかかったために損失を出す場合があるからである。良いトレンドフォローシステムでも勝率が50％を下回るのはこのためである。

トレンドフォローシステムの勝率が低いのにはもうひとつ理由がある。一般にトレンドフォローシステムは年に何回か発生する良いトレードで利益を上げることが多いため、優れたシステムは高いR倍数のトレードを追い求める傾向があるからである。次は、これらのアプローチで役立つと思われる、よく使われる別の仕掛けのテクニックを見てみることにしよう。

よく使われる仕掛けのテクニック

一般に、トレーダーや投資家は2～3の仕掛けのテクニックしか使わない人が多い。この項目では、最もよく使われる仕掛けのテクニックとその有効性について見ていくことにする。

チャネルブレイクアウト

あなたはトレンドフォロワーで、大きなトレンドを逃さないことを目標にしているとしよう。この場合、あなたならどういったタイプの仕掛けのシグナルを用いるだろうか。おそらくほとんどの人が、「チャネルブレイクアウト」と答えるだろう。過去X日の高値を更新したら買い、過去X日の安値を更新したら売るというのがチャネルブレイクアウトの基本だ。マーケットが上昇トレンドであれば高値は次々と更新されるはずなので、高値を更新したいずれかの時点で仕掛ければトレンドを逃すことはない。同様に、安値を更新した時点で売れば、この場合もトレンドを逃すことはない。図9.1は上昇トレンドにおけ

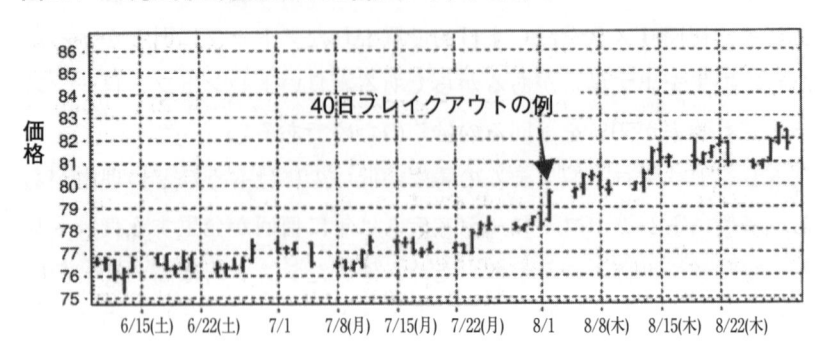

図9.1　8月2日に発生した40日ブレイクアウト

る40日チャネルブレイクアウトの例を示したものだ。チャートを見ると分かるように、ブレイクアウトは何回も発生しているが、最もはっきりしたブレイクアウトは8月2日に発生したものだ。

　図9.1に関しては、「チャネル」という言葉は適切ではないかもしれない。チャネルは、マーケットが何日間にもわたって狭いレンジ内で推移し、ある日突然、上方や下方に「ブレイクアウト」する場合に使われる言葉だ。チャネルブレイクアウトという仕掛けのテクニックがそういったタイプの動きをとらえるのが得意なことは確かである。ただし、①チャネルの長さ、②チャネルのスタート――が分からなければこのテクニックは使えない。

　そこでチャネルブレイクアウトに関する最も重大な疑問が発生する。どれくらいの大きさのトレンドが発生したら仕掛けるべきなのか、である。過去何日間の高値や安値を更新したら仕掛けるのかはこの質問に対する答えによって決まる。

　チャネルブレイクアウト・テクニックは1960年代にドンチャンが考案し、その後「タートルズ」の名で知られるトレーダーグループによ

って一躍有名になった。タートルズはこの仕掛けのテクニックによる先物の売買で何十億ドルものお金を稼いだと言われている（よくある話だが、タートルズの成功はチャネルブレイクアウトシステムによるものではなく、実はポジションサイジング・アルゴリズムによるところがはるかに大きかった）。彼らは最初20日ブレイクアウトで仕掛けてうまくいっていた。しかし、やがて20日ブレイクアウトではうまくいかなくなったため、40日ブレイクアウトに移行した。

研究結果によれば、40日～100日＋ a のブレイクアウトは今でもかなりうまくいくようである。40日よりも少ない日数のブレイクアウトは、売りでしかうまくいかない。下げ相場ではマーケットは素早くかつ鋭い動きを見せるため、より迅速な仕掛けのシグナルが必要かもしれない。

このテクニックの使い方はいたって簡単だ。チャート上に日々の高値と安値をプロットし、市場が過去20日の高値を更新したら買い、過去20日の安値を更新したら売る。これがうまくいくことは**表9.1**を見れば一目瞭然である。この表は1995年初期における60日間のトウモロコシ価格を示したものだ。太字で表されたものが過去20日の高値を付けた価格で、これが仕掛けのターゲットや実際の仕掛けのシグナルになる。

最初の20日は1995年1月30日に終わるベースラインを形成するために用いられていることに注意しよう。最初の20日の期間では、マーケットは1月12日に170.25で高値を付けている。2月6日に170に到達するも170.25を上回らなかったため、その時点で170.25が過去20日の高値になる。その後、初めてこの高値に近い水準まで上昇したのは3月6日で、この日に到達した171.5が仕掛けのシグナルになる。仕掛けのシグナルは3月6日以外にも、3月10日、3月13日、3月14日、3月15日と立て続けに発生している（数字が太字になっている）。これらのシグナルのいずれで仕掛けても大きな動きに乗ることができた

表9.1　1995年初期のトウモロコシ価格

日付	始値	高値	安値	終値
95/01/03	164.5	164.5	161.5	162
95/01/04	162	163	**161.25**	162.25
95/01/05	163.5	164.5	163	164.25
95/01/06	165.25	165.5	163.75	165.25
95/01/09	165.25	166.75	164.25	166.25
95/01/10	165.25	166	165	165.75
95/01/11	166.25	166.25	165.5	166
95/01/12	168.5	**170.25**	167.75	167.75
95/01/13	168	168.5	166.5	167.5
95/01/16	167	168.5	166	168
95/01/17	168.5	170	168	169
95/01/18	169	169	167.75	168.25
95/01/19	167.75	168.25	167	167.75
95/01/20	167.75	168.5	166.25	167
95/01/23	166.25	166.5	165	166.5
95/01/24	166.75	167.25	166	166.75
95/01/25	167	167	166.25	166.75
95/01/26	166.5	167.5	166	166.5
95/01/27	166	166.5	165.5	165.75
95/01/30	165	165	162.25	163
	最初の20日ベースライン期間がここで終了			
95/01/31	162.75	164	162.5	163
95/02/01	163	165	162.75	164.5
95/02/02	164	165.75	164	165.25
95/02/03	165.5	166.5	165.5	166
95/02/06	166.25	170	165.75	169.25
95/02/07	168.25	169	167	167.25
95/02/08	167	167.5	166.5	167.25
95/02/09	166	167.5	165	167.25
95/02/10	168	169	167	168
95/02/13	167.75	168	167	167.5
95/02/14	167.25	168.5	167	168.25
95/02/15	168	168.25	166.75	167.75
95/02/16	167.25	167.25	166.5	166.75

表9.1　1995年初期のトウモロコシ価格（続き）

日付	始値	高値	安値	終値
95/02/17	166.25	166.75	165.75	166.25
95/02/21	165.75	166	164.75	165.75
95/02/22	165.5	167	165.25	166
95/02/23	167	167.75	166.25	167.25
95/02/24	167	167.75	166.75	167.25
95/02/27	167.5	167.5	166.5	167.25
95/02/28	167	168	166.75	167.5
95/03/01	167	168.5	167	168
95/03/02	167.5	168.25	167	167.75
95/03/03	167.5	167.5	165.75	166
95/03/06	165.75	**171.5**	165.75	169.25
95/03/07	169	**171.5**	168.5	170.5
95/03/08	169.75	170.5	169	170
95/03/09	169.75	170.75	169.5	170.25
95/03/10	170.5	**171.75**	169.75	170.75
95/03/13	171.25	**173.25**	171.25	173
95/03/14	172.75	**173.5**	172.25	172.75
95/03/15	173.25	**174.5**	172.25	174
95/03/16	173.25	174.25	172	172.5
95/03/17	172.5	174	172	172.75
95/03/20	172.25	173.5	171.75	172

はずだ。

　このデータの場合、40日チャネルブレイクアウトでも同じシグナルが得られただろう。3月6日のシグナルは過去40日の高値でもあったからだ。

　次に、安値のシグナルを見てみることにしよう。最初の20日の最安値は161.25で、これは1月4日に発生している。その後、しばらくは161.25が過去20日の最安値だったが、1月30日に162.25を付け、これ

が過去20日の最安値に変わった。この最安値もしばらくの間続く。そして2月末には、20日前の安値が過去20日の最安値に変わったが、それ以降マーケットは日々上昇し続けたため、この間、20日の安値が更新されることはなかった。

株式のチャネルブレイクアウトについて興味深い研究を行ったのがコール・ウィルコックスとエリック・クリッテンデンの2人だ（ここで用いた参考資料は http://www.blackstarfunds.com/files/Does_trendfollowing_work_on_stocks.pdf からダウンロード可能）。彼らは（安値株と流動性の低い銘柄を除く）およそ2500銘柄を調べた。また、チャネルブレイクアウトという言葉については、究極的定義——株価が過去最高値を更新する——を用いた。まず、ブレイクアウトが発生したら、翌日の寄り付き価格で仕掛ける。そしてできるだけ長くトレンドに乗るために、ATRの10倍にトレーリングストップを置いた。用いたATRは過去45日のものだ。

22年のテスト期間で1万8000回のトレードを行った結果、1回当たりの平均リターンは15.2％だった。また勝ちトレードの平均継続日数は441日で、その平均リターンは51.2％だった（つまり、勝ちトレードのリターンは100％だったが、ボラティリティの高い銘柄では50％市場に返したということ）。一方、負けトレードの平均継続日数は175日で、平均リターンは－20％だった。つまり、全トレードの49.3％で利益を上げたことになるので、驚異的な結果と言えよう。

彼らのパフォーマンスがブル相場の終わりに発生した数回の高R倍数トレードに依存していたのではないかと危惧していたが、これは杞憂に終わった。高R倍数トレードが最も多く発生したのは2003年だった。したがって、この手法はブル相場でもベア相場でもきわめてうまくいくことが期待できる。

パフォーマンスを期待値で確認したいという私の要望に答えて、エリックはその数値を**図9.2**のグラフに加えてくれた。**図9.2**のグラフ

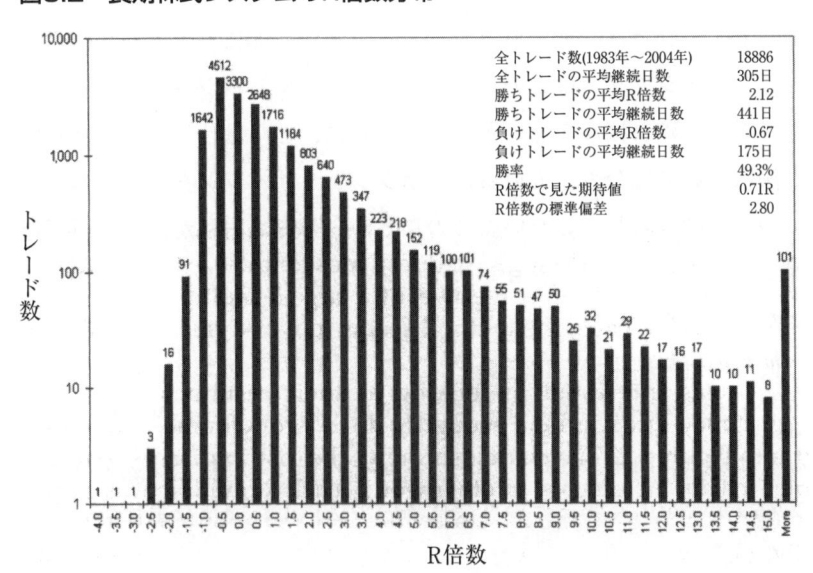

第9章　仕掛け（マーケットタイミング）

図9.2　長期株式システムのR倍数分布

全トレード数(1983年〜2004年)	18886
全トレードの平均継続日数	305日
勝ちトレードの平均R倍数	2.12
勝ちトレードの平均継続日数	441日
負けトレードの平均R倍数	-0.67
負けトレードの平均継続日数	175日
勝率	49.3%
R倍数で見た期待値	0.71R
R倍数の標準偏差	2.80

はR倍数分布を0.5R刻みで表示したものだ。各トレードのR倍数を計算し、最も近い目盛りの値ごとに集計したものがこのグラフである。標準偏差2.80Rに対して、トレード全体の期待値が0.71Rなので、これはかなり優秀なシステムである。

つまり、**図9.2**のグラフは優れたトレンドフォローシステムのR倍数分布を示したものということになる。これは、いかなるシステムもR倍数分布で表すことができるという私の考え方を裏付けるものである。R倍数分布については第13章で詳しく議論する。

R倍数が15R以上のトレードが109あることに注目しよう。さらに、－1.5Rという大きな負けトレードはわずか91で、－2R以下の負けトレードも22しかないので、かなり優れた分布特性である。彼らの手法は独自に開発したポジションサイジング・テクニックでもシミュレー

トされ、複利年次リターンが19.3％という結果が出ている（彼らのレポートによれば、一度に取るポジション数が1500にも上るため、ポジションサイジングではこの事実と複数の相関するポジションのリスクも考慮しなければならないという。さらに、彼らは仕掛けと手仕舞い手法については公表しているが、ポジションサイジング・テクニックについては公表していない。このことからしても、私が本書で再三述べているように、ポジションサイジングがいかに重要かがお分かりいただけるだろう）。

彼らの研究結果からは、シンプルな仕掛けのテクニックがいかにパワフルであるかが分かるはずだ。過去最高値を更新したときに仕掛けること以上に簡単な仕掛けの手法はない。また、トレーリングストップの設定幅を広くするという手仕舞い手法以上に簡単な手仕舞い手法もない。

ところが、ほとんどの人は仕掛けの手法と何らかのセットアップを組み合わせたがる。例えば彼らが「1600もの銘柄をポートフォリオに含めたくはないので、ベストな動きをする銘柄だけを選んでほかは排除するにはどうすればよいだろうか」と質問してきたとする。その途端にあなたは事を複雑に考え始め、セットアップの世界に引きずり込まれることになるだろう。

チャネルブレイクアウトは、株式でも先物でも、第8章で説明したようなセットアップをいくつ組み合わせてもよい。例えば、ファンダメンタルが強いものしかトレードしたくないと思っているとすると、株式の場合は1株利益の高い銘柄を、先物の場合は需要の伸びが期待できるような銘柄を選ぶ必要があるだろう。

チャネルブレイクアウトはセットアップとして用いることも可能だ。例えば、ブレイクアウトが発生し、そのあとのリトレースメント（押し）で仕掛けたら、間もなく短い時間枠で見て再びブレイクアウトが発生するとしよう。この場合、初期リスク（R）を抑えるために、最

初のストップはATRの10倍ではなくて最初のリトレースメントの下に置けばよいだろう。そしてトレーリングストップには10ATR（ATRの10倍）を用いる。勝率はかなり下がるかもしれないが、勝ちトレードのR倍数は大きくなる。

　チャネルブレイクアウトの用途は無数にある。仕掛けのシグナルとして使えば、大きな動きを逃すことはない。なぜなら、①チャネルブレイクアウトが発生しなければ大きなトレンドは発生しない、②ひとつのシグナルを見逃しても、トレンドが有効なものであれば別の仕掛けのシグナルが発生する——からである。

　チャネルブレイクアウトシステムには欠点もある。ひとつは、ドローダウンが大きくなる傾向があることだ。もちろんドローダウンの大きさは置くストップの位置に左右される。例えば、手仕舞いとして別のチャネルブレイクアウトを用いるとすると、そのブレイクアウトがたとえ小さなものであったとしても、利益の多くを市場に返すことになりかねない。しかし、これは仕掛けの問題というよりも手仕舞いの問題と言ったほうがよいだろう。

　チャネルブレイクアウトシステムのもうひとつの欠点は、資金力が必要な点である。われわれは、100万ドルのポートフォリオからスタートしてさまざまなポジションサイジング・アルゴリズムによる検証を行った。仕掛けには55日ブレイクアウトを、手仕舞いには13日ブレイクアウトを使った。その結果分かったことは、このタイプのシステムで最適にトレードするには100万ドル程度の口座が必要だろうということである。このタイプのシステムでは15～20銘柄トレードするのが普通だ。しかし10万ドル程度の口座では2～3銘柄のトレードがやっとである。

　まとめると、チャネルブレイクアウトはシグナルを見逃すおそれがないという点では素晴らしい仕掛けシステムではあるが、ちゃぶつくことも多い。その結果、勝率はランダムな仕掛けとさほど変わらない。

さらに、このシステムで最適なトレードを目指す場合、同時に15以上の銘柄をトレードする必要があるため、大きな資金力が必要になる。

チャネルブレイクアウトを使おうと思っている人は次の点に注意することが必要だ。第一に、仕掛けのセットアップには、ブレイクアウトシグナルを受け入れるための価格条件（価格がどういった状態になったらブレイクアウトシグナルを受け入れるかの取り決め）を含むセットアップを用いること。例えば、①ブレイクアウトが発生する前のボラティリティが小さい、②「効率的市場」である、③トレード対象の株式のレラティブストレングスが高いためトレンド相場になる可能性が高い——といった条件を設けるのである（このうちのひとつまたは複数）。一般に、役に立つセットアップは、仕掛ける前の価格条件や、第8章で述べた価格以外の要素を含むセットアップである。

第二に、ドローダウンが大きい、あるいは大きな資金力を必要とするといった問題は、市場の選択とストップと手仕舞いを注意深く選択することで解決することができる。これについては章を改めて議論する。

チャートに基づく視覚的な仕掛け

エキスパートは仕掛けにシグナルを使うことはほとんどない。彼らはチャートを見て、直感でタイミングを判断する。

例えば、ある偉大なトレーダーは、自分の仕掛けのテクニックは長期チャートを見るだけだと話してくれたことがある。**図9.3**に示したようなチャートを壁に貼り、部屋の反対側からそれを見る。そこからはっきりしたトレンドが読み取れれば、迷うことなくそのトレンドの方向に仕掛けるのである。

また、私の顧客のひとりに株式トレードで毎年百万ドルも稼ぐ人がいる。彼は仕掛けにパターンしか使わないが、ほとんど直感だという。

図9.3　はっきりとしたトレンドの形成

　こういった特殊な仕掛け方法は、それに従うだけの規律がある人には有利に働く。例えば、何らかの指標から得られる情報よりも、価格情報のほうがはるかに純粋な情報だ。価格情報が明確なトレンドを示していれば、そのトレンドがしばらく続く確率はかなり高く、おそらく60％程度の確率で継続するだろう。つまり、トレンド方向への仕掛けはランダムな仕掛けよりもはるかに優れていると言うことができそうだ。

パターン

　チャートはただトレンドを見るだけではなく、さらに高度な使い方も可能だ。例えば、テクニカル分析はマーケットに形成されるさまざまなパターンをベースにしたものだ。パターンには強気のパターンもあれば弱気のパターンもあり、こういったパターンも仕掛けのシグナルとして利用できる。例えば、ギャップ、スパイク、キーリバーサル

デイ、スラストデイ、ランデイ、インサイドデイ、ワイドレンジデイといったデイリーパターンは短期トレードシグナルとして用いられるのが一般的だ。

　また、複数日にわたって形成されるパターンもあり、トライアングル、フラッグ、ペナントなどがこのタイプのパターンに含まれる。これらのパターンは、パターンをブレイクアウトしたあとメジャートレンドの方向に仕掛ける場合以外はほとんど無意味だ。

　このほかには、トップパターンやボトムパターンというものがある。ダブルボトム、ダブルトップ、ヘッド・アンド・ショルダーズ、ラウンドトップ、ラウンドボトム、トライアングル、ウエッジ、アイランドリバーサルなどがこのタイプのパターンとして挙げられる。天井と底を当てようとするトレーダーにとっては仕掛けのシグナルとして利用できるパターンだ。

　チャートにはバーチャート以外に、ローソク足チャートというものがある。ローソク足は始値、終値、高値、安値から成り、始値と終値で形成される箱状の実体部が、終値が始値よりも高ければ「白」、終値が始値よりも安ければ「黒く塗りつぶされる」。ローソク足チャートのさまざまなパターンを説明した書籍も多い。ローソク足チャートのパターン名は、「同事」「かなづち」「首吊り」といった分かりにくい名前が多い。**図9.4**は2006年初期のグーグル（GOOG）のローソク足チャートを示したものだ。

　パターンを使ったアプローチに興味のある方は、ジャック・シュワッガーの『シュワッガー・オン・フューチャーズ——ファンダメンタル・アナリシス（Schwager on Futures : Fundamental Analysis）』のパターンを説明した章をお読みいただきたい。パターンの詳しい説明とさまざまなチャート例が提示されている。しかし、こういったパターンはコンピューター化が難しく、したがって検証も難しいという問題点がある。たとえさまざまなパターンを検証できたとしても、仕

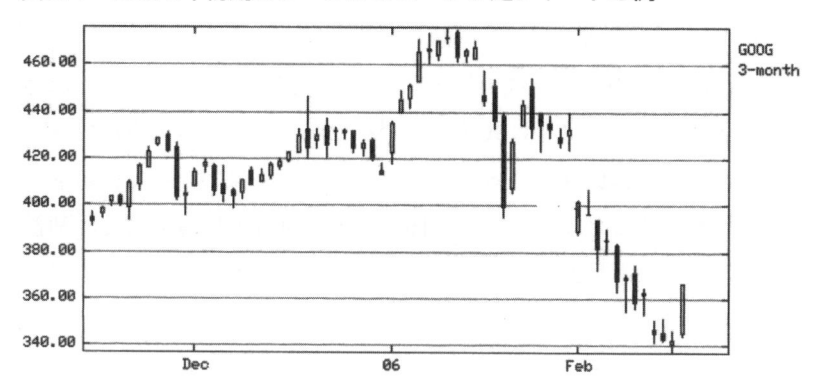

図9.4　2006年初期のグーグルのローソク足チャートの例

掛けのシグナルの勝率を50％以上に上げられるという確証は得られないだろう。したがって、パターンの説明はこの程度にしておくことにする。特定のパターンを探すよりも、メジャートレンドの方向に仕掛けるほうがはるかにうまくいくことが多いようだ。

純粋な予測

　予測のテクニックについては、概念について述べた第５章の「宇宙には秩序が存在する」で多数紹介した。予測のテクニックにはエリオット波動、ギャン理論をはじめ、天井と底を予測するさまざまなカウンタートレンドトレーディングが含まれる。予測と良いトレーディングは無関係、というのが私の考え方だ。優れた予測屋は多数おり、技術的には素晴らしいが、お金儲けには苦労しているようだ。

　昔、自分をマーケットのマイケル・ジョーダンだと豪語する人物に会ったことがある。つまり、トレーディングにかけてはだれにも負けないということである。マーケットには完璧な秩序が存在し、自分は

「特許を取った秘密」を持っており、その秘密は100万ドル出されても売らない、と彼は言った。自分の知識とスキルを証明するために、6カ月以内で5000ドルから4万ドルになった古い口座を見せてくれた。

彼の秘密とやらには特に興味はなかったが、どういった方法でトレードしたのかには興味があった。そこで、6カ月にわたって彼のトレードを観察することにした。その間、彼の口座は97％減少した。利益を出したトレードは22％を少し超える程度で、6カ月の間に彼の口座資産が増えることはなかった。

自分のトレードスキルを自慢する人物には要注意だ。そういった人物に出くわしたら、トレードの様子をよく観察し、特にポジションサイジングは念入りにチェックする必要がある。ローリスクのポジションサイジングでなければ、そういった人物からは歩き去るのではなく、走り去らなければならない。

> 彼のトレーディングの精度があれほど低かったのは、これはマーケットの予測屋のほとんどに当てはまることだが、常に反転ポイントを当てようとしていたからである。

彼のトレーディングの精度があれほど低かったのは、これはマーケットの予測屋のほとんどに当てはまることだが、常に反転ポイントを当てようとしていたからである。例えば、11月、彼は中西部では霜の訪れが早いと予想し、翌年の大豆の収穫に打撃を与えると考えた。しかし、実際にはそうならなかった。マーケットは周期的に反転するはずだと彼は何度か言った。反転するときには劇的に反転するはずなので、マーケットへは早めに参入したいのだとも言った。しかし、マーケットは反転することはなかった。たとえ反転したとしても、大した反転ではなかっただろう。

予測をするな、とは言わない。ただし、仕掛けるのは予測したこと

がマーケットで確認できたときのみにすべきである。つまり、底や天井を当てるのは構わないが、マーケットが何らかの反転の合図を示すまではトレードすべきではないということである。マーケットの反転を確認するための手段として有効に使えるのが、次に示すボラティリティブレイクアウトである。

ボラティリティブレイクアウト

これから紹介する２つのテクニック——ボラティリティブレイクアウトとディレクショナル・ムーブメント——はＪ・ウエルズ・ワイルダー・ジュニアによって考案されたテクニックで、彼の著書『**ワイルダーのテクニカル分析入門——オシレーターの売買シグナルによるトレード実践法**』（パンローリング）のなかで初めて紹介された。いずれのテクニックもシンプルで、時の試練に耐えてきたものだ。

ボラティリティブレイクアウトとは、価格がある方向に突然大きく動くことをいう。例えば、アベレージトゥルーレンジがおよそ３ポイントのとき、価格が１日で（前日の終値から）アベレージトゥルーレンジの0.8倍、つまり2.4ポイント動けば、ボラティリティブレイクアウトが発生したとみなされる。具体例で考えると、例えば今日の終値が35だとすると、その終値から2.4ポイント上昇または下落すれば、ボラティリティブレイクアウトが発生したことになる。価格が2.4ポイント上昇して37.4になれば、上へのボラティリティブレイクアウトなので買いだ。逆に2.4ポイント下落して32.6になれば、下へのボラティリティブレイクアウトなので売りである。**これは、市場予測を含むセットアップを使っている人に特にお勧めしたい仕掛けのシグナルである。**

ワイルダーのシステムは上記のものとは若干異なる。彼はアベレージトゥルーレンジに定数3.0を掛けた値（**定数倍アベレージトゥルー**

レンジ、またはARC）を用いることを勧めている。ARCは基本的には終値からのトレーリングストップとして用いられ、ドテンポイントになる。彼のシステムの手仕舞い手法はランダムな仕掛けのシステムで用いる手仕舞い手法とまったく同じである（いずれも、アベレージトゥルーレンジの3倍を手仕舞いポイントとする）。

　一般に、マーケットが1日で一定の方向に大きく動いた場合、その動きの方向に仕掛けよというマーケットからの合図と考えてよい。例えば、強い上昇トレンドにあったとしても、下方にはっきりとしたボラティリティブレイクアウトが発生すれば、そのトレンドはもう終わったも同然で、マーケットの新たな方向についていく必要がある。少なくとも、ボラティリティブレイクアウトに反する方向には動かないほうが無難だ。詳しくは次章で説明するが、ボラティリティブレイクアウトが手仕舞いの良い合図になるのはこういった理由による。

　図9.5は債券のボラティリティブレイクアウトの例を示したものだ。ボラティリティブレイクアウトをどう定義するかによっても違ってくるが、7月24日にはっきりとしたブレイクアウトが発生し、8月2日にはさらに強力なブレイクアウトが発生している。ブレイクアウトが発生した日のレンジが大きいことと、前日の終値からどれくらい価格が動いているかに注目しよう。

　ボラティリティブレイクアウトには面白い長所がいくつかある。ひとつは、このタイプの価格変動はチャネルブレイクアウトとはまったく異なる点である。チャネルブレイクアウトの場合、明確なトレンドが形成されなければ長い（40日以上の）チャネルが発生することはない。しかし**図9.5**に示した例は、ボラティリティブレイクアウトであると同時にチャネルブレイクアウトでもある。

　ボラティリティブレイクアウトは、ひとつのトレンドの終わりと新しいトレンドの始まりを知らせてくれるものにすぎない。したがって、ボラティリティブレイクアウトにおける値動きの少なくとも一部はチ

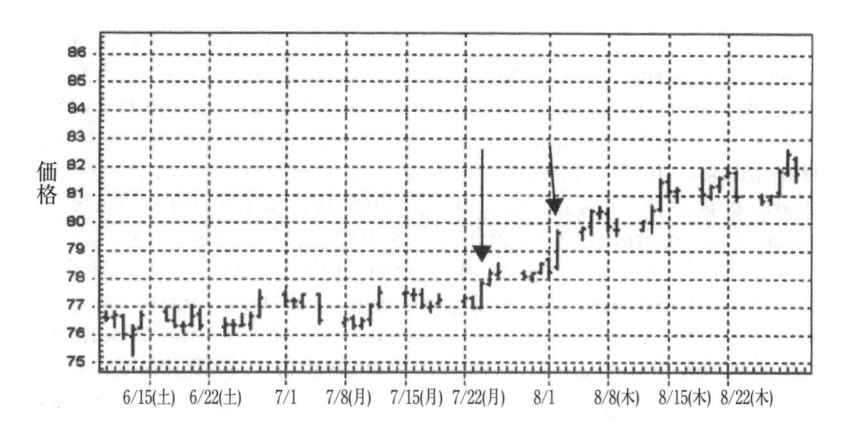

図9.5 ボラティリティブレイクアウトの例

ャネルブレイクアウトとはほとんど無関係だ。事実、迅速に手仕舞いすれば、これら2つの異なる仕掛けのシグナルによる利益の間には何の関連性もないはずだ。

もうひとつの長所は、すでに述べているので繰り返しになるが、さまざ

> 価格予測はしっかりしたトレーディングシステムがなければ非常に危険である。マーケットの仕組みについてのあなたの「秘密の知識」をトレードするというそういったしっかりしたシステムがあれば、ボラティリティブレイクアウトはその仕掛け部分に使うことが可能だ。

まなモデルを使って価格変動を予測しようとする人にとっては、ボラティリティブレイクアウトは理想的なテクニックであるという点だ。価格予測はしっかりしたトレーディングシステムがなければ非常に危険である。マーケットの仕組みについてのあなたの「秘密の知識」をトレードするというそういったしっかりしたシステムがあれば、ボラティリティブレイクアウトはその仕掛け部分に使うことが可能だ。

ディレクショナル・ムーブメントとアベレージ・ディレクショナル・ムーブメント

　テクニカルアナリストは一時期、マーケットの「トレンドの度合い」という概念の解釈に苦悩した時期がある。マーケットが本当にトレンド相場かどうかはどうやって知ればよいのだろうか。

　こうしたテクニカルアナリストの悩みに答えるべく、Ｊ・ウエルズ・ワイルダーは**ディレクショナル・ムーブメント**と**アベレージ・ディレクショナル・ムーブメント**という２つの概念を創案した（これらの概念は『**ワイルダーのテクニカル分析入門——オシレーターの売買シグナルによるトレード実践法**』［パンローリング］で紹介されている）。トレンドを定義するこれら２つの概念は多くの人の悩みを解消した。例えば、ブルース・バブコックは生前、毎年『トレンディネス・イン・ザ・マーケット（Trendiness in the Market）』というタイトルで本を出版していた。これは、さまざまな先物市場をトレンド具合に基づいてランク付けしたものだ。「トレンド履歴」の豊富なマーケットは将来のトレンドをとらえやすいため、こういったマーケットでトレードするのが有利、という趣旨で出版されたのが同書だ。バブコックはマーケットのトレンド具合を、28日ディレクショナル・ムーブメント・インデックス（下記を参照）を使ってトレードした場合の収益性で測定した。正味のディレクショナル・ムーブメントが上昇していれば買いで、下落していれば売りである。儲かる銘柄は「トレンドがある」とみなし、最も儲かる銘柄は「最もトレンドがある」とみなすわけである。

　ディレクショナル・ムーブメントの基本的な考え方は以下のとおりだ。

1．今日の高値が昨日の高値を上回っているとき、上昇トレンドとみなす。これら２つの価格差を上昇ディレクショナル・ムーブメン

ト（＋DM）という。
2. 今日の安値が昨日の安値を下回っているとき、下降トレンドとみなす。これら2つの価格差を下落ディレクショナル・ムーブメント（－DM）という。
3. 今日の高値と安値が昨日のレンジの内側にある**インサイドデイ**は無視する。
4. 今日の高値と安値が昨日のレンジの外側にある**アウトサイドデイ**の場合は、上昇ディレクショナル・ムーブメントと下落ディレクショナル・ムーブメントを足し合わせたものをディレクショナル・ムーブメントの値とし、いずれか大きいほうの値をもって、上昇トレンドか下降トレンドとする。

ディレクショナル・ムーブメント・インディケータ（DMI）の計算方法は以下のとおりである。

1. ある期間（ワイルダーは14日を推奨している）における上昇日のディレクショナル・ムーブメント（Σ＋DM）と下落日のディレクショナル・ムーブメント（Σ－DM）をそれぞれ足し合わせる。

2. それぞれの和を同じ期間におけるトゥルーレンジ（TR）の和で割って、ディレクショナル・インディケータ（DI）を求める。

    ＋DI＝（Σ＋DM）÷（ΣTR）、－DI＝（Σ－DM）÷（ΣTR）

3. ＋DIと－DIの差を求め、その絶対値を取ったものを「DIの差」とする。
    DIの差＝｜（＋DI）－（－DI）｜

4．「DIの和」を求める。

DIの和 = (＋DI) + (－DI)

5．次式を使ってディレクショナル・ムーブメント・インデックス（DMI）を計算する。

DMI = (DIの差) ÷ (DIの和) ×100

100を掛けるのはDMIを正規化することでDMIが0と100の間の値を取るようにするためである。

6．ワイルダーは所定期間として14日を推奨しているが、ルボーとルーカスは14日～20日であればいずれでもよく、18日を最適日数としている。

　このディレクショナル・ムーブメント・インディケータを拡張したもののなかで最も重要なのが、おそらく**アベレージ・ディレクショナル・ムーブメント・インデックス**（ADX）だろう。ADXはディレクショナル・ムーブメント・インデックスの移動平均を取ったものだ。移動平均の計算には通常DMIの計算に用いたものと同じものを用いる（この場合は14日）。
　「ADXを正しく解釈することで、悪いマーケットを排除し良いマーケットを見つけられる確率は格段に上がる」とルボーとルーカスは言う。ADXをトレンドの強さを定量化する手段と位置づけ、その研究を最も精力的に行ってきたのが彼らである。チャック・ルボーと数々のセミナーを共同で主催してきた私は、彼がADXを重視し、トレードによく使用していることはよく知っている。

一般に、ADXの値が高いほど、ディレクショナル・ムーブメントが大きかったことを示している。しかし、それが上昇ディレクショナル・ムーブメントだったのか下落ディレクショナル・ムーブメントだったのかは分からない。逆に、ADXの値が低いほど、ディレクショナル・ムーブメントが小さかったことを示している。このようにADXの値を見ればトレンドの強さは分かるが、その方向性は分からない。

　ルボーとルカースによれば、トレンドの強さはADXの値だけで判断することはできないという。彼らはトレンドの強さを次のような観測に基づいて判断する。

1．ADXが上昇していて、その値が15を上回っていれば、トレンドがあるとみなすことができる。
2．ADXの上昇率が大きいほど、トレンドは強い。例えば、ADXが25から27に上昇しているときよりも、15から20に上昇しているときのほうがおそらくは強いトレンドが発生している。
3．ADXの下落は、トレンドが弱まっているか、トレンドがなくなったことを意味する。
4．ADXが上昇しているとき、買われ過ぎ・売られ過ぎといった指標は当てにならない。こういったオシレーターが当てになるのは、ADXが下落しているときだけである。

　ADXやディレクショナル・ムーブメントを仕掛けのシグナルとして利用する方法を紹介する前に、ADXの問題点について見ておこう。ADXには、マーケットの突然の反転についていけないということと、遅行指標である、という2つの欠点がある。

　例えば、マーケットが突出高や突出安によって突然方向転換した場合、ADXはその動きに順応できない。特に、ルボーとルーカスが推

奨している長期ADXは、市場が突然方向転換すると突然フラットになる。これはマーケットにトレンドがないことを示すものだ。つまりこの場合は大きな下降トレンドをとらえ損なってしまうことになる。

　長期ADXはまた遅行指標であるという特徴を持つ。つまり、明確なトレンドが形成されるまで、トレンドがあるのかないのかが分からないということである。できるだけ早期にトレンドに乗りたい短期トレーダーにとって、これは大きな短所である。逆に、はっきりとした強いトレンドのみをとらえることが目的の場合、ADXの遅行指標としての特徴は問題とはならない。

　ディレクショナル・ムーブメントとADXを理解できたところで、便利な仕掛けのシグナルとしての利用法をいくつか提示しておこう。これは単なる提案なので、使うかどうかは各人で判断していただきたい。

1．＋DIと－DIがクロスしたら仕掛ける。具体的には、＋DIが－DIを上抜き、価格が昨日の高値を上抜いたら買い。逆に、－DIが＋DIを上抜き、価格が昨日の安値を下抜いたら売り。これはワイルダーが最初に使っていた方法だ。これからすれば、彼が価格の動きを重視していたことは明らかだ。
2．ADXが2日で4ポイント（あるいはテスト結果から得られた、あなたの目標を達成するために必要なポイント数）を上回る上昇を見せたとき、マーケットの動いている方向に仕掛ける。ADXの上昇はトレンドが強いことしか示さないので、買いか売りかを決定するためのセットアップ（例えば、チャートを見ること）が必要なのは言うまでもない。
3．ADXが過去10日の最高値に達したら仕掛ける。この場合も、どちらの方向に仕掛けるべきかを教えてくれる別のシグナル（およびセットアップ）が必要。

移動平均線と適応型移動平均線

　移動平均線はシンプルで計算が簡単なことから非常にポピュラーな指標である。私の知るかぎり、移動平均線は人類が取引市場を発明した当初から使われてきた。

　移動平均線の背景にある考え方はきわめてシンプルで、過去Ｘ日間の価格をひとつの数字、すなわち平均で表すことを目的としたものである。計算方法は簡単で、Ｘ日間の価格を足し合わせ、それをその日数で割ればよい。ただし、平均を取る期間は徐々にずらしていく。したがって、明日の価格が得られたら、明日の価格を計算に組み入れ、前の計算に用いられた最も古いＸ日前の価格を計算対象から除外して新たに平均を計算する。

　1足と30足を比べると、市場に関する情報は30足からのほうが多く得られるかもしれないが、把握しやすいのは1足のほうである。しかし、データは生データよりも何らかの形に変形したほうが市場を支配しているという感覚は強くなる。トレーダーや投資家の多くが移動平均線を用いるのはこのためである。

　平均を取る日数が多ければ、得られる移動平均線の動きは遅く、平均を取る日数がわずか数日と短ければ、得られる移動平均線の動きは速い。例えば、株式市場を注視しているトレーダーや投資家には、マーケットの全体的なトレンドを見るのに1年移動平均線を用いる人が多い。価格がコンスタントに上昇し続けてきた場合、価格は1年移動平均線のずっと上方にあるはずだ。したがって、価格が1年移動平均線を下回ったら価格の方向が変わったとみなす人もいる。コルビーとマイヤーズはその著書『エンサイクロペディア・オブ・テクニカル・マーケット・インディケーターズ（Encyclopedia of Technical Market Indicators）』のなかで、価格が1年移動平均線を上抜いたら買い、下抜いたら売るという戦略は、バイ・アンド・ホールド戦略を

> 価格が1年移動平均線を上抜いたら買い、下抜いたら売るという戦略は、バイ・アンド・ホールド戦略を大幅にアウトパフォームした。

大幅にアウトパフォームすることを発見した。

これに対して期間の短い移動平均線は動きが速い。価格が5日移動平均線を上抜くのに、マーケットは何日間も上昇し続ける必要はない。同様に、マーケットが下落し始めると価格はあっという間に移動平均線を下抜く。

移動平均線を使ったシステムを書いた最初の人物のひとりがドンチャンである。彼が使ったのは5日移動平均線と20日移動平均線で、5日移動平均線が20日移動平均線を上抜いたら買い、下抜いたら売る。

このタイプのシステムは純粋なトレンド相場では非常にうまくいく。しかし、マーケットの方向性としては2方向——上昇と下落——しか想定していない。残念なことに、マーケットがトレンド相場になるのは全体のおよそ15％でしかなく、残りの85％は横ばい相場である。したがって、こういうシステムは横ばい相場ではちゃぶつくことが多い。

この問題を解決するためにトレーダーたちが考え出したのが3本の移動平均線を使うという方法だ。1970年初めに4日、9日、18日移動平均線を含むシステムを普及させたのがR・C・アレンである（詳しくはチャールズ・ルボーとデビッド・ルーカス著の『**マーケットのテクニカル秘録——独自システム構築のために**』［パンローリング］を参照のこと）。このシステムでは、4日移動平均線と9日移動平均線が18日移動平均線をクロスしたら仕掛ける。上抜いたら買い、下抜いたら売るのである。そして、4日移動平均線が9日移動平均線を逆方向にクロスしたら手仕舞う。このシステムの問題点は、4日移動平均線と9日移動平均線が両方とも18日移動平均線に対して同じ側にないと新たな仕掛けのシグナルが出ない点だ。つまり、この種のシステム

ではニュートラルゾーンが発生するということである(チャック・ルボーは考えられるかぎりの移動平均線の組み合わせを検証してみたが、どの組み合わせもトレンド相場ではうまくいくが、横ばい相場ではうまくいかなかった。つまり、横ばい相場ではどんな仕掛けの手法もランダムな仕掛けとほぼ変わらないということである)。

移動平均線と移動平均線システムにはさまざまなタイプのものがある。単純移動平均線(既述)、加重移動平均線、指数平滑移動平均線、ずらした移動平均線、適応型移動平均線などいろいろだ。どのタイプの移動平均線もほかの移動平均線の欠点を補うべく開発されたものだが、独自の問題点も抱えている。

加重移動平均線

単純移動平均線は計算から除外する日にも直近の日と同じウエートが置かれる。トレードするうえで最も重要なのは直近価格なので、単純移動平均線を使うのは最良の方法とは言えないという人もいる。この欠点を補うべく創案されたのが加重移動平均線だ。加重移動平均線では、古いデータに置くウエートを最も少なくし、直近データに最も大きなウエートが置かれる。

加重移動平均線は、直近のデータのみに大きなウエートを置くか、各日ごとに異なるウエートを置いて計算するため、計算方法はやや複雑だ。例えば、

> **計算が複雑であるほど効率的なトレードが行えると思っている人もいる。この仮説は間違いなのだが、人々は依然としてこの方法を使っている。**

10日加重移動平均の場合、最初の日(最も古い日)に1を掛け、2番目の日に2を掛け、3番目の日に3を掛け……という方法があるが、こんなことをしてもおそらく無意味だろう。しかし、計算が複雑であるほど効率的なトレードが行えると思っている人もいる。この仮説は

間違いなのだが、人々は依然としてこの方法を使っている。

指数平滑移動平均線

指数平滑移動平均線は直近データを最も重視した移動平均線で、得られるすべてのデータを使って計算する（古いデータを計算から除外するということは行わない）。例えば、0.1指数平滑移動平均（およそ20日平均に相当）の場合、今日の価格に0.1を掛け、得られた数値を昨日の平均に足し合わせる。この平均の特徴は、計算が簡単なことと、直近データに最大のウエートが置かれる点だ。

ずらした移動平均線

移動平均線は価格にぴったり寄り添って動く傾向があるため、シグナルの出るのが速すぎることが多い。そのため、移動平均線を数日先に「ずらして」描く人もいる。これによってちゃぶつきを減らすことができる。

適応型移動平均線

適応型移動平均線は1990年代半ばごろからよく使われるようになった。この移動平均線を創案したのがカウフマン（『スマーター・トレーディング――インプルービング・パフォーマンス・イン・チェンジング・マーケッツ（Smarter Trading : Improving Performance in Changing Markets）』）やシャンデとクロール（『ザ・ニュー・テクニカル・トレーダー――ブースト・ユア・プロフィット・バイ・プラギング・イントゥ・ザ・レイティスト・インディケーターズ（The New Technical Trader : Boost Your Profit by Plugging into the Latest Indicators）』）で、彼らはいろいろなバージョンの適応型移動平均線を提唱した。この移動平均線の特徴は、マーケットの方向性や速度によって速度が変化する点だ。

マーケットノイズを考えてみよう。日々の価格の変動はマーケットノイズを測る良い測度になる。ノイズが多い場合、ちゃぶつきを防ぐためには移動平均線の速度は遅くなければならない。しかし、ノイズが少ない場合はちゃぶつきが少ないため、速い移動平均線を使うことができる。適応型移動平均線ではまず、マーケットノイズに対するマーケットの動く速度を測定し、測定した速度とノイズに基づいて移動平均線の速度を調整する。

したがって、適応型移動平均線の作成には次の要素が必要になる——①現在のマーケットの効率性（どれくらいのノイズがあるか）を測る測度、②そのシナリオをさまざまな移動平均線上にプロットする手段。適応型移動平均線の使用例については、本章でこのあと説明するペリー・カウフマンによる仕掛けのテクニックのところで紹介する。

オシレーターとストキャスティックス

相対力指数（RSI）、ストキャスティックス、ウィリアムズの％Ｒなどのオシレーターは天井や底を当てることを目的に開発されたものだ。私に言わせればこれはまったくのナンセンスであり、オシレーターに基づく仕掛けのシグナルがランダムな仕掛けよりも信頼できるという証拠はまったくない。さらに、こういったオシレーターはある前提の下に成り立つものであるが、市場が一般にそういった前提を満たすという証拠もない。自分が信じていないものに対しては長々と議論したくないので、この項目は手短に済ませる。

ただし、ひとつだけ例外があって、仕掛け値から近いところにストップ（第10章のプロテクティブストップを参照）を置いてトレードする場合、ワイルダーのRSIなどの「買われ過ぎ・売られ過ぎ」オシレーターは使える。このタイプのトレーディングにおける注意点は以下のとおりである。

1. トレンドがあることを示す明確なシグナルをマーケットが出してくるまで待つこと（価格パターンに基づくセットアップ）。
2. マーケットが少し反転し、反応が最大に達したことを示すサインをオシレーターが出してくるまで待つこと。これもステップ１と同じく価格パターンに基づくセットアップだが、ステップ１が発生したあとで発生することが条件。
3. マーケットが再び元の方向に動くことを示すシグナルを出してきたら、元のトレンドの方向に仕掛ける。例えば、オシレーターが極値に達する前に、元のトレンドの高値（売りシグナルの場合は安値）まで価格が戻るような場合がこれに相当する。

　こういったトレーディングでは、ストップ幅がきつめで（極端な反応が小さい）勝率の高いシグナルが期待できる。さらにリスクも非常に小さいため、リスク・リワード・レシオはきわめて高くなる。これは実際には前章で説明したリトレースメントのセットアップの一例だが、これこそがオシレーターの本当の使い方ではないだろうか。もうひとつ付け加えるならば、これまでに見てきた最良のシステムのいくつかは、これらの概念をベースとしたシステムである。

自分の仕掛けのシグナルを設計する

　おそらくあなたにとっての最良の仕掛けのシグナルは、あなたが自分のために設計したシグナルだろう。そういったシグナルを設計するためにはまず、どういった概念を基にそのシグナルを設計するのかをしっかりと決めておくことが重要だ。この考え方を理解していただくために、たとえ話を使って説明することにしよう。まずはトレーダーや投資家がよく用いるアイデアの話からスタートし、次に彼らが用いないアイデアへと話を進める。ここで紹介するアイデアは検証しては

いないが、実際に使ってみて有用かどうかを確かめてみたいという人は自由に使っていただいて構わない。

まずは、物理学における運動の基本的な考え方をベースにしたシステムを考えてみることにしよう。一例として、車の動きを予測することを考えてみる。あなたは、車がこれから先どこに行くのかは分からない（ただし、あなたは今曲がり角が無数にある大きな駐車場にいるものとする）が、どこを通ってきたかは知っている。さらに、車の方向、スピード（速度）、速度の変化（加速と減速）、運動量も分かっている。こういった情報があれば、一定の条件の下では車が近い将来何をするかが分かるはずだ。あなたが知りたいのは、車ができるだけ長時間にわたって同じ向きに速い速度で動くのはどういったときか、である。

車が一定の方向に動いているときは、方向転換するよりも同じ方向に動き続ける確率のほうが高い。方向転換するかもしれないが、どちらかといえば同じ方向に動き続ける可能性のほうが高い。車の速度、速度の変化、運動量のことをもっとよく知れば、車が同じ方向に動き続ける確率がさらに高まる状況が存在することが分かってくるはずだ。

通常、車は方向転換するときにはスピードを落とさなければならない。したがって、車が速く走っている（高速）場合、何か別のことをするよりも同じ方向に高速で走り続ける確率が高い。

マーケットについても同じことが言える。マーケットが一定の方向に速く動いている場合、別のことをするよりも同じ方向に速く動き続ける確率のほうが高いのである。さらに、大きく方向転換する前に上昇速度が遅くなる可能性は、ゆっくり上昇しているときよりも急上昇しているときのほうが高くなる。テクニカルアナリストはこれを「モメンタム」と呼んでいるが、これは誤解を生みやすい言葉だ（物理学では、**モメンタム［運動量］**は質量×速度で表される。これは市場では「株価の勢い」を意味する。したがってこの公式より、出来高［質量に相当］が大きいほど株価は勢いよく動くということができる）。

テクニカル指数として用いられる**モメンタム**はある時点から別の時点までの価格（通常は終値）の変動を測定したものだ。しかし、本書ではある時点から別の時点までの価格の変動を表す言葉としてはより的確な「**速さ**」、もしくは「**速度**」を用いることにする。

> 速度の方向が変わり、反対方向に加速し始めたときを仕掛けのシグナルとする。

速度は単位時間当たりの距離として表される（例えば、毎時60マイル）。一定の距離（例えば10日）を単位時間と考える場合、速度は10日間に動いた距離である。したがって、X日間（Xはあなたが選んだ日数）の速度を求めるにはX日間に動いた距離を求めればよい。**面白いことに、マーケットの観測においてはプロのトレーダーほど速度（彼らはこれをモメンタムと呼んでいる）を用いる人が多い**。

それでは、速度を仕掛けのシグナルとして用いるにはどうすればよいのだろうか。速度が0ということは動きがないことを意味する。したがって、速度指標はゼロラインを中心に上下するはずであり、その数値から、急速に上昇する状態から急速に下落する状態に変わりつつあるのか、あるいはその逆なのかを読み取ることができる。つまり、**速度の方向が変わり、反対方向に加速し始めたときを仕掛けのシグナルとする**というのが速度指標の使い方である。

加速と減速

加速と**減速**はいずれも速度の変化を意味する。加速している車は、ただ単に速く走っている車よりも、同じ方向に走り続ける確率が高い。一方、減速している車は方向転換する可能性が高い。

加速や減速は車の動きを予測するうえでは不可欠だが、市場の動きの速度変化は将来的な動きを予測するうえではそれほど重要ではない。

しかし、無視できない要素ではある。だが、市場の加減速を直接見るようなものは今までに見たことがない。もしそういったものがあるとすれば、次のような公式で表されるはずだ。

速度変化＝（今日の速度－Ｘ日の速度）÷時間

　加速や減速が仕掛けの指標として使えるかどうかの詳細な研究はまだ行っていないが、それらを調べるためのデータはまとめてある。**表9.2**は以前見たものと同じトウモロコシの終値の価格を示したものだ。表はベースライン期間終了後の21日目のデータからスタートしている。20日チャネルブレイクアウトも40日チャネルブレイクアウトも３月６日（表の第46日目）に発生している。**表9.2**には過去20日の価格の平均変動率（つまり、速度）も示されている。速度が上昇している場合は通常の太さで、下落している場合は太字で表している。

　過去20日の速度変動率が正の期間が実際にスタートしたのは第40日目であることに注目しよう。これは第46日目にチャネルブレイクアウトが発生する７取引日前である。表の右側２列は、過去５日と過去10日の加速度（過去５日間と過去10日間で速度がどれくらい変化したか）を示したものだ。長期加速度（過去10日の加速度）も第40日目に値が正になり、それからしばらくたってから１日だけ負数になっている。

　図9.6はこれら３つの変数の時間グラフを示したものだ。チャネルブレイクアウトが発生したのが３月６日（第46日目）だ。速度と加速度はそれよりも早く動き始めているが、ブレイクアウトが発生する前に一瞬大きく落ち込んでいる。とはいえ、10日加速度が一瞬負になった以外は、いずれも正値のままだ。

　これは何を意味するのだろうか。こういったグラフを提示したのは、正の速度や加速（減速ではない）を仕掛けシステムとして用いることを提案するためではなく、それらの関係を示すためである。これらの

表9.2 速度と加速度の研究

日付	終値	過去20日の速度	過去5日の加速度	過去10日の加速度
Day 21	166.5	0.225		
Day 22	165.75	0.175		
Day 23	163	**− 0.0625**		
Day 24	163	**− 0.1125**		
Day 25	164.5	**− 0.0875**	**− 0.3125**	
Day 26	165.25	**− 0.025**	**− 0.2**	
Day 27	166	0	0.0625	
Day 28	169.25	0.075	0.1875	
Day 29	167.25	0.0625	0.15	
Day 30	167.25	**− 0.025**	0	**− 0.25**
Day 31	167.25	**− 0.0125**	**− 0.0125**	**− 0.1875**
Day 32	168	0	**− 0.075**	0.0625
Day 33	167.5	**− 0.075**	**− 0.1375**	0.0375
Day 34	168.25	0	0.025	0.0875
Day 35	167.75	0	0.0125	0.025
Day 36	166.75	**− 0.0125**	**− 0.0125**	**− 0.0125**
Day 37	166.25	**− 0.0125**	0.0625	**− 0.0875**
Day 38	165.75	**− 0.05**	**− 0.05**	**− 0.1125**
Day 39	166	**− 0.0375**	**− 0.0375**	**− 0.0125**
Day 40	167.25	0.0375	0.05	0.05
Day 41	167.25	0.075	0.0875	0.075
Day 42	167.25	0.2125	0.2625	0.2875
Day 43	167.5	0.225	0.2625	0.225
Day 44	168	0.175	0.1375	0.175
Day 45	167.75	0.125	0.05	0.1375
Day 46	**166**	0	**− 0.2125**	0.0125
Day 47	169.25	0	**− 0.225**	0.05
Day 48	170.5	0.1625	**− 0.0125**	0.2
Day 49	170	0.1375	0.0125	0.1
Day 50	170.25	0.15	0.15	0.075
Day 51	170.25	0.1125	0.1125	**− 0.1**
Day 52	173	0.275	0.1125	0.05
Day 53	172.75	0.225	0.0875	0.05
Day 54	174	0.3125	0.1625	0.1875
Day 55	172.5	0.2875	0.175	0.2875
Day 56	172.5	0.3125	0.0375	0.3125

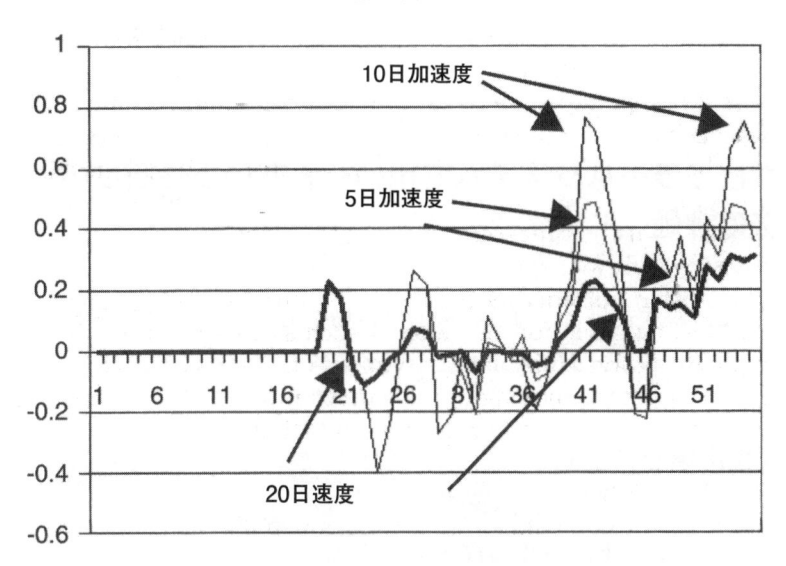

図9.6 トウモロコシの速度と加速度

関係を理解できれば、トレーディングに用いる概念の基礎が構築できるはずだ。

　仕掛けが正しいからといって必ずしもお金を儲けられるわけではない。コンスタントに利益を上げるために必要なのは、R倍数の大きなトレードを高い確率（例えば25％）で発生させられるような仕掛けができるようになることである。例えば、加速の開始を見極めることができれば、そこにきつめのストップを置けばリスクを減らすことができるというローリスクポイントを知ることができるかもしれない。これはRが低いことを意味するので、高R倍数の利益が期待できる。当然ながら、これには徹底した検証が必要なことは言うまでもない。

　あるいは、加速度は良いリトレースメントのセットアップを作成するうえでの完璧なツールになり得るかもしれない。例えば、チャネルブレイクアウトの直後で加速度が負になり、その後すぐに正になった時点を仕掛けのシグナルととらえて仕掛ければ、あとはきつめのスト

ップを置いておくだけで、高R倍数の利益が得られる可能性はある。前に示した例では、チャネルブレイクアウトの直前で加速度が負になっていた。

ポピュラーなシステムで用いられている仕掛けの手法の評価

最後に、株式市場ともっと投機的な市場で用いられるシステムにおける典型的な仕掛けのシグナルについて見直しておくことにしよう。

株式市場システム

ウィリアム・オニールの株式システム

ウィリアム・オニールの株式市場トレーディングシステムは、前章で述べたようにCANSLIMのセットアップを使ったシステムだ。仕掛けるタイミングはさまざまなチャートパターンを基に決められるが、最も多いのが7週間から15カ月間続く横ばいの期間からブレイクアウトした時点を仕掛けのポイントとするケースだ。用いられる典型的なパターンには、カップ・ウィズ・ハンドル、フラットベースからのブレイクアウト、ソーサー・アンド・ハンドル、ダブルボトム、ダブルベースなどがあるが、最もよく用いられるのが最初の2つのパターンだ。これらの実例についてはオニールの本をご参照いただきたい。

仕掛けるうえでのもうひとつの重要な基準は、ブレイクアウトに伴って出来高が大幅に増加していることだ。例えばオニールは、ブレイクアウト時の出来高がその株の日々の平均を最低50％上回っていることを提唱している。ほとんどの人はカップ・ウィズ・ハンドルや単なるブレイクアウトといったパターンのみに注目し出来高は無視するが、オニールの仕掛けでは出来高は最も重要な要素になる。出来高は車で

言えば質量に相当する。重量の重い大きなトラックと小さな車が高速で動き始めたとすると、急に曲がったり止まったりすることなく走り続ける確率が高いのは重量の重いトラックのほうである。

ウォーレン・バフェットの企業評価モデル

バフェットの企業評価モデルのフィルターについては前章で説明したが、このモデルにはおそらくは特別な仕掛けのテクニックはない。といってもこれは私の推理にすぎない。私が思うに、バフェットの仕掛け手法は、資金があるかぎり、彼の基準を満たす企業が見つかればすぐに買うというものではないだろうか。過大評価されたマーケットに彼の基準を満たす企業があるかどうかは定かではないが、彼の基準をすべて満たす企業の発見がおそらく彼の仕掛けのシグナルになるのではないかと私は思っている。彼の次の言葉が示すように、マーケットが何をしているかなど彼はほとんど気にしない。

　　マーケットは単にだれかが何かバカなことをしようとしていないかどうかを見るための参考資料にすぎない。株に投資するということは、企業に投資するのと同じことである。何が人気があるかよりも論理的根拠に基づいた振る舞いをすることが大事である（フォーチュン誌1988年1月4日号、p.8「The Big Bad Bear on Wall Street」より）。

先物市場システム

ペリー・カウフマンの適応型トレーディング

第8章で議論したカウフマンの適応型アプローチを思い出していただきたい。このアプローチで彼が用いたのが効率レシオという概念である。これはマーケットの動きの速さと方向や、マーケットのノイズ

を基に計算したものだ。効率レシオの実例については第8章をご参照いただきたい。

　以下に示す適応型移動平均線の計算では、効率レシオは０と１の間の値を取ることを前提とする。効率レシオは１に近いほど動きにノイズが少なく、０に近いほど動き全体をノイズが支配していることを意味する。効率的市場では、価格のトータル的な動きは２地点間の動きに等しい。この場合、ノイズはないので効率レシオは１である。例えば、価格が１日に１ポイントずつ、10日で10ポイント上昇したとすると、効率レシオは10÷（10×１）＝1.0になる。

　一方、非効率市場の場合、日々の動きは大きいがトータル的な動きは小さい。したがって、効率レシオは０に近い値になる。例えば、価格が毎日10ポイントずつ上下しても、トータル的には10日間で１ポイントしか動いていなければ、効率レシオは１÷（10×10）＝0.01である。当然ながら、価格にまったく動きがなければ効率レシオは０である。

　効率レシオが計算できたら、次は効率レシオを移動平均線の速度に対応づける。移動平均線については、２日平均線は動きの遅い平均線、30日平均線は動きの速い平均線とみなすことができる。カウフマンは移動平均線の速度を次の式を使って平滑化定数（SC）に変換している。

$$SC = 2 \div (N + 1)$$

　したがって、速度の速い２日移動平均線の平滑化定数は、$2\div(2+1)=2\div3=0.66667$となり、速度の遅い30日移動平均線の平滑化定数は、$2\div(30+1)=2\div31=0.06452$となる。これら２つの値の差は0.60215で、カウフマンはこの値を彼の公式のなかで使っている。

　最後に、平滑化定数を効率レシオに対応づける。その公式は以下のとおりである。

補正平滑化定数＝［効率レシオ×（SCの差）］＋遅いSC

これに前述の数値を代入すると、

補正平滑化定数＝（効率レシオ×0.60215）＋0.06452

例えば、効率レシオが1.0であれば補正平滑化定数は0.66667、効率レシオが０であれば補正平滑化定数は0.06452になる。これらの数値が２日と30日という数字にどう対応しているかに注意しよう。

30日という数字はまだ影響力を持っている可能性があるため、適用する前に二乗することをカウフマンは勧めている。こうすることで、効率レシオ（ER）が低すぎるときのトレードを排除することが可能になる。

適応型移動平均線（AMA）の公式は以下のとおりである。

$$AMA＝昨日のAMA＋SC^2×（今日の価格－昨日のAMA）$$

例えば、昨日のAMAが40で今日の価格が47だとするとその差は７ポイントである。効率的市場の場合、移動平均線は大きく変化し、AMAはおよそ3.1ポイント上昇する。これは７ポイントのほぼ半分に当たる。一方、非効率的市場の場合、ERがおよそ0.3だとすると、AMAはおよそ0.4ポイントしか上昇しない。つまり、AMAの動きによってトレード機会を見つけやすいのは、マーケットが効率的なときである。

AMAは一種の指数平滑法であるため、マーケットが反転したことを示すシグナルが出たらすぐにトレードしなければならない、とカウフマンは言う。つまり、AMAが上向きになったらすぐに買い、下向きになったらすぐに売る、というわけだ。

しかし、こういったトレーディングにはちゃぶつきが付き物だ。そ

こでカウフマンは次のフィルターを付加することを勧めている。

フィルター＝パーセンテージ×標準偏差（過去20日におけるAMAの1日の平均変動）

パーセンテージとしてどういった数値を使うかについては、カウフマンは先物やFX市場の場合は小さい数値（10%）、株式や金利市場の場合は大きい数値（100%）を使うことを勧めている。

自分がトレードするマーケットに適切なフィルターが決まったら、買いシグナルの場合は、そのフィルター値を下降トレンドの最安値に加算し、売りシグナルの場合は上昇トレンドの最高値からそのフィルター値を減算する。これが適応型仕掛け値になる。

効率レシオはさまざまな仕掛けのテクニックに応用可能だ。例えば、マーケットの状態によってチャネルの長さが変化する適応型チャネルブレイクアウトシステムが作れるだろうし、必要なブレイクアウトの大きさがマーケットの効率度によって変化する適応型ボラティリティブレイクアウトシステムも作れるだろう。

ウィリアム・ギャラハーのファンダメンタルズ

第8章で述べたように、ギャラハーはマーケットのファンダメンタルズを重視している。ファンダメンタルズが強ければ、そのファンダメンタルズが示す方向に仕掛ける、というのが彼の手法である。注意しなければならないのは、ファンダメンタルデータはマーケットごとに異なる点だ。第5章のファンダメンタルトレーディングで述べたように、ルボーはそれぞれのマーケットで重視すべきファンダメンタルズについては専門家の意見に従うべきだとしている。彼はまた、ファンダメンタルズについては正しくても、タイミングを間違うこともあることを指摘している。したがって、ファンダメンタルトレーディングでは優れたタイミングシステムが必要になる。

ギャラハーはテクニカル分析の愚かさを10日チャネルブレイクアウト・ドテンシステムを例にとって説明している。ギャラハーの提示する方法は、ファンダメンタルズが分かれば、それが示す方向に10日ブレイクアウトで仕掛ける、というものだ。しかし私の知人でこの種のシステムでトレードする人がいるとは思えない。個人的には、こういうシステムはちゃぶつき問題を発生させると思っている。ただし、50日以上のチャネルブレイクアウトにファンダメンタルズを補助的に組み合わせれば、優れた仕掛けシステムになるかもしれない。

ケン・ロバーツの１－２－３リバーサルアプローチ

ケン・ロバーツは仕掛けには２つのセットアップを用いることを勧めている。最初のセットアップは過去９カ月の高値や安値の更新、２番目のセットアップが１－２－３リバーサルの発生だ。このアプローチの詳細と実例（市場が過去９カ月の高値や安値を更新したあと、１－２－３リバーサルが発生）については第８章をご参照いただきたい。それではこういったセットアップが現れたときの仕掛けの方法について見ていくことにしよう。

これら２つのセットアップが発生したら、マーケットが再び点２まで押して（または戻して）安値（または高値）を更新したら仕掛ける（**図9.7**を参照）。この安値（または高値）の更新が仕掛けのシグナルになる。**図9.7**は最高値を更新したあとで安値を更新し、そこから１－２－３リバーサルが発生したパターンを示している。図に示した横のラインが仕掛けのシグナルである。あるいは、点２でマーケットがあなたの思惑どおりの方向に抜けた時点ですぐさま仕掛けてもよい。

このアプローチの根底にある考え方は、長期トレンドが終了し、１－２－３－４パターン（４は逆方向における安値や高値の更新時点）が現れたら市場は反転する、というものである。**しかし、マーケットがこういった反転を見せるのはきわめてまれ**であり、実際には長期横

図9.7 英ポンドは1988年12月に史上最高値（点1）を更新。その後、点2まで急落したが、再び点3まで上昇する。そして1月11日、再び急落して安値（点4）を更新――これが仕掛けのシグナルになる。このアプローチは数カ月間はうまくいったが、その後は反転して再び高値を更新した

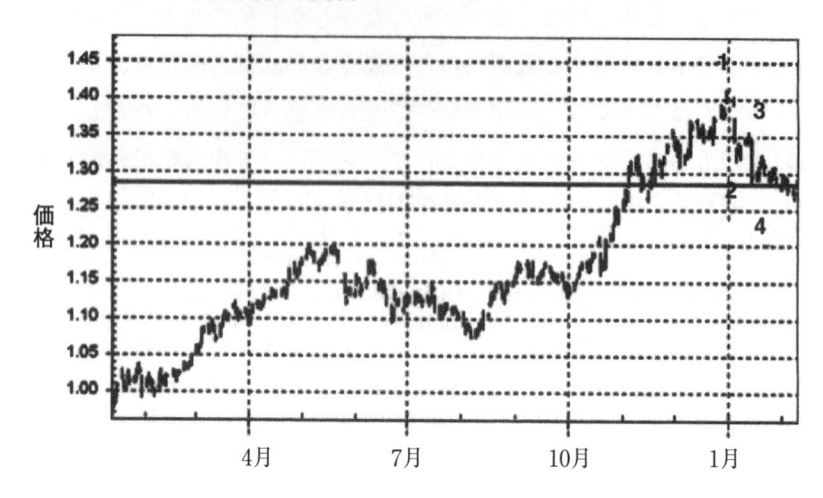

ばい期間に突入してちゃぶつきを多発させることが多い。ただし、このアプローチは正しいストップ、手仕舞い、ポジションサイジングを併用すればうまくいくこともある。これについてはのちほど議論する。

まとめ

- トレーディングシステムのなかで多くの人が最も重視するのが仕掛けの部分だが、これは見当違い。そのため、本当に重要な部分を見落としてしまう。しかし、リスク・リワード・レシオを変えることなく仕掛けのタイミングでトレーディングの信頼度を向上させることができるのであれば、仕掛けもまんざら無視はできない。
- ランダムな仕掛けのシステムでもお金儲けは可能。事実、ランダム

な仕掛けを大幅に上回る信頼度の高い仕掛けのテクニックはほとんどない。特に20日以上にわたってランダムな仕掛けよりも高い信頼度を示す仕掛けのテクニックは皆無と言ってもよい。
● 優れた仕掛けの指標としては次のものが挙げられる。
　● 40日を上回る日数のチャネルブレイクアウト。
　● アベレージトゥルーレンジのおよそ0.8倍に相当するボラティリティブレイクアウトが1日で発生。これは市場予測家にとっては特に有効な指標。
　● 明確なトレンドが形成されているときに、ADXが1日(あるいは2日)で大きく動く。
　● マーケットの速さがトレンドの向きに増していることを示す指標。
　● 適応型移動平均線が向きを変え、フィルターであらかじめ決めておいた距離だけ動く。
　● メジャートレンドとは逆方向に高値や安値を更新したあと、再びトレンドの方向に戻ることを示すオシレーター。
● いろいろなシステムでよく使われる仕掛けのテクニックについて議論するとともに、いくつかのケースでは改善点についても議論した。

第10章

抱え込むべきときを知れ──あなたの資産を守るには
Knowing When to Fold 'Em : How to Protect Your Capital

　プロテクティブストップはいわば赤信号のようなものだ。赤信号を無視して進むこともできるが、あまり賢いやり方とは思わない。赤信号になるたびに無視して進めば、目的地に到達するのが遅くなるばかりか、無事に行き着けない場合もある。
　──リチャード・ハーディング（われわれのシステム開発セミナーでの談話より）

　私が開いたあるセミナーでのこと。参加者のひとりに、非常に落ち込んでセミナーに集中できない人がいた。彼の落ち込みの原因は、最近の株式トレードで被った大きな損失だった。その前年の前半はすこぶる好調で、年金口座は40万ドルから130万ドルに一挙に増加した。すでにセミナーへの一部参加を決めていた彼は、その素晴らしい投資家ぶりを私に披露することができるはずだった。ところが、セミナーの２週間前、保有していた株の多くが大暴落し、口座資産は70％も減少したのである。下落した株のなかには、200ドルを超える株価が50ドルにまで下落したものがあり、下げた時点で売ったので大きな損失を出した。セミナーに参加したとき、その株の株価は60ドルまで戻していた。つまり、彼は大底で売ってしまったわけである。

この話がきわめて例外的な話ならいいのだが、そうではないようだ。人々はちょっとした耳寄り情報や目新しい流行の仕掛けのテクニックでマーケットに参入する。そしてポジションを建てたが最後、いつどのように手仕舞いすればよいのかがまったく分からないのだ。損を打ち切るにせよ利食いするにせよ、市場で儲けられるかどうかは手仕舞いにかかっている。トレーディングの黄金律はご存知のように、

損切りは早く、利食いは遅く（損小利大）

である。この黄金律は手仕舞いのことを言っているのだと私は思う。ジョン・スウィーニーはその著書『キャンペーン・トレーディング（Campaign Trading）』のなかで次のように述べている。

> 子供のころ、ベッドの下や暗いクローゼットのなかをのぞくのは幽霊が出てきそうで怖かった。それと同じように、損失を見てそれを認めるのは恐怖である。幽霊に出会わないためにはカバーの下に隠れていればよかった。トレーディングで損失を出さないようにするためには、何らかの防御手段を使えばよい（それなのに、「そのトレーディングルールはまったくダメだ！」とまるで仕掛けの戦略が損失を出したかのような言い方をする人が多い）。

つまり何を言いたいのかというと、トレーダーとして成功したいのなら負けトレードは直ちに損切りしろ、ということである。ほとんどの人は仕掛けやセットアップのことばかりを考えるが、それでは成功はおぼつかない。トレードで成功するために重要なのは、手仕舞いとポジションサイジングの達人になることなのである。

仕掛けるときにいつ手仕舞うかを確実に計画できるようになるまでは、トレーディングシステムを持っているとは言えないのである。最

悪の事態における手仕舞い、つまり資産を守るための手仕舞いは事前に決めておかなければならない。加えて、どのように利食いし、どのように利を伸ばすかについても事前に考えておくべきである。これらについては第11章で詳しく解説する。

最後に、プロテクティブストップについて語った伝説的トレーダーたちの言葉をいくつか紹介しておこう。

> 仕掛けるときにいつ手仕舞うかを確実に計画できるようになるまでは、トレーディングシステムを持っているとは言えない。

ウィリアム・オニール　「株式市場で勝つための秘訣は、間違っているときにいかに損失を少なくできるかである」

ジェシー・リバモア　「投資家はビッグギャンブラーだ。大金を賭けたら、あとは結果を待つばかり。そして賭けが間違っていれば、賭けた金のすべてを失う」

ストップとは何か

損切りストップを置くということは、2つの重要なことをしていることになる。ひとつは、許容できる最大損失（リスク）の設定である。この初期リスクのことをRと呼ぶ。これは第7章の期待値のところで述べたように、R倍数を決定するうえでの基礎となるものである。このRは、トレーダーや投資家ならば必ず理解しておくべき概念だと私は思っている。Rとは、自分の資産を守るために手仕舞いをしなければならないときに発生すると思われる1トレード当たりの損失額のことである。ポジションを建てるときにRをあらかじめ決めていなければ、ギャンブルにお金を投じるのと同じことである。

トレードを何回も繰り返した場合、平均損失はストップを上げていく戦略にもよるが、Rのおよそ半分、つまり0.5Rになることが分かってくるだろう。ただし、マーケットはあなたを見放す場合もあり、そのときの損失は2Rや3Rにもなることがあるかもしれない。願わくば、こういった大きな損失にはあまり遭遇したくはないものだ。

> Rとは、自分の資産を守るために手仕舞いをしなければならないときに発生すると思われる1トレード当たりのリスク量のことである。ポジションを建てるときにRをあらかじめ決めていなければ、ギャンブルにお金を投じるのと同じことである。

それでは具体例で考えてみよう。例えば、トウモロコシのポジションを建て、日々のボラティリティの3倍のところに損切りストップを置くとする。日々のボラティリティがおよそ3セントだとすると、これに倍率の5000（1枚5000ブッシェル）を掛けると150ドルになる。したがって、損切りストップ値は1枚当たり、150ドル×3＝450ドルになる。平均損失がこの半分（0.5R）だとすると、このトレードがうまくいかなかったときの損失は225ドルということになる。

次に、株式の例を見てみよう。ABCD社の株を100株買うとする。今の株価は48ドルである。日々のボラティリティはおよそ50セントで、1株当たりの損切りストップはその3倍の1.50ドルに設定する。つまり、株価が46.50ドルに下落したら損切るということである。これはそれほど大きな下落ではないので、損失は100株当たりわずか150ドルで済む（この種のトレーディングは、たとえディスカウントブローカーを使ったとしても手数料が高いためなかなか儲けが出なかった。しかし最近はネットトレーディングの普及によって手数料が下がったため、やりやすくなった）。

損切りストップを置くときにあなたが行っているもうひとつの重要なことは、それ以降の利益を測るうえでの目安となるベンチマークの設定である。トレーダーとしてやるべき最も重要なことは、R倍数の大きな利益を得るためのプラン作りである。例えば、優れたトレーディングシステムといえども、10Rや20Rの利益を多数生み出す必要はない。トウモロコシの場合、2250ドルや4500ドルの利益が1回出せれば十分である。こういった大きな利益が何回か出れば、225ドルの損失を何回出しても持ちこたえることができる。

R倍数については期待値についての章ですでに述べたが、これは成功するためにきわめて重要な概念なのでここでもう一度説明しておこう。R倍数の重要性を念頭に置いたうえで、先ほどの株式トレードの例をもう一度見てみよう。あなたは48ドルの株を100株買い、株価が46.50ドルになったら損切りしようと思っている。ここで、例えば株価が20％上昇するまでポジションを保持することを考えてみよう。株価の20％の上昇は金額で言えば9.6ドルに相当する。つまり株価が57.6ドルになるまでポジションを保持するわけである。これは、960ドルの利益機会を得るために150ドルのリスクをとることを意味する。960ドルはおよそ6Rの利益に相当する。これは十分に可能な額である。

ネットトレードでない場合、損益に関係なく手数料とスリッページとして30ドル以上のコストがかかる。したがってコストを加味した場合、930ドル（960ドル－30ドルのコスト）の利益機会を得るのに180ドル（150ドル＋30ドルのコスト）のリスクをとることになる。この場合の利益は5.17Rである。これでRのことはご理解いただけただろうか。Rで考えるということは、トレードを行ううえで最も重要な概念のひとつである。Rで考えることができるようになれば、市場へのアプローチ方法は変わってくるはずだ。この第2版で追加された第12章を読めば、仕掛けを考えるたびごとにそのトレードのリスク・リワード・レシオを考えるという習慣が身につくはずである。

ところで、48ドルで100株買ったとき、投資した4800ドルが全額リスクにさらされていると考える人は多い（人々のこういった考え方を助長しているのが証券取引所である。取引所は保証金が50％になればすぐに不足分の差し入れを要求し、投資した資金をすべて失うおそれがあることを人々に教えこんでいる。取引所のこういった行為が正当化されるのは、ほとんどの人はトレードプランを持たないうえ、損をするのが当たり前だと思い込んでいるからだ）。しかし、しっかりとした手仕舞いプランを持ち、それを実行することができれば、投資した資金が全額リスクにさらされることはない。損切りストップを置くことで初期リスクであるRは設定できる。**しかし、トレーダーとしてやるべき最も重要なことは、R倍数の大きな利益を得るためのプラン作りである。換言すれば、トレーダーとして目指すべきゴールのひとつは、R倍数の大きなトレードを生み出すことなのである。**

　前述したように、損切りストップの第一の目的は、許容できるリスク量、すなわち初期Rの設定である。R値を小さくすればR倍数の大きな利益を得ることができるが、ストップ幅をきつくすれば負けトレードになる確率も大幅に上昇し、したがって仕掛けのテクニックの信頼度は低下する。ランダムな仕掛けシステムの勝率はおよそ38％だったのを覚えているだろうか。本来は50％のところだが、12％低くなっているのは取引コストとストップ（たとえ緩めのストップであったとしても）によって損を出す確率が高まったためである。ストップの幅をきつくすれば、あなたの有利な方向に大きな動きが発生する前にストップに引っかかる可能性が高まるため、勝率はさらに低下する。ストップに引っかかってもすぐに別の仕掛けのシグナルでマーケットに戻ることはできるが、こういったことを繰り返せば取引コストがかさむ。

　したがって、損切りストップを設定するうえでは何らかの基準を設けることが重要になる。基準としては次のようなものが挙げられる

——①あなたの仕掛けのテクニックはランダムな仕掛けと大差がないことを前提とし、ストップ幅は市場ノイズよりも緩く設定する、②勝ちトレードでの最大逆行幅を求め、その値の一定比率をストップ幅として用いる、③R倍数の大きな勝ちトレードが得られるようにストップ幅をきつくする、④あなたの仕掛けの概念に合ったストップを用いる。これらの基準は単体で用いてもよいし、複数を組み合わせてもよい。それではこれらの基準をひとつずつ見ていくことにしよう。

ノイズより大きい設定幅

　マーケットの日々の動きはノイズとみなすことができる。例えば、価格が1ポイントか2ポイント動いた場合、それは少数のマーケットメーカーが注文を「誘発」した結果なのか、活発な商いが行われた結果なのかは分からない。たとえ、活発な商いが行われた結果であったとしても、活発な商いがこれからも続くかどうかは分からない。したがって、マーケットの日々の動きはほとんどの場合ノイズとみなすのが妥当であり、ストップはこういったノイズの幅の外側に置くほうが無難だろう。

　しかし、ノイズの幅はどうやって見積もればよいのだろうか。ストップを置く場所を決めるのに、トレンドラインを用いる人もいる。例えば、**図10.1**は株式の売りポジションに対する適切なストップ水準を決めるのに用いられたトレンドラインを示している。ストップの設定には、支持線や抵抗線を用いることもできる。例えば、テクニカルトレーダーがその株は56.50ドルでサポートされていると思ったら、その水準で何かが起こり（つまり、サポートされ）、その株がその水準より下落しないようにしていることを意味する。短期トレーダーの場合、価格がその支持線を上回ったら買い、支持線の位置（56.50ドル）にストップを置く。

図10.1　下落相場でストップを置くのにチャートを利用した例

モンテレー・ホームズが下降トレンドにあることは明らかだが、56.50ドルの位置でサポートされている。この水準をいったん下回ったら、どんどん下落していくことが予想される

売りの場合はこのトレンドラインを目安にストップを置く

56.50ドルに強力な支持線がある

　しかし、価格が56.50ドルを下回ったらどうなるのだろうか。これはもはやサポートされていないことを意味するため、どんどん下がっていくしかないとテクニカルトレーダーは言うだろう。この場合、56.50ドル水準は一転して抵抗線になる。そして、売ったトレーダーたちは買い戻しのためのストップをその位置に置く。

　図10.2は長期にわたって上昇トレンドにあるブラジルのETFを示したものだ。こういった局面では、トレンドフォロワーは間違いなく買いポジションを建て、トレンドラインや理論的支持線にストップを置くだろう。

　この戦略の問題点は、だれもがストップの置かれた位置を知っていることである。ストップはトレンドラインや支持線・抵抗線の位置に置かれるのが一般的だからである。そのため、マーケットがいきなり反転し、元のトレンドの方向に戻る前にストップが次々とヒットしてしまうといったことが往々にして起こる。

図10.2　チャートを利用して上昇トレンドにある株を選ぶ

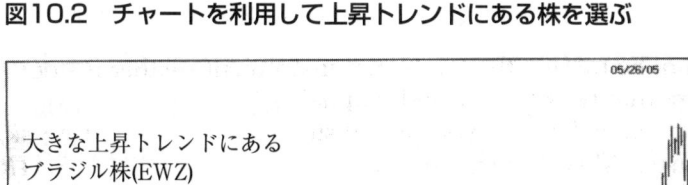

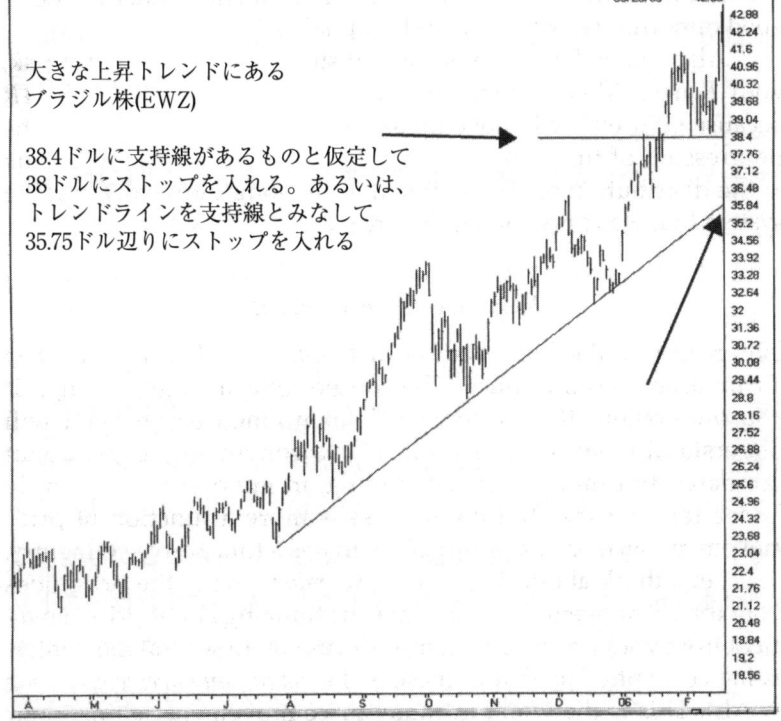

大きな上昇トレンドにある
ブラジル株(EWZ)

38.4ドルに支持線があるものと仮定して
38ドルにストップを入れる。あるいは、
トレンドラインを支持線とみなして
35.75ドル辺りにストップを入れる

　一方、プロテクティブストップは、マーケットにとって「論理的」な位置ではなく、ノイズの外側に置きたいはずだ。ノイズはマーケットの日々の動きで表されるものとする。したがって、1日の動きのほとんどはノイズである。マーケットの日々の動きはアベレージトゥルーレンジによって表される。したがって、日々の動きの過去10日の平均（10日移動平均）を取れば、日々のノイズがどれくらいかおおよその見当はつく。そして、アベレージトゥルーレンジの10日移動平均に2.7と3.4の間の定数を掛ければ、それがノイズの幅を十分に上回るストップを置く位置になる（この方法はJ・ウエルズ・ワイルダーが『ワ

イルダーのテクニカル分析入門』［パンローリング］の中で提唱している）。先物取引を行う長期トレンドフォロワーの場合はこのストップ位置でよいが、ポジションの長期保有を望む株式トレーダーの場合、週次ボラティリティの３倍か、日々のボラティリティの10倍を使うのがよいだろう。

　マーケットから大きく離れた位置にストップを置くことに対して、あなたは「ひとつのポジションにそんなに大きなリスクはとりたくない」と思うかもしれないが、リスクについては別の考え方もある。これはポジションサイジングについての章を読めばよく分かってくるはずだ。ストップは１枚（あるいは１株）当たりのリスクをコントロールするためのものだが、ポジションサイジングはトータルリスクをコントロールするためのものである。したがって、アベレージトゥルーレンジの10倍という緩いストップを使いながら、ポジションサイジングでトータルリスクを資産の0.25％に抑えるといったことが可能になる。つまりポジションサイズを小さくしたり、最小にすれば、ストップの置く位置を緩くしてもリスクはそれほど大きくはならないのである。ポジションサイズを最小にしてもそのリスクが大きすぎるというのであれば、その銘柄はトレードすべきではない。その銘柄はあなたには向かないか、資金不足のいずれかである。

　最初のストップは最悪の場合のリスク、つまりあなたのＲ値である。マーケットの動きと時間の経過に伴ってあなたの手仕舞い水準も動くため、あなたが出す損失の大部分は1Rを下回るはずだ。これについては、**図9.2**に示した長期株式システムの損失分布をもう一度見直していただきたい。

最大逆行幅

テクニカル・アナリシス・オブ・ストック・アンド・コモディティ

ーズ誌の元編集者であるジョン・スウィーニーが考案したのがキャンペーントレーディングという概念だ(最大逆行幅[MAE]については詳しくはスウィーニーの『キャンペーン・トレーディング[Campaign Trading]』を参照のこと)。Rの概念を理解していれば、スウィーニーがキャンペーントレーディングで何を言わんとしているかは分かるはずだ。キャンペーントレーディングとは、トレードで成功するかどうかは、仕掛けそのものよりも、仕掛けたあとの価格変動のほうが重要だということを言っているのではないかと私は思う。

ここで、**順行・逆行(excursion)** という概念について考えてみよう。順行・逆行とは仕掛けた時点からの価格の動きを意味する。仕掛けた時点からの価格変動に注目すると、さらに面白い概念が導き出される。そのひとつが**最大逆行幅(MAE)** である。これは、任意のトレードの最中にあなたが遭遇する可能性のある、あなたのポジションが逆行して日中で最悪の値動き(つまり、日中での最大の含み損)に達することである。最悪のケースは、売っているときにその日の最高値に達したり、買っているときにその日の最安値に達したりする場合だ。

図10.3は買ったときの仕掛け値から逆行した例を示したものだ。チャート上に引いた太線が買いシグナルの価格データに対するMAEである。この場合、MAEは812ドルだが、最初のストップ(ATRの3倍のストップ。非表示)は仕掛け価格から3582ドルの位置にある。したがってMAEはストップ値の25%にも満たない。

図10.4は負けトレードでの逆行を示したものだ。9月23日に85.35で買い、ストップは仕掛け値から5343ドルの位置に置いてある。この場合のMAEは80.9で、潜在的損失は2781.25ドルである。しかし、ストップ値はそれよりも数千ドル離れた位置にある。結局、価格が上昇し、それに伴ってストップ値も上昇し、1168.75ドルの損失を出してポジションを手仕舞う。この位置は、ストップの位置からも最大逆行

第3部 システムの重要な要素を理解する

図10.3 勝ちトレードでのMAE

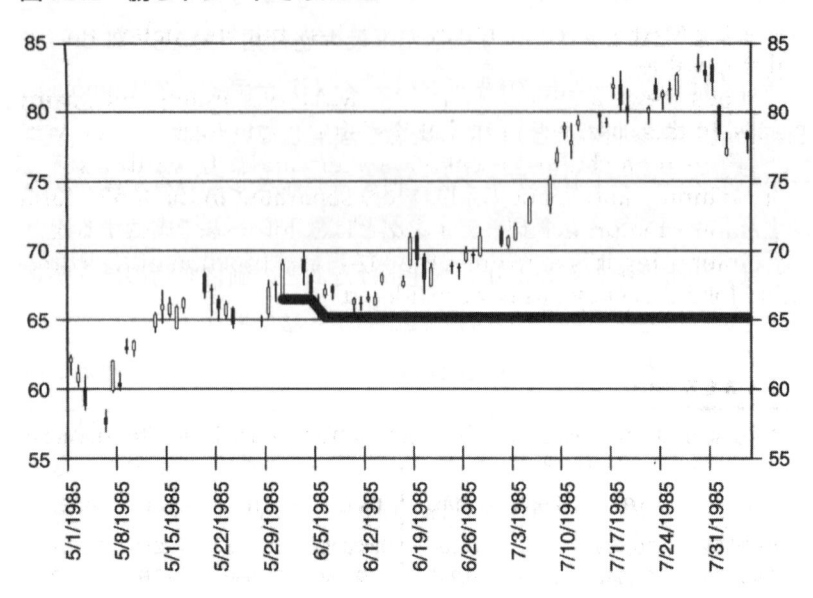

図10.4 負けトレードでのMAE

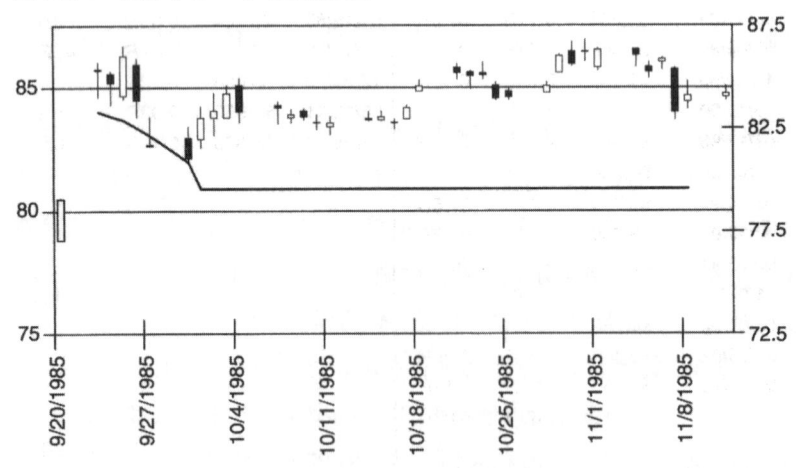

幅である2781.25ドル水準からも大きく離れている。この負けトレードの場合、MAEは最終的な損失額の2倍だが、最初のストップに対してはそのわずか半分である。

　勝ちトレードと負けトレードのMAEを表にしてみよう。用いたデータは、チャネルブレイクアウトシステムとATRの3倍の位置にストップを置いた英ポンドの7年間にわたるトレード結果である。表の左側が勝ちトレード、右側が負けトレードのデータを示している。ジョン・スウィーニーは気づかなかったようだが、MAEをRの倍数として表すと興味深い事実が明らかになる。

　これはサンプル数の少ないひとつの例にすぎず、このテクニックの使い方を説明する以上の意図はないことを先に断っておく。表の勝ちトレードと負けトレードの違いに注目しよう。勝ちトレードにはMAEが0.5Rを上回るものはひとつもなく、MAEが0.33Rを上回るものは24トレード中わずか3トレード（勝ちトレードの12.5％）である。これに対して、負けトレードの場合、66.7％のトレードのMAEは0.33Rを上回り、そのうちのおよそ半数は0.5Rを上回っている。ここであるパターンが見えてきはしないだろうか。勝ちトレードの場合、平均利益は1.65Rで平均MAEは0.14Rである。これに対して負けトレードの場合、平均損失は0.63Rで平均MAEは0.5Rである（損失が1RやMAEよりも大きい場合があるが、これはスリッページと手数料によるもの。さらに、ストップがあなたに有利な方向に動き始める前のトレードの初期段階でMAEが発生すれば、MAEは最終損失額よりも大きくなることもある）。

> **良いトレードはあなたの不利な方向に大きく動くことはない。**

　こうして集計したデータを見てみると（ただし、ストップ幅は十分広く設定するものとする）、勝ちトレードのMAEはほとんどの場合、一定値を超えないことが分かってくるはずだ。つまり、**良いトレード**

表10.1 Rで表した勝ちトレードと負けトレードのMAE──英ポンド

日付	1R	利益	MAE	日付	1R	損失	MAE
03/25/85	$6,189	0.70R	0.00R	09/23/85	$5,343	0.22R	0.52R
05/31/85	$3,582	1.83R	0.23R	11/21/85	$1,950	0.13R	0.14R
02/24/86	$3,993	0.05R	0.33R	01/22/86	$4,386	2.61R	0.33R
09/22/86	$2,418	0.44R	0.14R	04/17/86	$3,222	0.22R	0.23R
12/19/86	$975	5.49R	0.13R	05/20/87	$1,593	1.18R	1.18R
02/23/87	$1,764	0.36R	0.00R	09/01/87	$2,175	0.43R	0.43R
10/26/87	$4,593	2.16R	0.00R	02/05/88	$2,532	1.10R	1.10R
06/28/88	$2,814	2.68R	0.40R	03/02/88	$2,850	0.09R	0.09R
10/12/88	$2,244	3.36R	0.04R	02/18/88	$3,582	0.61R	0.66R
03/01/89	$3,204	0.11R	0.10R	01/19/89	$3,264	0.56R	0.59R
05/08/89	$2,367	2.54R	0.23R	09/15/89	$6,765	0.47R	0.47R
12/20/89	$1,839	3.70R	0.03R	12/24/90	$3,804	0.72R	0.72R
05/15/90	$1,935	4.09R	0.50R	06/12/91	$2,559	0.03R	0.05R
07/18/90	$3,420	2.03R	0.31R	03/04/92	$2,859	0.45R	0.50R
10/05/90	$4,254	0.71R	0.02R				
01/24/90	$3,759	0.00R	0.15R				
03/15/91	$3,750	1.46R	0.03R				
09/06/91	$2,934	0.46R	0.13R				
11/07/91	$4,794	0.00R	0.00R				
05/01/92	$1,980	0.73R	0.07R				
06/05/92	$2,460	1.94R	0.06R				
08/21/92	$2,850	0.28R	0.18R				
09/15/92	$6,915	2.89R	0.03R				
		1.65R	0.14R			0.63R	0.50R

はあなたの不利な方向に大きく動くことはないということである。

　市場は常に変動するためMAEを常にチェックすれば、当初の計画よりもはるかにきついストップを置けることが分かるはずだ。**表10.1**から分かることは、3ATRストップよりも2ATRストップのほうがはるかに効果的だったということである。2ATRストップを使っていれば、勝ちトレードのいずれもストップに引っかかることはなかったはずだし、負けトレードのなかにも損失額が減少できたものもあったはずであり、その結果、R倍数をもっと大きくできたはずだ。これはカーブフィットした事後のデータを見て得られた結果にすぎない

が、一般に、ストップ幅をきつくしたほうが、損失額は減少し（ただし増加するものも少数ではあるが存在することもある）、勝ちトレードのR倍数は増加する。

きつめのストップ

きつめのストップを置くというのは、例えば、マーケットが大きく動くことが予想され、実際にその予想どおりに動き始める、といった一定の条件が満たされたときである。あるいは、短い時間枠のチャートを見ているときにもきついストップを使うことができる。きついストップの使用を許容するようなトレーディング手法を使っているのであれば、大きな利点がいくつかある（ただし、ストップは自分の損失許容量の倍数でもあることを忘れてはならない）。第一に、損切りしたときの1枚（あるいは1株）当たりの損失額を小さくできる。第二に、損失額が小さいので大きな動きをとらえる機会が増える。そして第三に、そういった大きな動きをとらえられれば、R倍数の大きな利益が得られる。

しかし、きついストップには欠点もある。ひとつは、システムの勝率が低下すること。ストップをきつくした場合、利益を得るためにはトレード回数を増やさなければならないからである。そして、これはトレーダーや投資家に共通して言えることだが、小さな損失を何回も出すのが嫌だとすれば、きついストップはその人にとって不利に働くことになる。

そして第二に、ストップをきつくすれば、取引コストが劇的に増加する。マーケットのプロたちは、あなたが何をしようと自分たちだけは儲けられるようなシステムを持っているからだ。取引コストがビジネスコストに占める割合は非常に大きい。マーケットメーカーはビッドとアスクの差で稼ぎ、ブローカーは手数料で稼ぐ。投資信託に投

> システムのなかには、何年にもわたって取引コストとさほど変わらないような利益しか出さないようなシステムが多い。

資すれば、投資信託は投資額に応じた手数料を取って稼ぐ。事実、システムのなかには、何年にもわたって取引コストとさほど変わらないような利益しか出さないようなシステムが多い。私のアクティブなトレーディングシステムを例に見てみると、このシステムは2004年に取引コスト差し引き後で30％のリターンを上げたが、取引コストは依然として初期口座資産のおよそ20％を占めていた。トータル利益の40％は取引コストに消えたので、私が実際に得た利益はトータル利益のわずか60％である。マーケットに出たり入ったりをいつも繰り返していれば、利益は取引コストに食いつぶされて、しまいにはゼロになってしまうだろう。小さいサイズでトレードする場合には1トレード当たりのコストが高くなることに十分注意しなければならない。

　損切りした場合の損失を小さく抑えられるとすれば、そんな素晴らしいことはないと、だれもが思うに違いない。しかし、それには大きな動きを取り損なうというリスクが伴う。大きな動きを取り損なえば、次のシグナルで再びマーケットに戻るしかない。この戦略には3～5回の連敗が付き物だが、多くの人はこの連敗に耐えられない。ここで、1回の損切りで100ドルの損失が出ると仮定しよう。5回連続して100ドルの損失を出したあと、マーケットは突然あなたの思惑どおりの方向に動き始める。そして1週間後、20R（2000ドル）の利益を出して利食いをする。この場合、負けトレードは5回で、勝ちトレードはわずか1回だ。つまり、あなたが「正しかった」のは全体の17％弱にすぎない。勝率が低いことを問題視する人は多いが、この6トレードからは1500ドルからスリッページと手数料を引いた額の利益が得られたのである（スリッページと手数料を合わせた額を1トレード当たり100ドルとすると、1500ドル－600ドル＝900ドルが利益になる。し

がって、20Rの利益はコストを差し引くと9Rになったわけである。この例からも分かるように、短期トレーダーは常に取引コストを考えながらトレードしなければならないのである。短期トレードで成功するかどうかはコストをいかに抑えられるかにかかっていると言っても過言ではないだろう)。

　ここではどういったことが起こっているのだろうか。それを理解することが大切だ。例えば、緩いストップとしてATRの３倍のストップを使ったとしよう。ATRの３倍はここでは600ドルと仮定する。マーケットの読みが正しかったとすると、ストップに引っかかることはなかったはずだ。その結果、１回のトレードで3.33Rの利益、つまり2000ドルを得たことになる。しかし、スリッページと手数料分の100ドルを差し引けばトータル利益は1900ドルになる。前の例では、損失とスリッページと手数料を差し引くと利益は1500ドルからわずか900ドルに減少した。

　600ドルのストップを使い、２回目のトレードで利益が出たとすると、100ドルのストップを置いた場合よりもまだマシだ。この場合、１回の勝ちトレードで2000ドルの利益を得るが、１回の負けトレードで600ドルの損失が出るので、正味利益は1400ドルだ。スリッページと手数料分の200ドルを差し引いても正味利益は1200ドルである。利益を得るまでに６回トレードしなければならなかった最初の例よりも利益はまだ多い。しかし、スリッページと手数料を考慮しなければ、こういう結論は出せなかったはずである。

　600ドルのストップを使った場合、負けの回数が多ければ収益性は劇的に低下する。例えば、2000ドルの利益を得るまでに２回ストップに引っかかれば、正味利益はわずか500ドルになる。３回ストップに引っかかれば、正味利益は－200ドル、つまり200ドルの損失である。

　これら３つの例を取り上げて私が言いたかったのは、プロテクティブストップは軽く考えてはいけないということである。ストップ値は

自分の目標と性格とをよく考慮したうえで、慎重に決めなければならないのである。

適切なストップを用いる

どういった種類のストップを用いるかを選ぶうえで最も重要なのは、自分の目標、用いている概念の性質、自分の性格を考えた場合、その種類のストップを使うことが適切であるかどうかである。ここでは、別の種類のプロテクティブストップとそれが内包する問題点について見ていくことにしよう。

ドル価ストップ

ドル価ストップの使用を提唱するトレーダーは多い。ドル価ストップは、1トレード当たりの許容損失額が金額で計算でき、その値をストップとして事前に設定できるため、心理的な安心感があることは確かだ。これに加え、ドル価ストップにはテクニカル面での長所もいくつかある。第一に、こういったストップは他人が予測できない。あなたがどこで仕掛けたのかはほかの人にはほとんど分からないため、あなたのストップが1500ドル離れた位置に置かれているのか1000ドル離れた位置に置かれているのかは、彼らには分からない。第二に、このストップはMAEを上回っていれば良いストップになる。これは非常に簡単で、MAEを金額で計算し、ストップはMAEを少し上回る位置に置けばよい。

ところが、このストップとポジションサイジングを混同して、ポジションサイジングをまったく無視してしまうトレーダーもいる。彼らは、例えば資産の1％のリスクをとろうと思った場合、資産が10万ドルだとすると、ストップを1000ドル離れた位置に置き、これをマネー

マネジメントストップと呼ぶのである。何も分かっていないとしか言いようがない。

ドル価ストップを使う場合に注意しなければならないのは、ポジションサイジングと混同しないようにするということである。ポジションサイジングはシステムで最も重要な部分であり、そのシステムでいくら稼げるかはポジションサイジングによって決まると言ってもよい。マネーマネジメントストップを設定するといった愚かなことをしたばかりに、システムで最も重要な部分を見落としてしまうといった間違いを犯さないように、くれぐれも注意したい。

パーセントリトレースメント

仕掛け値から一定のパーセント上昇した位置や下落した位置にストップを置く人もいる。これは株式トレーダーがよくやる方法だ。例えば、30ドルで株を買い、10％下落した27ドルで損切りしようと思っている場合などがそうだ。この10％リトレースメントを使えば、10ドルで買った場合は9ドル、100ドルで買った場合は90ドルがストップの位置になる。

この方法は用いるパーセンテージをMAE分析に基づいたうえで決めるのなら有効だが、適当に決めてしまえば不本意なストップに引っかかって得られるはずの利益をみすみす棒に振ってしまいかねないので注意が必要だ。

ボラティリティストップ

ボラティリティストップは、ボラティリティがある程度の市場ノイズを表しているという考え方を前提とするものだ。したがって、ATRの数倍をストップの位置として使えば（本書では以前、ストッ

プの位置としてATRの３倍を使った例を紹介した）、市場ノイズの外側にストップを置けるので有効なストップになる。私の経験から言えば、ボラティリティストップは最良のストップのひとつである。

デブストップ

「デブストップ（dev-stop）」とは、シンシア・ケイスがその著書『トレーディング・ウィズ・ジ・オッズ（Trading with the Odds)』のなかで初めて使った言葉で、彼女は同書の１章分をこの議論に当てている（デブストップはシンシア・A・ケイスが著作権を持つ指標である。詳しくはシンシア・ケイスの『トレーディング・ウィズ・ジ・オッズ』を参照のこと）。価格が正規分布を持つ場合、平均値を中心として±１標準偏差の範囲内にある価格は全体のおよそ67％で、±２標準偏差の範囲内にある価格は全体のおよそ97％である。しかし、市場価格は通常は正規分布を持たず、右側に片寄っている場合が多い。したがってこの片寄りを補正するためには標準偏差に若干の調整――１標準偏差はおよそ10％、２標準偏差はおよそ20％――が必要になる。

デブストップは、アベレージトゥルーレンジの標準偏差をストップ値とするものだ。まず、過去30日のアベレージトゥルーレンジを計算し、その標準偏差を算出する。そして、アベレージトゥルーレンジ＋１標準偏差＋10％（調整ファクター）や、アベレージトゥルーレンジ＋２標準偏差＋20％（調整ファクター）をストップ値として用いる。

チャネルブレイクアウトストップと移動平均線ストップ

チャネルブレイクアウトや移動平均線は仕掛けとして用いる以外にも、ストップとして用いることもできる。私は個人的には、この種のストップはアベレージトゥルーレンジやMAEをベースにしたストッ

プほど効果的ではないと思っているが、完全を期すために簡単に説明しておくことにする。

　移動平均線クロスオーバーは昔からよく使われてきた仕掛けのテクニックで、これについては第9章で詳しく説明した。2本の移動平均線を使っている場合、ドテンでの手仕舞いが基本だ。つまり、あるポジションが建っているときに短期の移動平均線が長期の移動平均線をクロスしたら、今のポジションを手仕舞うと同時に、反対方向に新たなポジション（クロスの方向によって買いか売り）を建てるということである。このシステムでは常にポジションが建っている状態になるため、ちゃぶつきが多発するという問題があるのは言うまでもない。

　この問題点を解消するためにR・C・アレンが普及させたのが3移動平均線システムである。このシステムでは、2本の短期の移動平均線と長期の平均線とのクロスを仕掛けのシグナルとする（これについてはチャールズ・ルボーとデビッド・W・ルーカスの共著『**マーケットのテクニカル秘録――独自システム構築のために**』［パンローリング］を参照のこと）。この場合、最も短期の平均線が最も上（または下）にあるので、その平均線が次に短期の移動平均線をクロスしたらそれがストップシグナルになるが、最も短期の移動平均線と次に短期の移動平均線の両方が長期の移動平均線をクロスするまでドテンシグナルは出ない。

　チャネルブレイクアウトについても第9章で議論した。チャネルブレイクアウトシステムでは、例えば過去40日の高値を更新したら仕掛ける。ストップもチャネルがブレイクアウトしたときで、例えば過去20日の安値を更新する地点にストップを置く。このシステムの利点は、ノイズのずっと外側にストップを置くことができる点であり、有名なトレーダーたちがよく使っている手法でもある。しかし、このストップは最悪の場合でも利食いを行うプロテクティブストップにもなっているため、利益の多くを市場に返してしまうケースが多いという重大

な欠点もある。

タイムストップ

　トレーダーや投資家のなかには、ポジションがすぐに思惑どおりに動かなければ、将来的にも思惑どおりに動く可能性は低い、と考えている人が多いようだ。そこで、よく用いられるようになったストップがタイムストップというものである。タイムストップとは、一定時間内に利益が出なければ（あるいは、あらかじめ決めておいた水準を上回る利益が出なければ）手仕舞いするというものである。

　毎日をまったく新しい日と考える、と言ったある偉大なトレーダーがいる。つまり、その日にそのトレードがうまくいく十分な根拠がなければ、すぐに手仕舞う、ということである。彼が使ったのはまさにこのタイムストップである。

　タイムストップを使うかどうかは本人の考え方次第である。あなたが長期トレーダーで、予想したとおりの大きな動きが起こったときにマーケットに戻る方法を持っていないのであれば、タイムストップは使うべきではない。一度、手仕舞いしたポジションに再び戻れないような人もタイムストップは使うべきではない。一方、短期トレーダーの場合、タイムストップはツールボックスにぜひとも加えておきたいツールである。

　タイムストップを使う前に注意したいのは、あなたの使っている時間枠でタイムストップが有効に機能するかどうかをチェックしておくということである。デイトレーダーならさしずめ10分タイムストップ、長期投資家なら１カ月タイムストップ、といったところだろうか。例えば、３日タイムストップを使おうと思った場合、実際に使う前にその効果を確認する必要がある。具体的には、３日以内に利益が出なくてその後に利益が出るといったポジションがどれくらいあるか、を調

べるわけである。十分な数のサンプルを調べた結果、大きな動きを逃す可能性が高いことが判明した場合は、そういったタイムストップは使わないようにする。しかし、そのタイムストップを使うことで全体的に損切りが早くなったり、あるいは損失を出さずに済んだりすることが判明した場合は、そのタイムストップを使ったほうがよい。

裁量ストップと心理ストップ

市場を直観的に感じ取れる能力のある人は、裁量ストップ（タイムストップもこのひとつに含まれる）も検討してもよいだろう。優秀なプロトレーダーの多くは裁量ストップを使っているが、アマチュアトレーダーやトレード初心者にはこのストップは勧めない。

これに対して心理ストップはどのプレーヤーにも有効だ。ポジションの長期保有（最低１年間）を考えていないかぎり、心理ストップはひとつの選択肢になる。長期保有者同様、長期のトレンドフォロワーの場合も、ひとつの良いトレードがその年の利益のすべてを稼ぐ場合があるので、心理ストップは向かない。心理的に不安定になっているときは、休暇を取るのがよい。休暇を取らない場合は、ビッグトレードがやってきたときに心理ストップを使う。

トレーディングで最も重要な要素——つまり、人間であるあなた自身——が100％完全でないときはだれにでもある。こういったときは、マーケットから離れたほうが無難である。例えば、①離婚や大事な人との別れ、②大事な人が亡くなったり入院したりする、③子供が生まれてライフスタイルが激変する、④家やオフィスの引っ越し、⑤精神的に疲れ果てている、⑥裁判ざたに巻き込まれる、⑦一晩でポジションを２倍にするほどエキサイトしている、しかも市場がまったく動いていないときでもポジションを２倍にするほどエキサイトすることさえある——といった心理状態のときは非常に危険だ。こんなときは、

今建てているポジションはすべて仕切ってしまうことだ。こういった心理ストップは最も重要なストップのひとつである。長期トレーダーの場合を除き、心理ストップは今日からでも導入することを勧める。

よく知られているシステムで使われているストップ

株式市場システム

ウィリアム・オニールのCANSLIM

ウィリアム・オニールはマーケットを基にしたストップの使用は勧めていないが、株価が7～8％逆行したら直ちに手仕舞うことを勧めている。これは先ほど説明した「パーセントリトレースメント」の範疇に属する。オニールの7～8％は意味的には株価の7～8％リトレースメントと同じである――資産の7～8％ではないことに注意。したがって、例えば株を20ドルで買ったとすると、20ドルの7～8％、つまり1.40～1.60ドル下落したらすぐに損切りする。100ドルで買った場合は、7～8ドル下落したらすぐに損切りする。つまり、人が許容できる最大損失は7～8％、というのが彼の考え方である。実際には平均損失は5～6％に抑えるのが理想と彼は言っている。

オニールのストップに関するガイドラインは株式トレード手法を提唱するほかのだれのものよりも優れているが、改善の余地はあると私は思っている。つまり、マーケットを基にしたストップを使ったほうがもっと良い結果が出せるということである。具体的に言えば、オニールのシステムを使ってMAEを計算するのである。おそらくはさまざまな価格レンジに対する計算が必要になるだろうが、MAEの計算結果から、株価が25ドル未満の低位株で最高の買い方ができたときには1ドル以上逆行することがほとんどないことが分かれば、ストップを1ドルに設定する。あるいは、100ドルの株でも良い買い方ができ

たときには２ドル以上逆行することがほとんどないことが分かるかもしれない。このような場合、株価が高いだけにR倍数の非常に大きな利益が得られる可能性もある。

オニールのシステムでは市場がベースをブレイクしたら仕掛けるため、株価がベースまで戻ったら――あるいは少なくともベースの底まで行ったら――損切りすることを彼は勧めている。あるいは、日々の価格ボラティリティの平均の３倍以上逆行したら手仕舞うという方法を使ってもよいだろう。

ウォーレン・バフェットの投資手法

ウォーレン・バフェットについて書かれた多くの書籍によれば、株をいったん所有したら生涯保有し続けるのが彼のポリシーということである。マーケットは心理的要因によって上昇や下落を繰り返すが、長期保有することでそういった上昇や下落を乗り越えて大きなリターンが得られるというのが彼の考え方のようである。彼が株を長期保有する理由はこれだけではない。税効果は言うに及ばず、マーケットに頻繁に出入りすることで取引コストがかさむのを避けるためでもある。自分が永遠に持ち続けたいと思うような企業を買うこと。それが自分の主な仕事だと彼は考えている。したがって、プロテクティブストップは一見彼には無縁のもののように思える。

> 私は株式市場で金儲けをしようとは思っていない。私が株を買うときには、翌日に市場が閉まったら次に開くのは５年後だという気持ちで買うのだ（フォーチュン誌1983年８月８日号、p.36の記事「ザ・ブル・マーケッツ・ビッゲスト・ウイナーズ」のなかでジェレミー・ゲインが引用したウォーレン・バフェットの言葉）。

こういったバフェットでもたまには売ることもある。プロテクティ

ブストップとはそもそも最悪の事態に陥ったときに資産を守るための手段であることを思い出していただきたい。したがって、バフェットは、投資が自分の基準を満たしているかどうかをチェックするために投資先を定期的に見直さなければならないのは確実だ。投資先を賢明に選択でき、その企業の事業活動をよく理解でき、経営状態が良いかどうかを正しく評価できる場合は、バフェットのような方法もよいだろう。しかし、いかに保守的な長期投資家であっても、最悪の事態を知らせてくれる何らかのシグナルを購入する段階で準備しておくことは必要だろう。例えば、25％ストップといった簡単な方法でもよい。これは、仕掛け値から25％下落したら損切りするというものだ。これが資産の保護につながるのである。

先物システム

ペリー・カウフマンの適応型移動平均線アプローチ

カウフマンはストップの性質を調べているときに興味深いことを発見した。あなたの思惑と逆行する価格変動の大きさに、そういった動きが発生すると思われる回数を掛けた値はいつもほぼ一定値になるというものだ。例えば、5ポイントの動きが20回発生する場合、10ポイントの動きが10回発生する場合、20ポイントの動きが5回発生する場合とでは、ポイントと回数を掛け合わせた値はいずれも100になる。したがっていずれの場合も、損失額は100ポイント＋スリッページと手数料である。この調査の結果、ストップの幅は緩いほうが取引コストを最小限に抑えられるのでよい、とカウフマンは結論づけている。

カウフマンが著書のなかでシステムを検証するとき、ストップについてはいくつかの簡単な概念しか用いていない。ひとつは、損失があらかじめ決めておいたパーセンテージ水準を上回ったらその日の終値で損切りする、というものだ。これはオニールの考え方に似ている。

もうひとつは、反転シグナル（そのトレードが損失を出している場合も含む）が出たら手仕舞う、というものだ。

本章で議論してきた概念は、適応型移動平均線システムの改善に大いに役立つのではないかと私は思っている。例えば、ボラティリティストップやMAEストップ、あるいはデブストップを適用すれば、このシステムのパフォーマンスはもっと上がるのではないだろうか。

ウィリアム・ギャラハーのファンダメンタルトレーディング

ギャラハーがファンダメンタルトレーダーであることは覚えているだろうか。彼がファンダメンタルズを使ってトレードするのは商品先物だ。トレードしようと思っている銘柄が一定方向に動くことがファンダメンタルズで確認できたら、10日チャネルブレイクアウトを使って仕掛ける。彼のストップはいたって簡単で、10日チャネルが反対方向にブレイクアウトしたらポジションを手仕舞いする。

ギャラハーのトレーディングの背景にある考え方は非常に堅牢なものだが、本書で紹介されているストップを使えば、ギャラハーのトレーディングはもっと改善されることに本書をお読みのあなたならもうお気づきのはずだ。

ケン・ロバーツの1-2-3アプローチ

マーケットは9カ月の高値や安値を更新したら1-2-3パターンをたどる、というのがロバーツの考え方であった。マーケットがその高値や安値とは反対方向の高値や安値を更新したら、つまり市場が1-2-3パターンの点2に達したら、それが仕掛けのシグナルになる。ストップはチャート上で見て論理的な位置、すなわち点1をやや超える位置に置けばよい。

ロバーツの手法もまた、統計学的な極値に基づくストップを使えば今よりはるかに改善されるはずだ。この手法の改善に役立つストップ

の候補として挙げられるのは、①ATRの3倍のストップ、②デブストップ、③MAEの推定値やその値をやや上回る位置のストップ——である。

まとめ

- プロテクティブストップは赤信号のようなもの。無視して進むこともできるが、無事では済まされない。
- プロテクティブストップの役割は2つ——①最大許容損失（R）の設定、②それ以降の利益を測定するためのベンチマークの設定。
- トレーダーや投資家として最も重要なことは、R（初期リスク）倍数の大きな利益を得られるようなプラン作りをすること。
- ストップは市場ノイズを上回る位置に置くこと。これは、ストップ値をATRの数倍に設定、デブストップを用いる、MAEを求めてそれを上回る位置にストップを置くことで可能。
- きつめのストップは、R倍数の大きな利益が得られると同時に損失額を最小限に抑えられるという長所があるが、勝率の低下や取引コストの増大という短所もある。したがって、きつめのストップは仕掛けを念入りに計画したときにのみ用いるのが無難。
- そのほかのストップ——ドル価ストップ、パーセントリトレースメントストップ、ボラティリティストップ、チャネルブレイクアウトストップ、移動平均線ストップ、支持線・抵抗線ストップ、タイムストップ、裁量ストップ。各ストップはそれぞれに異なる長所を持つため、自分に合ったトレーディングシステムを設計するためには、自分に合ったストップを選ぶことが大切。
- ストップについてあなたが信じていることは何か。ストップについて自分が信じていることと一致するシステムでなければ、安心してトレードすることはできない。

第11章

利食いの方法
How to Take Profits

突っ張るときと降りるときを心得ろ、そしてやめどきを知れ。
　　──ケニー・ロジャースのヒット曲『ギャンブラー』より

　ジャック・シュワッガーの**『マーケットの魔術師』**（パンローリング）に登場する偉大なトレーダーのひとりがわれわれのセミナーで次のように言った──「トレードのやり方を知りたければ、ビーチに行って波を見よ」。波は浜辺に押し寄せてはまた返す。つまり彼が言いたかったのは、波のリズムに合わせて手を動かせ、ということである。波が近づいてきたらそれを自分のほうに引き寄せ、波が引き始めたらそれを自分から遠ざける。これをしばらくやってみると、波のことが理解できるようになるはずだ。「波との調和感が得られるようになると、トレーダーになるには何が必要なのかが面白いほどに分かるようになるだろう」と彼は言う。波を理解できるようになるためには、波がいつ動きをやめたかが分かるようになることが重要である。
　またあるとき、ある男がオーストラリアからはるばる私を訪ねてきた。彼はコンピューターソフトビジネスで一財産築いた人物で、これからトレーディングシステムの研究を始めたいということだった。彼はトレーディングの本質を学ぶためにアメリカ中を歩き回っていた。

ディナーの席で、彼は自分の持っているトレーディングアイデアを私に丹念に説明した。どのアイデアも申し分のないものだったが、彼の話を聞き終えた私は戸惑いを覚えた。彼の研究はすべて仕掛けのテクニックの発見に向けられていたからだ。どういった手仕舞い方法を使うかや、ポジションサイズの管理の仕方についてはまったく無関心だったのである。少なくとも仕掛けの研究にかけたのと同じくらいの時間を、利食いやポジションサイジングの研究にもかけたほうがよいのではないかとアドバイスすると、彼は気を悪くしたようだった。なぜなら彼は、正しい銘柄を選ぶことこそがマーケットで成功するための秘訣だと信じていたからである。

人々は手仕舞いのことは考えたくないようだ。おそらく手仕舞いではマーケットを支配することができないからだろう。しかし、マーケットを支配したい人にとって本当に重要なのは手仕舞いである。なぜなら、2つの重要な変数——儲けられるかどうかと、いくら儲けられるか——を支配しているのが手仕舞いだからである。手仕舞いは儲かるシステムを開発するうえで最も重要な要素のひとつなのである。

利食いの目的

手仕舞いについては解決すべき問題が多数ある。最悪の事態にならない場合(つまり、ストップに引っかからない場合)、あなたのシステムの仕事はマーケットに返す含み益を極力減らして、最大の利益をもたらすことである。これを可能にしてくれるのが手仕舞いである。

システムがしっかりと仕事をこなすためには「複数」の手仕舞い戦略が必要になる。そして、システムのそれぞれの目的に応じて手仕舞い戦略を使い分けるのがよい。システムを設計するときには、リスク・リワード・レシオをどのように管理するのか、そして本章で述べる利食い戦略を使って利益を最大にするにはどうすればよいのかに常に留

意しなければならない。

　手仕舞いには、最初のストップ以外にもさまざまな種類のものがある。損失は出すが初期リスクを軽減する手仕舞い、利益を最大にする手仕舞い、マーケットに返す含み益を減らす手仕舞い、心理的手仕舞いなどいろいろあるが、明確な境界線が引かれているわけではなく、オーバーラップするものが多い。また用いるテクニックも手仕舞いのタイプごとに複数ある。それぞれの手仕舞いの特徴をよく知り、自分のシステムに合わせてどう調整すればよいかを考えることが大切だ。ほとんどの手仕舞い戦略はあなたのシステムの目標に対して驚くほど高い適応性を持っているはずだ。

損失は出すが初期リスクを軽減する手仕舞い

　第10章で説明した最初のストップは、最悪の事態に陥った場合に資産を守るために設定される損切りラインである。このタイプの手仕舞いは損失は出すものの、損失を最小限に抑えることができる。

時限ストップ
　一般に人々は仕掛けたあとに価格が思惑どおりの方向に動くことを期待して仕掛ける。意味のある仕掛けのシグナルを持っているのであれば、仕掛けてから一定時間たっても利益が出ないときにマーケットからの引き時を教えてくれる手仕舞い手法があると便利だろう。例えば、仕掛けてから２日以内に利益が出ないときは２日目の終値で手仕舞う、というようなものがこれに当たる。こういった手仕舞いは損失は出すものの、ストップに引っかかるという最悪の場合に被る損失よりは損失額は少なくて済む。

　時限ストップのもうひとつの例は、素晴らしい投資アイデアを思いついたが資金がないという場合に役立つものだ。資金はないが最高の

チャンスであることは確かだ。こういった場合、どうすればよいのだろうか。こういった場合は、ポートフォリオのなかで最もパフォーマンスの悪い株の「売り時」である。損失を出している株、あるいは株価が予想どおりに上昇しなかった株を選んで売る。そしてその資金を新たな投資に当てるというわけだ。

トレーリングストップ

　トレーリングストップとは何らかの数学アルゴリズムに基づいて定期的に見直されるタイプのストップだ。ランダムな仕掛けのシステム（第9章を参照）ではわれわれはボラティリティの3倍のトレーリングストップを使った。このストップは毎日見直され、価格が順行した場合にかぎり、その日の終値を基に損切りラインを引き上げたり引き下げたりする。例えば、トレード第1日目が終わった時点で価格が順行しているかボラティリティが低下した場合、損切りラインをその方向に移動させる。損失が出ている場合もあるだろうが、思惑どおりの方向には動いている。したがって、もし逆行してストップに引っかかったとしても、最初のストップほど大きな損失を出さずに済む。トレーリングストップを決める要因としてはボラティリティ、移動平均線、チャネルブレイクアウト、保ち合いなどが考えられるが、この要因はいくつあっても構わない。そして各要因の変数もいくつあっても構わない。具体例については次の項目をご参照いただきたい。

　トレーリングストップで重要なのは、手仕舞いポイントをあなたの有利になるように調整し続ける手仕舞いアルゴリズムを用いるということである。損切りラインを動かしたからといって必ずしも利益が出るとは限らないが、少なくとも損失額は抑えられる。

　トレーリングストップを用いるかどうかは、それまでのトレード結果をじっくり検証したうえで決めるべきである。例えば、損切りラインを動かすことで初期リスクは減らすことができても、利益機会を失

うことが多ければ、トレーリングストップは使わずに小さな損を取ったほうがまだよい。システム開発においてはこの部分は十分注意する必要がある。きつめのストップを使っているシステムの場合、再びマーケットに戻るための戦略を用意しておくことを忘れないようにすることが大切だ。

利益を最大にする手仕舞い

　利益を最大にする（利を伸ばす）ためには、利益の一部をあえてマーケットに返す覚悟も必要だ。事実、システム設計においては、利益を最大にしようと思ったらそれまでに蓄積した含み益の多くをマーケットに返さなければならないという二律背反にぶつかる。賢明で非常に裕福なあるトレーダーはかつて次のように言った――「損をすることを嫌がるようでは金儲けはできない。これは、息を吸うのはいいが吐くのは嫌だというのと同じだ」。このしっかり呼吸することを可能にしてくれるのが、トレーリングストップやパーセントリトレースメントストップを含むさまざまなタイプの手仕舞い手法である。

トレーリングストップ
　トレーリングストップは大きな利益機会を与えてくれると同時に、含み益の一部は必ずマーケットに返さなければならない。あなたが将来的に使うと思われるトレーリングストップの例をいくつか見てみることにしよう。
　そのひとつがすでに述べた**ボラティリティ・トレーリングストップ**だ。これは、マーケットの日々のボラティリティの数倍の位置にストップを置くという手法だ。この手法の考案者であるＪ・ウエルズ・ワイルダーは、過去10日のアベレージトゥルーレンジの2.7～3.4倍に設定することを提唱している。われわれはランダムな仕掛けシステムで

は数値3.0を使った。ボラティリティストップで重要なのは、ストップを市場ノイズの外側に置くという点である。「日々のボラティリティの3倍」はこの条件を満たしている。日次ボラティリティの代わりに週次ボラティリティを用いる人もいるが、その場合のストップの値は週次ボラティリティの0.7～2倍が適切だ。

　ドル価トレーリングストップも候補のひとつに挙げられる。この場合、例えば1500ドルといった数値を定め、昨日の終値の1500ドル下の位置にストップを置く。ドル価ストップは論理的根拠に基づく数値であれば効果的だが、S&Pだろうがトウモロコシだろうが、あるいは150ドルの株だろうが10ドルの株だろうが、一律に1500ドルのストップを使うのはめちゃくちゃとしか言いようがない。ドル価ストップの値はそれぞれの銘柄に適した値を使うべきである。各銘柄に適したドル価ストップの値を決めるに当たっては、そのマーケットのボラティリティをチェックするのがよい。したがって結局は、ドル価ストップを用いるよりもボラティリティベースのストップを用いるほうがよいということになる。

　チャネルブレイクアウト・トレーリングストップもまた便利な手法で、これは価格が過去X日（Xの値は自分で決める）の安値や高値に達したら手仕舞うというものだ。例えば、買いの場合は過去20日の安値に達したら売り、売りの場合は過去20日の高値に達したら買い戻す、といった具合だ。価格が自分の思惑どおりに動いている間は自分に有利になるように数値を調整する。

　移動平均線トレーリングストップもよく使われるトレーリングストップである。価格が一定方向に動いている場合、遅行指標の移動平均線は価格のあとを追うようについていくので、その移動平均線をストップとして用いる。ただし、用いる移動平均線の長さは自分で決めなければならない。例えば、1982年から2000年にかけての超長期のブルマーケットで200日移動平均線を使っていれば、ほとんどの期間にわ

たって活発にトレードし続けることができたはずだ。

移動平均線には単純移動平均線、指数平滑移動平均線、ずらした移動平均線、適応型移動平均線などいろいろな種類のものがあるが、すべてトレーリングストップとして用

> 1982年から2000年にかけての超長期のブルマーケットで200日移動平均線を使っていれば、ほとんどの期間にわたって活発にトレードし続けることができたはずだ。

いることができる。自分の目的に合ったものをひとつか、複数選んで用いればよい。各種移動平均線については本書第9章の仕掛けについての章で詳しく説明した。

このほかにも、**保ち合いパターンやチャートパターンをベースにしたトレーリングストップ**がある。例えば、マーケットがある保ち合いパターンをブレイクしたら、そのブレイクされた保ち合いパターンを基に新たなストップを決める、といった具合だ。これは裁量トレーリングストップの範疇に入るため多くの含み益をマーケットに返すことになるが、ほかの種類の手仕舞い手法と組み合わせれば有効に機能する場合もある。

プロフィットリトレースメントストップ

このストップは、利を伸ばすためには含み益の一定パーセンテージをマーケットに返さなければならないことを前提とする。方法はきわめて簡単で、許容できるリトレースメント値として任意の値を決め、それをシステムに設定するだけである。ただし、プロフィットリトレースメントストップを用いるためには、含み益が一定水準（例えば2R）に達していることが条件となる。

それではこのストップの具体例を見てみよう。例えば、マイクロンの株を52ドルで100株買うとする。初期リスク1Rは6ドルとする。つ

まり、株価が46ドルに下落したら損切りするということである。株価が64ドルまで上昇して2R（＝12ドル）の含み益が出たら、プロフィットリトレースメントストップの使用を開始する。プロフィットリトレースメントストップの値としては例えば30％に設定する。この場合、今の含み益が12ドルなので、利益がその30％の3.60ドル減少した時点で手仕舞うことになる。

利益が13ドルに増えれば、30％リトレースメントは3.90ドルになり、14ドルになれば4.20ドルになる。リトレースメントのパーセンテージを固定すれば、このように含み益が増加するにつれてリトレースメントの金額は上昇するので、含み益の上昇に伴ってパーセンテージを変更してもよい。例えば、30％からスタートして、利益が3Rになったら25％に変更し、4Rになったら20％に変更するといった具合だ。利益が7Rになるまで下げて5％になったらそこで固定したり、利益が4Rになるまでは下げ続けるがそれ以降は20％に固定したりと、やり方は自由だ。システム設計における目標に合わせて決めればよい。

パーセントリトレースメントストップ

価格リトレースメントストップもきわめて簡単だ。例えば、25％リトレースメントストップを置くことを考えてみよう。これは価格が25％下落したら手仕舞いすることを意味する。しかし、この方法では株価（あるいは株以外の購入したもの）が高値を更新するたびに、その価格の25％のリトレースメントを新たなストップ値として設定し直さなければならない。この場合当然のことながら、ストップ値は上がることはあっても下がることはない。

1999年、スティーブ・ジュガードはオックスフォードクラブの投資監督責任者に就任し、私は同組織の諮問委員に任命された。本書の初版を読んだスティーブはすぐさまオックスフォードクラブの推奨銘柄のすべてに25％ストップルールを導入した。それは非常にうまくいっ

た。私はスティーブが投資監督責任者だった1999年2月から、すべての銘柄がストップに引っかかった2000年5月までの彼らの推奨銘柄を調べてみた。その間の彼らのトレードの期待値は2.5Rという驚異的な数値を示していた。これは彼らが導入した25％ストップルールによるところが大きいと私は確信している。ほかのニュースレターは50％リトレースメントストップを採用したが、うまくいかなかった。それは、①マーケットに返す含み益が多すぎた、②大きなドローダウンが発生したあとブレイクイーブンに戻すのに時間がかかりすぎた──からである。これは、資産が49％下落すれば、ブレイクイーブンに戻すのにはおよそ100％のリターンが必要になることを考えると分かるはずだ。しかし下落幅が24％であれば、33％弱のリターンを出せばブレイクイーブンに戻せる。思うに、25％リトレースメントストップは古くからある「バイ・アンド・ホールド」哲学に代わる有望な手法になるのではないだろうか。第13章では私がたまたま読んだニュースレターのR倍数分布を紹介している。**表13.5**（557ページ参照）を見ると、オックスフォードクラブの期待値はまずまずの値を示していることに気づくはずだ。

マーケットに返す含み益を減らす手仕舞い

　他人の資金を運用している場合、大きなリターンを上げることよりも重要なのはドローダウンを最小限に抑えることである。その必然の結果として、含み益をあまりマーケットに返さなくても済むような手仕舞い方法を考えなければならなくなる。例えば、3月31日現在の未決済ポジションに基づいて報告書を作成したところ、あるクライアントの口座が15％上昇していたとする。その含み益の多くをマーケットに返せばその顧客は憤慨するだろう。顧客は未決済利益でも自分のお金だと思っているからだ。その結果、一定の目標に達したら、あるい

はクライアントへの報告後は、その含み益の大部分を保全できるような手仕舞いを行う必要がある。

前にも述べたように、各手仕舞い手法は明確な境界線で線引きされているわけではなく、大部分がオーバーラップしている。例えば、パーセントリトレースメントによる手仕舞いと利益目標手仕舞い（以下の項目を参照）を組み合わせれば、マーケットに返す含み益を大幅に減らすことが可能だが、このほかにも良い方法はある。

利益目標

利益目標を予測できるようなトレーディングシステム（例えば、エリオット波動）を用いる人がいるが、そういったシステムを使えば、特定の利益目標を設定することができるだろう。

しかし、利益目標を設定するための方法はほかにもある。初期リスクの何倍の利益を出せば望むリスク・リワード・レシオを達成できるかをヒストリカルテストを基に決める、というのがその方法だ。例えば、利益目標として初期リスクの4倍（4R）を目指しているとしよう。その場合、その利益目標に達したら利食いするか、その位置の近くにストップを置く。以下に述べる方法は、利益目標に達したら何らかの方法でマーケットに返す含み益を抑えることが可能なものばかりである。

プロフィットリトレースメントによる手仕舞い

これまでの話を総合すると、含み益の一定の割合をマーケットに返し、何らかの重要な節目（クライアントへの報告や目標利益の達成）以降は、マーケットに返す含み益の割合をさらに下げることができる手仕舞いが良い手仕舞いと言えそうである。例えば、2Rの含み益を達成したら、含み益をさらに伸ばすためにマーケットに返す含み益を30％にする。それよりも大きな含み益、例えば4Rの含み益を達成し

た場合はマーケットに返す含み益を5～10％にする、といった具合だ。

具体例を見てみよう。例えば、400ドルで金を買い、390ドルにストップを置いたとする。この場合、初期リスクは10ポイント、つまり1枚当たり1000ドルになる。金が420ドルに上昇すると、利益は20ポイント（2R）になる。その時点で30％リトレースメント（600ドル）を設定する。したがって、金価格が414ドルに下落したら利食いする。

金価格が420ドルからさらに上昇して440ドルに達したら、含み益は4R（4000ドル）になる。含み益が4Rに達するまでは、マーケットに返す利益の割合は30％だった。これは4000ドルの利益水準では1200ドルに相当する。しかし、4Rの含み益はその10％のリスクをとってもよい水準なので、ここでマーケットに返す含み益の割合を10％に設定し直す。したがって、ストップの位置は436ドルに移動する。これによって金価格が下落しても損失は400ドルで済む。

これは、特定の水準（例えば、利益が4Rのときは10パーセントリトレースメント）を提案するものではなく、あなたが目標を達成するうえで有効と思われるひとつの方法を提示するものにすぎない。自分の目標を達成するうえでどういった水準が最適なのかは自分で決めていただきたい。

ボラティリティの逆方向への大きな動き

ボラティリティが逆方向に大きく動いたときに手仕舞うというのも最良の手仕舞い方法のひとつだ。この種の動きは、**ボラティリティブレイクアウトシステム**として知られているように、良い仕掛けのシグナルにもなる。

あなたがやらなければならないのは、ボラティリティであるアベレージトゥルーレンジを監視しておくことだ。そして、マーケットが異常に大きく（例えば、日々の平均ボラティリティの2倍）逆行したら手仕舞うのである。例えば、IBMの株を145ドルで200株買ったとしよ

う。日々の平均ボラティリティは1.50ドルである。この場合、株価が１日で日々の平均ボラティリティの２倍逆行したら手仕舞う。今日の終値が145ドルで、日々の平均ボラティリティの２倍は３ドルなので、明日株価が142ドルに下落したら手仕舞う、ということになる。これはあなたにとってはとてつもなく大きな逆行であり、こういった動きがあればマーケットにとどまっていたくはないはずだ（ここに示した数値はひとつの例であり、IBMを手仕舞いするのに必ずしもこの数値が適切というわけではない。実際に手仕舞う水準は、自分の判断基準と検証結果とに基づいて決めること）。

　この手仕舞い手法は単体で用いるべきではない。例えば、ボラティリティの２倍のストップを使い続けるとどうなるだろうか。今日の株価は145ドルなので、ボラティリティストップの値は142ドルである。株価が１ポイント下がって144ドルになると、ボラティリティストップの値は141になる。翌日株価がまた１ポイント下がって143ドルになると、ボラティリティストップの値は140ドルになる。これは株価がゼロになるまで続く。したがって、資産を保護するためには、例えばプロテクティブストップやトレーリングストップといった別のタイプの手仕舞い方法を併用する必要がある。

パラボリックストップ

　パラボリックストップはJ・ウエルズ・ワイルダーが考案したもので、非常に便利な手法である。パラボリック曲線は前の安値からスタートし、上昇相場では加速因子が組み込まれる。また、トレンド相場になるほど価格に近づくため、含み益を固定するのにきわめて有効な方法だ。ただし、トレードの初期段階では価格から離れすぎているという問題点がある。また価格に近づきすぎることもあるため、トレンド相場が続いている間にストップに引っかかる場合もある。

　これらの欠点は改善が可能だ。そのひとつの方法としては、加速因

子を調整して実際の値動きよりも速くか、遅く動くようにするというものだ。こうすることで、パラボリックストップを自分のシステムや自分のトレードしている市場用に設定し直すことができる。

トレードの初期段階においてリスクをコントロールするためには、ドル価ストップを併用するとよい。例えば、ポジションを建てた当初のパラボリックストップ（リスク）が3000ドルだとすると、パラボリックストップが実際の購入価格である1500ドル以内になるまでは1500ドルのドル価ストップを使うのである。3000ドルのストップはあなたの目標にとっては大きすぎる可能性があるからである。

パラボリックストップを用いる場合、マーケットに戻るための方法を準備しておくことが重要だ。パラボリックストップが実際の価格に近づきすぎると、フォローしているトレンドが続いている間にストップに引っかかることもある。あなたとしてはトレンドの残りを取り損ないたくはない。そこでマーケットに戻るすべが必要になるというわけだ。パラボリックストップはほかの手仕舞いテクニックに比べてリスク管理面ではそれほど優れているとはいえないが、含み益を守ることにかけてはきわめて有効な方法である。

心理的手仕舞い

だれにでも使える賢明な手仕舞い手法のひとつが心理的手仕舞いである。これは、マーケットの動きというよりも個人に依存する部分が大きい手法だ。トレーディングで最も重要なのはあなた自身である。そういう意味でも、心理的手仕舞いは重要な手法のひとつである。

トレードをやっていると、マーケットの動きにかかわらず負けトレードになる確率が非常に高まることはよくある。体調不良だったり心理的な問題を抱えているとき、ストレスがたまっているとき、離婚の危機に直面しているとき、子供が生まれたばかりのとき、引っ越しを

目前に控えているときなどがそうである。こういったときは、自分で自分を負けトレードに導くようなことをやってしまいがちだ。したがって、心理的手仕舞いを設定し、自分をマーケットから遠ざけることが必要になる。

また、ビジネスや休暇で一時的にマーケットから離れなければならないときも心理的手仕舞いは有効だ。こういったときにマーケットにとどまるのは良い考えとは言えない。こういった場合にも心理的手仕舞いの設定をお勧めする。

ひとつのトレードで1年分の利益を稼げる場合もある。だからそういったトレードを逃したくないと反論する人もいるだろう。**この考え方にも一理ある。ただしこれは、自分をしっかり律することができ、トレードを自動化している場合に限る。しかし、大概の人はこうではない。**前述の心理状態にある場合、良いトレードを行っているにもかかわらず負けてしまう人は多い。とにかく自分というものをしっかり知ることが重要である。良いトレードでも負けてしまいそうなときは、心理的手仕舞いをぜひともお勧めする。

ストップと利益目標のみを用いる

トレーディングシステムを設計するときの目標のひとつは、R倍数の高いトレードを生み出す確率を最大にすることであると言えるだろう。例えば、きつめのストップを置き、R倍数が20Rのトレードを生み出すことを目標とするとしよう。そのために、あなたは第10章で述べたリトレースメント戦略を用いることにする。株価の高い銘柄を買い、ストップを1ドルにした場合、100株買った場合の損失額は100ドルで済む。例えば、100ドルの株で急激なブレイクアウトが発生した場合、これは非常にきついストップになる。したがって、たとえ5回続けてストップに引っかかっても1回の損切りで出る損失はわずか

100ドルだ。損失額はトータルで500ドルになるが、その後で20ドル動けば2000ドルの利益が出るので、正味で1500ドルの儲けが出る。6回のトレードのうち「正しかった」のは1回だけだが、1500ドル－手数料の利益を得ることができる（手数料を安く抑えることがいかに重要であるかがこの例からも分かる）。

この戦略で重要なのは、トレーリングストップは使わないこと、あるいは使った場合はかなり緩めに置くことである。この戦略では、手仕舞いの基本はあくまで最初のストップ1Rと利益目標だけである。これは20Rの利益を達成する確率が最も高い方法である。利益が1000ドル以上減ることがあるかもしれないが、損失額は当初資産に対して1Rまたは100ドル以上にはならない（マーケットが逆行することもままあるが、こうならないかぎり損失が1Rを上回ることはない）。あなたの目標はあくまで20Rの利益を定期的に稼ぎ出すことであることを忘れてはならない。

シンプルさと複数の手仕舞い

システム設計ではシンプルな概念を使うのが最もよい。シンプルなものがうまくいくのは、それが最適化されたものではなく、その根底にある原理に基づくものだからである。シンプルな概念がうまくいくのは、複数の異なる市場や商品間で一般化することができるからである。

しかし、複数の手仕舞いを使いながらシンプル化することも可能だ。ただし異なる概念同士を混同してはならない。目標を達成するのに必要なのが複数の手仕舞いで、システムをうまく機能させるのに必要なのがシンプルさである。もちろん、それぞれの手仕舞いをシンプルにしても構わない。

実例で考えてみよう。あなたは長期にわたってマーケットに参加し

続けたいので、トレンドフォローシステムを使いたいと思っている。仕掛けのシグナルで魔法を起こせるとは思っていないので、ポジションには機能するのに十分な時間を与えようと思っている。逆方向の動きは災難が起こる前触れなので、そういった場合はただちに手仕舞う。初期リスクがかなり大きいので、4Rの利益に達したらできるだけ多くの利益を確保しなければならない。これらの考え方を基にシンプルな手仕舞いを設計してみよう。システムを設計する場合、自分の信じていることを認識し、それにフィットするシステムを構築することがいかに重要であるかをこの例から感じ取っていただきたい。これこそが、自分にフィットするシステムを構築するための秘訣である。

　まずは、緩めに置いた最初のストップだ。これはポジションが機能する十分な時間を与えるためだ。こうすることで、ちゃぶついて手仕舞ったあと再びマーケットに戻ることで取引コストがかさむといった事態を防ぐことができる。本書で前に学習したことを踏まえ、最初のストップとしてはボラティリティの3倍を使うことにする。これは最悪の場合のストップであると同時に、毎日の終値から（ポジションの方向に）移動させるのでトレーリングストップでもある。

　あなたはマーケットの逆行は警告サインだと信じているので、1日で昨日の終値から日々のボラティリティの2倍逆行したら手仕舞うように設定する。このストップはほかのストップに優先する。

　4Rの含み益が出たら、マーケットに含み益の多くを返さなくても済むようにストップをきつくせよという合図だ。したがって、4Rの含み益に達したら、トレーリング・ボラティリティストップをアベレージトゥルーレンジの1.6倍（それまでは3倍）に変更し、このストップだけを手仕舞いに使う。

　ここに出てきたストップはどれもシンプルだ。目標を達成するためにはどんなストップを使えばよいかを考えたときに私の頭に浮かんだのがこれらのストップである。検証したわけではないので、過剰最適

化はされていない。ロケット工学とも無縁だ。ここでは、あなたのトレーディングシステムの目標を達成するのに適切と思われる3つの異なるストップが使われているが、用いるストップは一度にひとつであり、そのときの価格に最も近いものを用いる。

やってはいけないこと

　損失を出さずに済むように考案された手仕舞いがひとつあるにはあるが、損切りは早く、利食いは遅くというトレードの黄金律に完全に反するため、実際には大きな損失を出し、得られる利益は少ない。それはどんなものかというと、大きなサイズでポジションを建て、徐々に手仕舞いしていくというものだ。例えば、最初に300株買い、300株すべてがブレイクイーブンになったら100株売り、次に500ドルの利益が出たらもう100株売り、残りの100株は大きな利益が出たときのために残しておく。短期トレーダーはこの種の戦略をよく使う。利益を「確保」できているので直感的にはよさそうに思えるが、実際に調べてみるときわめて危険なトレーディングであることがすぐに分かるはずだ。

　このトレーディングで実際にやっていることは、トレーディングの黄金律とまったく逆のことである。つまり、最大損失を被るときに複数のポジションが建っているわけである。先の例で見てみると、300株のすべてで損をすることになる。さらに、最大利益が出たときには最小サイズ（この例では100株）のポジションしか残っていない。自分が正しいと思い込んで疑わないような人には完璧な方法かもしれないが、利益を最適化できないばかりか、利益が得られる保証すらない。この手法が危険だと言った理由がお分かりいただけただろうか。

　お分かりにならない人は、実際に計算してみるとよい。最大損失か最大利益のいずれかしか取らないと仮定して、あなたの過去のトレード結果と、このトレーディング手法でやった場合の結果を比べてみた

場合、相当な違いがあるのが分かるはずだ。私はクライアントに実際にこの計算をやらせてみたことがある。途中で手仕舞いせずに持ち続けたほうがはるかに大きな利益が出ることに彼らは一様に驚いた。

よく知られているシステムで使われている手仕舞い

株式市場システム

ウィリアム・オニールのCANSLIM

ウィリアム・オニールの基本的な利食いルールは、20％の利益に達したらすぐに利食え、である。彼の損切りラインは８％なので、これは2.5Rの利益を意味する。この利食いルールが彼の基本的な売りルールである。

しかし、彼は基本的な利食いルールに**36の別の売りルール**を設けている。これら36の売りルールは、基本的な売りルールの例外に当たるものもあれば、早期に売るための理由に当たるものもある。さらに、株の保有に関する８つのルールも設けている。ここの目的は、本章で述べたことがいろいろなシステムでどう使われているかを説明することなので、システムの詳細についてはオニールの書籍をご参照いただきたい。

ウォーレン・バフェットのビジネスアプローチ

ウォーレン・バフェットは買った株を通常は売らない。それには理由が２つある。ひとつは、株を売ればキャピタルゲイン税が発生するからだ。良いリターンが得られる株を売らなければならない理由はない。売れば、利益の一部を政府に持っていかれるだけである。

もうひとつは、ファンダメンタルズが良くてリターンの高い会社の株をなぜ売る必要があるのか、ということである。資産を高いリター

ンが得られるようなものに投資している会社であれば、あなたも高いリターンが得られるはずである。

さらに、株を売れば取引コストがかかる。マーケットが実態から離れて上昇や下落を繰り返しているだけなら、なぜ良い投資を売る必要があるのか。

しかし私に言わせれば、バフェットが株を売らない本当の理由は謎だ。これはおそらく、彼自身が自分の投資戦略についての本を書いていないことが原因だろう。それに加え、仕掛けを重視するという典型的なバイアスを持つ他人がバフェットの手法を解き明かそうと多くの本を書いていることが、バフェットに対する謎をさらに深めている。

保有している企業の状態が劇的に変われば、バフェットといえども売らざるを得ないだろう。例えば1998年初期、バフェットは世界の銀のおよそ20％を保有していると発表した。銀には配当金はない。したがってバフェットのように大量の商品を保有すれば、その保管と保護にコストがかかる。もしバフェットが保有している銀に対する計画的な手仕舞い戦略を持っていないとするならば、それは彼の投資キャリアにおける最大の過ちのひとつになると私は思っている（銀は最安値［１オンスおよそ４ドル］で買い、そのほとんどは銀を必要とする顧客にリースしているので、これはむしろ保有している商品から収入を得る新たな方法なのだ、と彼は反論する。しかし、こういった方法では天才投資家としての威光をさらに輝かせるのは難しいのではないかと私は思っている）。逆に、彼が計画的な手仕舞い戦略を持っているのであれば、保有している株に対しても計画的な手仕舞い戦略を持っているのではないかと推測できる。彼について書かれた本が彼の仕掛けとセットアップ戦略だけに焦点が当てられ、手仕舞い戦略についてまったく無視されているのは、書いた著者自身に仕掛けを重視するというバイアスが働いているからである。

先物市場システム

カウフマンの適応型アプローチ

カウフマンは彼の基本的なトレンドフォローシステムを完全な戦略と勘違いしないようにと注意を促している。彼の基本的なシステムは手法の見本を示したものにすぎず、仕掛けや手仕舞いの選択についての詳細は一切含まれていない。

第9章では、基本的な仕掛けのテクニックとして適応型移動平均線を紹介した。このシステムでは、事前に決めたフィルター値だけ移動平均線が上昇したら買い、下落したら売る。

彼はマーケットの効率性が所定水準を超えたら直ちに利食いすることを勧めている。例えば彼の説明によれば、高い効率レシオは長続きしないので、効率レシオは高い値に達したらすぐに下落するのが一般的である。カウフマンの基本的な手仕舞いシグナルは2つある。①適応型移動平均線の向きが変わったとき(そしておそらくは反対方向におけるある閾値を超えたとき)、②平均効率レシオが0.8といった非常に高い値に達したとき——である。

私は適応型手仕舞いはほかのどの手仕舞いよりも効果的だと思っている。私のクライアントのなかに、ポジションが機能するのに十分な時間を与えるためにマーケットに追随して動く手仕舞い戦略を考案した人が何人かいた。この手仕舞い戦略では、マーケットが反転し始めるとすぐにポジションを仕切られてしまうが、マーケットが再びトレンドモードに入るとすぐにマーケットに戻れる。なんと創造的でしかもシンプルな戦略だろう。システム開発では手仕舞いに十分な時間を費やしてじっくり検討することが大切だ。

ギャラハーのファンダメンタルトレーディング

ギャラハーのシステムは第9章で説明したように、ファンダメンタ

ルセットアップが発生し、かつ市場が過去10日の高値を更新（10日チャネルブレイクアウト）したら仕掛ける。彼のシステムは基本的にはドテンシステムなので、ポジションは常に建った状態にあり、マーケットが過去10日の安値を更新（10日チャネルブレイクアウト）したら手仕舞う（それと同時に、反対方向に再び仕掛ける）。しかしギャラハーはこのシステムをドテンシステムとしては使わない。

　ギャラハーがポジションを取るのはファンダメンタルズで支持された方向のみである。したがって、ファンダメンタルズが劇的に変化しないかぎり、買いポジションは10日の安値でのみ手仕舞い（ドテンはしない）、売りポジションは10日の高値でのみ手仕舞う（ドテンはしない）。非常に簡単な手仕舞い方法なので問題はほとんどないと思うが、もっと高度な手仕舞い手法を使えばこのシステムは大幅に改善できるのではないかと私は思っている。

ケン・ロバーツの１－２－３アプローチ

　ケン・ロバーツの利食いの手法は、私に言わせれば非常に主観的だ。これは要するに保ち合いトレーリングストップである。ロバーツの手法が正しいとするならば、長期の動きに乗ることができた場合、新たな保ち合いが発生したらストップをその下（または上）まで引き上げればよいということになる。

　つまり、1970年代に非常にうまくいった古いトレンドフォローアプローチとまったく同じなのである。この手法の欠点は、マーケットに返す含み益が多くなる点だ。今のままでもうまくいくだろうが、本章で議論した手仕舞い手法を組み込めばパフォーマンスはもっと上がるはずだ。特にお勧めなのは複数手仕舞いとの併用である。

まとめ

　手仕舞いではマーケットを支配できないため、良い手仕舞い方法を考えようとする人は少ない。しかし、儲かるか損をするか、そして利益や損失の大きさを決めるのは、ほかならぬ手仕舞いなのである。したがって手仕舞いは、人が考えている以上に研究に値するものなのである。

　本章では４つのタイプの手仕舞いについて見てきた──初期損失を軽減する手仕舞い、利益を最大にする手仕舞い、マーケットに返す含み益を減らす手仕舞い、心理的手仕舞い。タイプ別にさまざまな手仕舞い手法を紹介してきたが、オーバーラップするものも多い。

　読者に最もお勧めしたいのはシンプルな手仕舞いを複数用いる方法だ。シンプルな手仕舞いは概念化が簡単で、最適化が必要な場合でも、高度な最適化も必要としないからだ。また、複数の手仕舞いの使用を勧めるのは、それがトレーディングシステムのさまざまな目標のすべてを達成する最も良い方法だからである。

　私たちは、単独で大きな利益を生み出せる期待値の高いシステムの設定方法についても研究を重ねてきた。第13章では、機会要因と期待値との相互作用について議論する。

第4部
学習してきたことを
ひとつにまとめ上げる

Putting It All Together

　第4部では、新たなトピックに触れながら、これまでの議論をひとつにまとめ上げていく。ここまでの議論で取り上げなかったトピックとして、構築したシステムの評価方法、偉大なトレーダーのさまざまなマーケット状況に対する考え方、そして最も重要な、目標を達成するためのポジションサイズの決め方を学習するとともに、システムを完成させトレードを向上させるために必要なそのほかの要素についても議論し、これまで学習したことを縦横に結びつけて全体を見ていくのが第4部の目的である。

　それでは各章の内容を紹介しよう。第12章は、これまでの議論内容をひとつにまとめ上げるのに役立つはずだ。ここではマーケットについてまったく異なる考え方を持つ7人のトレーダーが登場する。彼らが5つのマーケット状況（銘柄）をどう分析し、6週間にわたるトレードでどういったパフォーマンスを達成するかを見ていく。各銘柄ごとに自分に最も近いトレーダーを特定できれば、自分のおおよそのパフォーマンスも予測できる。

　第13章は、ほかでは議論されることの少ない機会とコストについて議論する。十分なトレード機会さえあれば、パーフェクトである必要などないことが分かってくるだろう。しかしトレード回数が増えれば、コストの問題が発生する。本章ではシステムが生み出すドローダウン

の影響についても議論する。そして最後に、いくつかのニュースレターの過去2年にわたる期待値と機会について見ていく。

　ポジションサイジングについて議論する第14章は、本書のなかで最も重要な章のひとつである。ポジションサイジングはあなたのシステムとはまったく別のシステムであり、あなたのシステムに追加されるもうひとつのシステムと考えていただきたい。「どれくらい」トレードすべきかをあなたに教えるのがこのシステムの仕事である。高い期待値を持つ良いシステムが完成したら、ポジションサイジングをそのシステムの一部として追加することで目標を達成するのである。自分のシステムを聖杯システム（つまり、あなたにとってパーフェクトなシステム）にしたいのなら、ポジションサイジングの完全なる理解が不可欠だ。つまらない手法と世界一の手法との違いは、ポジションサイジングにあると言っても過言ではない。ポジションサイジングは目標を達成できるかどうかを決める鍵であるにもかかわらず、真剣に考える人がほとんどいないのはまったくもって不幸としか言いようがない。第14章はいわばあなたを正しい方向に導くための章と言い換えてもよいだろう。

　ポジションサイジングをこれほど詳細に議論した本はほかにはないだろう。システム開発書のほとんどはこの題材に触れてさえいない。その理由は第14章を読めば分かるはずだ。ポジションサイジングの概念はまったくとは言わないまでも株式市場で使われることはめったにないが、適用すれば驚くほどのリターンの向上につながることも第14章を読めば分かってくるだろう。

　最後の第15章は本書のまとめである。本書で述べた以外にもトレードをするうえで重要な要素は数多くある。第15章ではそのいくつかを簡単に紹介する。

第12章

お金はみんなに行き渡る
There's Money for Everyone

あなたがトレードしているのは市場ではなく、あなたがトレードできるのはマーケットについてあなたが信じていることだけである。トレードで成功するためには、ローリスクのアイデア、期待値、ポジションサイジングの背景にある基本的な概念を理解することが不可欠だ。
――バン・タープ

まずは、トレードや投資方法に対する考え方の異なる5人が、同じシナリオに対してどうアプローチするかについて見ていくことにしよう。彼らはトレードや投資で常に儲けている優れたトレーダーや投資家たちだ。彼らはトレードで成功するための10の資質(下記のリスト)を備えているという点は共通しているが、用いる概念はそれぞれに異なっている(各概念については第5章を参照)。同じシナリオに対する彼らのアプローチを知ることで、次のことが分かってくるはずだ。

●同じシナリオに対するアプローチはそれぞれに異なるが、だれもが成功している。
●あるアイデアがローリスクのアイデアかどうかを自分が信じていることを基に判断し、その判断に基づいて意思決定を行う。

●マーケットに対するアプローチは5人5様で異なるが、長期的にはだれもが儲けている。

マーケットに対して信じていることもアプローチも異なる5人の投資家に共通する10の資質は以下のとおりである。

1. 十分なリサーチと検証を行った、正の期待値を持つ儲かるシステムを少なくともひとつ持っている。
2. 自分の考え方や自分の性格に合ったシステムを持っている。そして、お金を儲けられるのは自分に合ったシステムを持っているからだということを理解している。
3. 自分がトレーディングに用いている概念を完璧に理解している。また、その概念からどのようにしてローリスクのアイデアが生み出されるかも知っている。
4. トレードや投資を行うときには、自分の間違いに気づいたら直ちに手仕舞って資産を守ることができるように、どういったときに自分が間違っていたことになるのか（つまり、トレードがうまくいかないという意味）を事前に知っておかなければならないことを理解している。つまり、それぞれのポジションにおいて、1Rのリスクが自分にとって何を意味するのかを知っているということである。
5. それぞれのトレードごとにリスク・リワード・レシオを評価する。メカニカルなトレーダーの場合、リスク・リワード・レシオの評価はシステムの一部に組み込まれている。また、裁量トレーダーの場合はポジションを建てる前にリスク・リワード・レシオをその都度計算する。
6. トレーディング・投資アプローチの指針となるビジネスプランを持っている。

7. ポジションサイジングが目標を達成するうえでの鍵となることを理解している。ポジションサイジングについては本書の最後で詳しく説明するので、ここでは簡単に述べておこう。例えば、各ポジションでとるリスクを全資産の１％にしたとすると、1Rの損失を出せば口座資産が１％減少し、3Rの利益を出せば口座資産が３％増えることを意味する（**リスク額**と**投資額**は同じではない。例えば、25％のストップを用いて1000ドルのリスクをとったとすると、リスク額は投資額の25％になる。この場合1000ドルのリスクをとったので、投資額は4000ドルだったことになる。価格がストップを下回った場合、ポジションが一夜にして突然ゼロになれば最高で4Rの損失を出すこともある）。同様に、１トレード当たりにとるリスクが２％の人は、1Rの損失を出せば口座資産は２％減少し、3Rの利益を出せば口座資産は６％増えることになる。
8. パフォーマンスは個人心理の作用の結果であることを理解しているため、多くの時間を費やして自己研鑽に励む。
9. 結果はすべて自分の責任であることを認識している。したがって、能力を最大限に発揮できるような目標を設定するが、目標達成が無理だと分かったら目標を見直して軌道修正を図る。
10. 過ちとはすなわちシステムとビジネスプランに従わなかったことであることを理解するとともに、過ちから常に学ぼうとする。彼らのなかでもトップパフォーマーたちには、目標に近づけるように指導してくれるコーチがいる。

前にも言ったように、これら５人のトレーダーはマーケットに対するアプローチはまったく異なるが、彼らは全員、年に６桁の利益を稼ぎ出している。これはなぜなのか。この謎を解くための鍵が、今述べた彼らに共通する10の資質である。つまり、マーケットでの成功を目指したいのであれば、あなたもこれら10の資質を身につけなければな

らないということなのである。本書をここまで読み進めてきた読者であれば、これらの原理はすべて自明の理になっているはずだ。そうでない方は、これらの原理が自明の理になるまで本書の該当する部分を読み直していただきたい。

　これら5人のトレーダーに加え、ナンシーとエリックという別の2人のトレーダーも紹介する。彼らはこれら10の資質をすべて兼ね備えているわけではない。ナンシーはニュースレターの推奨にしたがってトレードするビジネスウーマンだ。彼女は規律を持った人物であり、10の資質の多くを理解しているためお金は稼いでいるが、年に6桁とまではいかない。一方、エリックはシステムを持たず、自分が正しいと感じることを行う衝動的トレーダーだ。トレーダーを自称してはいるが、10の資質のいずれも備えていないためいつも損ばかりしている。彼らがほかの5人とどう違うのかは次第に明らかになるはずである。

7人のトレーダーのアプローチ

　7人のトレーダーの名前はメアリー、ディック、ビクター、エレン、ケン、ナンシー、エリックだ。メアリーとディックは一方が長期指向でもう一方が短期指向という違いはあるものの、2人ともメカニカルトレーダーである。彼らはメカニカルなトレードを目指して、メカニカルなシステムの開発に余念がない。ビクター、エレン、ケンの3人は裁量トレーダーで、ポジションを建てるときにはその都度、熱心に調べたうえでポジションを建てる。彼らは架空の人物だが、各トレーダーはそれぞれのタイプのトレーダーの典型例だと考えていただきたい。そしてナンシーとエリックもまた裁量トレーダーだ。彼らは自分の直感でトレードするというよりも、所有しているポジションに対する「希望的観念」でトレードする。

メアリー──長期トレンドフォロワー

　メアリーは長期トレンドフォロワーだ（長期トレンドフォロワーについては第5章を参照）。したがって彼女は、上昇しているものを買い、下落しているものを売る。メアリーがどの方向にポジションを建てるかは、チャートを離れた位置から見て、長期トレンドが上昇トレンドであるか下降トレンドであるかを見れば分かる。そして、自分なりの測定基準に基づいて今の動きが止まったと思ったら、手仕舞う。彼女が用いる手法は、これまでに述べてきた手法だ。チャネルブレイクアウトで仕掛け、最初のストップは過去20日の安値、または週次ボラティリティの3倍のいずれか大きいほうの下に置く。トレーリングストップにも週次ボラティリティの3倍を用いる。トレーリングストップが最初のストップよりも現在価格に近づいたら、トレーリングストップで手仕舞う。

　メアリーの目標は、ポジションをできるだけ長く、できれば数年間保持することだ。しかし、仕掛けから数日で手仕舞いしなければならないようなトレードを行うことも時折あった。これは、最初のストップがトレーリングストップよりもきつめであることが原因だ。メアリーのシステムは非常にメカニカルなシステムだ。つまりシステムの動きはすべてコンピューター化されている。彼女のコンピューターは毎晩すべてのマーケットの分析を行い、新しい注文を生み出すとともにストップの位置の変更を指示する。しかし、コンピューターのこのプロセスによって彼女のシステムは大きな利益を生み出すことができるのだ。

　彼女はベテランのエンジニアで、コンピューターとプログラミングにも強い。だから、あらゆるものを検証し、あらゆるものを自動化したがる。もちろん彼女はこれをうまくやりこなすだけの能力を持っている。

ディック——短期スイングトレーダー

　ディックは短期スイングトレーダーだ。彼は複数のシステムを持っているが、すべてうまく機能している。そのひとつがバンドトレーディングシステムである。これは彼が独自に編み出したバンド手法で、上方のチャネルに価格が達しそれを下にクロスしたら売り、下のチャネルに達したらポジションを手仕舞いする。ただし、ある条件の下では、かなり早い時期に一部を利食い、最初のストップをブレイクイーブンに移動させる。この逆のケース、つまり価格が下方のチャネルに達してそれを上にクロスしたら買い、上方のチャネルに達したらポジションを手仕舞いする場合も、ある条件の下では、早い時期に一部を利食う。このシステムが１日に生み出すトレードはおよそ３回で、各トレードの平均継続期間はおよそ４日だ。システムはほぼメカニカルだが、ディックが直感でバンドを調整することもある。しかし彼のコンピューターは毎晩トレードを生み出し、すべてのストップを計算し直す。

　ディックは短期トレンドフォローシステムも持っており、バンド手法が機能しなくなったときに始動する。これもまた彼独自の手法だが、ポジションがバンドの外側に出たら、ディックはその動きの大きさを計算する。ポジションがバンドの外側に2.5標準偏差出たら、彼はそのバンドはブレイクされたものとみなし、その動きの方向にポジションを建てるのだが、その前にまず各ポジションのリスク・リワード・レシオを計算し、最低3Rの利益が見込めることが確認できて初めてポジションを建てる。このシステムが生み出すトレードは週におよそ２回で、各トレードの平均継続期間は３～４週間である。

　元医師の彼は開業医をしていたときに３つのことを学んだ——①お金のことで他人を信用したらお金を失う、②自分でトレードするのが本当に好きである、③良いシステムを開発するスキルがある。患

者に対してこれはやってもよい、これはやってはいけないという政府、HMO（健康保険維持機構）、保険の規制にもうんざりしていた。人々が救済を求めていないような世界を救済するのはもうやめにしよう。そして本当に自分のやりたいことをやるのだ。そう考えた彼はきっぱり医者をやめてトレードの世界に入ったのである。

ビクター――バリュートレーダー

彼は純粋なる裁量トレーダーである。彼の場合、「メンタルシナリオトレーダー」と呼ぶのがふさわしいかもしれない。彼には、マーケット全体に影響を与えていると思っている要因について信じていることがいくつかある。10人の人にマーケット像について信じていることを聞いたら全員が異なる考え方を示すだろうし、場合によってはまったく逆の考え方を示すことがあるかもしれないことを彼は知っている。しかし彼は、世界のさまざまなセクターのレラティブストレングスとそれぞれのパフォーマンスの週ごとの変動を観察しながら、マーケットの全体像のさまざまな側面を常に監視している。彼の目標は最も強いセクターでポジションを持つことである。それと同時に、強くなる前にポジションを保有し、強くなるまで長期にわたってそのポジションを保持したいとも思っている。しかし彼は最も強いセクターのポジションを保有していても、強さに少しでも陰りが見え始めたらすぐに清算してしまう。

彼はまた「ファンダメンタリスト」や「バリュートレーダー」としての側面も持つ。だれもが嫌う、本質的価値の大きなものを買うのが好きだからである。下落リスクがほとんどなく、上昇する可能性の高いものを買うのが好きなのだ。例えば、ウォーレン・バフェットは銀価格が１オンス４ドル強のときに１億2900万オンスの銀を買った。世界の供給量の３分の１を保有し、しかも史上最安値近くで買ったとな

ると、そのポジションにはどれほどの下落リスクがあるのだろうか。銀を必要とする人は必ずいるはずだから、保有量のいくらかは彼らに供給するために手放さなければならないことも分かっている。ビクターはこういった方法でトレードするのが好きなのである。といってもウォーレン・バフェットほどの規模には少なくとも今のところはまだ到達してはいないが。

　大きなバリューを持ち、下落リスクが最少のものを買うというのがビクターの基本的な投資方針だ。これに加えて、①下落リスクの余地がないほど価格が低い、②自分の思惑どおりの方向に動き出す何らかの兆しがある──ことが条件になる。１ドル当たり数ペニーで買ったあと、それが通常の水準に戻る（したがって大きな利益が得られる）か、買ったあと急に需要が増して大きな利益が得られるようなものを彼は買いたいと思っている。これが彼の考えるローリスクのアイデアである。

　ビクターはウォートン・スクール・オブ・ビジネスでMBA（経営学修士）を修得した。そして、ベンジャミン・グレアムをはじめとする多くの偉大なバリュートレーダーを研究し、彼らの思考方法を採り入れた。しかし最初からこうだったわけではない。最初、彼は学術モデルを研究し、効率市場仮説、近代ポートフォリオ理論、資本資産価格モデルに傾倒した。しかし、マーケットの研究を進めていけばいくほど、こういった理論の弱点に気づくことになる。そんなときに出合ったのが、例えば、**分散化は無知に対する防衛手段だ。だから、広い分散化が必要なのは自分が何をしているのかが分からないときだけである**というウォーレン・バフェットの考え方である。彼はこの考え方をすぐに採り入れた。それと同時に、各トレードのリスク・リワード・レシオを考えることの重要性も彼は理解していたし、本書で述べているＲ倍数や期待値、ポジションサイジングといった概念にも詳しかった。彼は今自分のファンドを運営し、マーケットと自分自身の研究に

余念がない。彼の努力の成果はファンドの成績に顕著に現れている。

エレン──宇宙には秩序が存在する

エレンは難解とされる数々の理論に精通している。マーケットの反転ポイントを予測する手法として知られるデルタ・フェノメナン（Delta Phenomenon）をはじめ、ギャン理論やエリオット波動にも詳しい。また、反転ポイントを的確に予測するためにいろいろなマーケットの研究にも余念がない。これだけではない。マジックナンバーやフィボナッチリトレースメント（押しや戻り）水準についてもよく知っている（デルタ・フェノメナン以外の概念については第5章で簡単に説明している。デルタ・フェノメナンは株式市場の振る舞いを太陽や月などの実体の振る舞いに関連づけた概念）。したがって、彼女は予測によってかなり正確な目標を設定することができる。彼女はまた季節性の専門家でもあり、マーケットの周期的傾向に基づいてマーケットが上昇する時期を予測することができる。エレンはこういった理論だけを使っているのかというと、そうではない。さまざまなマーケットの状況についても熱心に研究している。ごくたまにではあるが、あらゆるものが整合する状態を発見することがある。そのときの彼女の正確さは超人的でさえある。

彼女は元々は完全主義者で、確実な反転ポイントが分かるまでポジションを建てなかったため、トレード機会を逃すことも多かった。そうかと思えば、早く仕掛けすぎることもあった。何も起こらないので手仕舞うと、彼女の予測どおりに翌日上昇するのだ。

彼女が問題点を解決できたのは、本書のアイデアのいくつかを実行してからだ。まず、反転ポイントを予測しても、マーケットが彼女の予測の正しさを示すまでポジションは建てないことにした。反転ポイントが確実に確認できてからポジションを建てるのだ。彼女は非常に

正確な予測をするため、最初の損切りラインは非常にきつめに置くことができる。そのため、トレードが機能し始める前に小さな損を何回か出すこともある。といっても、１回の損失はせいぜい1Rで、利益は10R以上になることがほとんどだ。こういったダマシのブレイクアウトに引っかかるため、彼女の手法の勝率はわずか38％だが、それでも彼女は大金を稼いでいる。その理由はすでにお分かりだろう。

ケン――スプレッダー・アービトラージャー

ケンは個人投資家だが、ある取引所の会員でもある。したがってマーケットメークが可能で、ほとんどのトレードでビッドとアスクの差を取ることができる。また多くの研究所にもアクセスできるため、マーケットに関するこのうえなく面白いアイデアを紡ぎ出す達人でもある。

オプションのサヤ取りを組むことでローリスクのトレードを試みることもあれば、抜け穴のようなものを見つけることもある。抜け穴が開いているかぎりリスクは発生しないので、そういった抜け穴を見つけたらすぐさま仕掛けて大金を稼ぎ出す。利益は１ポジション当たりわずか1Rか2Rのときもあるが、こういった抜け穴を見つけたらほぼ確実に儲けることができる。こういった抜け穴はいつ閉じられるか分からないので、常に注意深く監視し、閉じた場合の脱出策も用意している。

ケンは物心ついたころからマーケットを観察するのが好きで、プロのトレーダーになることが子供のころからの夢だった。高校卒業後、シカゴの取引所でランナーを始め、後にアシスタントを経てフロアトレーダーになった。フロアトレーダーは５年やったが、５年も続いた人は彼を含めて数えるほどしかいなかった。早々と身を引いた人たちの失敗の原因は、リスク管理とポジションサイジングという概念を持

たなかったためであり、そのため口座は破産した。彼は今はもうフロアトレーダーではないが、フロアトレーダーのときに養われた知識は今でも生きている。彼は今、彼をリーダーとする小さなトレーディング会社をおよそ10人のトレーダーたちと運営している。会社の資金のおよそ35％はケンのもので、残りが彼のスキルを信用して資金を預けてくれている投資家たちのものだ。

残りの２人のトレーダーは必ずしもモデルトレーダーとは言えない。ナンシーはアドバイスばかり追い求めており、エリックは衝動的トレーダーだ。ナンシーは儲かってはいるが、これまでの５人のモデルトレーダーほどの稼ぎはない。エリックはいつも負けてばかりいる。

ナンシー──ニュースレターの推奨に従うビジネスウーマン

ナンシーは大企業の上級管理者だ。６桁の給料をもらっているが、自分のお金の運用を他人に任せることはない。以前は他人にお金の運用を任せていたが、損をさせられることが多かったからだ。また、絶対パフォーマンスよりも相対パフォーマンス（つまり、S&P500を上回ることを目標とする）を重視する金融のプロたちに好感を抱いていないのもひとつの理由だ。しかも莫大な手数料を取られる。お金を預けてくれれば増やしてやるという言葉を信じてそうしてみたことはあるが、増えるどころか目減りするばかりだった。

しかし、仕事が多忙な彼女は自分でマーケットリサーチをする十分な時間がなかった。そこで彼女は、優れた実績を持つ５つのニュースレターを購読することにした（ニュースレターははっきりとした業績を提示しないものが多い。彼らの推奨銘柄に投資していたらどれくらい稼げたかは示すが、それは業績ではない。ニュースレターは、われわれの推奨したABCは400％上昇し、XYZは250％上昇した、という

言い方をする。これを見た読者は自分のポートフォリオもそれだけ上昇すると思い込むが、そんなことは起こりえない。彼らが示すのは価格が大幅に上昇した大化け銘柄だけであって、読者に推奨した多くの銘柄では損を出しているのが実情だ。このアプローチを用いる場合、最低１〜２年分のバックナンバーをチェックし、彼らがあなたに推奨した銘柄の期待値を計算してみることをお勧めする。推奨銘柄が最低30で、そのトータル期待値に彼らが１年間に提供する機会数を掛けたものが30Rを上回っていれば、投資を考えてもよいだろう）。そのうちの３つのニュースレターはバリューに重点を置き、残りの２つは大きな動きをする銘柄探しに重点を置いている。どのニュースレターも損切りの重要さは理解している。うち２つはポジションサイジングについてのアドバイスもしてくれたが、これはきわめて珍しいことだと彼女は思った。どのニュースレターも彼女の要請に応じて、月ごとの業績を提示してくれたが、これは単に推奨銘柄と、推奨時点における仕掛け値と現在価格や、損益を示したものにすぎず、期待値やＲ倍数といった形での業績を示してくれたわけではない。しかし、彼女は期待値やＲ倍数は自分で計算することができた（各種システムが生み出すＲ倍数分布をチェックできるように、第13章にはわれわれの計算したものを提示してある。それぞれの概念に基づくニュースレターのＲ倍数分布を示す以上にその実績を示す良い方法があるだろうか）。

　ニュースレターからアイデアを得ることはできるにしても、各トレードは自分の考え方や性格に合ったものでなければならないことも彼女は理解していた。そこで彼女は各推奨銘柄のチャートを見ることにした。下落している銘柄を買うのは嫌だったからだ。さらに各トレードに関する議論についてもチェックした。各トレードの長所を確認してから投資したかったからだ（外部の情報によってトレードの確認をする方法はプロのやる方法ではない。トレードを行う前に自分がトレードに用いる手法の期待値は知っておくべきであり、その期待値が十

474

分に納得のいく数値であることを確認したうえでトレードすべきである)。ナンシーはトレードがうまくいかなかったときのために、各トレードの手仕舞いポイントについては必ず確認するようにした。彼女はポジションサイジングについては完璧に理解しており、どのひとつのアイデアについてもポートフォリオの１％を上回るリスクをとることは絶対にしなかった（ナンシーは理想的なトレーダーや投資家ではないが、本書を読む人のなかにはニュースレターを購読してトレードをしている人が多くいると思われるので彼女を含めることにした。このアプローチは他人のローリスクのアイデアを使うわけだから、あまり良い方法とは思わない。しかも、推奨を行っている人が本書で述べている基本的概念をよく理解しているかどうかは分からないわけである。ニュースレターで推奨を行っている人のなかで、成績をＲで報告している私の知る唯一の人物は、本書の第５章でバンドトレーディングについて書いてくれた友人のＤ・Ｒ・バートンだけである)。

エリック──ミスター・とにかくやってみよう！

　エリックは衝動的な人物像として描かれている。彼はマーケットについては何でも知っているつもりだが、実際には彼がマーケットについて信じていることはほんの少ししかなく、それも大したことのないものばかりだ。例えば、彼は正しいトレード方法は正しい銘柄を選ぶことだと考えている。「結局、成功している偉大な投資家は良い銘柄を選ぶ能力にたけているからにすぎないんじゃない？」というのが彼の考え方だ。銘柄選びには秘訣があるが、それを知っている人は彼みたいな人間には教えてくれない、と彼は思っているのだ。また、マーケットで成功するには運も関係がある、と彼は信じている。したがって、彼は損をすると、アドバイスが悪かったか、まったくツキがなかったからだと思ってしまうのだ。さらに彼はマーケットに参入してい

ること自体が好きで、1日で口座残高が5％以上動くのを見ることに大きな興奮を覚える。たとえ下落したとしても、とにかく口座残高が動きさえすればうれしいのである。

7人のトレーダーの5つの銘柄に対するアプローチ

　本章はこの第2版で新たに設けた章である。本章を追加した目的のひとつは、それぞれのシステムからローリスクのアイデアがどのようにして生み出されるのか、そしてそのシステム独特のR倍数分布がどのようにして生み出されるのかを読者のみなさんに理解してもらうためである。そこで、2006年2月17日のマーケットの引け間際に発生した「興味深い」5つの銘柄を取り上げることにした。実を言うと、この時期に発生したマーケットの状況にこだわったわけではない。目的は、7人のトレーダーや投資家たちがローリスクのアイデアを生み出すのにそれぞれの銘柄にどうアプローチしたかを分析することにあるので、実際にはどんな時期に発生したどんなマーケットの状況でもよかったのである。

　次に、6週間後の2006年3月31日に彼らのアイデアがどんな結果をもたらしたかを見ていく（6週間はそれほど長期ではない。私がこれらの銘柄を取り上げたのは、その時点で「興味深い」ものに思えたからにすぎない。これらの銘柄が6週間後にどう変わっているかはその時点ではまったく分からなかった。6週間という期間は、彼らが自分の信じていることをどれくらい信じ通すことができるかをチェックするためのいわばフィルターの役目をするものであり、彼らが銘柄をどう分析するかを見るために設けた期間である）。6週間という期間は、長期投資家においては彼らが用いたアイデアの結果を判断するのに十分な期間とは言えないかもしれないが、彼らの全員に共通する重要な原理──①彼らはどうやってローリスクのアイデアを生み出すのか、

②彼らはそのトレードの1Rをどうやって決めるのか、③期待値は彼らにとってどんな効果を持つのか——について多くのことを考える機会を与えてくれるはずだ。

銘柄1——グーグル

　米株式市場で最もホットな銘柄は何だろう。2005年はグーグルだった。1990年代のハイテクブームで最もホットな銘柄がインターネット株だったことを考えると、何とも皮肉なことだ。あれから6年たった今、最もホットな銘柄が再びインターネット株なのだから。新しいブームを形成する銘柄は昔のブームを形成したホットな銘柄とは異なるのが一般的なのだが、これが今日のマーケットの実態なのだから仕方がない。

　それではグーグル（GOOG）を見てみよう。**図12.1**は上場開始直後からのグーグルの週足チャートを示したものだ。グーグルはきわめて強い上昇トレンドにあり、株価は一時500ドル近くまで上昇したが、その後わずか数カ月で大幅に下げている。7人の投資家はこの状況にどう対処するのだろうか。

　彼らの分析を見る前に、あなただったらどうしただろうか、をまず考えてみていただきたい。2006年2月17日、グーグルはおよそ5週間前の2006年1月11日に付けた史上最高値の457.11ドルから大幅に下落して368.75ドルで引けた。これは買いの絶好のチャンスなのだろうか。クラッシュの前兆なのだろうか。それとも横ばいの状況に入ったのだろうか。2006年2月17日以降のグーグルの動きを知っていても、知らないものとして考えてみていただきたい。事後にあれこれいうのは簡単だ。6週間後のことを結果を知らないものとして考えさせるのはそのためだ。あなたならこのチャートに対してどんなアクションを取るか。

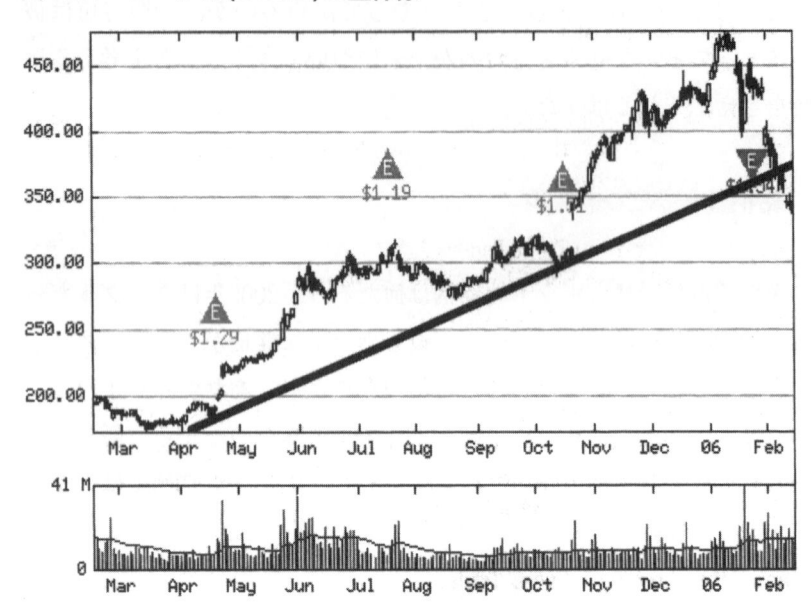

図12.1　グーグル(GOOG)の全体像

あなたはこの状況でポジションを建てるか。

ポジションを建てるとするなら、買いか（この銘柄が上昇すると思う場合）、それとも売りか（この銘柄が下落すると思う場合）。

その場合、損切り注文はどこに置くか。

その位置に損切り注文（ストップ）を置いた場合、1Rはいくらになるか。

次の６週間でいくら儲けられると思うか。Rで示せ。

このトレードのリスク・リワード・レシオは？

負ける確率が50％あるとすると、このトレードを行うのは妥当だと思うか。

このトレードでとるリスクはポートフォリオ全体の0.5％、１％、

2％、あるいはそれ以上か？

本書を読み進める前に、これらの質問に対する自分の回答を書いておこう。それでは、7人の投資家たちの反応を見てみることにしよう。

メアリー——長期トレンドフォロワー

グーグルは最高の銘柄のひとつだったため、メアリーは1年前から買っていた。今のところ含み益は153ドルで、これは8.4Rに相当する。彼女はストップとして、史上最高値から週次ボラティリティの3倍のところにトレーリングストップを置いている。したがって今のストップの位置は329.31ドルで、これにはまだ引っかかっていない。株価が下落して神経質になってはいるものの、ストップはしっかり守っている。彼女の最初のストップは少しきつめだったので、初期リスクは18ポイントだった。したがって、ストップに引っかかっても利益は112ドル、つまり6Rにはなる。

ディック——短期スイングトレーダー

ディックは買ったが、これは彼のいつものトレーディングスタイルとは少し違っていた。本来ならばバンドを使ってトレードするところであるが、通常のトレードよりもはるかに大きな利益が見込めると思い、買いに踏み切ったのだ。前の金曜日、週刊経済専門紙バロンズはグーグルに対して50％の株価下落という否定的な予測を発表していた。それを受けて、月曜日の朝はギャップダウンで寄り付き、その後保ち合いになった。ギャップはグーグルが再び下落を始める前に埋まる可能性が高い、特に短期の保ち合いパターンに入ればなおさらだ、とディックは思った。これを示したものが図12.2である。

ディックは保ち合い相場をはさむようにバンドを設定し、価格が下方バンドに達して上昇を始めた2月15日に340.80ドルで買った。それと同時に338.80ドルに非常にきついストップを置いた。価格が上方バ

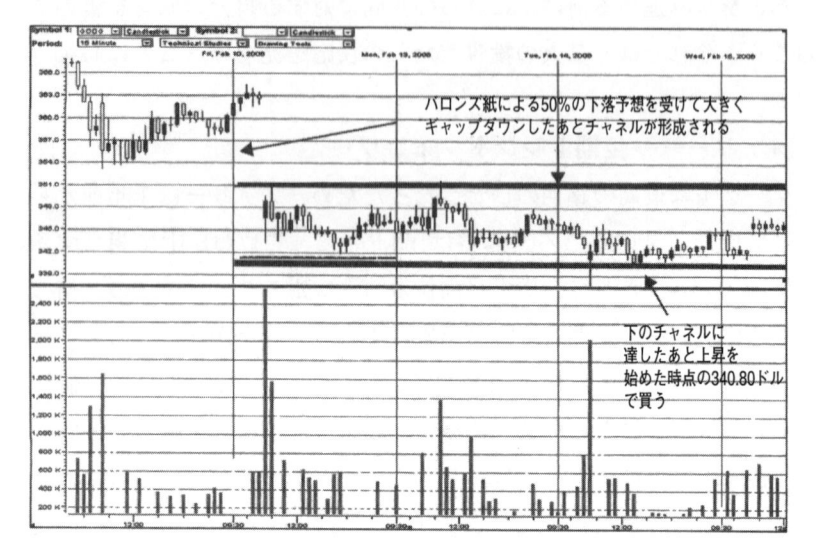

図12.2 ギャップの埋まる時期を予測するためにディックが設定したバンドセットアップ

(図中の注釈)
- バロンズ紙による50％の下落予想を受けて大きくギャップダウンしたあとチャネルが形成される
- 下のチャネルに達したあと上昇を始めた時点の340.80ドルで買う

ンド水準の351ドルに達したとき（およそ5Rの動き）を利益の最小目標とする。ここでポジションの半分を手仕舞い、ストップをブレイクイーブンの位置に引き上げるつもりだ。357ドル辺りが抵抗線になると予測し、ここで再びポジションの半分を手仕舞い、ストップを上方バンドにまで引き上げる。うまくいけばこの時点での利益は、当初のポジションの2分の1から得た5Rと4分の1から得た8Rだ。彼の最終目標は、362ドルで残りのポジションを売って10Rの利益を得ることである。初期リスクはポートフォリオ全体の0.5％だったので、1Rの損失に対する口座資産リスクは0.5％である（グーグルはボラティリティが非常に高いので、注意深い監視が必要。彼の2ポイントのストップを通り越して2Rから3R、あるいはそれよりもさらに大きな損失を出すことも十分に考えられる。彼はどのポジションに対してもリ

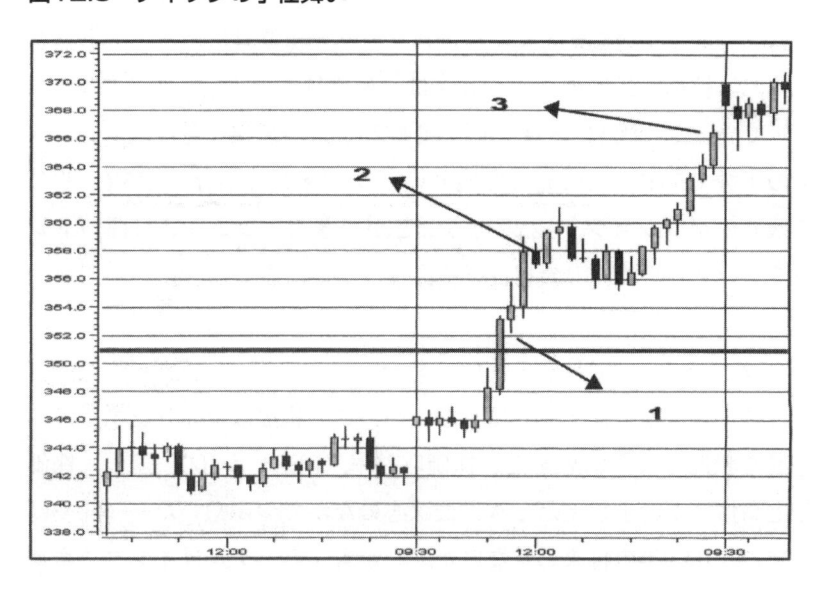

図12.3　ディックの手仕舞い

スクは１％以内に抑えるようにしている。この場合、最初のストップが非常にきつかったことを考えると、このポジションのリスクは0.5％と決めていたに違いない)。彼の目標がすべて達成されれば、わずか１週間でこのポジションだけでポートフォリオ全体の利益は7.5Rになる。

２月16日、グーグルは367ドルに急上昇し彼の目標はすべて達せられた。**図12.3**はディックのトレードを示したものだ。

16日の正午少し前、上方バンドを上抜いたのでポジションの半分を352.10ドルで売り、残りのポジションに対するストップをブレイクイーブンに引き上げる（**図12.3**の点１）。その後、株価はディックが抵抗線だと思っていた水準の少し上まで急上昇する。陰線が出ると、彼はすかさず残りのポジションの半分を357.20ドルで売り（**図12.3**の

点2)、ストップを支持線である346ドル水準のすぐ下の344.60ドルに移動させる。幸いなことに、その後グーグルは終日にわたって上昇を続けた。結局、最後のポジションは、最終目標の少し上の終値366.42ドルで売った(**図12.3**の点3)。正味利益は、最初に売ったポジションの半分で5.1R、次に売った残りのポジションの半分で7.15R、そして残りのポジションで12.2R得ることができた。つまり3日間のトレーディングで平均7.4Rの利益を確保したことになる。

ビクター──バリュートレーダー

ビクターは通常は空売りはしないが、この状況は空売りをするのに完璧な状況のように思えた。株価収益率(PER)が100に達し、株価売上高倍率が20を超えたとき、彼は心のなかでつぶやいた──「やばいぜ！　1999年の再来じゃないか。しかも、グーグルはインターネット株だ。みんな過去の失敗から何も学習しちゃいないじゃないか」。

そこで彼は株価が500ドルを超えるか、下に明確なブレイクアウトが発生したら売ることにした。500ドルには達しなかったが、**図12.4**を見ると分かるように株価は明らかに下にブレイクアウトし始めた。彼はおよそ435ドルで大きな売りポジション(資産のおよそ3％)を建てた。高値を更新したら手仕舞うことにし、ストップを477ドルに置いた。しかし株価が500ドルを超えたら、再び売りの機会を探さなければならない。

彼はこのトレードに関しては特に利益目標は定めていないが、300ドルを下回ったらおそらくはポジションの半分を買い戻すだろう。グーグルのように過大評価された株は次に大きく下落したらPERが20を下回る可能性は大いにあると、彼は思っている。PERが20になると、株価はおよそ100ドルになる。彼はこれがグーグルの適正価格だと考えている。

2月17日、グーグルは368.75ドルで引け、ビクターは初期リスク42

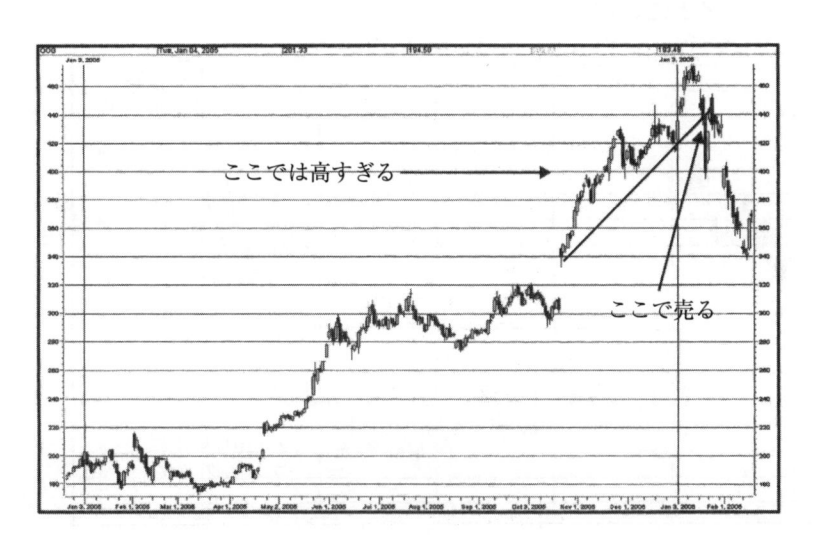

図12.4 ビクターは明らかに下にブレイクアウトしたことを確認して売る

ドルに対して66.25ドルの利益を得た。したがって彼のこれまでの利益は1.6Rということになる。

これまでメアリー、ディック、ビクターの３人のアプローチを見てきた。メアリーは買い、含み益はおよそ8.4R、ビクターは売って、含み益はおよそ1.6R、ディックはすでにポジションを手仕舞いして、およそ7.4Rの利益を確定している。つまり、彼は数日でポートフォリオの3.7％に当たる利益を上げたわけだ。３人はマーケットについて信じていることもアプローチも異なるが、いずれもローリスクのアイデアで利益を上げている。

エレン——宇宙には秩序が存在する

エレンのアプローチはほかのトレーダーとはまったく違っていた。

図12.5 エレンは2月16日に大きなブレイク（上方または下方）が発生すると信じている

（チャート内注記：2月16日に上にブレイクアウト）

　2月16日が大きな転換点になることをマジックナンバーを使って予測していたが、確信は持てなかった。転換するとすれば、上方に急反転するか、下方にブレイクアウトして安値を更新するかのどちらかが考えられた。さてエレンはどうすればよいのか。**図12.5**に示すように結局は上方にブレイクアウトした。

　エレンはまず2月13日の寄り付きから2月15日の引けまでの保ち合いを挟むように幅の広いバンドを引いた。ブレイクするとすれば、上方にブレイクしてギャップが生じるか、大幅に下落するかのいずれかだ。直感的には下落すると思ったが、グーグルがそれをはっきりと示すまでは見守ることにした。2月15日、グーグルはチャネルの中間地点である342.38ドルで引けた。このあとは上にブレイクして352ドルを上回るか、下にブレイクして338ドルを下回るかのいずれかだ。彼

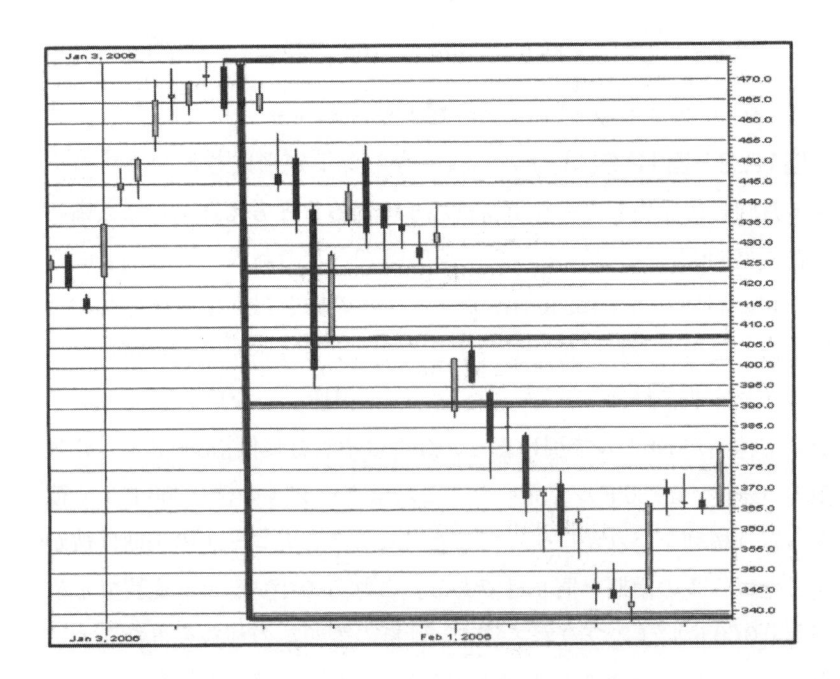

図12.6　エレンはフィボナッチ・リトレースメントを使って目標値を設定

女は352を上回ったら買い、338ドルを下回ったら売ることにした。ストップはそれぞれ反対のバンドに置く。2月16日、グーグルは明らかに上方へのブレイクを示したので、エレンは352ドルを少し上回る水準で買い、ストップを支持線下の339ドルに置いた。

　仕掛けると、彼女はフィボナッチ分析を始めた。これを示したものが**図12.6**である。

　その分析の結果、最初の利益目標を391ドルに、2番目の利益目標を407ドルに、そして最後の利益目標を強力な上値抵抗線である424ドルに設定し、それぞれの利益目標値に達したらポジションの3分の1ずつを売ることにした。2月17日、株価は彼女の分析の正しさを証明するかのように、最初の仕掛け値を上回って370ドルのレンジまで動く。彼女はストップを367.45ドルに引き上げた。これで15ポイント

（1.2R）の利益は確定できた。株価が最初の利益目標の391ドルまで上昇すれば、利益はおよそ2Rになる。

ケン──スプレッダー・アービトラージャー

　図12.2と図12.5に見られるようなバンドが形成され始めたのを見て月曜日に発生したギャップは埋まるだろうと考えたケンは、権利行使価格340ドルの3月限のコールを18.70ドルで購入。これで彼は3月中旬の満期日までに340ドルでグーグルの株を買う権利を得たことになる。このコールに対して彼がとるリスクは4ドル。したがってコール価格が14.70ドルに下落したらすぐに損切りしなければならない。そして株価が348ドルで引けると、今度は権利行使価格350ドルの3月限のコールを19.30ドルで売った。これはグーグルの株を350ドルで彼から買う権利をだれかに売ったことになる。このコールの満期は彼が買ったコールの満期と同じ日である。これらのオプション売買で1枚当たり0.60ドル（2つのオプション価格の差額）の利益を得たことになる。そしてグーグルの株価が350ドルを上回れば、1枚当たりの利益はさらに10ドル増える。つまり、彼の確定利益は0.15R、潜在利益は2Rというわけだ。例えば、満期日に株価が350ドルの場合、売ったほうの350ドルのコールは権利放棄され、340ドルのコールは1枚当たり10ドルの利益になる。そして株価が350ドルを上回れば、サヤ取りで10ドルの利益が出る。いずれにしても儲けが出る。逆に株価が350ドルを下回り始めたら、サヤ取りによる利益は減少するが、10ドルから残っている時間価値を差し引いた利益は確保できる。

ナンシー──ニュースレターの推奨に従うビジネスウーマン

　月曜日、彼女は困ってしまった。グーグルの株は持っていなかったが、購読しているニュースレターの2つがグーグルについてまったく異なる見解を示していたからだ。一方は、過大評価されていた株が下

落し始めた例としてグーグルを挙げ、売り推奨をするとしたらグーグルがその候補のひとつになるだろうと言い、もう一方は、グーグルを長期保有銘柄として推奨し、月曜日に買うことを勧めてきたのだ。彼女はどうすべきか迷いに迷った。

　これは、複数のニューズレターを購読し自分のシステムを持たない人によく見られる現象だ。しかしナンシーは違った。自分で状況を分析することにしたのだ。**図12.1**に示したチャートを見て、最高値から100ドルも下がっている株は買わないほうがよいと判断した。また、ニューズレターのひとつが買いを勧めている株を売るのも気が進まなかった。結局、彼女はグーグルに関しては何もしないことにした。

エリック——ミスター・とにかくやってみよう！

　エリックはグーグルのオプションの満期日に注目していた。バロンズ紙の予測によれば、グーグルの株価は50％下落するとのこと。そして2月16日、グーグルは予測どおりにゆっくりと下落し始めた。エリックは権利執行価格360ドルの2月限のプットは時間価値がゼロに近い状態で買えることに気づいた。3月限のプットの時間価値は大きかったが、2月限はイン・ザ・マネーであるうえ満期までに2日しかなかったので時間価値はゼロに近かった（**プット**は株式を特定価格で売ることができる権利のこと。例えばグーグルの現在の株価が344ドルだとすると、360ドルのプット［グーグルの株を360ドルで売る権利］は1株当たり16ドルの価値があることになる。したがってオプション価格が16ドルだとすると、時間価値はゼロである。時間価値がゼロであるひとつの理由は、翌日が満期日なので利益を増やせる日が1日ちょっとしかないからである。しかし同期間中に現在の価値がゼロになる可能性もあるため、16ドルのリスクも内包する）。エリックはチャートを見て、グーグルは向こう2日のうちに20～30ポイント下落する可能性が大いにあると考えた。したがって2月限のプットを3枚買え

ば、４万ドル口座でわずか２日で9000ドルも稼げることになる。これはすごいぞ、俺は天才かもしれない、と彼は思った。そして２月16日、エリックは360ドルの２月限のプットを15.20ドルで３枚買った。これにかかったトータルコストは4560ドルだった。

16日の終わりにはおよそ600ドルの損失を出したが、「あともう１日ある」と自分に言い聞かせた。翌日、彼がマーケットを初めて見たのは午前10時半ごろだった。グーグルは356ドルまで上昇し、オプションの価値がわずか４ドルに下落していることに彼はショックを受けた。「寄り付きで株価をチェックしてさえいれば、１枚につき５ドル程度の損失で済んだかもしれないのに」と彼は後悔した。今となってはすべてを失ってしまったも同然だ。でも、もしかしたら株価が下落するかもしれないので今日の終わりまで待ってみよう、と彼は決心する。最終的にはオプションが満期を迎える直前に１枚30セントで何とか売ることができた。彼のトータル損失は手数料を差し引くとおよそ4500ドルだった。これは口座資産のおよそ11％に相当する。

今やエリックは天才どころか大バカ者にしか見えなかった。彼は本章で述べてきた重要な原理のいずれにも従わなかった。

- 第一に、彼は最悪の場合いくら損失を被るのかをまったく考えていなかった。エリックの最悪の事態における損失額は、オプションを買うのに投じた1520ドル（１枚当たり）のすべてである。実際の損失額は1490ドルなので、彼は0.98Rの損失を被ったことになる。
- 第二に、リスク・リワード・レシオをまったく考えなかった。彼はそのときの口座に対して9000ドル儲けることばかり考えていた。しかし損をした場合のことをまったく考えていなかったため、潜在的利益はわずか2Rだった。どのトレードも自分の思惑どおりにいく確率は50％でしかない。したがって潜在的利益がわずか2Rのトレードは、どう考えても賢明なトレードとは言えない。潜在的利益は

表12.1 銘柄1——7人の投資家やトレーダーのグーグルに対する行動

投資家・トレーダー	取った行動	結果(2月17日の引け時点)
メアリー (長期トレンドフォロワー)	217.30ドルで買う 1R=18ポイント	株価がストップまで下がれば6Rの利益
ディック (スイングトレーダー)	340.80ドルで買う	ポジションを手仕舞って7.4Rの利益を確保
ビクター (バリュートレーダー)	435ドルで売る	この時点における含み益は1.6R
エレン(予測屋)	352ドルで買う	この時点における含み益は1.2R
ケン (スプレッダー・アービトラージャー)	スプレッドを組む	1枚当たり0.60ドルの利益+スプレッドによる潜在的利益10ドル
ナンシー (ニュースレター信奉者)	何もしなかった	結果なし
エリック (何のシステムも持たない)	360ドルの2月限のプットを買う(トータルコストは4560ドル)	取ったリスクは1Rだが、1Rは彼の口座の11%に相当

最低でも3Rは必要だ。
● 最後に、このトレードで彼がとったリスクは口座資産の1％ではなく、11％を超えるリスクをとったことになる。もちろん口座は2日で20％上昇する可能性はあったが、重要な原理のいずれも実行しなかったため、最終的には11％も減ることになった。

2月17日の状況に対して異なる考え方を持つ7人の投資家たちはどんな行動を取り、どんな結果になったのだろうか。これをまとめたものが**表12.1**である。

自分のシステムを持っている投資家は、いずれかの時点でアクションを取っていることに注目しよう。そのうちのひとりはポジションを

すでに手仕舞いして巨額の利益を手にしていた。残りの投資家はストップを使って利益を確保していた。このように5人の投資家は考え方はそれぞれに異なるにもかかわらず、この状況からローリスクのアイデアを導き出してそれに従ってトレードした結果、利益を得たのである。

自分のシステムを持たないほかの2人はあまりうまくいかなかった。ナンシーは相反する外部情報に翻弄され、この状況に対処すべき方法を見いだせなかったため、何もできなかった。またエリックはローリスクのアイデアというものを理解していなかったため、20％の利益を得るチャンスはわずかながらもありながら、結局は口座の11％を失うことになった。

銘柄2──韓国ETF（EWY）

次に、国際的にホットな商品について見てみよう。韓国ETFであるEWYのパフォーマンス（図12.7を参照）が示すように、韓国株は堅調に推移してきた。チャートを見ると分かるように、EWYは2004年8月以来上昇トレンドにある。

2月17日にローリスクの機会は存在するのか。あるいはこの日は危険な状況なのでトレードは控えるべきなのか。このチャートを見て、あなたならどんな行動を取るかを考えてみていただきたい。買うべきか。買うのが危険すぎると感じた場合、あなたなら空売りをするだろうか、それともトレードは控えるだろうか。

あなたはこの状況でポジションを建てるか。

ポジションを建てるとするなら、買いか（この銘柄が上昇すると思う場合）、それとも売りか（この銘柄が下落すると思う場合）。

その場合、損切り注文はどこに置くか。

図12.7　韓国ETFの週足──2本の長期トレンドラインはいずれも健在

その位置に損切り注文を置いた場合、1Rはいくらになるか。

次の6週間でいくら儲けられると思うか。Rで示せ。

このトレードのリスク・リワード・レシオは？

負ける確率が50％あるとすると、このトレードを行うのは妥当だと思うか。

このトレードでとるリスクはポートフォリオ全体の0.5％、1％、2％、あるいはそれ以上か？

本書を読み進める前に、チャートを見てこれらの質問に対する自分の回答を書いておこう。それでは、7人の投資家たちの反応を見てみることにしよう。

メアリー――長期トレンドフォロワー

　彼女は2005年8月にこのETFを購入して以来ずっと保有している。購入価格は36.50ドルで、ストップは週次ボラティリティの3倍のところにトレーリングストップを置いてきた。今現在のストップの位置は41.10ドルなので、1株当たり4.60ドルの利益を確保している。初期リスクは1株当たりおよそ4.50ドルだったので、今現在の含み益は2Rで、現在のストップによる確定利益は1Rを少し上回る。このETFは5週間にわたって保ち合い相場にあったが、すぐに上昇トレンドに転じると彼女は思っている。

ディック――短期スイングトレーダー

　ディックはチャートにバンドを描き、44ドルが強力な支持線であることを発見した。2月13日、EWYがその水準から急上昇すると、44.20ドルで買うと同時に、43.20ドルにストップを置いた。2月17日、EWYは45.73ドルで引け、1株当たりの含み益は1.53ドル（およそ1.5R）になったが、ストップを変更していないので利益はまだ確定されたわけではない。彼は株価が46.80ドルになったらポジションの半分を手仕舞いし、ストップをブレイクイーブンの位置に移動させるつもりだが、46.80ドルを上回らない場合は、2月24日（金曜）の引けまでに全ポジションを清算するつもりだ。

ビクター――バリュートレーダー

　彼はEWYのポジションは建てなかった。彼はEWYよりも、リサーチに基づいて価値を予測できる個別株のほうに関心がある。EWYは韓国株式市場の多くの株式の複合物なので、彼はEWYをローリスクのアイデアとは考えていない。

エレン——宇宙には秩序が存在する

彼女は自分のアプローチを海外ETFで試してみたいと思っていた。個別株はそれぞれに特有のエネルギーを持っているため、転換点を予測するのは「簡単」だ、と彼女は考えているが、EWYなど海外ETFは多くの株式の複合物であるため、個別株とは若干異なる。とはいえ、各国もそれぞれに特有のエネルギーを持っているので、自分のアプローチはおそらくは機能するだろうと判断する。海外ETFは米株式市場が閉まっている間にトレードされるため、ギャップを空けて寄り付くことが多い。

調査の結果、EWYは2006年2月20日（月曜）に大きく動くと彼女は予測する。ところが、問題が発生した。2月20日は韓国市場は活発な動きが予想されたが、米株式市場はプレジデントデーで休みのためEWYを買うことができないのである。しかも、どちらの方向に動くのかも分からなかった。

エレンは図12.8のチャートを基に、46.2ドルの抵抗線を上回る位置か44.4ドルの支持線を下回る位置で仕掛けることにした。ストップはそれぞれの反対サイドに置いた（抵抗線で仕掛けたときは支持線、支持線で仕掛けたときは抵抗線に置いた）。2月20日の相場が実際にどうなるのかは不安だったが、ブレイクアウトポイントの1ポイントレンジ以内で仕掛けることを決めていた。上方にブレイクアウトして48.50ドルを上回る水準で高値を更新するか、下方にブレイクアウトして43.50ドルを下回ることを彼女は期待していた。EWYがいずれの方向にブレイクしても、ストップはブレイクイーブンに移動させる。

このケースの場合、大きく動く日の予測は正しくてもリスクは依然として高い。例えば、EWYは数日で48.50ドルまで上昇してから反転する可能性もある。その場合、彼女がとらえられる動きはそのごく一部で、利益は良くて1Rだ。あるいは逆に、43.50ドルまで下落したあと反転することも考えられる。この場合も得られる利益は少ない。し

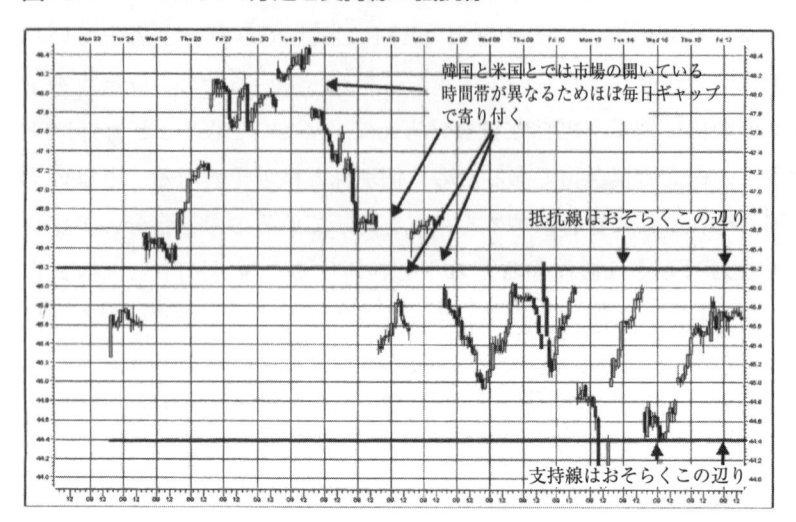

図12.8 EWYの30分足と支持線・抵抗線

（チャート内注記）
- 韓国と米国とでは市場の開いている時間帯が異なるためほぼ毎日ギャップで寄り付く
- 抵抗線はおそらくこの辺り
- 支持線はおそらくこの辺り

かし、急上昇して高値を更新するか、下にブレイクアウトする可能性もあり、そうなれば最低5Rの利益は固いため、いちかばちかやってみることにした。

2月21日、EWYは彼女が予測した抵抗線を少し上回る46.35ドルで寄り付いたので、そこで買ってストップを44.20ドルに置いた。48.50ドルに達したら、彼女はポジションの半分を売ってストップをブレイクイーブンに引き上げることにした。これで利益はわずか1Rにしかならないが、自分のアプローチを海外ETFに適用するに当たっては彼女はきわめて慎重だった。

ケン──スプレッダー・アービトラージャー

ケンはこのトレードに関してはローリスクのアイデアは思いつかなかった。韓国ETFではなく韓国株を直接トレードすることも考えた

が、そのための良いローリスクのアイデアが浮かばなかったので、何もしなかった。

ナンシー——ニュースレターの推奨に従うビジネスウーマン

ナンシーが購読しているニュースレターのひとつがETFを取り上げていたため、彼女は2005年11月に41.30ドルでEWYを買った。ストップに関しては、25％のトレーリングストップを使っていた。今現在、ポジションは0.6R上昇していたが、0.5Rの下落リスクもあった。

エリック——ミスター・とにかくやってみよう！

エリックは海外ETFについては何も知らなかったが、EWYのチャートを見て非常に興奮した。EWYは強い上昇トレンドにあり、月にも到達しそうな勢いがあった。そこで彼は44.54ドルで100株買った。目標値もストップも置かなかったため、彼の1Rはトレードコストを含めて4468ドルになった。つまり、彼が1Rの利益を得るにはEWYの価格は2倍にならなければならないということである。さらに彼のリスクはポートフォリオの全資産3万5415ドルの12.6％にも上った。

それでは2月17日の状況に対して7人の投資家が取った行動を見てみよう。これをまとめたものが**表12.2**である。

考え方やアプローチは違っていても、それぞれの考え方に基づいてポジションを建てることができることに今一度注目しよう。エリックを除き、全員がトレードをR倍数（つまり、リスク・リワード・レシオ）で考えているためうまくいっている。エリックの場合、株価が2倍にならなければ1Rの利益さえ得ることができない。

表12.2 銘柄2──7人の投資家やトレーダーのEWYに対する行動

投資家・トレーダー	取った行動	結果(2月17日の引け時点)
メアリー (長期トレンドフォロワー)	35.50ドルで買った	含み益は2Rで、そのうち1Rは確定
ディック (スイングトレーダー)	44.20ドルで買った	この日に買ったのでまだ分からない
ビクター (バリュートレーダー)	ポジションを建てなかった	結果なし
エレン (予測屋)	ポジションは建てなかったが、2月21日に46.35ドルで買った	結果なし
ケン (スプレッダー・アービトラージャー)	ポジションは建てず、韓国株を直接トレードすることを考えていた	結果なし
ナンシー (ニュースレター信奉者)	41.30ドルで買った	含み益は0.6Rだが、損失余地あり
エリック (何のシステムも持たない)	2月17日に44.54ドルで買った	買いポジションを建てたばかりだが、1Rリスクは全投資額に相当

銘柄3──ウエストウッド・ワン（WON）

次は明確な下降トレンドにある銘柄を見てみることにしよう。7人の投資家やトレーダーたちはどういった行動を取るのだろうか。ここで取り上げた銘柄はウエストウッド・ワン（WON）である。**図12.9**が示すように、WONは強い下降トレンドにある。チャートを見て、あなたならどうするかをまず考えてみよう。

あなたはこの状況でポジションを建てるか。
ポジションを建てるとするなら、買いか（この銘柄が上昇すると思う場合）、それとも売りか（この銘柄が下落すると思う場合）。

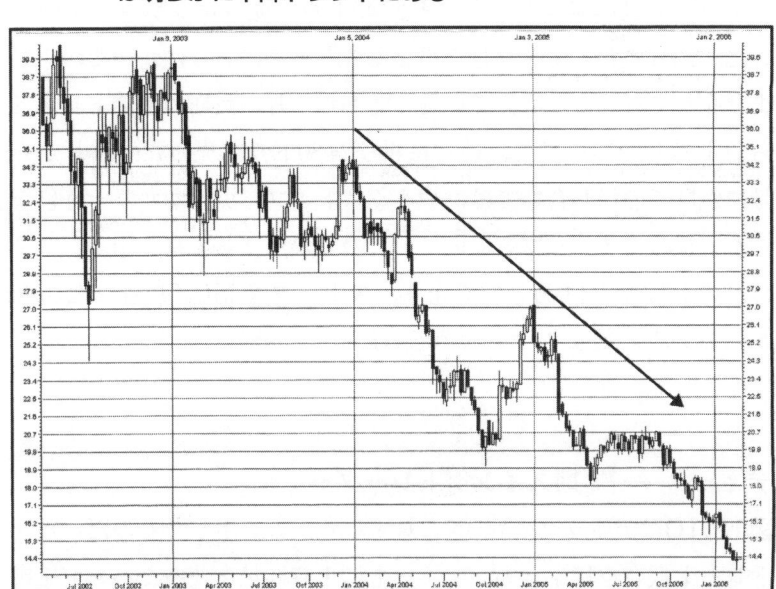

図12.9　ウエストウッド・ワン(WON)のローソク足――2006年2月17
　　　　は明らかに下降トレンドにある

　その場合、損切り注文はどこに置くか。

　その位置に損切り注文を置いた場合、1Rはいくらになるか。

　次の6週間でいくら儲けられると思うか。Rで示せ。

　このトレードのリスク・リワード・レシオは？

　負ける確率が50％あるとすると、このトレードを行うのは妥当だと思うか。

　このトレードでとるリスクはポートフォリオ全体の0.5％、1％、2％、あるいはそれ以上か？

　本書を読み進める前に、チャートを見てこれらの質問に対する自分の回答を書いておこう。それでは、7人の投資家たちの反応を見てみることにしよう。

メアリー——長期トレンドフォロワー

メアリーは2004年4月におよそ27.40ドルで売りポジションを建てていた。12月にわずかな利益を出してストップに引っかかったが、まだまだ売りで行けると考えていた。2005年1月、長期の下降トレンドから急上昇したのを見て、彼女は再び24.80ドルで売った。5月から9月にかけての保ち合いではあやうくストップに引っかかりそうになったが、緩めにストップを置いていたのでかろうじて乗り切った。2月17日の引けでも14.30ドルで売り、ストップを2.10ドル離れた16.40ドルに置いた。彼女の今の含み益は2.5Rで、そのうち2Rはストップで確保されている。

ディック——短期スイングトレーダー

図12.10はディックのWONに対する考え方を示したものだ。短期のトレード機会を探すため、チャートに1時間足を使ったバンドを書き入れる。このケースの場合、長期の下降トレンドが強すぎるため、買おうとは思わない。バンドを見ると、13.7ドルを下抜いた位置が絶好の売りポイントであり、上のバンド位置の14.6ドルにストップを置くのがよいことを示している。まだ行動には移っていないが、仕掛けのシグナルが出たらそのシグナルに従って仕掛けるだろう。

ビクター——バリュートレーダー

ビクターはWONのファンダメンタルズに注目。分析の結果、経営陣が無能であり、株価が非常に過大評価されていると結論づけた。こう結論づけた理由は、第一に、この企業の業態はプロバイダー業であり、この業界の近い将来の展望が明るいとは思えないこと。第二に、現在の自己資本がマイナス2億300万ドルであること。第三に、過去半年の間に既存株式の半数を企業内部の者が売ったこと。つまり、会社の経営陣ですら会社の今の状況を好ましく思っていないということ

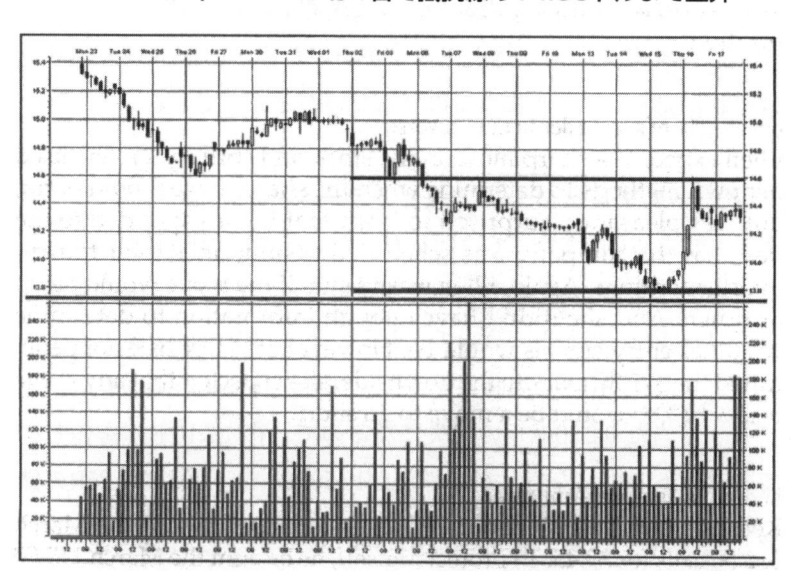

図12.10　ウエストウッド・ワン(WON)の時間足チャートとディックの
バンド──WONは1日で抵抗線の14.60ドルまで上昇

である。そこでビクターは、2005年11月に18.40ドルで売り、21.10ド
ルにストップを置いた。2005年12月、WONのCEO（最高経営責任者）
が辞任したが、それはビクターにとっては驚くには当たらなかった。
それどころか、彼は自分の分析が正しかったことを確信した。ビクタ
ーは2006年中ごろまでには株価は１桁になると思っている。2006年２
月17日現在の含み益は１株当たり4.10ドルで、これは1.5Rを少し上回
る。この売りポジションからは5Rは稼げるはずだと彼は期待している。

エレン──宇宙には秩序が存在する

　エレンは２月24日に大きな動きがあると予測した。彼女はこの日を
自分の手法を使って予測したのだが、この日が第４四半期の決算報告
日に一致したのには驚いた。と言っても、いつものことながら、上昇

するのか下落するのかは分からなかった。さらに、何が仕掛けのシグナルになるのかを判断するための十分な情報もなかった。しかし、これまでに13.80ドルを割り込んだことがないため、13.80ドルを割り込めばそれが売りシグナルになるのではないかと思っている。

ケン――スプレッダー・アービトラージャー

ケンもまたWONについては弱気だった。そこで12.50ドルの３月限のコールを2.45ドルで売った。そしてそのヘッジとして15.00ドルの３月限のコールを0.35ドルで買ってクレジットスプレッドを組み、１スプレッド当たり2.10ドルの利益を得た。株価が15ドルを上回れば、１スプレッド当たり2.50ドルの損失になるので、得た2.10ドルを差し引いて40セントの損になる。逆に株価が12.50ドルを下回れば4.25Rの儲けになる。彼はこの方法が非常に気に入った。

ナンシー――ニュースレターの推奨に従うビジネスウーマン

ナンシーが購読しているニュースレターのひとつが、16.00ドルで売り、20％のトレーリングストップを19.20ドルに置くことを勧めてきたので、彼女はそのアドバイスに従った。２月17日、WONは14.30ドルで引けたので、１株当たり1.70ドルの利益が出た。ストップの位置が15.66ドルなので、34セントの損失（およそ－0.1R）の可能性はまだ残っている

エリック――ミスター・とにかくやってみよう！

エリックはチャートを見て思った――「かなり下げたな。これ以上は下がらないだろう。だから400株買おう」。そして２月17日、大きく上昇した14.43ドルで400株買った。いつものように、リスクは考えなかった。これは、投資額ととるべきリスクとがまったく別物であることを理解していないからである。彼の1Rのリスクは全投資額の14.43

表12.3 銘柄3──7人の投資家やトレーダーのウエストウッド・ワンに対する行動

投資家・トレーダー	取った行動	結果(2月17日の引け時点)
メアリー (長期トレンドフォロワー)	24.80ドルで売った 14.30ドルでも売った	含み益は2.5Rで、そのうち2Rは確定
ディック (スイングトレーダー)	13.70ドルを下回ったら13.70ドルで売るつもり	結果なし
ビクター (バリュートレーダー)	18.40ドルで売った	含み益は1.5R
エレン (予測屋)	ポジションは建てていないが、2月24日に下落すると見ている	結果なし
ケン (スプレッダー・アービトラージャー)	3月限のコールでクレジットスプレッドを組み、2.10ドルの利益を得る	潜在的最大損失は40セントで、潜在的利益は4.25R
ナンシー (ニュースレター信奉者)	16.00ドルで売った	今のところ含み益は0.5Rだが、小さな損失余地あり
エリック (何のシステムも持たない)	14.43ドルで買った	引け時点で1株当たり13セントの利益

ドルであり、トータルリスクは5800ドル、つまりポートフォリオ全体の16.8%にも上った。

それでは2月17日の状況に対して7人の投資家が取った行動を見てみよう。これをまとめたものが**表12.3**である。

「とにかくやってみよう！」派のエリックを除き、そのほかの投資家はアプローチは違ってはいるが全員が売りポジションを建てている。そして、エリックを除いた全員がある程度の含み益を確定させている。これは、彼らがトレードをR倍数で考え、成功する見込みのあるポジションを建てたからである。

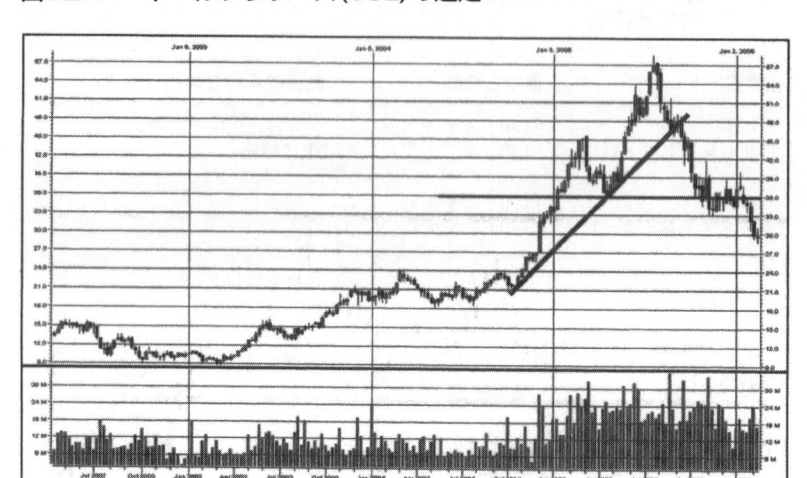

図12.11 トールブラザーズ(TOL)の週足

銘柄4──トールブラザーズ（TOL）

　下降トレンドにあるもうひとつの例を見てみよう。これは住宅建設大手のトールブラザーズだ。建設株は短期金利が大幅に引き上げられる（2005年7月ごろ）までは絶好調だったが、短期金利が引き上げられてからは軒並み下落に転じ始めた。その最も顕著な例がトールブラザーズである。**図12.11**はトールブラザーズの週足チャートを示したもので、強力な支持水準である36ドルをも割り込んでいることが分かる。あなたならこういった状況ではどんな行動を取るか。

　あなたはこの状況でポジションを建てるか。
　ポジションを建てるとするなら、買い（この銘柄が上昇すると思う場合）か、それとも売りか（この銘柄が下落すると思う場合）。

その場合、損切り注文はどこに置くか。

その位置に損切り注文を置いた場合、1Rはいくらになるか。

次の6週間でいくら儲けられると思うか。Rで示せ。

このトレードのリスク・リワード・レシオは？

負ける確率が50％あるとすると、このトレードを行うのは妥当だと思うか。

このトレードでとるリスクはポートフォリオ全体の0.5％、1％、2％、あるいはそれ以上か？

本書を読み進める前に、チャートを見てこれらの質問に対する自分の回答を書いておこう。それでは、7人の投資家たちの行動を見てみることにしよう。

メアリー――長期トレンドフォロワー

ついに来るべきときが来た、とメアリーは思った。しかし47ドルでトレンドラインをブレイクする前に、彼女は買いポジションをすでに利食いして大きな利益を確保していた。さらに、36ドルの支持線に到達するころには売りを考えており、35.30ドルのシグナルで売り、44.88ドルに損切り注文を置いた。2月17日、TOLは29.75ドルで引けたので、含み益はおよそ0.6Rだが、今置いているストップの位置は38.20ドルなので、3ポイント（0.3R）の損失の可能性がある。

ディック――短期スイングトレーダー

図12.12はディックのTOLに対する考え方を示したものだ。彼は上方バンドで売り、価格が下方バンドを下抜いた時点でポジションを手仕舞いした。しかし、価格は下方バンドを下抜いたあともさらに下落を続けた。そのため彼はトレンドフォローモードになり、31.60ドルで売った。

ディックはストップと目標値を必ず設定する。この場合のストップ

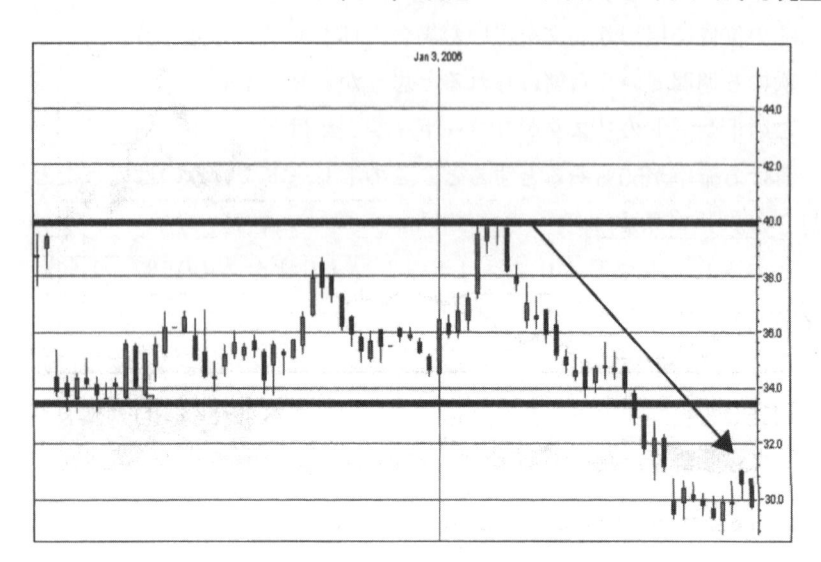

第4部 学習してきたことをひとつにまとめ上げる

図12.12 トールブラザーズ(TOL)の日足——チャネルブレイクアウトが発生

は、下のバンドの33.40ドルに置いた。この後の動きを予測するために、彼は15分足チャートを見る。これを示したものが**図12.13**である。このチャートからは、29.60ドル水準が強力な支持線になることが分かる。2月17日はその支持線付近で引けたため、ディックはポジションの半分を29.90ドルで買い戻し、1Rを少し下回る利益を得る。残りは翌日28.80ドルを下回った時点で手仕舞おうと思っている。残りのポジションに対する現在のストップの位置は30.80ドルだ。したがって、現時点での確定利益は80セントである。

ビクター——バリュートレーダー

　ビクターはTOLのファンダメンタルズに注目し、良い手応えを感じる。前年度の1株当たりの利益が4.78ドルなので、PERは6.97である。この数値だけでも、バリュー的に高い価値を持つ銘柄であることが確

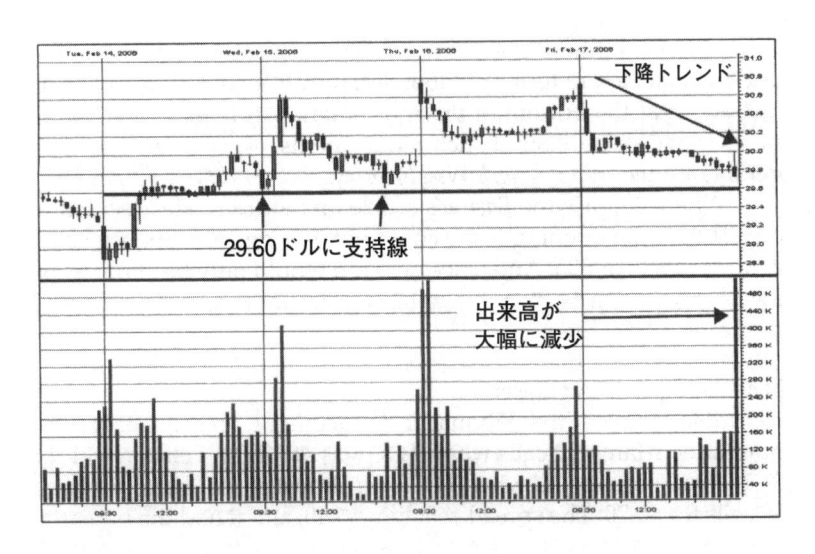

第12章　お金はみんなに行き渡る

図12.13　TOLの15分足──支持線の位置が確認できる

(図中注記: 下降トレンド／29.60ドルに支持線／出来高が大幅に減少)

信できた。しかし、買うのはあくまで株価が上昇し始めてからだ。

　次にビクターが注目したのはバランスシートだ。流動資産がおよそ60億ドルで、負債総額は35億ドルである（**流動資産**とは、会社の全資産を来年以内に売るとしたらいくらで売れるかを示した数値。企業価値を測るひとつの尺度が、流動資産から負債総額を差し引いた値であり、この値によって企業のおおよその清算価値を予測することができる。ほとんどの企業ではこの値が正にさえならないことが多い）。つまり、この会社の清算価値はおよそ25億ドルということになる。発行済み株式数が1億5500万株なので、1株当たりの清算価値は15.48ドルになる。この数値自体は悪くはないものの、株価は清算価値のおよそ2倍の価格が付いていたため、まだ買う時期ではないとビクターは判断した。TOLは少なくとも今のところはまだ割安ではない。しかし目の離せない銘柄ではある。株価が上昇し始めるか、もう20ドル下

がれば、おそらく彼は買うだろう。

　皮肉なことに、週末（2月18日）に発行されたバロンズ紙には、TOLは非常に格安で、市場平均を上回ることが予想される、という記事が載る。彼は自分が検討したバリュー株がこの雑誌でコメントされるのを好まなかった。したがって、少なくとも今はまだ買う時期ではないという思いはより一層強まった。

エレン——宇宙には秩序が存在する

　TOLがいつ大きく動くのかは予測がつかなかったが、今の水準で下げ止まり、大きく反転することは十分にあり得ると思っていた。彼女のこの考え方の根拠を示すものが**図12.14**である。このチャートからはTOLはフィボナッチリトレースメント水準まで下落することが予想され、TOLの株価はまさに今そのリトレースメント水準に近づきつつあった。そして株価はそのリトレースメント水準に達したら大きく反転することがある。特にバロンズ紙に記事が載ったときはその傾向が強い。

　土曜日にバロンズ紙にTOLの記事が載ったのを見て、彼女は株価が30ドルを下回って寄り付いたら寄り付きで買うことにした。30ドルを下回ったあと、34ドルか35ドルまで上昇するはずだと思ったからだ。30ドルで仕掛けて、ストップを1.50ドル離れた28.50ドルに置いた場合、その後株価が4.50ドル動けば少なくとも34ドル（2.6R）の利益は得られるはずだ。

ケン——スプレッダー・アービトラージャー

　ケンもフィボナッチリトレースメント水準に注目したひとりだ。2月14日、株価が29ドルのときに彼は30ドルの3月限のコールを1.10ドルで購入。2月16日、株価がおよそ31ドルに上昇したため、彼は35ドルの3月限のコールを0.70ドルで売った。このサヤ取りのコストは

図12.14　TOLの週足――下降トレンドでの下げ止まり位置としてはいくつかのリトレースメント水準が考えられるが、0.618リトレースメント水準の可能性が濃厚

0.40ドルなので、満期日に株価が35ドルを上回れば5.00ドルの儲けになる。つまり、このサヤ取りのリスク（1R）は40セントで、リワードは4.60ドル（11.5R）ということになる。彼にとっては実に良いトレードだ。

ナンシー――ニュースレターの推奨に従うビジネスウーマン

ナンシーの購読しているニュースレターでトールブラザーズのことをコメントしたレターはなかったため、彼女はTOLを投資対象として注目しなかった。

エリック——ミスター・とにかくやってみよう！

エリックは住宅バブルが崩壊しそうだという噂を耳にしていた。そこでTOLを見ると、確かに株価が下がっていた。空売りについては前々から話を聞いていた彼は、空売りを学ぶ最良の方法は実際に自分でやってみることだと思った。売りポジションを建てられる信用取引口座はすでに開設していたため、TOLを30.15ドルで100株売った。2月17日、TOLは29.75ドルで引けたため、その日の終わりには25ドル（手数料差し引き後）の利益を得た。しかし、エリックの1Rは3030ドル（彼のリスクは全投資額）だったので、利益はわずか0.008Rである。

それでは、それぞれに考え方が異なる7人の投資家たちが2月17日の銘柄4に対して取った行動を見てみることにしよう。これをまとめたものが**表12.4**である。

このケースでは、考え方の違いによってポジションの取り方が異なる。3人は売って、すでに小さな利益を確保している。ひとりはデビットスプリットを組み、満期日にTOLが35ドル以上で引ければ11.5Rという巨大な利益が得られる。もうひとりは、条件が満たされれば寄り付きで買おうと思っている。残りの2人はポジションを建てていないが、そのうちのひとりはバリュー投資が可能だと考えている。全投資額をリスクにさらしているエリックを除き、ほかの6人はトレードをR倍数で考えているため、大きな利益が期待できるか、損失を出しても小さな額に抑えられる。

銘柄5——フェルプス・ドッジ（PD）

世界を取り巻く状況からは、この先10年は商品先物ブームになることが予想されるため、次は純粋なる素材銘柄を見てみよう。フェルプス・ドッジ（PD）はそういった素材銘柄のひとつであり、同社の株

表12.4 銘柄4──7人の投資家やトレーダーのトールブラザーズに対する行動

投資家・トレーダー	取った行動	結果(2月17日の引け時点)
メアリー (長期トレンドフォロワー)	35.30ドルで売った。1Rは9.58ドル	含み益は0.6Rだが、0.3Rの損失余地あり
ディック (スイングトレーダー)	31.60ドルで売った。1Rは1.80ドル	ポジションの半分を売って1Rの利益を確保。新たに設けたストップにより0.8Rの利益を確定
ビクター (バリュートレーダー)	バリュープレーが可能だと考えているが、まだポジションは建てていない	結果なし
エレン (予測屋)	30ドルを下回って寄り付いたら寄り付きで買おうと思っている。その場合の1Rは1.50ドル以下	結果なし。この条件で仕掛ければ3Rの利益が期待できる
ケン (スプレッダー・アービトラージャー)	3月限のコールのデビットスプレッドを組む。コストは0.40ドル。したがって、1Rは40セント	満期日に株価が35ドルを上回れば11.5Rの利益が期待できる
ナンシー (ニュースレター信奉者)	TOLは投資対象に入っていない	結果なし
エリック (何のシステムも持たない)	30.15ドルで売った	リスクが全投資額であるのに対して、利益はわずか0.008R

価チャートを示したものが**図12.15**である。チャートを見ると分かるように、2003年以来同社は強い上昇トレンドにある。このチャートを見て、あなたならどうするかを考えてみていただきたい。

あなたはこの状況でポジションを建てるか。
　ポジションを建てるとするなら、買いか(この銘柄が上昇すると思う場合)、それとも売りか(この銘柄が下落すると思う場合)。
　その場合、損切り注文はどこに置くのか。
　その位置に損切り注文を置いた場合、1Rはいくらになるか。

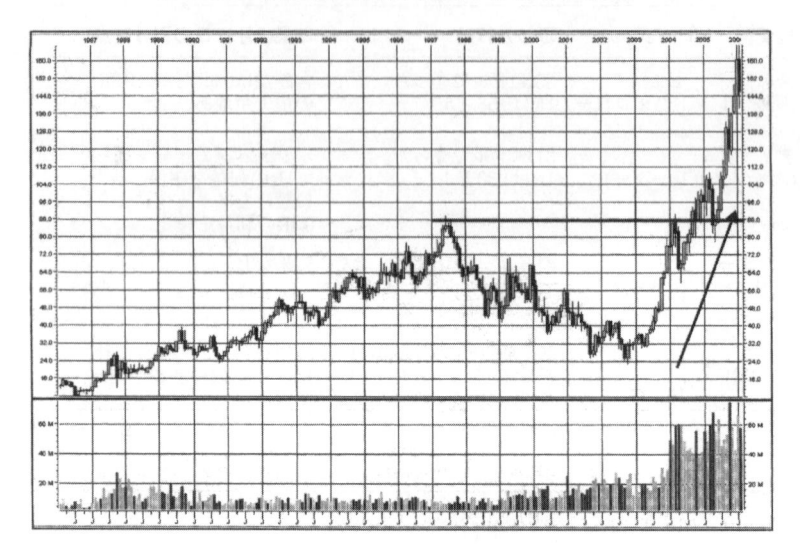

図12.15　2006年2月17日のフェルプス・ドッジ(PD)の月足──同社は2003年初頭から強い上昇トレンドにある

　次の６週間でいくら儲けられると思うか。Rで示せ。

　このトレードのリスク・リワード・レシオは？

　負ける確率が50％あるとすると、このトレードを行うのは妥当だと思うか。

　このトレードでとるリスクはポートフォリオ全体の0.5％、１％、２％、あるいはそれ以上か？

　本書を読み進める前に、チャートを見てこれらの質問に対する自分の回答を書いておこう。それでは、７人の投資家たちの反応を見てみることにしよう。

メアリー──長期トレンドフォロワー

　メアリーはすでに同社のポジションを持っており、これまでに２回トレンド相場を経験している。彼女がこれまでに行った３つのトレー

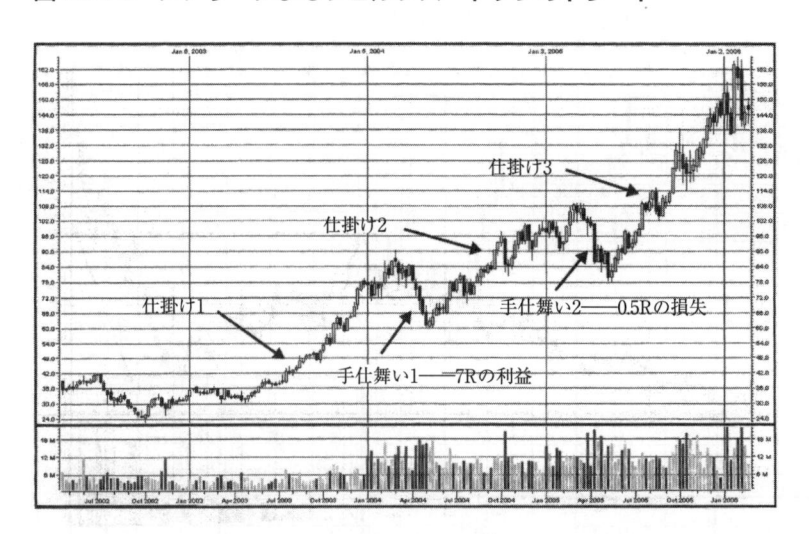

図12.16　メアリーによるフェルプス・ドッジのトレード

ドを示したものが**図12.16**である。最初に買ったのは2003年8月で、これは2004年3月にストップに引っかかって7Rの利益を得た。2004年9月に再び買い、3カ月後にストップに引っかかりかけたがそのときは持ちこたえ、2005年の春にストップに引っかかって0.5Rという小さな損失を出した。3回目のトレードは2005年7月29日で、108.20ドルで仕掛け、最初のストップを12ポイント離れた位置に置いた。2006年2月17日、PDは145.02ドルで引けたため、含み益は37ポイント（3Rちょっと）だ。ボラティリティが劇的に上昇したため、今のストップはかなり離れた118.77ドルにあるが、そのおかげでストップに引っかかることなくトレードを持続できている。今のところ、ストップによる確定利益は1Rを少し下回る程度でしかないが、このトレードは数年持続し、最終的には20Rを生み出すトレードになると信じている。

図12.17　フェルプス・ドッジの60分足──チャートの下方に引いたラインがディックの設定したバンド

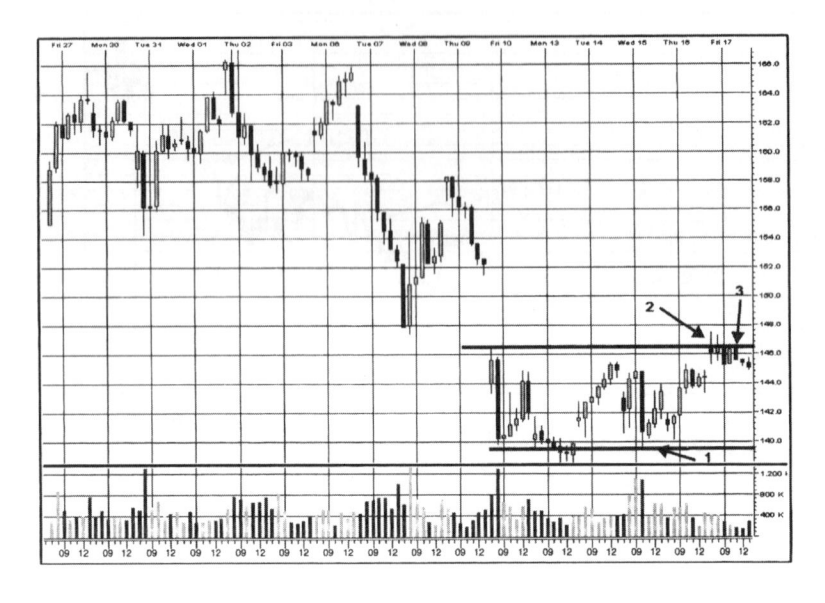

ディック──短期スイングトレーダー

　図12.17はディックのPDに対する考え方を示したものだ。60分足チャート上できれいなバンドが形成されたため、ディックは2月15日に下のバンドで買った（図12.17の点1）。そして点2で売って5Rの利益を確保した。そして2月17日、今度は株価が上のバンドを下回った点3で売った。仕掛け値は145.90ドルで、ストップは147.60ドルに置いた。彼はPDが下のバンドまで下落することを期待し、およそ140ドルになったら売ろうと思っている。したがって1Rは1.70ドルで、潜在的利益は6ポイント（3.5R）である。これがうまくいけば、2回のバンドトレードで8Rを上回る利益を得ることになる。しかし、バンドトレードがうまくいくのは、せいぜい1回か、2回だけである。

ビクター――バリュートレーダー

　世界を取り巻く状況を見るかぎり、これからは商品の時代であり、商品ブームはこの先10年以上続くことが期待できる、とビクターは思っている。そして公定歩合が２％を割ったのを見て、ビクターは素材株をいくつか買うことにした。その候補のひとつがフェルプス・ドッジだった。2003年、彼はPDを44.50ドルで購入。株価が下がって売るというような事態は想像できなかったので、ストップは置かなかった。彼にとってPDは最高のバリュー株だったわけである。しかし、ストップを置くことを強く勧められた彼は、50％の損切りラインを設定することにした。したがって、ビクターの潜在的損失は１株当たり23ドルということになる。

　これほど大きなストップを置いたにもかかわらず、PDの現在の株価は145.20ドルなので、彼の今現在の含み益は100ポイントを上回る。これは4Rに相当する。彼は少なくともあと５年はPDを保有し続けるつもりだ。しかし今の含み益をあまりマーケットには返したくないので、強力な支持線である126ドルと108ドルより下の104ドルにストップを置いている。

エレン――宇宙には秩序が存在する

　エレンは最高値167.12ドルからのフィボナッチリトレースメント水準を見てみた。これを示したものが図12.18である。チャートを見たエレンは、株価はフィボナッチリトレースメントで確実に下げ止まっていると感じた。今、株価は142ドルの50％リトレースメント水準から反転しようとしているように思えたので、エレンは16日の早い時間帯に142.10ドルで買い、140.10ドルにプロテクティブストップを置いた。したがって彼女の1Rは２ドルである。

　17日の引けの時点では、およそ３ポイント（1.5R）上昇していた。彼女の目標は次の５日以内に株価が150ドルを上回ることなので、ス

図12.18　エレンが見たフェルプス・ドッジのフィボナッチリトレースメント水準

トップの位置を仕掛け値である142.10ドルに引き上げた。

ケン――スプレッダー・アービトラージャー

　フェルプス・ドッジに関してはケンは強気で、140ドルの３月限のコールをすでに7.20ドルで購入していた。そして購入から数日後、145ドルの３月限のコールを6.20ドルで売ることができた。したがってこのデビットスプレッドを組むのに要したコストは1.00ドルということになる。このデビットスプレッドは前回ほど良くはなかったが、彼は満足していた。最悪の場合、両方のコールが満期で権利放棄になればコスト分の１ドルを失うことになるので、1Rは1.00ドルということになる。しかし満期日に株価が145ドルを上回れば（彼はかなりの確率でこうなると思っていた）、このスプレッドによる利益は５ドルになるので、コストを差し引いた正味利益は４ドルになる。つまり、

このトレードはリスク１ドル（＝1R）に対して利益は4Rである。前回同様、このトレードもなかなか良いトレードだと彼は思った。

ナンシー──ニュースレターの推奨に従うビジネスウーマン

ニュースレターのひとつが、フェルプス・ドッジを73ドルで買い、25％のトレーリングストップを置くように勧めてきた。彼女はその推奨に従って、翌朝72.80ドルで買い、最初のストップを推奨どおり25％離れた位置に置いたので、初期リスクは１株当たり18.20ドルである。２月17日、PDの株価は145.02ドルに上昇し、含み益は72.22ドル（4R）になった。そこで彼女はストップを直近の最高値である167.12ドルから25％の位置である125.34ドルに引き上げた。ここでストップに引っかかったとしても、およそ3Rの利益は確保できる。

エリック──ミスター・とにかくやってみよう！

エリックは１株当たり100ドルを上回る株は買わない主義なので、フェルプス・ドッジは彼には高すぎた。しかしPDにはオプションがあった。そして株価は下落し始めたように思えた。

エリックは今回は145ドルの３月限のプットを6.20ドルで買うことにした。２枚買ったのでコストは1240ドルだ。儲けにならなければ、おそらく権利放棄することになるので、このトレードの1Rは1255ドルということになる。これまでのことを考えれば、今回のリスクはポートフォリオのおよそ3.5％にしか当たらないので、"適切"だった。これはほかの人にとっては高すぎるリスクだが、エリックにとっては低いリスクだった。

それでは、それぞれに考え方が異なる７人の投資家たちが２月17日の銘柄5に対して取った行動を見てみることにしよう。これをまとめたものが表12.5である。

表12.5　銘柄5――7人の投資家やトレーダーのフェルプス・ドッジに対する行動

投資家・トレーダー	取った行動	結果(2月17日の引け時点)
メアリー (長期トレンドフォロワー)	108.20ドルで買った。 1Rは12ポイント	これまでの2トレードの確定利益は6.5R。今回のトレードの現時点での含み益は3R(うち1Rはストップで確定)
ディック (スイングトレーダー)	145.90ドルで売った。 1Rは1.70ドル	前のトレードの利益が5Rで、今回のトレードの利益がおよそ0.5R
ビクター (バリュートレーダー)	44.50ドルで買った。 1Rは23ドル	4Rの含み益。うち3Rはストップで確定
エレン (予測屋)	フィボナッチ・リトレースメント水準から上昇した時点で142.10で買った。1Rは2ポイント	およそ1.5Rの利益
ケン (スプレッダー・アービトラージャー)	140ドルと145ドルの3月限のデビットスプレッドを組む。コストは1ドル	リスク1ドルに対して、潜在利益は4ドル
ナンシー (ニュースレター信奉者)	72.80ドルで買う。1Rは18.20ドル	4Rの含み益。うち3Rはストップで確定
エリック (何のシステムも持たない)	145ドルの3月限のプットを6.20ドルで2枚買う	35ドルの損失を出してポジションを手仕舞う

　アプローチは違ったが、エリックを除く6人は利益を手にした。エリックとディックを除いて、全員が上昇すると思って戦略を立てた。エリックを除き、全員がトレードをR倍数で考えているため、成功の可能性は高い。

　本書を読み進める前に確認しておきたいのは、優れたトレーダーや投資家たちは状況分析に懸命に取り組んでいる点である。トレードを

成功させるためには、時間をかけること、そしてリスク・リワード・レシオ、期待値、ポジションサイジングといったさまざまな概念を十分に理解することが不可欠だ。成功したいのであれば、これらの概念を学び、優れたシステムの開発に時間をかけてじっくり取り組む覚悟が必要だ。ここで見てきたトレーダーたちが状況分析にどれくらい時間をかけたかは容易に想像がつくはずである。しかし、ひとつの良い状況を探すのに、100の状況を分析しなければならないとしたらどうだろう。あなたは進んでやろうという気になるだろうか。

6週間後の結果

銘柄1──グーグル

2月中旬の仕掛け日以降、グーグルは上昇を続け、2月28日に397.54ドルの高値を付けた。その後、再び下降トレンドに転じ、3月10日には331.55ドルの安値を付けた。3月24日、S&P500がグーグルを3月31日にS&P500に組み入れることを発表。この発表を受け、グーグルはその日、上にギャップを空けて寄り付いてから上昇を始め、3月29日には399ドルの高値を付ける。そして3月31日、グーグルは390ドルきっかりで引ける。**図12.19**は3月31日までのグーグルの日足チャートを示したものだ。

それでは、7人の投資家たちのグーグルに対するその後の対応と結果を見ていくことにしよう。未決済ポジションについては、3月31日の終値390ドルを基に計算したR倍数で評価する。

メアリー──長期トレンドフォロワー

メアリーはすでにグーグル株を買っており、トレーリングストップは329ドルに置かれていた。3月10日、グーグルが331.55ドルの安値

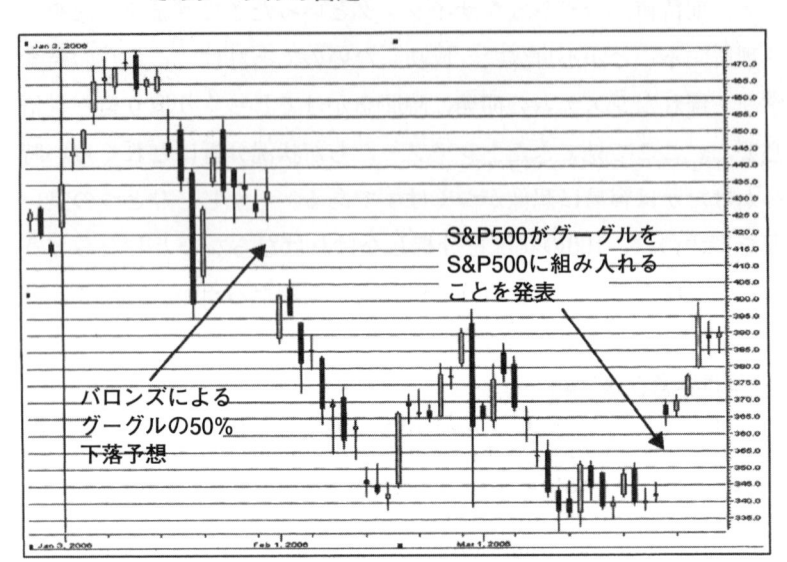

図12.19　各トレーダーのR倍数と期待値の算出――2006年3月31日までのグーグルの日足

を付けたとき、ストップに引っかかる寸前まで行ったがかろうじて持ちこたえ、グーグルが390ドルで引けた3月31日にはまだポジションを保持していた。メアリーはグーグルを217.30ドルで買い、18ポイントのストップを置いていた。したがって、グーグルが390ドルになった3月31日現在の含み益は1株172.70ドルであり、これは9.6Rに相当する。

ディック――短期スイングトレーダー

ディックは2月17日にすでにポジションを手仕舞い。利益は7.4R。

ビクター――バリュートレーダー

彼はグーグルは好きではなかったが、グーグルがS&P500に組み入れられるという発表を聞いて、自分の分析は間違っていたと思った。

グーグルがS&P500に組み入れられるということは、多くの機関投資家がグーグルの株を買うことを意味する。お金が投資信託に流れ込んでいるかぎり、グーグル株の保有は機関投資家にとっては安心だろう。結局ビクターは、３月24日にグーグルが上にギャップを空けて寄り付いたあと、ポジションを手仕舞いすることにした。手仕舞い価格は367.40ドルで、67.60ドルの利益を得た。初期リスクが42ドルなので、これは1.6Rの利益に相当する。1.6Rの利益はそれほど大きな利益とは言えないが、２カ月で口座がおよそ５％上昇したため、ビクターにとってはまずまずのトレードになった。

エレン――宇宙には秩序が存在する

彼女はまず株価が最初の利益目標に達した時点でポジションの３分の１を売り、3Rの利益を確保した。残りのポジションは367.50ドルでストップに引っかかり、1.2Rの利益を得た。

ケン――スプレッダー・アービトラージャー

満期日に株価が350ドルを上回れば2.65Rの利益が期待できたが、満期の２週間前に株価が380ドルに達した時点でオプションポジションを手仕舞いして2.5Rの利益を確保した。満期まで待っても利益に大した差はなく、利益をすべて失ってしまうよりもマシだと思ったからだ。

ナンシー――ニュースレターの推奨に従うビジネスウーマン

ニュースレターの意見が対立していたため、ナンシーはグーグルに対しては何のアクションも取らなかった。

エリック――ミスター・とにかくやってみよう！

エリックはこのポジションですでに1Rの損失を被っていた。これは口座資産の11％に相当する額だった。

銘柄2──韓国ETF（EWY）

韓国ETFのEWYは上昇トレンドが一時休止し、2006年の第1四半期には保ち合いパターンに入る。この状況では、アクティブな短期トレーダーにとっては利益機会が生まれるが、長期トレーダーとしてはポジションを手仕舞いして別のもっと良い投資に振り向けるか、保ち合い期間が終了して再びトレンドモードになるのを待つしかなかった。保ち合い期間中、株価は3月7日に付けた安値43.01ドルと2月27日に付けた高値47.60ドルの間を行き来し、3月31日は46.65ドルで引けた。

図12.20は2005年終盤から2006年第1四半期にかけてのEWYの日足チャートを示したものである。見事な保ち合いパターンが形成されていることに注目しよう。

それではEWYに対する7人の投資家たちの反応を見てみることにしよう。

メアリー──長期トレンドフォロワー

彼女は41.10ドルで買ったポジションを保有し続けていた。保ち合い期間中は何もしなかったため、3月31日の時点でもポジションは建った状態だった。3月31日、EWYは46.65ドルで引けたため、その時点での含み益はおよそ2.25R。

ディック──短期スイングトレーダー

彼はEWYを44.20ドルで買い、非常にきつめのストップを置いていた。2月24日、ポジションを手仕舞いしなければならない最終期限の日、幸いにもポジションの半分を46.80ドルで手仕舞いすることができ、2.6Rの利益を得た。残りの半分のポジションに対するストップはブレイクイーブンに引き上げた。2月25日、彼はストップを46.80ドルに引き上げ、翌日ストップに引っかかった。結局、全ポジションで

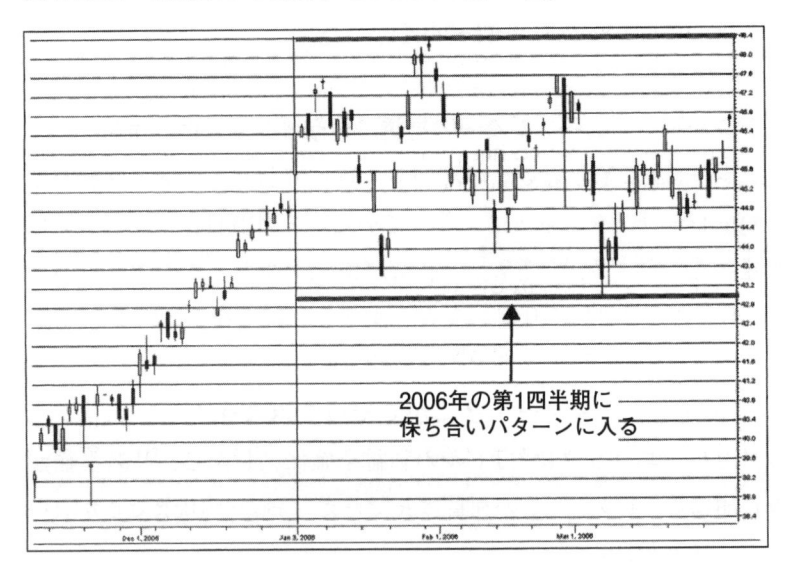

図12.20　韓国ETFの日足（〜2006年3月31日）

2006年の第1四半期に保ち合いパターンに入る

得た利益は2.6R。

ビクター──バリュートレーダー

ビクターはEWYのポジションは持たなかった。

エレン──宇宙には秩序が存在する

エレンは2月21日に46.35ドルで買い、44.20ドルにストップを置いた。買い値からほとんど上昇せず、翌日ストップに引っかかった。海外ETFは二度とトレードしない、特に自分の予測が自分がトレードできる時間帯と異なる時間帯をベースにしているときは絶対にトレードしない、と彼女は心に決めた。

ケン——スプレッダー・アービトラージャー

ケンはEWYのポジションは持たなかった。

ナンシー——ニュースレターの推奨に従うビジネスウーマン

ナンシーはEWYをすでに41.30ドルで買っており、ストップとして25％のトレーリングストップを使っていた。3月31日、ポジションはまだ建った状態であり、EWYの価格が46.65ドルだったので含み益は5.35ドル。3月31日に手仕舞いしたとすると、確定利益はおよそ0.5R。

エリック——ミスター・とにかくやってみよう！

3月31日、エリックは211ドルの利益を確保。しかし、リスク額が全投資額に等しいので、この利益はRで言えばおよそ0.05Rでしかない。

銘柄3——ウエストウッド・ワン（WON）

ウエストウッド・ワンの下降トレンドは3月31日まで続いた。エレンが予測したように、2月24日、大きなギャップが発生（ここに登場する7人のトレーダーは架空のトレーダーであり、エレンのマジックデーも適当に選んだものにすぎない。エレンの予測を少しからかおうと思っただけなのだが、2月24日に本当に大きなギャップが発生したのには心底驚いた。皮肉なことに、このギャップを予測しながら彼女はトレードできなかった。仕掛けポイントを通り越すほど大きなギャップだったからだ。これは、マジックナンバーを使って市場予測をする人にはよくあることのようだ）。2月17日から3月31日までの高値は2月22日に付けた14.66ドルで、安値は3月30日に付けた10.90ドルだった。この間の明確な下降トレンドを示したのが**図12.21**の日足チャートである。

それでは、7人の投資家たちの反応を見ていくことにしよう。

メアリー──長期トレンドフォロワー

メアリーはウエストウッド・ワンを24.80ドルで売っていた。3月31日の終値が11.04ドルなので、含み益は1株当たり13.76ドル。最初のストップがおよそ4ドルなので、これはおよそ3.44Rに相当。

ディック──短期スイングトレーダー

ディックは13.70ドルで売ろうと考えていたが、この水準近辺で急に12ドルまで下にギャップを空けたため、売る機会を失った。結局ディックはこのトレードでは機会を逃した。

ビクター──バリュートレーダー

ビクターはWONを18.40ドルで空売りし、ストップは2.70ドル離れた21.10ドルに置いた。3月31日の終値が11.04ドルなので、含み益は2.73R。

エレン──宇宙には秩序が存在する

エレンは2月24日に大きな動きがあることを予測したが、値動きの方向性までは分からなかった。下落すると直感した彼女は、13.80ドルを下回ったら売ろうと考えていた。しかしディック同様、彼女もトレード機会を逃すことになる。急に12ドルまで下に大きなギャップを空けたからである。予測が正しかったにもかかわらずトレードし損ねたことに彼女は心底腹が立った。しかしこれは、市場予測でトレードするトレーダーによく見られる問題点のひとつなのである。

ケン──スプレッダー・アービトラージャー

WONの株価が大きく下落したおかげで2.10ドルのクレジットスプレッドは維持され、含み益は4.25R。

図12.21　ウエストウッド・ワンの日足(～2006年3月31日)

(チャート内注記：2月24日にギャップが発生)

ナンシー──ニュースレターの推奨に従うビジネスウーマン

ナンシーはWONを16ドルで空売りしており、初期リスクは3.20ドルだった。したがって、3月31日の引け時点における含み益は4.96ドル（1.55R）。

エリック──ミスター・とにかくやってみよう！

エリックももちろんWONを買っており、3月31日までにすでに1株当たり3.39ドルの損失を出していたが、彼のリスクは買値の14.43ドルに等しいので、損失は0.23Rにすぎない。とはいえ彼のとったリスクは口座の4％に相当するため、口座はすでに1％減少していた。

図12.22　トールブラザーズの日足(～2006年3月31日)

銘柄4——トールブラザーズ（TOL）

　トールブラザーズは2月7日まで下降トレンドにあったが、その後2月14日まで短期の保ち合い期間に入り、それから再び上昇し始めた。しかし、この上昇が保ち合い期間の延長なのか、新たな上昇トレンドの始まりなのかははっきりとしなかった。そういった意味ではトールブラザーズは5つのケースのなかでは最も難しいケースだったと言えよう。7人のうち3人は下落と見込んで売り、2人は買っていた。TOLは実際どうなったのかというと、上昇チャネルが形成された。チャネルを形成したのは2月23日、3月17日、3月27日の高値と、2月14日と3月10日の安値である。そして3月31日の終値は34.63ドルだった。この上昇チャネルを示したものが**図12.22**である。

それでは７人の投資家の反応を見てみることにしよう。

メアリー——長期トレンドフォロワー

メアリーは35.30ドルで売りポジションを建て、44.88ドルにストップを置いていた。株価の下落に伴い、彼女はストップの位置を38.20ドルに引き下げた。しかし、株価が上昇を始めても、ストップの位置は38.20ドルに据え置かれたままだった。３月31日、TOLは34.63ドルで引けたので、メアリーの含み益は１株わずか0.67ドル。この日にポジションを手仕舞いしたとすると、確定利益はわずか0.07Rである。

ディック——短期スイングトレーダー

ディックはすでにポジションの半分を売り、1Rの利益を得ていた。残りのポジションについては、ストップを30.80ドルに置き、0.8Rの利益を確定していた。２月22日にストップに引っかかったので、ディックのこのトレードの平均利益は0.9R。

３月10日以降株価が上昇に転じているにもかかわらず、これら２人のプロは売りで利益を出していることに注目しよう。

ビクター——バリュートレーダー

ビクターはTOLのポジションは持っていなかったが、将来的にはバリュー投資の候補になると考えていた。

エレン——宇宙には秩序が存在する

エレンは２月17日に29.87ドルで買い、３月23日に目標値であるおよそ34ドル（実際は34.20ドル）で売った。初期リスクが１株1.87ドルだったので、利益は2.3R。

ケン──スプレッダー・アービトラージャー

ケンはオプションが満期を迎えるまでに利益目標5ドルにかなり近い利益（正味4.90ドル）を確保した。このデビットスプレッドの初期リスクは0.40ドルだったので、4.90ドルの利益は12.25Rに匹敵する。

ナンシー──ニュースレターの推奨に従うビジネスウーマン

ナンシーの購読しているニュースレターのいずれもTOLを推奨していなかったため、彼女はTOLを買わなかった。

エリック──ミスター・とにかくやってみよう！

彼ももちろんTOLを売った。仕掛け価格は30.15ドル。したがって、3月31日にTOLが34.63ドルで引けた時点で、1株当たり4.48ドルの含み損になった。彼のとったリスクは30.15ドルなので、この損失はおよそ0.15Rの損失に相当する。しかし、彼の投資額はポートフォリオのおよそ12％に当たるため、このトレードで彼の口座はおよそ1.8％減少した。

銘柄5──フェルプス・ドッジ（PD）

フェルプス・ドッジは3月8日に付けたその四半期の安値130.28ドルを更新することなく、3月31日に向けて再び上昇トレンドに入った。PDが上昇トレンドに転じたのは、3月13日に行われた1対2の株式分割を受けてのことである。つまり3月13日、7人の投資家やトレーダーたちが保有するPDの株式は株価が半分になり株数は2倍になったということである。**図12.23**のチャートには分割後の株価を示しているが、混乱を避けるために、損益とR倍数は分割前の価格で計算する。

それでは7人の行動を見てみることにしよう。

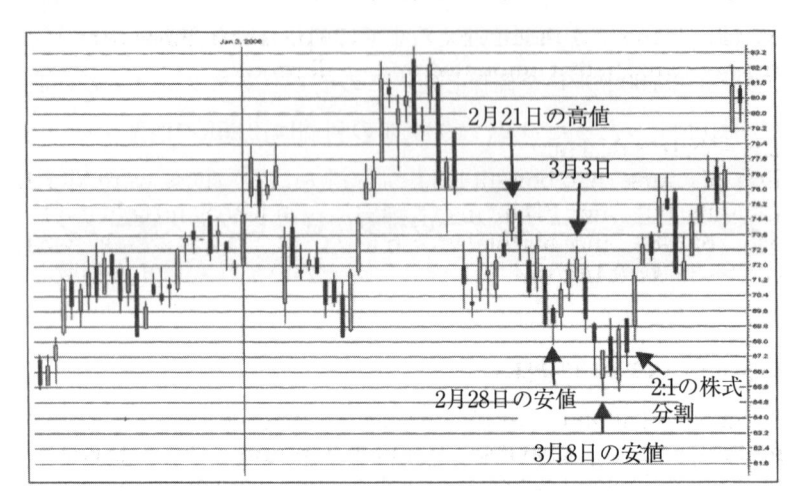

図12.23　フェルプス・ドッジ(PD)の日足(～2006年3月31日)

(チャート図：2月21日の高値、3月3日、2月28日の安値、3月8日の安値、2:1の株式分割を示す)

メアリー――長期トレンドフォロワー

　メアリーは買いポジションを建て、118.77ドルにストップを置いたが、株価はストップ水準に近づくことはなく上昇を続けた。3月31日、PDは分割前価格で161.06ドルで引けたため、彼女の含み益は4.2Rになった。ほかの2つのトレードの利益を合わせると、彼女のPDのトレードによる総利益は10.7Rを超えた。

ディック――短期スイングトレーダー

　売りポジションを持った翌日、PDは上方にギャップを空けて寄り付きストップに引っかかったため、1Rの損失を出した。

ビクター――バリュートレーダー

　ビクターは3月31日の引けまでにはこのポジションで莫大な利益を

得ていた。彼の仕掛け値は44.50ドルで、3月31日の終値が161.06ドルなので、総利益は分割前価格で1株当たり116.56ドルにも上った。これは5.1Rの利益に相当する。

エレン——宇宙には秩序が存在する

エレンは142.10ドルで買い、初期リスクは2ドルだった。2月21日に150.20ドルで売り、8.10ドルの利益を確保。初期リスクが2ドルなので、これは4Rの利益に相当する。彼女はとても満足だった。

ケン——スプレッダー・アービトラージャー

ケンにとってこれは難しいトレードだった。2月28日に損切りしようとも考えたが、満期直前まで辛抱強く持ち続け、4ドルの利益を得ることができた。リスクが1ドルなので、これは4Rの利益に相当する。

ナンシー——ニュースレターの推奨に従うビジネスウーマン

ナンシーのこのトレードは大成功だった。72.80ドルで買ったが、株価は彼女の緩めに置かれたトレーリングストップに達することなく上昇し、3月31日には161.06ドルで引けたため、1株当たりの総利益は88.26ドルにも上った。初期リスクが18.20ドルだったので、これは4.85Rに相当する。

エリック——ミスター・とにかくやってみよう！

エリックはPDのプットを買っていた。145ドルの3月限のプットだ。PDが150ドルを上回ると、エリックはパニック売りをしてしまい、480ドルの損失を出した。彼のリスクは総投資額の1240ドルなので、これは0.4Rの損失に当たる。

R倍数で見た結果

それでは各投資家やトレーダーのすべての結果をR倍数で見て、それが意味するところを考えてみよう。このデータをまとめたものが**表12.6**である。アプローチもプランもストップも持たないエリック以外、みんな利益を出している。エリックのやり方は、医学の勉強もしないで医療行為を行う医者のようなものだ。これではうまくいくはずがない。彼の結果はこの事実を如実に物語っている。

ほかの6人はアイデアはそれぞれに違ってはいるものの、みんな利益を出している。同じトレードでも、買う者もいれば売る者もいる。しかし、それでもみんな利益を出している。

メアリーの総利益は、**以前の清算済みトレードを含めて26.06R**である。これだけで1年分の稼ぎに匹敵するほどだが、彼女にはこのほかにも多くの未決済ポジションがあった。1トレード当たりのリスクを1％とすると、これら5銘柄のトレードだけで口座はおよそ20％上昇した。

ディックは短期トレーダーなのでこの間に行ったトレードは数知れない。表に示したトレードはその一部にすぎない。彼の1トレードの継続期間はほとんどの場合1週間に満たないが、それでも9.9Rの利益を出した。0.5％のリスクでこれらのトレードだけを行ったと仮定しても、この6週間で彼の口座は7％以上上昇したことになる。これだけでも十分すぎるほどの年間所得である。

ビクターの1回のトレードの継続期間は数年に上ることもあり、今回は5銘柄のうち3銘柄だけトレードしたが、9.43Rもの利益を上げた。ビクターはトレードではめったに間違うことがないので、彼のとったリスクを2％とすると、これらのトレードだけでも19％の利益を上げたことになる。彼のポートフォリオのサイズを考えると、これはかなりの利益である。彼はグーグルのトレードでは6週間でおよそ5

表12.6　7人の投資家のトレード結果のまとめ

投資家	GOOG	EWY	WON	TOL	PD	トータル
メアリー	+9.6R	+2.25R	+3.44R	+0.07R	10.7R	+26.06R
ディック	+7.4R	+2.6R	トレードせず	+0.9R	−1R	+9.9R
ビクター	+1.6R	トレードせず	+2.73R	トレードせず	+5.1R	9.43R
エレン	+1.8R	−1R	トレードせず	+2.3R	+4R	7.1R
ケン	+2.5R	トレードせず	+4.25R	+12.25R	+4R	23.0R
ナンシー	トレードせず	+0.5R	+1.55R	トレードせず	+4.85R	+6.9R
エリック	−1R (口座の11%)	+0.05R	−0.23R (口座の1%)	−0.15R (口座の1.8%)	−0.4R (口座の2%)	−1.73R

％の利益を上げた。長期保有を考えていない銘柄にしては上出来である。

　エレンは1回のトレードで損を出し、完璧に予測できたのに実行できなかったトレードが1回あった。しかし彼女は自分の手法を信じてそれに従い続けた。この6週間で7.1Rの利益を上げたことで、自分の手法の正しさは見事に証明されたわけである。1トレード当たりのリスクを1％とすると、この利益は年間利益にも匹敵する。

　ケンは7人の投資家やトレーダーのなかで最も高い利益を上げたひとりだ。この6週間で23Rを上回る利益を上げたが、これはこの間に彼が行ったトレードのほんの一部にすぎない。

　ナンシーは自分の口座から6桁の利益を稼ぎ出すことは最初から期待していなかったため、マーケットを見ることにあまり時間を費やさなかった。1ポジション当たりのリスクがおよそ1％なので、これらのトレードで口座はおよそ7％（年間換算で）上昇した。彼女にとってもこれらのトレードは年間トレードのほんの一部にすぎないため、彼女はこの結果に満足だった。

これまでの6人と対照的なのがエリックだ。彼はシステムも持っていないばかりでなく、さらに最悪だったのはストップとポジションサイジングについて何も知らなかったことだ。彼は最初のトレードだけで口座の11％を失い、6週間にわたるトレード全体で口座の16％を失った。トレーディングはビジネスである。エリックのようにそうした認識を持つことなくトレードを行えば、高い授業料を支払う羽目になる。

まとめ

　7人のアプローチのなかであなたはどのアプローチが最も気に入っただろうか。おそらくほとんどの人はエレンだと答えるだろう。これは宝くじバイアスによるものだ。エレンは優れた予測能力を持っている。しかし彼女の作業には莫大な時間がかかる。だから彼女の手法はほかの手法に比べて格段に優れているとは言えない。しかも彼女の予測とお金儲けとの間には何の脈絡もない。彼女はただマーケットの方向を予測しているだけである。例えば、メアリーは長期トレンドを見てマーケットの方向を予測しているが、この方法ではダメなのだろうか。そして注目すべき点は、5人のプロトレーダーのなかで最もパフォーマンスが低かったのがエレンだったという点である。彼女は7.1Rの利益しか出していない。

　成功するトレーダーや投資家には共通する10の資質があることはすでに述べたとおりだが、ここでもう一度復習しておこう——①十分にリサーチした正の期待値を持つシステムを持っている、②彼らのシステムは彼らの性格、信じていること、目的にフィットしているため安心して使える、③自分のトレードに用いる概念を完璧に理解している、④トレードを行う前に最悪の場合の損失を事前に設定しておかなければならないことを理解している、⑤各トレードのリスク・リワード・

レシオを計算しておく、⑥投資全体のガイド役となるビジネスプランを立てる、⑦目標を達成するために最も重要なのがポジションサイジングであることを理解している、⑧自分を向上させるための努力を常に怠らず、トレードパフォーマンスをベンチマークとして自助努力の良否を判断する、⑨トレード結果の責任はすべて自分にあることを理解している、⑩過ちから学ぶことができる。

　本章に登場したトレーダーは、メアリー（トレンドフォロワー）、ディック（バンドトレーダー）、ビクター（バリュートレーダー）、エレン（予測屋）、ケン（スプレッダー・アービトラージャー）、ナンシー（ニュースレター信奉者）、そしてエリック（平均的なトレーダー・投資家）の７人だ。

　本章では、これら７人の５つの銘柄の異なる状況に対する行動を学び、それぞれの行動が６週間後にどういった成果を挙げたかを見てきた。

　本章を読み終えた今、トレーディングシステムはそれが生み出すR倍数分布で表されること、そしてシステムの期待値が平均R倍数で表されることが理解できるようになっているはずだ。

第13章

システムの評価
Evaluating Your System

　多くの人がチャンスを見逃すのは、そのチャンスが骨の折れる仕事のように装ってその人の前に現れるからである。
　　　　　　　　　　　　　　——トーマス・A・エジソン

　これまではトレーディングシステム設計の本質の部分を学習してきた。ほとんどの人はここで満足するかもしれない。なぜならみんなの重視していることのほとんどはこれまでの章でカバーされているからだ。しかしマーケットでお金を稼ぐために重要な要素がまだ2つ残っている。機会（および機会1回当たりのコスト）とポジションサイジングである。
　ここまではR倍数と期待値を中心に議論してきた。あなたのシステムはR倍数でどう表されるのか。平均R倍数とは何なのか。平均R倍数とは、本書で言う期待値を意味する。そこで本章では「できるだけ高い期待値を得るにはどうすればよいのか」を考えていく。これは言い換えれば、1ドルのリスクに対して最大の利益を稼ぐにはどうすればよいのか、ということを意味する。第7章の雪合戦のたとえ話で言えば、任意の時間に平均で、「白い」雪玉（勝ちトレード）の総量が「黒い」雪玉（負けトレード）のそれよりも多くなるようにするにはどう

図.13.1 横軸をシステムの勝率、縦軸を損益比率とする2次元グラフで表したこの面積が正の大きな数値であるほど良いシステム

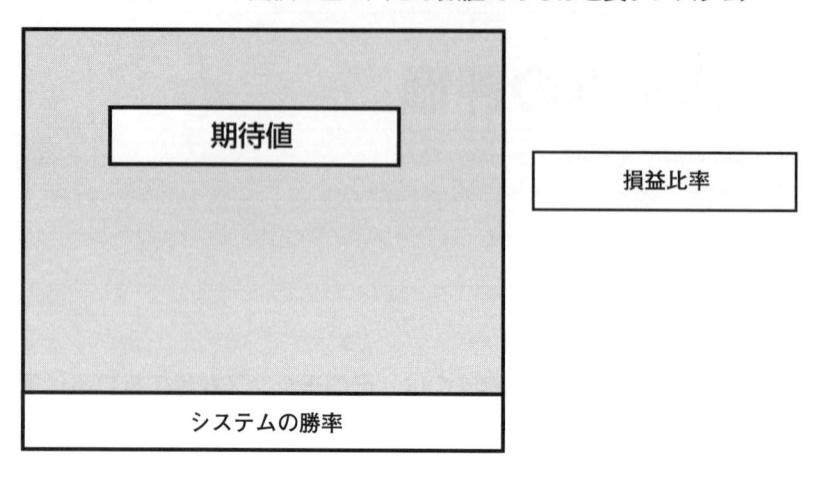

```
┌─────────────────────────────┐
│                             │
│   ┌──────────┐              │
│   │  期待値  │              │
│   └──────────┘              │        ┌──────────┐
│                             │        │ 損益比率 │
│                             │        └──────────┘
│                             │
│                             │
│                             │
│        システムの勝率        │
└─────────────────────────────┘
```

すればよいのか、ということになる。

　図13.1はシステムの優秀さを表現するひとつの方法を示したものである。これはx軸をトレーディングの勝率（勝ちトレードの比率）、y軸を平均損失に対する平均利益（負けトレードの平均損失に対する勝ちトレードの平均利益の比率）とする2次元グラフである。

可能なアプローチ

　本書でこれまで学んできたことを十分に理解していれば、正の期待値を持つシステムを構築することができるはずである。そのためにあなたが取り得る方法は無数にあると思うが、有効と思えるアプローチをいくつか紹介しよう。

トレーダー1――大きなR倍数トレードを目標とする長期トレンドフォロワー

まず、長期トレンドフォロー戦略で大きなR倍数トレードを目指す場合を考えてみよう。あなたはセットアップとして80日チャネルブレイクアウトを使うことにした。リトレースメント（押しや戻り）のあとで仕掛け、ストップはそのリトレースメントのすぐ外側に置く。最初の利益目標は10R以上だ。つまり、ストップに引っかかって損を出すか、10Rの利益を達成できるかのいずれかになるということである。10Rの利益目標に達したら20％リトレースメントストップを置く。つまり、10Rの利益目標のうちマーケットに返すものは20％に限定する。

このタイプのトレーディングでは1Rリスクはきわめて小さい。つまり、何回もストップに引っかかる（損失を何回も出す）が、利益は10R以上になる場合が多い。こういったシステムを検証してみると、勝率は28％でしかないが、平均利益が平均損失のおよそ12倍といった大きな値を示すことが分かるはずだ。したがって予想期待値は2.64Rということになる。これは素晴らしい数字だ。ただし、疑問もいくつか残る。12Rの利益はどのくらいの頻度で発生するのだろうか。1年に1回、あるいは1週間に1回か？　また、このシステムではどのくらいの頻度でトレードできるのだろうか。さらに、連敗が長引いたときのドローダウンの大きさはRで表すとどのくらいになるのだろうか。

トレーダー2――勝率が40％、リスク・リワード・レシオが2.5の標準的な長期トレンドフォロワー

トレーダー1が採用した高R倍数アプローチの特徴は負けトレードの回数が多いという点だ。したがって、トレーダー1のように負けトレードの回数が多いのには耐えられないという人にとっては、もっと

標準的なトレンドフォロー戦略のほうがよいだろう。そこであなたは適応型移動平均線で仕掛け、ボラティリティの3倍のトレーリングストップを用いることにする。このストップは当初資産の保護と、利食いのストップとしての機能を持つ。

この場合、初期リスクは1日の平均レンジの3倍になるため、トレーダー1よりもはるかに大きくなる。しかし検証してみると、平均損失はわずか0.5Rで、平均利益は3.4R、勝率は44％になることが分かる。期待値を計算すると、平均的トレードの利益は1.226Rになる。しかしトレーダー1と同じように、疑問もいくつか残る。このシステムではどのくらいの頻度でトレードできるのだろうか。ドローダウンはRで表すとどれくらいになるのだろうか。そして、あなたはこの結果に満足できるか。

トレーダー3──高勝率ではあるがR倍数の低いトレーディング

あなたは長引く連敗には耐えられそうもない。あなたが目指しているのは、少なくとも全体の60％で「正しい」ことであり、そのためなら利益が多少少なくなっても構わないと思っている。

そこであなたは、仕掛けにボラティリティブレイクアウトを使うことにした。マーケットが大きく動いたとき、その動きはしばらく継続する傾向があることをあなたは知っている。したがって、マーケットが過去5日のアベレージトゥルーレンジの0.7倍上昇したり、下落したら仕掛けることにした。

こうした仕掛けを多数検証してみると、最大逆行幅はアベレージトゥルーレンジの0.4倍を上回ることがほとんどないことが分かる。したがって、最大逆行幅を最初のストップに使うことにした。また、利益目標に達する確率を最低60％と見ているので、利益目標はアベレー

ジトゥルーレンジの0.6倍にした。つまり、ストップに引っかかって損を出すか、目標値を達成できるかのいずれかになるというわけだ。

　ここで期待値を計算してみると、１トレード当たり平均で0.5Rの利益が出ることが分かった。しかしこれは非常にアクティブなシステムなので、取引コストを差し引くと期待値は0.4Rに減少する。ここでまた疑問が生じる。「期待値がわずか0.4Rで大丈夫なのだろうか？」。利益で長期トレンドフォロワーに対抗できるだけの十分な回数のトレードができるのだろうか。またドローダウンはRで表すとどれくらいになるのだろうか。

トレーダー４──ビッドとアスクの差で優位な立場にあるが、ときとしてマーケットにふるい落とされることもあるマーケットメーカー

　最後のトレーダーは個人トレーダーの対極にあるマーケットメーカーである。この人物は当然ながらすべてのトレードでビッドとアスクの差を利用したいと思っている。例えば、ビッドとアスクの差を利用すれば１トレード当たり８セントの儲けが出るとしよう。そしてこうしたトレードは全トレードの80％で可能だ。しかし、15％のトレードでは１トレード当たりおよそ８セントの小さな損失を出し、残りの５％ではマーケットにふるい落とされたときに取らざるを得ない損失で、（彼にとっては）かなり大きな損失だ。損失を平均すると、１トレード当たり80セントになる。

　期待値を計算してみたところ、およそ0.15R（この場合、R＝８セント）であることが分かった。取引コストを差し引くと、期待値はおよそ0.11Rになる。この人物は一体どうやって生計を立てるのだろうか。１ドルのリスクに対して１ドルを上回る利益の出し方を知っている人に比べると、これで生計を立てるのはほとんど不可能だろう。ま

た、この人物はRで表したドローダウンはどれくらいになると見積もっているのだろうか。

エクスペクチュニティ——トレード回数を織り込んだ期待値

表13.1は４人のトレーダーのいろんな期待値を示したものだ。一見、期待値の最も大きいトレーダーが最も成功しそうに思える。このトレーダーの期待値を見ると長期トレンドフォロワーの平均的期待値をはるかに上回る。だから、さぞかし素晴らしい成績を上げるだろうとわれわれは思ってしまう。しかし、前にも述べたように、トレード回数を織り込むと期待値の値はガラリと変わってくる。**表13.1**ではトレード回数をシステムが１日に生み出すトレード回数として示してある。

例えば、トレーダー１の場合、平均で20日に１回トレードの機会が発生する。トレーダー２は２日に１回、トレーダー３は１日に５回、トレーダー４は１日に500回である。これらのデータを基に計算した各トレーダーの１日当たりの平均利益をRとして示したものが**表13.1**である。具体的には期待値にトレード回数を掛けたもので、これを略して**エクスペクチュニティ**と言う。

これを踏まえれば、総合的に優位にあるのは明らかにマーケットメーカーである。賢明なマーケットメーカーであれば、負ける日はほとんどないはずだ。例えば１トレード当たりの平均リスクが総資産の0.25％だとすると、トレーダー４は１日に13％もの利益を上げることができる。これに対して、トレーダー１の１日当たりの利益は口座資産のわずか0.03％である。

かつて私のスーパートレーダー・プログラムに参加したフロアトレーダーのひとりは、負けた年は一度もなく、負けた月もほとんどなかった。また別のフロアトレーダーはわずか３カ月ちょっとでトレード

表13.1　4人のトレーダーの期待値、コスト、トレード回数

	トレーダー1	トレーダー2	トレーダー3	トレーダー4
期待値	2.58R	1.216R	0.5R	0.15R
コスト差し引き後の期待値	2.38R	1.02R	0.4R	0.11R
トレード回数	0.05	0.5	5	500
エクスペクチュニティ	0.119R	0.51R	2.0R	55R

資産を10万ドルから170万ドルに増やすことに成功した。私の指導の下、スーパートレーダー・プログラムの参加費用を最初の1カ月で稼ぎ出したトレーダーもいた。これは彼らの持つ優位性によるものなのだろうか（ほとんどのフロアトレーダーは成功していない。自分の持つ優位性を理解していないため、あるいはその優位性をうまく利用する方法を知らないため、1年か2年で破産する——少なくとも資産のすべてを失う——人がほとんどだ。さらに、1トレード当たりのリスクを総資産の0.5％に抑える人はほとんどいない）。

　利益は期待値との関係、すなわち期待値にトレード回数を掛けたものに等しいことがそろそろ理解できてきたのではないだろうか。この数値は対象期間におけるトータルR利益の平均である。任意の期間に得られる利益はトータルR利益の平均とポジションサイジング・アルゴリズムから予測することができる。

　図13.2は期待値に3次元要素としてトレード回数（濃いグレーの部分）を組み合わせたもので、この3次元の立体があなたのシステムが1日に生み出すトータルRの値である。このように、得られる利益は2次元の面ではなく、3次元の立体で表されるのである。

図13.2　3次元要素としてトレード回数を加える

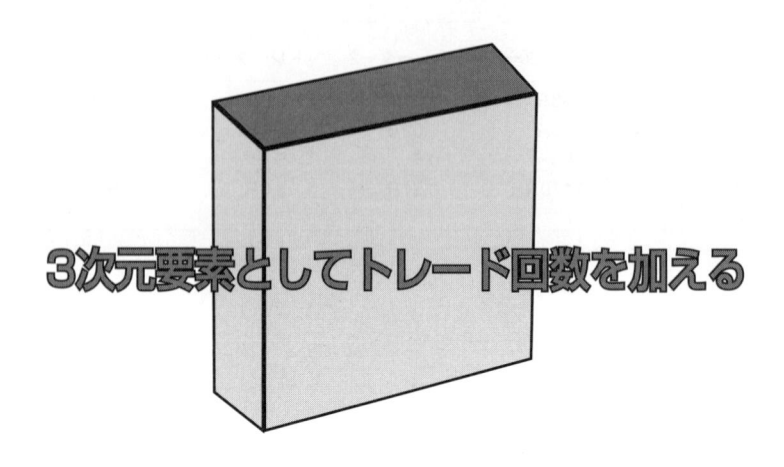

トレードの機会コスト

　トレードには当然ながらコストがかかる。コスト的に優位な立場にあるのがマーケットメーカーで、コストを受け取る立場にあるのがブローカーだ。こういったコストを差し引いてなおも残りがあれば、それがあなたの利益になる。

　1トレード当たりのコストは期待値の式に含まれているが、これは非常に重要な問題なので、利益から差し引かれるコストについてここで詳しく説明しておきたい。一般に、トレード回数が少ないほど、コストが利益に与える影響は少なくなる。長期トレンドフォロワーの場合、潜在的利益に対するコストは小さいため、コストについて真剣に考える人はほとんどいない。例えば、1トレード当たりの利益として5000ドルを考えている場合、1トレードにかかる5ドルから100ドル程度のトレードコストはそれほど問題にはならない。

　しかし、短期トレード指向でトレード回数が多い人の場合、トレードコストは重大な問題だ。例えば、1トレード当たりの平均利益が50

ドルだとすると、100ドルのトレードコストを無視するわけにはいかない。

売買手数料

　ブローカーから特殊なサービスを受ける必要がないのであれば、できるだけ安いコストでできるだけベストな注文執行をしてくれるようなブローカーを選ぶべきだ。例えば、ネットトレーディングの場合、1株当たり1ペニーという格安の手数料で無制限にトレードを行うことが可能だ。かつてディスカウントブローカーでは100株買うのに50ドル、売るのに50ドルの手数料がかかっていた。そのころに比べると手数料は大幅に値下がりした。ただし、ネットトレーディングを行う場合には次の点に注意が必要だ——①手数料が安く、かつ執行レートも良いこと、②ボラティリティが高いときの迅速なトレード要求にも対応してくれること。

　一方、先物トレーダーは手数料の点では恵まれている。一般に、先物ブローカーの手数料は**往復（ラウンドターン）**で設定されている。つまり、仕掛けと手仕舞いで1回だけ手数料を支払えばよいということである。通常は20ドル以下だが、トレード量によってはさらに安くなる場合もある。

執行コスト

　ブローカーに支払う手数料としては、売買手数料以外に**執行コスト**というものも発生する。これには一般にビッドとアスクの差（これがマーケットメーカーの利益になる）と、高ボラティリティに対するコストが含まれる。マーケットは常に動いているため、マーケットメーカーはあなたに有利な値段で売買を成立させることができない場合も

あり、このような場合、リスクをカバーするためにあなたの執行コストは上昇するのが普通だ。

トレーダーのなかには、執行コストを抑えるための努力を惜しまない人もいる。例えば、ジャック・シュワッガーの『**新マーケットの魔術師——米トップトレーダーたちが語る成功の秘密**』（パンローリング）に登場するトレーダーのひとりは、スリッページを低く抑える必要のある手法を用いていた。彼はまず、いろいろなブローカーでトレードを行い、1トレード当たりのスリッページの記録をとってみた。スリッページがあまりに高くなったときは、ブローカーを変えた。結局、自分の注文を常に正しく執行してもらうためには、自分専用のブローカーを持つ以外にない、という結論に達した。

短期トレーダーの場合、通常の手数料以外に執行コストにも注意しなければならない。1回トレードを執行するのにかかるコストはいくらか。このコストを下げるにはどうしたらよいのか。ブローカーとしっかり話をして、彼らが自分の目標を正確に理解しているかどうかを確認することが大切だ。短期トレーダーにとって注文が正しく執行されるかどうかは、大きな利益が出るか、利益がまったく出ないかほどの差があるのである。

税金

利益にかかる3番目のコスト——それは政府に支払わなければならないコストである。トレーディングビジネスは政府の規制下にあるため、規制当局としての政府に対するコストが発生する。このように、トレードでは、取引にかかるコスト、データ取得にかかるコスト以外にも、政府が課す実費コスト、つまり利益に対する税金も発生するわけである。

不動産投資家は、フォーム1031を提出し、もっと高額の不動産を購

入することで、利益に対するこういった税金のいくつかが免除されてきた。さらに、ウォーレン・バフェットのような長期株式投資家（めったに売らない）もこうった税金を支払わずに済んでいる。株式の含み益に対しては税金を支払わなくてもよいからだ。結論を言えば、マーケットにおけるビジネスコストは、不動産投資に専念するか、長期株式投資家になることで回避することができるということである。

　これに対して、短期トレーダーは利益に対する税金からは一切逃れることはできず、税金は大きなコストになる。例えば、先物トレーダーの場合、毎年末に未決済ポジションが時価評価されるため、含み益に対して税金が課せられる。したがって、12月31日の時点で2万ドルの含み益があれば、それに対して税金を支払わなければならない。含み益の2万ドルのうち、後に1万5000ドルを失ったとしても、そのトレードにおける実際の利益がマイナス評価になる翌年まで支払った税金は戻ってこない。

　税金はトレードコストを考えるうえできわめて重要な要素であることは明らかである。税金問題は本書の範囲を超える問題なのでここでは詳しくは述べないが、税金は実費コストなのでプランには必ず含めるようにしよう。

心理的コスト

　これまで見てきたのは、ブローカーや政府に支払う金銭的コストだが、コストのなかで最も重要なものが心理的コスト、つまり心理的負担である。心理的コストはトレード量が増えるほど高まる。

　短期トレードはトレード回数が多いため、それだけ心理的コストも大きい。常に絶好調でなければ、大きなトレード機会を逃したり、何年分もの利益が吹き飛ぶほどの過ちを犯すこともある。

　短期トレーダーからは次のような話を何度も聞かされた――「私は

デイトレーダーで、1日に何度も仕掛けと手仕舞いを繰り返す。そしてほとんど毎日利益を出している。ところが先日は1年分の利益にほぼ匹敵する損失を出し、気が動転している」。これは心理的な問題以外の何物でもない。こういった過ちは、トレード最中の不注意、あるいはほとんどは勝ちトレードでも時折R倍数の大きな負けトレードに陥るという負の期待値のゲームをしてしまうといった心理的な問題に端を発する。

　毎月2桁の利益を生み出すことも珍しくないデイトレードは確かに魅力的だ。しかし、デイトレードは心理的コストが非常に高いトレードスタイルでもある。自分を向上させるための努力を怠れば、心理的ミスがもたらす金銭的コストによってデイトレーダーとしての生命線を絶たれるほどの壊滅的な損失を出すこともある。

　長期トレーダーにも心理的コストはかかる。長期トレーダーは年に何度か発生するR倍数の大きなトレードに支えられているのが普通だ。したがって、R倍数の大きなトレードを見逃すわけにはいかない。もし見逃せば、その年は負けトレードになる。したがって、長期トレーダーも心理的負担と無縁というわけではない。

　私の親友のひとりで、彼のパートナーといっしょにトレードしていたプロのトレーダーはかつて、心理的要素はトレードにまったく影響を及ぼさない、と私に言った。ゲームプランを持っており、すべてメカニカルに行っているから、というのがその理由だった。でも、トレードは自分で執行しなければならないから心理的要素が影響を及ぼさないなんてあり得ないはずだ、と私は言った。これには彼も同意したものの、トレードにとって心理はそれほど重要だとは思っていなかった。それから数年後。彼のパートナーは英ポンドのトレードで儲けが出なかったためやる気をまったくなくしてしまった。最高のトレード機会が訪れたときに、それを受け入れなかったのである。そのトレードは1年分の稼ぎになるほどの大きなチャンスだった。それからほ

どなく、彼らはトレーディングビジネスを廃業した。この話の教訓は、いかなるトレードでも心理的要素は関係するということである。

例えば、あなたが毎年平均で80Rの利益を生み出すシステムを持っているとしよう。しかし、1回過ちを犯すと2Rの損失を出す（2Rという数字は私が適当に考え出したもの）。そしてあなたは週に1回過ちを犯す。1年後にはあなたが犯した過ちによる損失は104Rにも上る。これはあなたのシステムが生み出す利益よりも大きな数値だ。私に言わせれば、トレーダーや投資家が損をする原因はまさにここにあるのである。

最大ドローダウン

システムについて次に理解しなければならないのが、システムが1年間のうちに被る最大ドローダウンである。つまり、資産が最大の時点から最大でどれくらい減少することが予測されるか、ということである。あるいは、トレードを開始してから利益が出るまでに資産が最大でどれくらい減少するか、である。できれば後者のようなケースは発生してほしくないものだが、実際には起こり得ることである。実際に起こり得るとするならば、どう対処すればよいのだろうか。それはドローダウンをRで考えることである。

ところで、ドローダウンをRで表すということは何を意味するのだろうか。**表13.2**はあるビー玉ゲームの40回の試行結果を示したものである。袋には、1Rの負けビー玉が7個、5Rの負けビー玉が1個、10Rの勝ちビー玉が2個入っている。ビー玉は1回に1個取り出し、その都度元に戻す。**表13.2**は各試行結果を順に並べたものであり、その右の欄の数値はドローダウンの累計を示している。

このシステムの期待値は0.8Rなので、40回の試行後には32Rの利益（0.8R×40）が期待できる。ここで注意しなければならないのは、期

表13.2　40トレードにおける最大ドローダウン

トレード回数	試行結果 (取り出したビー玉)	ドローダウン	トレード回数	試行結果 (取り出したビー玉)	ドローダウン
1	1Rの負けビー玉	−1R	21	1Rの負けビー玉	−6R
2	1Rの負けビー玉	−2R	22	10Rの勝ちビー玉	
3	1Rの負けビー玉	−3R	23	10Rの勝ちビー玉	
4	1Rの負けビー玉	−4R	24	1Rの負けビー玉	−1R
5	10Rの勝ちビー玉		25	5Rの負けビー玉	−6R
6	1Rの負けビー玉	−1R	26	1Rの負けビー玉	−7R
7	1Rの負けビー玉	−2R	27	1Rの負けビー玉	−8R
8	1Rの負けビー玉	−3R	28	1Rの負けビー玉	−9R
9	5Rの負けビー玉	−8R	29	1Rの負けビー玉	−10R
10	5Rの負けビー玉	−13R	30	1Rの負けビー玉	−11R
11	10Rの勝ちビー玉	−3R	31	1Rの負けビー玉	−12R
12	1Rの負けビー玉	−4R	32	1Rの負けビー玉	−13R
13	1Rの負けビー玉	−5R	33	1Rの負けビー玉	−14R
14	1Rの負けビー玉	−6R	34	5Rの負けビー玉	−19R
15	5Rの負けビー玉	−11R	35	1Rの負けビー玉	−20R
16	10Rの勝ちビー玉	−1R	36	1Rの負けビー玉	−21R
17	1Rの負けビー玉	−2R	37	10Rの勝ちビー玉	−11R
18	1Rの負けビー玉	−3R	38	1Rの負けビー玉	−12R
19	1Rの負けビー玉	−4R	39	10Rの勝ちビー玉	−2R
20	1Rの負けビー玉	−5R	40	1Rの負けビー玉	−3R

待値は平均Rにすぎないという点だ。つまり、ゲームを何回も行った場合、その半分の期待値は0.8Rを上回り、半分は0.8Rを下回ることを意味する。それではこのゲームはうまくいったのだろうか。40回の試行のうち、10Rの勝ちビー玉を取り出した回数は7回（予想した平均値より1回少ない）、5Rの負けビー玉を取り出した回数は5回（予想した平均値より1回多い）。また1Rの負けビー玉を取り出した回数は

28回で、これは予想どおりである。しかし、10Rの勝ちビー玉を取り出した回数が予想した回数よりも１回少なくて、5Rの負けビー玉を取り出した回数が１回多かったことは結果に大きな影響を及ぼす。このゲームで実際に得られた利益は、32Rではなく、わずか17Rである。しかし、このゲームはほんの一例にすぎない。このR倍数分布で40回の試行ゲームを１万回行ったところ、１万回のうち15％のゲームで負の期待値が発生した。したがって、こういった40回の試行を毎月行えば、85％の月では利益が出て、15％の月では損失を出すということになる。

　しかしここでドローダウンを見てみよう。トレード１～４は負けトレードで、この間のドローダウンは4Rである。トレード６～10も同じく負けトレードで、この間のドローダウンは13Rとさらに大きい。またトレード12～15の負けトレードによるドローダウンは8Rで、トレード17～21の負けトレードによるドローダウンは5Rである。トレード11と16は勝ちトレードだがドローダウンからは脱却できていないことに注意しよう。したがって、トレード６～21まではずっとドローダウンの期間にあり、このドローダウン期間を乗り越えられなければトレードは続けられない。ところが、この16回のトレードで発生したドローダウンは最悪のドローダウンではない。最悪のドローダウンはトレード24～36の期間に発生した21Rのドローダウンである。結局、このゲームから正の期待値を得るにはこの21Rのドローダウンを乗り越えることができなければならないということになる。

　最悪のドローダウンを調べるためにこのシステムで40回のトレードを１万回シミュレートした結果を示したものが**表13.3**である。ドローダウンの中央値が17Rなので、21Rのドローダウンは平均よりも少し悪かったということになる。しかし、このシステムでは4Rのドローダウンが発生する確率が100％であることに注意していただきたい。また29Rという大きなドローダウンが発生する確率も10％ある。そし

表13.3　われわれのシステムのRで表した予想ドローダウン

ドローダウン	発生確率(%)
4R	100
12R	78
17R	50
23R	24
29R	10
35R	5
72R	最大ドローダウン

表13.4　4人のトレーダーの100トレード後の期待値とドローダウン

	トレーダー1	トレーダー2	トレーダー3	トレーダー4
期待値	2.58R	1.216R	0.5R	0.15R
ドローダウン	11R	3.5R	16R	21R

て1万回のシミュレーションで発生した最大ドローダウンは72Rだった。

　この結果は何を意味しているのだろうか。期待値とドローダウンの中央値から言えることは、1トレード当たりのリスクを1％とした場合、40回トレードを行った時点では32％のリターンが得られるが、そのリターンを得るためには17％のドローダウンを乗り越えなければならないということである。このように、そのシステムで予想されるドローダウンを知ることはとても貴重な情報になるとは思わないだろうか。

　表13.4は、表13.1に提示した4人のトレーダーが100回トレード

を行ったときの予想ドローダウンを示したものである。

100回トレードを行ったとき、4人のトレーダーのなかで最も大きなドローダウンが発生すると思われるのはデイトレーダーであることに注目しよう。大きなドローダウンが発生する可能性が高いほど、大きな損失を出す可能性は高い。これには注意する必要がある。

ニュースレターの推奨をサンプルシステムとして用いる

本章を締めくくるに当たり、さまざまなニュースレターの推奨銘柄をサンプルトレーディングシステムとして見てみることにしよう。この目的は、①ニュースレターは総じて良いシステムと言えるのかどうかを調べる、②彼らの提示するトレーディングアイデアに優劣はあるのかどうかを調べる、③ニュースレターの推奨に従ってトレードする場合のアドバイスを読者に与える——ためである。これを行うに当たって、私は3つのニュースレターグループに協力をお願いした。パフォーマンスの良いニュースレター名だけ出させていただくことを伝えたところ、2つのグループは協力的で、彼らのニュースレターの長期にわたるR倍数の計算と分析に必要なデータを送ってくれた。あるニュースレターグループの責任者であるポーター・スタンズベリーは、「私たちのニュースレターはすべて名前を出してもらって構わない。良くないニュースレターがあれば、それはすぐに閉鎖する」とさえ言ってくれた。これに対して、別のグループの責任者は、「われわれのニュースレターのパフォーマンスについてはまったく分からない。良くないニュースレターの名前は出さないでほしい」と言った。これらのニュースレターはすべてオプション戦略に関連するもので、われわれは最初から見ないことにした。

データ分析

　ニュースレターの分析を行うに当たっては、それぞれのニュースレターが推奨している仕掛け日、仕掛け値、ストップをデータとして用いた。ほとんどのニュースレターは25％トレーリングストップを使っていた。ストップを置かない場合は、仕掛け値の25％をストップと仮定した。これは株価がゼロになれば4Rの損失を出し、株価が2倍になれば4Rの利益を出すことを意味する。ニュースレターのなかには、毎月1回（あるいはそれ以下）しか推奨銘柄を出さないものもあり、しかもその推奨銘柄を変えないことが多い。したがって、未決済ポジションはすべて2006年6月30日に手仕舞いしたものとみなし、その日の終値を手仕舞い価格としてR倍数を計算した。2006年3月31日までのデータしかないものについては、3月31日を手仕舞い日とした。

　われわれは各ニュースレターの主要数値をいくつか計算した。入手したすべてのデータにわたる推奨の期待値は？　月平均の新規ポジション量は？　各ニュースレターの2年にわたるエクスペクチュニティを計算するために、2年間のデータを用いた。そして彼らの推奨銘柄にポジションサイジングを組み合わせれば、どれくらい効果的に目標を達成することができたかを独自の尺度で提示した。

さまざまなニュースレター

　ここで見ていくニュースレターは**スタンズベリー・リサーチ**や**オックスフォード・クラブ**発行のニュースレターと、クライアントのひとりが評価してくれた2つのニュースレターである。それでは順に見ていくことにしよう。

　ブルーチップグロース　このニュースレターは月1回、ポートフォ

リオマネジャーによって発行されている。これは、ポートフォリオマネジャーが選んだトップ推奨銘柄を購読者に配信することを目的とするものであり、このニュースレターの推奨銘柄はすべて１年以上の保有を対象とするものである。このニュースレターの検証期間は2003年12月末から2006年３月まで。この間に推奨された銘柄で手仕舞いされたものは32あった。このケースの場合、未決済ポジションは調査対象から外した。このニュースレターではストップ値は提示されていなかったので、仕掛け値の25％を1Rと仮定した。またこのニュースレターは、最初の推奨価格と現在価格を提示してパフォーマンスを追跡するといったことも行っていない。

　ディリジェンス　このニュースレターは株式アナリストによるトップ推奨銘柄といったものを連想させる。消費者に大きなインパクトを与えると思われる新製品（通常は研究段階にある製品）を保有する小型株を推奨するのがこのニュースレターの特徴だ。編集者は推奨した企業のCEOをはじめとする代表者たちと月１回電話会議を行う。このニュースレターは損切りストップは提示していない（したがって、仕掛け値の25％を1Rと仮定）。また、大きく下落したあとでも編集者がまだ上昇余地があると思っている間は負けトレードでも長期保有を推奨している。このニュースレターの検証期間は2001年１月から2006年３月まで。この間に推奨された銘柄数は36で、そのうち利益が出た銘柄は44.4％だった。推奨銘柄のうち22銘柄は未決済だったが、これらについては2006年３月31日に手仕舞いされたものと仮定して計算した。このニュースレターはわれわれの分析後ほどなく閉鎖された。

　エクストリームバリュー　このニュースレターはいろいろなバリューモデルに基づいて推奨銘柄を選び出す。非常に割安な株を見つけるというのがこのニュースレターの基本的な考え方である。例えば、簿価が１エーカー当たり120ドルで時価が何千ドルもの土地を所有している企業などが投資対象になる。ストップ値は提示されていないため、

仕掛け値の25％を1Rとした。検証期間は2002年9月から2006年6月まで。その間の推奨銘柄は37銘柄で、そのうち21銘柄は未決済だったので、これらについては2006年6月30日に手仕舞いされたものとしてR倍数を計算した。

インサイドストラテジスト　大企業のインサイダーが自社株を大量に買うとき、その銘柄は買い、というのがこのニュースレターの基本的な考え方である。検証期間は2004年3月から2006年6月まで。この間、毎月1トレードを推奨し、全ポジションは27だった。計算には、編集者の「特別保有」推奨銘柄である6ポジションも含めた。推奨銘柄の58％はこの2年間変わらなかった。このケースでも、仕掛け値の25％を初期リスクとした。

マイクロキャップムーンショット　このニュースレターは効率的な小型株の推奨を目的としたある若者が創設したものだ。小型株は大型株に比べると大きく動く傾向があるため、「ホームラン銘柄」を探している人には良いかもしれない。検証期間は2003年10月から2006年6月まで。初代編集者は2005年3月18日、「過去数カ月のような横ばい相場じゃ、やってられない。俺についてくるやつは？」と言って去っていった。翌週、別の編集者に代わり、それ以来彼がこのレターの運営を行っている。このニュースレターは明確なストップ値を提示していたので、R倍数の計算にはその数値を使った。

オックスフォード・クラブ・コミュニケ　このニュースレターは多くの人々による推奨から成るため、比較的偏りの少ないニュースレターと言えよう。私の知るかぎり、このニュースレターは明確な損切りラインを提示した最初のニュースレターで、損失管理と利食いには（終値をベースとする）25％トレーリングストップを使っている。このニュースレターには複数のポートフォリオが含まれているが、**オックスフォード・クラブ・トレーディング・ポートフォリオ**のみを検証対象とした。また、このニュースレターの推奨を行うひとりは、株を

買ってコールを売ることをいつも推奨しているが、私はこの戦略には同意できない。利益がコールからの利益に限定される一方で、損失は株の購入価格からコールの購入コストを差し引いた額になるからである。したがって、これらのトレードはわれわれの分析からは除外した。われわれは1999年9月から2006年6月30日の期間に行われた166の推奨銘柄を追跡した。これらのポジションのうち27は未決済なので、これらについては2006年6月30日に手仕舞いされたものとみなしてR倍数を計算した。

ポーター・スタンズベリーズ・インベストメント・アドバイザリー（PSIA） ポーターの推奨銘柄はほとんどが彼の好みのモメンタム株である。われわれは彼の推奨銘柄を1998年7月から2006年6月まで検証した。この93カ月の間に検証した銘柄数は175で、そのうち12は未決済ポジションだったので、これらについては2006年6月30日の価格でR倍数を計算した。また、ストップはポーターのストップを使った。

トゥルーウエルス このニュースレターは米国で最も人気の高いニュースレターのひとつで、購読者は7万人を超える。編集者はスティーブ・ジュガードで、彼は『**魔術師たちの投資術**』（パンローリング）の共著者のひとりでもある。数年前、私のニュースレターに載せるインタビューを行った関係上、私はスティーブの戦略はよく知っている。人の嫌う投資で、損失が限定されているが大きな利益が期待できる投資を見つけるのが彼の基本的なやり方だ。また彼は私の信じていることのひとつを採用し、すでに上昇を始めている銘柄のみを推奨する。

高額のニュースレター（名前は非掲示） 最後のニュースレターは実績があまりにひどかったため、名前は伏せることにする。このニュースレターはわれわれが追跡したなかで購読料が最も高く、検証したほかのニュースレターの購読料をすべて足し合わせた額よりも高い。100％以上の成長を目指すといううたい文句とともに、毎週、推奨銘柄がeメールで配信される。このニュースレターの発行者は自分の売

り込み能力にたけた人物だ。だから彼のリストに載れば、次のようなことを聞かされるだろう――①私は銘柄を選択する秘密のシステムを持っている、②100％以上のリターンを誇る私のニュースレターのなかでも、このニュースレターはベスト・オブ・ベストである、③独立系の情報発信源とすれば、私は世界のトップレベルのニュースレター発行者のひとりである。彼の典型的な売り込み文句は、「XYZ社は50％、ABC社は67％、QRF社は42％上昇しました」で、それに続き彼のパフォーマンスの高さに感動している購読者の声を紹介する。私は彼と電話で話し、２つの質問をした――①あなたのパフォーマンスがそれほど高いのであれば、ニュースレターのなかでなぜそれを取り上げないのか、②週ごとにストップを下げるときがあるが、それはなぜか。彼はどちらの質問にも答えなかった。

ニュースレターのパフォーマンス

　表13.5は各ニュースレターの総合パフォーマンスを示したものである。表には、トレード回数、期待値、その手法の２年にわたるエクスペクチュニティ、ポジションサイジングを使った場合の目標の達成しやすさを示すわれわれ独自の尺度が示されている（独自の指標については公開したくないが、シャープレシオと高い相関性がある指標とだけ言っておこう。またわれわれのリサーチによれば、この指標による格付けが高いほど、ポジションサイジングを使って目標を達成しやすいことが分かっている）。この指標による格付けの一例を示せば、最も多い利益水準が0.05％のシステムのランキングはおよそ１である。格付けが２を上回るシステムは優れたシステム、３を上回るシステムは非常に優れたシステムである。しかしわれわれが開催するセミナーのひとつでは、格付けが５を上回るシステムのいくつかを教えている。

　勝率とわれわれ独自の尺度が最も高かったのがバリュー指向の２つ

表13.5　ニュースレターの分析

ニュースレター	トレード回数	勝率(%)	期待値	エクスペクチュニティ(2年間)	独自の尺度
ブルーチップグロース	32	36.5	0.05	1.37R	0.21
ディリジェンス	36	44.4	1.67	22.37R	1.17
エクストリームバリュー	37	89.1	1.40	27.06R	2.99
インサイドストラテジスト	27	48.1	0.35	8.4R	1.47
マイクロキャップムーンショット	79	49.4	0.28	16.09R	1.59
オックスフォード・クラブ	168	54.2	0.79	38.84R	2.17
PSIA	174	48.0	0.61	26.68R	1.65
トゥルーウエルス	77	67.5	0.68	21.68R	2.54
高額なニュースレター(名前は非掲示)	241	36.5	−0.01	−2.2R	−0.05

のニュースレターである。つまり、ポジションサイジングを正しく行った場合、あなたの目標を最も達成しやすいニュースレターはこれらのニュースレターということである。またこれら２つのニュースレターはアクティブトレードのパーセンテージも高く、**エクストリームバリュー**が57％、**トゥルーウエルス**が29％だった。したがってわれわれの検証期間もほかのニュースレターに比べるとはるかに長かった。

　２年にわたるエクスペクチュニティが最も高かったのが**オックスフォード・クラブ・コミュニケ**で、２年間のトータルＲ利益が38.84Rと非常に高い数値を示している。つまり、このニュースレターに従っていれば、１ポジション当たりのリスクが１％の場合、毎年20％以上の利益が得られたということになる。

　ディリジェンスは期待値が1.67と最も高かった。これはこのニュースレターの目標どおりに、数回のホームランを出した結果である。しかしその一方で、50％以上の損失を出しながらいまだに未決済の銘柄

も多い。パフォーマンスのバラツキが大きいため、そのほかの項目の格付けはあまり高くない。本書で紹介したテクニックをいくつか併用すれば、パフォーマンスはもっと上がったかもしれないが、本書で紹介したストップを使った場合、ホームラン銘柄はホームラン銘柄になる前にストップに引っかかった可能性もある。**ディリジェンス**はわれわれの分析後ほどなく閉鎖されたため、今は存在しない。

　ここで紹介したニュースレターは用いるアイデアは異なるが、ほとんどがかなり高い利益を上げている。パフォーマンスが最も高いのはバリュー指向のニュースレターではあるが、だからといってバリュー投資がトレンドフォローよりも優れた戦略かというと、必ずしもそうとは言えない。史上最高値の株を買う**図9.2**（375ページ参照）に示したシステムをもう一度見てみよう。このシステムの2年にわたるエクスペクチュニティは429Rだが、問題点は、多くのトレードを同時に行わなければならない点である。各トレードでとれるリスクはわずか0.1％以下である。一方、トレンドフォローシステムで、システムの質を表す数値がチャート外に出るほど高い（5.0を上回る）システムを見たことがある。したがって、ニュースレターのデータだけを見て、バリュー戦略がほかの戦略よりも優れていると断定することはできない。

　非常に驚いたのは、最も高額なニュースレターの期待値が負値だったことである。ここからニュースレターを選ぶ際の注意点が浮かび上がる。このニュースレターはパフォーマンスの追跡をしていなかった。ニュースレターを選ぶときには、パフォーマンスデータを定期的に更新しないようなニュースレターには要注意である。ついでに申し上げておくが、この高額なニュースレターは、次の1年間（つまり、2007年）彼らの推奨に従ってトレードして100万ドル儲けられなかったらお金はすべて返すことを「保証」する、という宣伝文句をうたっていた。このニュースレターの241トレードのパフォーマンスを考えた場

合、100万ドル儲けることが果たして可能だろうか。ちなみに2005年に私は３回購読料の返金を要求したが、その都度妨害された。

結論

　ニュースレターの推奨に従ってトレードしようと思っている場合、トレード概念と全体的な戦略があなたの考え方にフィットするニュースレターを見つけることが大切だ。さらに、システムとして採用することを考えているニュースレターについては、ここで私が行ったのと同じ分析をしてみることをお勧めする。そのためには、①バックナンバーが入手可能であること、②彼らがパフォーマンスを追跡していること――が求められるということである。ニュースレターの編集者にニュースレターのパフォーマンスのことを聞いて知らないようであれば（つまり、教えてくれないということ）、そういったニュースレターにはかかわらないほうが賢明だ。さらには、過去の推奨とその仕掛け値、初期リスク、手仕舞い価格を公表しているかどうかもチェックしたほうがよい。こういったデータがあれば、Ｒ倍数と期待値は自分で計算できる。

　ニュースレターの推奨に従ってトレードすることを決めた場合、そのほとんどはポジションサイジング（詳しくは第14章を参照）については何も教えてくれないことを覚えておいていただきたい。また心理がトレーディングに与える影響も教えてくれない。また毎年20Rの利益を出すニュースレターでも、あなたが１回当たり2Rの損失に相当する過ちを10回犯せば、ニュースレターのアドバイスに従っても儲けることは不可能だろう。

まとめ

　本書ではこれまで高い期待値を持つトレーディングシステムの開発を中心に話をしてきた。期待値とは、トレーディングシステムの勝率度と損益比率による２次元平面として表すことができる。

　期待値に加え、トレーディングシステムにとってもうひとつの重要な要素が、損益の大きさを教えてくれる３次元要素としてのトレード回数である。期待値にトレード回数を掛け合わせれば、１日当たりに稼ぐことができる潜在的利益を知ることができる。したがって、期待値が高くてもトレード回数が少なければ、１日に稼ぐことができる利益として大きな数値は期待できない。

　当然ながら、トレードを行うにはコストがかかる。潜在的利益からこのコストを差し引いたものが正味利益である。コストは通常期待値に含まれる。しかし、コストにはさまざまな種類のものが存在するため、どういったコストがかかるのかを一つひとつチェックすることが重要だ。これらのコストのひとつでも回避できれば、パフォーマンスは大きく変わってくる。トレードにかかる主なコストは、ブローカーへの手数料、執行コスト、税金、心理的コストの４つである。本章ではこれら４つのコストについて簡単に説明した。

　本章では、トレーディングシステムが期待値として表されるR倍数の分布であるという認識を高めてもらうために、具体例として、それぞれにトレード戦略が異なる９つのニュースレターの推奨を評価した。各ニュースレターのパフォーマンス（期待値）、２年にわたるエクスペクチュニティ、ポジションサイジングを使った場合の目標の達成しやすさといった項目を分析した結果分かったことは、これまで本書を通じて述べてきたように、マーケットでお金を稼ぐ良い方法はいくらでもあるということである。

第14章

ポジションサイジング──目標を達成するためのカギ
Position Sizing — the Key to Meeting Your Objectives

　私は30％の利益が出たら3分の1を利食い、50％の利益が出たらまた3分の1を利食い、反転パターンを見つけたら残りの3分の1を利食う。
　　──株式セミナーのマネーマネジメントについての講義より

　システム開発において心理以外で最も重要な要素は、どれくらいのポジション量で投資したらよいか、である。しかし、トレーディングやシステム開発について書かれたほとんどの本では、このトピックはまったく無視されている。このトピックに触れている本でも、**マネーマネジメント**や**アセットアロケーション**という言葉が使われることが多い。しかし、これらの2つの言葉はほとんどの場合、「どれくらい」以外のことを意味する。つまり、マーケット"専門家"の大部分は、マーケットで成功するために最も重要な要素のひとつを真に理解していないということである。
　本章の冒頭にある引用句を見てみよう。これは「マネーマネジメント」と題するブローカー向けの株式市場セミナーで講師が述べた言葉である。この言葉は自分のマネーマネジメントの式を表していると彼は私に言ったが、私に言わせれば、彼が述べた言葉はマネーマネジメ

ントとは無関係である。これは手仕舞いについて述べたものにすぎない(これは優れた手仕舞い手法とはとても言えない。なぜなら、「利食いの方法」の第11章で述べたように、これは全ポジションを建てているときに損切りが発生し、残っているほんの一部のポジションで最大利益を取るという手法だからである)。セミナー終了後、私は彼にマネーマネジメントの意味について聞いてみた。「とても良い質問だ。マネーマネジメントとはトレードにおける意思決定の仕方だと私は思っている」というのが彼の答えだった。

ポートフォリオマネジャーは、「アセットアロケーション」をマーケットで成功するための重要な要素と考える傾向が強い。ここで、**アセットアロケーション**という言葉について考えてみよう。あなたにとってアセットアロケーションとは何を意味するのだろうか。おそらくあなたは、自分の資産の投資先としてどういったアセットクラスを選ぶかを意味する、と答えるだろう。そしてポートフォリオマネジャーのほとんども同じように考えている。なぜならポートフォリオマネジャーは資産のほとんどをどこかに(少なくとも95%)投資しなければならないという決まりがあるからだ。そのため、彼らにとってアセットアロケーションとは投資先としてどのアセットクラスを選ぶかを決めることを意味するというわけである。あなたも同じように考えていただろうか。

アセットアロケーションという概念を打ち出したのがブリンソンらであり、彼らはアセットアロケーションを、資産を株式、債券、現金にどれくらいずつ配分するか、と定義した(ゲイリー・ブリンソン、ブライアン・シンガー、ギルバート・ビーボワーが**Financial Analysts Journal 47** May-June 1991号 pp.40-49に発表した論文『Determinants of Portfolio Performance Ⅱ: An Update』を参照)。彼らは82の年金信託基金を10年にわたって調査し、パフォーマンスの91.5%は個別銘柄を選ぶことよりも、アセットアロケーションによっ

て決まるということを見いだした。彼らの論文が発表されてから、ポートフォリオマネジャーと学術研究者たちはアセットアロケーションの重要性を強調し始めた。ブリンソンらは個別銘柄の選択などの意思決定はパフォーマンスにとってそれほど重要ではないと説いたにもかかわらず、宝くじバイアスによって人々はアセットアロケーションを正しいアセットクラスを選ぶことであると誤解し続けた。重要なのは、何に投資するかを決めることではなく、「どれくらい」投資するかを決めることなのである。

マネーマネジメントやアセットアロケーションは次のようなものを意味するものではないことを、ここでもう一度まとめておこう。

- システムのなかで、任意のトレードでどれくらい損失を出すかを教えてくれる部分
- 勝ちトレードの利食い方法
- 分散化
- リスク管理
- リスク回避
- システムのなかで、何に投資すればよいかを教えてくれる部分

> マネーマネジメントやアセットアロケーションとはシステムのなかで、あるトレードにおいて「どれくらいの量」を投資すればよいのかを教えてくれる部分である。

マネーマネジメントやアセットアロケーションとはシステムのなかで、あるトレードにおいて「どれくらいの量」を投資すればよいのかを教えてくれる部分である。「どれくらいの量」とは基本的には、あるトレードにおいてある時間にどれくらいの量（サイズ）のポジションを持てばよいか、を意味する。さらにこれは、トレーダーとしての目標を達成できるかどうかを決める重要な変数でもある。本書では混乱を避けるため、マネーマネジメントやアセットアロケーションを意味する言葉として一貫して「ポジションサイジング」という言葉を使

ってきた。

　もちろん、上記の項目のなかには「どれくらいの量」を投資するかを決める際に考えなければならないものもあるが、これらの項目そのものはポジションサイジング・アルゴリズムではないことに注意しよう。読者のなかには、どれくらい投資するかを決めるよりもリスク管理のほうが重要ではないのか、と思っている人がいるかもしれない（ポジションサイジングのベストな方法のひとつは、ポジションサイジングでトータルリスクをコントロールできるように、例えば任意のポジションのリスクを総資産の１％にするといったパーセントリスク・アルゴリズムを用いることであるが、リスクと無関係なアルゴリズムを使ってもよい）。しかし、プロのトレーダーのパフォーマンスの違いは、「どれくらいの量」のポジションを建てていたかで説明がつく場合が多い。

　1997年、私はダウ・ジョーンズの依頼を受けてアジアの主要都市を回り、ポジションサイジングとトレード心理についての講義を何百人というプロのトレーダーたちに対して行った。講義では、ポジションサイジングの重要性を説明するのに、あるゲームを行った。前にも述べた、袋からビー玉を取り出すゲームである。それぞれのビー玉はトレーディングシステムのＲ倍数を表す。袋には1Rの負けトレードを表すビー玉を７つ、5Rの負けトレードを表すビー玉を１つ、10Rの勝ちトレードを表すビー玉を２つ入れておいた。このゲームは負ける確率が80％であるにもかかわらず、期待値は0.8Rだった。参加者には持ち金として10万ドルずつ与え、ビー玉を１回取り出すごとに適切と思えるリスクを設定して、40回それを繰り返すように指示した。どの参加者の袋の中身もすべて同じであるにもかかわらず、ゲーム終了時点における参加者の持ち金の残高は違っていた。文無しになった人から、100万ドルを上回る（つまり、40回のトレードで1000％のリターンを上げたということ）人まで、残高には大きなバラツキがあった。この

ゲームの要素はどれくらい賭けるかと、参加者それぞれの心理だけである。したがってこのゲーム結果は、パフォーマンスの90％以上がどれくらい投資したかによって決まるというブリンソンらの主張を裏付けるものである。このゲームは何度行っても、いつも同じ結果になった。

　講義で行うこのゲームは、参加者にポジションサイジングの重要さを説明する有効な手段である。ところが驚いたことに、ポジションサイジングの効果的な方法として、ポジションサイズを資産をベースに決めることをアジアのトレーダーたちに提案したところ、自分たちがトレードしている総額を知っている人が**だれひとり**としていなかったのである。彼らは「会社の」資金をトレードしているだけで、その総額が一体いくらなのかをまったく知らなかったのである。そこで私は彼らに聞いてみた。「どれくらい損をしたら今の仕事を失うと思いますか？」。どれくらい損をしたら今の仕事を失うかという額に基づいてポジションサイズを決めるのも、ポジションサイジングの有効な方法である。しかし、今の仕事を失う損失額を知っているプロのトレーダーは参加者のわずか10％程度しかいなかった。つまり、何をベースにポジションサイズを決めればよいのかを知らないプロのトレーダーが何千人と存在するということである。しかし、彼らはおそらくは何百万ドルという資金をトレードしていたはずだ。これはどの都市で行った講義でも同じだった。

　３年ほど前になるだろうか。世界中を回ってヘッジファンドマネジャーとポートフォリオマネジャーに同じような講義をしたことがある。彼らのほとんど——少なくともポートフォリオマネジャーやポートフォリオマネジャーから転身したヘッジファンドマネジャー——は、ポジションサイジングについて教育を受けたことがなかった。彼らのほとんどは、ポジションサイジングは重要な要素ではないと思っていた。なぜなら、彼らは常に最低90％の資金を投資していなければならないからである。

ポジションサイジングとトレード心理は、マーケットで成功するために不可欠な２大要素である。しかし、ウォール街、投資業界、学術界では重視されていないのが現実である。

- 大手ブローカーでブローカーとしての研修を受けても、ポジションサイジングやトレード心理については何も教えてくれない。研修で教わるのは、株式取引所の規制、そのブローカーが提供している商品、それらの商品を顧客や潜在的顧客に売る方法だけである。例えば、ブローカー資格を取るにはシリーズ７認定試験にパスしなければならないが、その試験にはポジションサイジングやトレード心理に関する内容は含まれない。
- 公認ファイナンシャルプランナー（CFP）になっても、個人心理やポジションサイジングについての研修はない。

　一般大衆はこれら２つの範疇に属する人をマーケットの専門家と思っているわけである。一般大衆はこれらの人々にアドバイスを請いに行くわけである。これらの人々以外でアドバイスを請いに行ける人にはどういう人がいるか見てみよう。

- 一流大学でマーケットの仕組みについてのMBA（経営学修士）を修得した人。しかし彼らはポジションサイジングについては何も教わっていないし、トレード心理についてもほとんど教わっていない。
- 一流大学で財政学の博士号を修得した人。彼らもまたポジションサイジングについては何も教わっていない。彼らは行動ファイナンスの教育は若干受けているかもしれないが、行動ファイナンスでは個人心理がトレード結果に与える影響についてはほとんど何も分からない。
- 公認ファイナンシャルアナリスト（CFA）。しかし彼らはポジショ

ンサイジングや個人心理がトレードのパフォーマンスに与える影響については何も教わっていない。アナリストのほとんどはトレードの方法すら知らない。企業が将来的にうまくいくかどうかを見極めるための勉強しかしていないからである。
● 銀行や機関投資家のトレーダーになるための研修を受けた人。彼らもご多分に漏れず、ポジションサイジングについては何の教育も受けていないし、個人心理が市場での成功に与える影響についてもほとんど何も教わっていない。前述したように、ほとんどのトレーダーはいくら損を出せば今の仕事を失うかさえ分かっていないのが実状なのである。

こういった状況を見れば、投資関連の書籍や成功する投資と題してメディアが伝える内容から、最も重要な要素であるポジションサイジングや個人心理がすっぽり抜け落ちていても当然と言えば当然かもしれない。

プロのトレーダーのパフォーマンスを決めるものがポジションサイジングであることはこれまでの話ですでにお分かりのはずだが、まだ完全に納得しきれていない人がいるかもしれないので、ポジションサイジングを論理的に考えてみることにしよう。第7章で述べた雪合戦モデルのことは覚えているだろうか。ポジションサイジングモデルに含まれる要素のうち2つはこの雪合戦のたとえ話に含まれている。最初に保護すべきサイズ（雪合戦のたとえ話では雪の壁、トレーディングでは当初資産）と、一度に壁に当たる雪玉の個数（一度に建てるポジション数）の2つである。

図14.1は一度に投資する額を決めるうえで必要なもうひとつのステップとしてのポジションサイジングを表現したものである。ここで図13.2（542ページ参照）をもう一度見てみよう。図13.2では、期待値にトレード回数を掛け合わせたもの（＝エクスペクチュニティ）

図14.1 ポジションサイジング──ある状態において3次元の箱を一度に何個持てばよいか

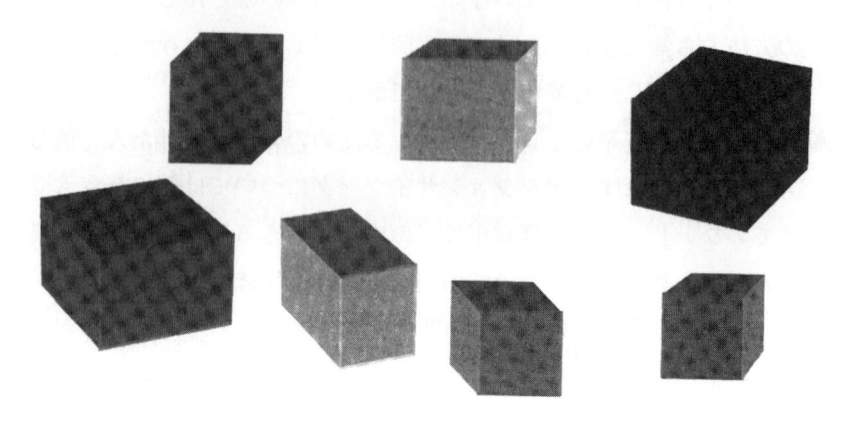

を３次元の箱で表現した。ポジションサイジングを考えるには、次元をもうひとつ増やす必要がある──同時にいくつのポジションを建てるかという次元。４次元を図で描くのは難しいので、**図14.1**では４次元要素としてのポジションサイジングは、一度に持つことができる３次元の箱の数として表現している。それぞれの箱の２次元平面が期待値を表し、これにトレード回数を掛け合わせたものが３次元の箱、そして一度にいくつの箱を持てばよいかがポジションサイジングである。

　ポジションサイジングがトレーディングパフォーマンスにとっていかに重要であるかがまだ納得できない人のために、もうひとつの例で説明しよう。第２章に登場したラルフ・ビンスの研究を覚えているだろうか。40人の博士号修得者に、勝率60％で、正の期待値を持つシステムでポジションサイジングゲームを行わせたところ、95％の人が損失を出した。これは、彼らの心理とポジションサイジングのまずさに原因があった。

数値例で考えてみよう。例えば、1000ドルの持ち金で賭け金を100ドルとしてゲームを始めたとする。ゲームを3回続けて行ったところ、3回とも負けた（これは十分あり得ること）ので、持ち金は700ドルに減った。ここであなたは「3回続けて負けたのだから、今度は勝つはずだ」と思う。しかしこれはギャンブラーの錯誤にすぎない。あなたが次に勝つ確率もこれまでと同じ60％なのである。あなたは次は勝つと思い込んでいるため、300ドル賭けることにする。ところが次も負けてしまい、いまや持ち金はわずか400ドルに目減りした。ここからブレイクイーブンにもっていくには150％の儲けが必要だ。したがって、このゲームで儲かる確率は今ではかなり低い。勝率60％のゲームで4連敗する確率は0.0256ときわめて低いが、試行回数が100回のゲームでは4連敗は少なくとも1回はほぼ確実に起こる。

　博士号修得者は別の方法でも破産したはずだ。例えば、掛け金を最初から250ドルにしたとすると、3連敗で750ドルの損をするので持ち金は250ドルになる。ここからブレイクイーブンにもっていくには300％の儲けが必要になる。しかし、おそらくは300％の儲けが出る前に破産してしまうだろう。

　こういった勝率の高いゲームでも負けることは実際にある。このケースの場合、いずれの方法でもリスクをとりすぎたことが敗因である。そのリスクをとりすぎた原因は彼らの心理にある——欲、確率を理解していない、あるいはまれに負けたいという願望。しかし、**数学的に言えば彼らが負けた原因はリスクのとりすぎである**。例えば、足し合わせると壁よりも大きくなる10個の黒い雪球を同時に壁に投げつけたとしよう。壁は当然壊れる。この場合、白と黒の雪玉の比率など無関係だ。足し合わせると壁よりも大きい10個の黒い雪玉を一気に壁にぶつければ、壁は壊れて当然である。

　資産サイズは雪合戦のたとえ話では雪の壁の大きさに相当する。よく見られるのは、普通の人が少額の資金を持って最も投機的なマーケ

表14.1　ドローダウンからのリカバリー

ドローダウン(%)	リカバリーに必要なリターン(%)
5	5.3
10	11.1
15	17.6
20	25.0
25	33.0
30	42.9
40	66.7
50	100.0
60	150.0
75	300.0

ットに参入するというケースである。5万ドルの口座もけっして大きいとは言えないが、普通の人の口座はわずか1000ドル～1万ドルというのが一般的だ。つまり、口座が小さすぎるために正しいポジションサイジングができない人が多いということである。**彼らの破産率は非常に高い。それは口座サイズに問題があるのである。**

　表14.1を見てみよう。これは、ドローダウンの大きさと、そのドローダウンからブレイクイーブンにもっていくために必要なリターンを示したものである。例えば、損失が20％まではブレイクイーブンにもっていくのに必要なリターンは少し大きめ程度（25％を上回らない）だが、40％のドローダウンになると66.7％、50％のドローダウンになると100％とかなり大きくなる。損失が50％を上回ると必要リターンがあまりにも大きすぎて、ブレイクイーブンにもっていくのはほとんど不可能である。したがって、リスクをとりすぎて負ければ、回復は

ほぼ不可能と思って間違いないだろう。

基本的なポジションサイジング戦略

プロのギャンブラーはポジションサイジングには2つの基本的戦略があると昔から言ってきた。マルチンゲール戦略とアンチマルチンゲール戦略である。**マルチンゲール戦略**は資産が減ったら（つまり、連敗中に）賭け金を増やすという戦略で、**アンチマルチンゲール戦略**は逆に連勝中や資産が増えたら賭け金を増やすという戦略である。

ルーレットやクラップスをやったことがある人なら、最も純粋な形のマルチンゲール戦略を実行したことがあるはずである。そう、負けたら賭け金を2倍にするのだ。例えば、1ドル負けたら、次は2ドル賭け、その2ドルが負けたら、次は4ドル賭け、その4ドルが負けたら、次は8ドル賭ける……という具合だ。最後に勝てば——必ずこうなる——、最初の掛け金の額だけ儲かる、というわけだ。

カジノはマルチンゲール戦略を使う客が大好きである。第一に、運がものをいうゲームでは必ず連敗するからである。そして勝率が50％未満のとき、連敗は非常に長引く確率が高い。例えば、いきなり10連敗する場合を考えてみよう。賭け金1ドルから始めると、連敗中の損失は2047ドルになる。そして最初の賭け金である1ドル取り戻すのに、次は2048ドル賭ける。したがって、この時点の勝ち負け比率は——50：50未満の確率の場合——1：4095である。つまり、1ドルの利益を得るのに4000ドルを超えるリスクをとっていることになる。さらに悪いことに、無尽蔵の資金を持つ人がいるため、カジノは賭け金に制限を設けている。最低賭け金1ドルのテーブルでは、100ドルを超える額のリスクはおそらくとれない。結論を言えば、一般にカジノやマーケットではマルチンゲール戦略はうまくいかないということになる。

連敗中にリスクを増やし続けた場合、相当大きな連敗が発生すれば

必ず破産する。無尽蔵の資金があったとしても、やっていることは普通の人であれば心理的に耐えられないようなリスク・リワード戦略である。

一方、連勝中にリスクを増やすアンチマルチンゲール戦略はギャンブルの世界でも投資の世界でもうまくいく。連勝中に賭け金を増やす場合でも、賢いギャンブラーは賭け金に上限を設ける（ウィリアム・ジエンバの論文『A Betting Simulation, the Matehmatics of Gambling and Investment』Gambling Times 80 (1987) pp.46-47を参照）。これはトレーディングや投資にも、そのまま当てはまる。儲かっているときにポジションサイズを増やすのが良いポジションサイジングシステムなのである。これはギャンブル、トレーディング、投資のすべてに共通する。

ポジションサイジングは、口座サイズを基に、何単位（何株または何枚）トレードすればよいのかを教えてくれるものである。例えば、ポジションサイズを決めるとき、口座サイズに比べて配分が大きすぎるために、どんなポジションを建てるにも資金が足りない、ということはよくある。ポジションサイジングは、ポートフォリオの枠内であるトレードに配分する単位数（株数または枚数）を決めることで、リスク・リワード特性を決めることを可能にする。また、ポートフォリオを構成する各要素に対するリスクを均一化するのにも役立つ。さらに、どのマーケットのリスクも1Rに均一化するポジションサイジングモデルもある。

人によっては、「マネーマネジメントストップ」＝ポジションサイジングと思っている人もいる。マネーマネジメントストップとは、例えば1000ドルといった具合に事前に決めておいた額の損失を出したらポジションを損切る手仕舞い方法をいう。しかし**このストップは「どれくらいの量」を投資したらいいかを教えてくれるものではないため、ポジションサイジングではない**。ストップに引っかかるときの損失を

決めておくことでリスクをコントロールすることと、「どれくらいの量」を投資するかを決めたり、1つのポジションを持つことすらできないのかどうかを決めるポジションサイジングモデルによるリスクコントロールはまったく別物である。

ポジションサイジング戦略にはさまざまなものが存在する。本章の残りの部分を使って、うまくいくポジションサイジング戦略を見ていくことにしよう。あなたのトレーディングスタイルや投資スタイルにフィットする戦略もいくつかあるはずである。また株式口座向きの戦略もあれば、先物口座向きの戦略もある。しかしどの戦略も、資産をベースにするという意味ではすべてアンチマルチンゲール戦略である。これらのポジションサイジング戦略がなぜアンチマルチンゲール戦略かというと、「どれくらいの量」を投資するかを決めるのに用いる公式が、口座サイズの増加に応じてポジションサイズを増やすという公式だからである。しかし、銀行や機関投資家で働くプロのトレーダーの多くはどれくらいの損失を出したら今の仕事を失うかを分かっていないばかりか、いくらトレーディングしているのかさえも分かっていない。

ポジションサイジングは内容的にやや複雑なので、難解な数式は使わずに、具体例を挙げながら説明することにする。ここに書いてあることを完全に理解するまで何度もじっくりと読めば、おおよそのことは分かるはずである。

用いるシステム

各ポジションサイジング戦略の結果を分かりやすく説明するために、ここでは同一のトレーディングシステムを使って同じ銘柄を同じ期間だけトレードするという方法を採用した。用いるのは55日チャネルブレイクアウトシステムである。つまり、過去55日の高値を更新するか

（買う場合）、過去55日の安値を更新したら（売る場合）、ストップオーダーで仕掛けるということである。ストップとしては、初期リスクの設定や利食いストップとして、反対サイドに置いた21日トレーリングストップを用いる。

具体例として、原油が過去55日の高値を更新し、買う場合を考える。このポジションはマーケットが過去21日の安値を更新するまで保持する。仕掛けてすぐにこの状態になると、おそらくはストップに引っかかって1Rの損失を出すことになるだろう。しかし、価格が100日間上昇したあと下落して過去21日の安値を更新した場合は、かなりの利益を確保できているはずである。一方、マーケットが過去55日の安値を更新した場合は売るはずだ。売ったあとにマーケットが過去21日の高値を更新すれば、ポジションは手仕舞いすることになるだろう。

この21日チャネルブレイクアウトストップは毎日計算し直すが、必ず、リスクを減らすか利益を増やす方向に移動させる。こういったブレイクアウトシステムは十分な資金があれば、平均以上の利益を生み出す。

このシステムは、当初資産を100万ドルとして10銘柄を10年間で検証した。本章で用いる先物データはすべて、この55日／21日ブレイクアウトシステムを使って同じ銘柄を同じ期間だけトレードして得られたデータである。各表において唯一異なる点は、用いたポジションサイジングモデルだけである。用いるシステムとデータが同じでも、用いるモデルが違えばおそらく結果は違ってくるはずである。このシステムを選んだのは、プログラミングが簡単で、モデルの違いを説明しやすいと考えたからである。

モデル1──資産一定額当たり1単位モデル

このモデルでの「どれくらいの量」は、口座資産Xドル当たり1単

位が基本となる。例えば、総資産5万ドルにつき1単位（100株、1枚など）、といった具合だ。

　トレーディングや投資を始めた当初は、おそらく本書の最初で述べたような理由で、ポジションサイジングについては何も考えなかったはずである。その結果として、あなたが思いつく最も論理的な考え方は、「1単位買う資金しかないから1単位買う」といったようなことであったはずだ。たとえポジションサイジングのことを知っていたとしても、その知識はポジションサイジングのことをあまりよく理解していない著者が書いた本から仕入れたものだったはずだ。マネーマネジメントやアセットアロケーションについて書かれた本は、ポジションサイジングについて書かれたものではなく、分散化や利益の最適化について書かれたものがほとんどだからである。システム開発やテクニカル分析について書かれた本でさえ、ポジションサイジングについて十分に議論している者はない。**つまり、トレーダーや投資家のほとんどは、テクニックのなかで最も重要と思われる概念を学ぶ場所がないということである。**

　こうして、無知という衣をまとった状態で2万ドルの口座を開き、トレードシグナルが出れば何であれ1枚（株式の場合は100株）トレードする、というわけである。そしてそのあと運よく口座が4万ドルに増えれば、どんな商品でも2枚（株式の場合は200株）トレードする。この場合、ポジションサイズを増やすには口座は2倍にならなければならないことに注意しよう。何らかの形のポジションサイジングを実行しているトレーダーの大部分が使っているのがこのモデル1である。簡単であるうえ、どれくらいトレードすればよいかが分かりやすいからである。

　資産の一定額につき1単位というこの方法は、リスクが高すぎるという理由でトレードを却下しなくてもよいという"長所"を持つ。一例として、私の知る2人のトレーダーの体験を見てみることにしよ

う。1人は資産5万ドルにつき1枚トレードし、もう1人はパーセントリスクモデル（モデル3）を使っている。モデル3を使っているトレーダーは非常にアグレッシブで、資産の3％のリスクをとるが、リスクが口座資産の3％を上回るポジションは絶対に持たない。彼らはそれぞれのトレンドフォローシステムで日本円のトレード機会を見つけた。日本円はその後大きく動いたため、リスクにかかわらず常に1枚トレードするトレーダーはかつてないほど大きな月間利益――月間20％の利益――を得ることができた。

これに対して、もう1人のトレーダーはトレードをしなかった。口座サイズは10万ドルだったが、市場が逆行した場合のリスクが彼が定めた3％という限度を上回っていたからである。したがって、このトレーダーはその月の儲けはなかった。

当然ながら、シグナルが出たら必ず仕掛けるという方針は逆効果になる場合もある。最初のトレーダーの場合、マーケットが逆行すれば大損（20％以上の損失）をしたはずである。その点、2番目のトレーダーは大損するという事態は避けられた。

表14.2は最初のトレーダーが使ったポジションサイジングモデルによるこのシステムのトレード結果を示したものである。資産2万ドル当たり1枚でシステムが破綻していることに注目しよう。また、資産3万ドル当たり1枚では、80％のドローダウンに耐えなければならない。ドローダウンを50％未満に抑えるには最低でも7万ドルの資産を必要とする。大きなドローダウンの発生を回避するために、20％を上回るドローダウンが発生したらトレードを中断するとした場合、どうなるのだろうか。表に示したどの数値もこの条件を満たすものはなく、結局は損失を出すことになる。したがって、この段階ではこのモデルはあまり優れたモデルとは言えないが、このモデルを正しく評価するには別のモデルによるトレード結果（**表14.4**と**表14.6**を参照）との比較が必要になる（ここに提示した55日／21日ブレイクアウトシ

表14.2　資産Xドル当たり１単位モデルによる55日/21日ブレイクアウトシステムのトレード結果（当初資産は100万ドル）

Xドル	利益	却下された トレード数	年次 リターン(%)	追証回数	最大ドロー ダウン(%)
$100,000	$5,034,533	0	18.20	0	36.86
$90,000	$6,207,208	0	20.20	0	40.23
$80,000	$7,725,361	0	22.30	0	43.93
$70,000	$10,078,968	0	25.00	0	48.60
$60,000	$13,539,570	0	28.20	0	54.19
$50,000	$19,309,155	0	32.30	0	61.04
$40,000	$27,475,302	0	36.50	0	69.65
$30,000	$30,919,632	0	38.00	0	80.52
$20,000	($1,685,271)	402	0	1	112.00

ステムのデータは10年分のデータなので非常に信頼度は高いと思われるが、提示されたＲ倍数は１セットのみである。したがって、このシステムによって生み出されるトレードサンプルがこのシステムの将来のパフォーマンスを十分よく表すものであると仮定したとしても、現実にはただ１回のシミュレーションで得られたデータにほかならない。シミュレーションの回数を重ねれば、たとえＲ倍数が同じ値になったとしても結果は異なるはずである。さらに、これまでに発生しなかったＲ倍数の大きな損失が発生することもあるかもしれない。したがって本章のこれらの表に示されたデータから得られる結論は精密なものではなく、おおざっぱなものでしかないことに注意してもらいたい）。

モデル１の長所はいかなるトレードでも却下する必要がないことであるが、資産一定額当たり１単位というポジションサイジングには限界があると思っている。なぜなら、①すべての投資が同じというわけ

ではない、②口座資産が少ない場合、枚数を急に増やすことができない、③リスクが高すぎる場合でもポジションを建てることを許す――からである。つまり、このタイプのポジションサイジングは非常に危険なのである。そして最後に、この資産一定額当たり1単位モデルは、口座が小さければポジションサイジングモデルとしての役割はほとんど果たさない。それではこれらの理由を詳しく見ていくことにしよう。

すべての投資が同じというわけではないにもかかわらず、モデル1はすべての投資を同等に扱っている。例えば、あなたが先物トレーダーで、5万ドルの資産で最高20の異なる銘柄をトレードしようと考えている場合を想定しよう。あなたのポジションサイジング戦略は、そのポートフォリオに含まれるいずれの銘柄でもシグナルが出たら1枚トレードする、というものだ。ここで、債券とトウモロコシでシグナルが出たとする。あなたのポジションサイジング戦略によれば、あなたはトウモロコシ1枚と債券1枚を買うことができる。Tボンドの価格は112ドル、トウモロコシの価格は3ドルとする。

Tボンドの先物価格は112ドルなので、わずか5万ドルの資金で11万2000ドル分のTボンドを買うことができる。その時点における1日のレンジ（つまり、ボラティリティ）はおよそ0.775である。したがって、マーケットが一方向にその3倍だけ動けば、2325ドル儲かるか損をする。一方、トウモロコシの場合、1万5000ドル分のトウモロコシを買うことができる。この場合、マーケットが1日のレンジの3倍だけ順行や逆行すれば、550ドル儲かるか損をする。つまり、あなたのポートフォリオはおよそ80％がTボンドの動きに依存し、わずか20％がトウモロコシの動きに依存しているわけである。

しかし、過去においてはTボンドよりもトウモロコシのほうがボラティリティははるかに高く、値段も高かった、と言う人もいるだろう。再びそうなる可能性ももちろんあるが、トレード機会はマーケットの今の状態に基づいて分散しなければならない。ここで提示したデータ

によれば、今現在はトウモロコシがあなたの口座に対して与える影響はTボンドのわずか20％にすぎない。

モデル1ではリスクを急に増やすことはできない。アンチマルチンゲール戦略は勝っているときにリスクを増やすことを特徴とする。口座資産5万ドルにつき1枚トレードする場合、資産が5万ドルしかなければ、トレード枚数をもう1枚増やすには資産が2倍にならなければならない。したがってモデル1は連勝中にリスクを増やす方法としては効率的とは言えない。実際には、このモデルは5万ドル口座に対してはポジションサイジングの役割はほとんど果たさないと言ってもよい。

最低100万ドルの口座を持てば、モデル1の問題点の一部は解消される。100万ドルの口座であれば、20枚（5万ドル当たり1枚）から21枚に増やすのに口座はわずか5％増えるだけでよい。

モデル1では、リスクがどんなに高くても必ずポジションを建てるとする。資産Xドル当たり1単位モデルの下では、いかなる銘柄でも1単位のポジションを建てるとする。例えばS&Pの場合、1万5000ドルの口座でも12万5000ドル分の価値があるものを買うことができる（S&P先物1枚は1ポイントが250ドルに相当する。したがって、S&P500の価格が1000ポイントであれば、1枚は25万ドルに相当する。この例は、このような少額の口座に対してもブローカーが取引を許可することを前提としている）。例えば、S&Pの1日のボラティリティが10ポイントで、ボラティリティの3倍の位置（つまり、30ポイント）にストップを置いた場合、潜在的損失は7500ドル、つまりあなたの資産の半分である。これは1ポジションのリスクとしてはかなり高いが、資産Xドル当たり1単位というポジションサイジングはこれほど高いリスクをとることも許すのである。

ポジションサイジング戦略のひとつの目的は、ポートフォリオに含まれる各銘柄の機会とリスクを均一化することにある。あなたはポー

トフォリオのどの銘柄からも利益を得る機会を得たいはずである。そうでなければ、大した利益の出ないような銘柄はトレードしないはずである。また、リスクもポートフォリオの各銘柄間で均一化したいはずである。

　機会とリスクを均一化するという考え方は、どのトレードも仕掛けたら同じ収益性を持つことを前提とするのは言うまでもない。大きな利益が期待できるトレードと小さな利益しか期待できないトレードを判別する何らかの方法を持っている場合、勝率の高いトレードの枚数（株数）を多くするようなポジションサイジングモデル——おそらくは裁量的ポジションサイジングモデル——が欲しくなるだろう。しかし、本章の残りの部分では、1つのポートフォリオにおける各銘柄の勝率はすべて同じであるものと仮定する。あなたもポートフォリオに組み入れる銘柄はそういう理由で選んだはずである。

　私が思うに、資産一定額当たり1単位モデルでは機会やリスクを均一化することはできない。優れたポジションサイジングモデルはポートフォリオに含まれる各銘柄を均一化できるモデルである。これから説明するモデル2、モデル3、モデル4がそういったモデルに相当する。モデル2はポートフォリオに含まれる各銘柄の価値を均一化し、モデル3はポートフォリオに含まれる各銘柄のリスク（資産を保護するためにポジションを損切りしたときにいくら損をするか）を均一化する。またモデル4はポートフォリオに含まれる各銘柄のボラティリティを均一化する。また、モデル3はポジションによって異なるリスク水準を設定しながら、各マーケットのリスク（1R）を均一化することもできる。

モデル2——均等分配モデル（株式トレーダー向け）

　均等分配モデルは、一般に株式やレバレッジのない（つまりレバレ

表14.3 均等分配モデルにおける資産配分（1つの投資＝1万ドル）

銘柄	株価	株数	資産分配額
A	$100	100	$10,000
B	$50	200	$10,000
C	$20	500	$10,000
D	$10	1,000	$10,000
E	$7	1,428	$9,996

ッジが1倍の）銘柄に対して使われる。このモデルは資産を5または10の銘柄に均等に分配し、その額に基づいて各銘柄の購入単位数を決めるというものである。例えば、資産が5万ドルあったとすると、それを5で割ると1万ドルなので、各銘柄への投資額はそれぞれ1万ドルということになる。したがって、投資Aに1万ドル、投資Bに1万ドル、投資Cに1万ドル……投資すればよいということになる。もう少し具体的に言えば、100ドルの株なら100株、50ドルの株なら200株、20ドルの株なら500株、10ドルの株なら1000株、7ドルの株なら1428株買えるということである。つまりこのポジションサイジングモデルは、任意の時点におけるポートフォリオのキャッシュ配分を決めるためのモデルである。**表14.3**は5つの銘柄に1万ドルずつ投資した場合に買える株数を示したものである。

しかし、ここで不都合なことが発生する。例えば、1万ドルを株価で割ると、ぴったり割り切れずに100以下の端数が出てしまうことがある。このケースの場合、銘柄Eがそうである。銘柄Eの株価は7ドルなので、1万ドルを7ドルで割ると1428株という半端な株数になる。しかも7ドルの株を1428株買ってもぴったり1万ドルにはならない。

こういった場合は一番近い100株単位に丸める。したがって銘柄Ｅの株数は1400株ということになる。

　先物の場合、このモデルはある先物を何枚買うかを決めるのに使うことができる。例えば、口座資産が５万ドルの場合、５倍のレバレッジを取って先物への投資額を最大25万ドルにしようと決めたとすると、それを例えば５で割って、５銘柄の先物をそれぞれ５万ドル分ずつ買う、という具合である。

　したがって、もし債券先物１枚が11万2000ドルだとすると、このポジションサイジングモデルでは各先物への投資額は５万ドルなので債券先物は１枚も買うことができない。一方、トウモロコシは大丈夫だ。トウモロコシの倍率は5000倍なので、例えば１ブッシェル３ドルだとすると、１枚はおよそ１万5000ドルである。したがって、５万ドルの枠では３枚（＝４万5000ドル）買うことができる。また、金はニューヨーク商品取引所での倍率は100倍なので、価格が１オンス490ドルだとすると１枚（＝４万9000ドル）買える。

　このように均等分配モデルでは、ポートフォリオを構成する各投資の重み付けをほぼ均一化できるという長所がある。また、どれくらいのレバレッジ効果があるかが一目瞭然なのもこのモデルの特徴だ。例えば、５万ドルの口座で５つのポジションを持っている場合、１ポジション当たりの投資額が５万ドルだとすると、５万ドル口座で合計25万ドルの投資をしているわけだから、レバレッジ効果は５倍ということになる。

　このモデルを用いる場合、資産を各銘柄に分配する前に、全体的に何倍のレバレッジをかけるのかを決めておく必要がある。レバレッジは貴重な情報なので、自分が売買している銘柄の丸代金とそのレバレッジは常に把握しておくことをお勧めする。こうすることで、意外な情報が得られることもある。ただし、レバレッジはボラティリティともリスクとも異なるので、この点には注意が必要だ。

均等分配モデルには欠点もある。それは、儲かっているときに「どれくらいの量」を非常にスローペースでしか増やすことができないことである。少額口座の場合、枚数を1枚増やすためには資産額が2倍にならなければならない。つまり、このモデルも少額口座に対してはポジションサイジングモデルとしての役割はほとんど果たさないということである。

プロの株式トレーダーのなかには、均等分配モデルを最初のポジションサイズを決めるのに用いるだけでなく、全トレードを通じて同様のモデルを使い続ける人もいる。つまり、すべてのポジションを均一に維持し続けるためには定期的な見直しが必要、というのが彼らの考え方である。これは勝ちトレードを手仕舞いし（少なくともリバランス時点でできるところまで）、負けトレードをナンピンすることを意味する。私に言わせれば、これはポジションサイジングをトレーディングの黄金律に従って「いない」ことを確認するために使っているとしか言いようがない。この戦略は基本的には、勝ちトレードを減らし負けトレードを増やすものである。本書で以前評価したニュースレターのなかにもこの種のポジションサイジングを使っているものがあった。さらに、ポジションサイジングについて何の教育も受けていない投資信託のポートフォリオマネジャーの多くもこのアプローチを使っている。

モデル3――パーセントリスクモデル

ポジションを建てるときには、資産を保護するためにはどこでポジションを手仕舞わなければならないかを知ることが重要だ。つまり、どれくらいの**リスク**をとるか、ということである。これは言い換えるならば、最悪の場合の損失額を意味する（ただし、スリッページと、マーケットが手に負えないほど逆行する場合を除く）。本書を通

じて1Rリスクと呼んできたものがこれに当たる。

　最もよく使われるポジションサイジングモデルのひとつが、ポジションサイズをこのリスクとの関係でコントロールするというものである。それではこのモデルの実例を見ていくことにしよう。例えば、金を１オンス380ドルで買ったとすると、このモデルは金価格が370ドルまで下落したら損切りしろと指示してくる。したがって金１枚当たりの最悪の場合のリスクは10ポイント×100ドル＝1000ドルということになる。

　ここで５万ドルの口座を持っている場合を考えてみよう。あなたは金のポジションのトータルリスクを口座資産の2.5％、つまり1250ドルに限定したいと思っている。1Rが1000ドルで、許容できるトータルリスクが1250ドルなので、買える金ポジションは1.25枚である。つまり、あなたのパーセントリスク・ポジションサイジングモデルの下では買える金は１枚ということになる。

　同じ日、トウモロコシの売りシグナルが出たとする。金価格はまだ１オンス380ドルである。金ポジションは未決済ポジションなので、あなたの口座資産はまだ５万ドルとみなすことができ、トウモロコシのポジションに対して許容できるリスクは1250ドルである。

　トウモロコシ価格を4.03ドルとしよう。あなたの最大許容リスクによれば、トウモロコシに対するリスクは５セント、つまり4.08ドルまで上昇してもよいということになる。トウモロコシの倍率は5000倍なので、５セントの逆行をリスクに換算すると１枚当たり250ドル（５セント×5000）である。最大許容リスクが1250ドルなので、トウモロコシは５枚買うことができる（1250ドル÷250ドル＝５）。このように、パーセントリスク・ポジションサイジングの枠組みでは、金を１枚保有しながらトウモロコシも５枚売れる。

CPRリスク計算モデル

　ここで混乱する人がいるかもしれない。1株当たりのリスクがRなら、トータルリスクはいくらになるのか。Rはトータルリスクを表すのではないのか。実は、パーセントリスク・ポジションサイジングモデルの場合、1株当たりのリスクもトータルリスクも比率は同じなのである。つまりこのモデルでは、Rは最初のトータルリスクとトータル損益から計算することができる。分かりやすくするために、1単位当たりのリスクをR、キャッシュのトータルリスクをC、ポジションサイズをPとしよう。これらの変数の間にはシンプルな関係があり、これをCPRという（CPRは私の友人であるロン・イシバシが考えついた概念。この場を借りて彼に感謝する）。

　具体例で考えてみよう。あなたは今1株50ドルの株を買いたいと思っている。そして2ドル下落して48ドルになったらポジションを損切りしようと考えている。この場合、Rは2ドルである。あなたが使っているのはパーセントリスク・ポジションサイジングモデルで、トータルリスクは5万ドルポートフォリオの1％（500ドル）に限定することにした。したがってトータルリスク（C）は500ドルである。この場合のポジションサイズは次の式で求めることができる。

式14.1
P（ポジションサイズ）＝C（トータルリスク）÷R（1株当たりの
　　　　　　　　　　リスク）

　この式に先ほどの数値を代入する。R＝2ドル、C＝500ドルなので、ポジションサイズは以下のように計算できる。

P＝500ドル÷2ドル＝250株

つまり、このポジションサイジングの式によれば、50ドルの株は250株買うことができるということになる。投資総額は１万2500ドル（口座資産の25％）だが、１株当たりのリスクはわずか２ドル、トータルリスクはわずか500ドル（口座資産の１％）である。

ここで株価が60ドルに上昇した場合を考えてみよう。この場合、１株当たり10ドルの利益が出る。初期リスクは１株当たり２ドルだったので、トータル利益はその５倍、すなわち5Rである。あるいは、トータル利益が2500ドル（10ドル×250株）で初期トータルリスクが500ドルなので、2500÷500＝5Rと考えてもよい。このように、このモデルではＲ倍数はトータルリスクと１株当たりのリスクとから簡単に算出することができる。

ところで、5Rの利益はパーセンテージに換算すれば５％である。したがって、100回トレードしたときの平均利益が80Rのシステムを持っていたとすると、１％リスクモデルを使えば80％のリターンが期待できるということになる。

モデルの比較

表14.4は同じく55日／21日ブレイクアウトシステムのトレード結果を示したものだが、今回はパーセンテージリスクモデルを使ったものである。

リスク・リワード・レシオが最も良いのは１ポジション当たりのリスクをおよそ25％にしたときであるが、これを達成するには84％のドローダウンに耐えなければならない点に注意しよう。さらに、追証(**今のレートで設定したものであり、ヒストリカルに見て正確なものではない**)が発生するリスクは10％ある。

このシステムの下では、100万ドル口座、リスク１％でトレードしても、10万ドル口座、リスク10％でトレードしてもポジションサイズ

表14.4 パーセントリスクモデルによる55/21システムのトレード結果

リスク(%)	正味利益	却下された トレード数	年次 リターン (%)	追証数	最大ドロー ダウン(%)	リスク・ リワード・ レシオ
0.10	$327	410	0.00	0	0.36	0.00
0.25	$80,685	219	0.70	0	2.47	0.28
0.50	$400,262	42	3.20	0	6.50	0.49
0.75	$672,717	10	4.90	0	10.20	0.48
1.00	$1,107,906	4	7.20	0	13.20	0.54
1.75	$2,776,044	1	13.10	0	22.00	0.60
2.50	$5,621,132	0	19.20	0	29.10	0.66
5.00	$31,620,857	0	38.30	0	46.70	0.82
7.50	$116,500,000	0	55.70	0	62.20	0.91
10.00	$304,300,000	0	70.20	1	72.70	0.97
15.00	$894,100,000	0	88.10	2	87.30	1.01
20.00	$1,119,000,000	0	92.10	21	84.40	1.09
25.00	$1,212,000,000	0	93.50	47	83.38	1.12
30.00	$1,188,000,000	0	93.10	58	95.00	0.98
35.00	($2,816,898)	206	0.00	70	104.40	0.00

は同じになる。表14.4から分かることは、最低10万ドルなければこのシステムでトレードすべきではないということ、そして1トレード当たり0.5％を上回るリスクをとってはならないということである。リスク0.5％の場合、リターンはかなり悪くなるだろう。このシステムで10の銘柄をトレードするのに最低100万ドル必要な理由はもうお分かりのはずだ。

ではパーセントリスク・ポジションサイジングでは、1ポジション当たりの許容リスクは、ずばりどれくらいにすべきなのだろうか。パーセントリスク・ポジションサイジングを使った場合のトータルリスクはシステムの質とあなたの目標によって異なるが、一応の目安としては、他人の資金を運用する場合は1％以下、自分の資金を運用する

場合は0.5～2.5％（システムの質とトレーダーの目標によって異なる）、破産する確率は高くても大きなリターンを目指す場合は2.5％超にするのがよいだろう。

　株式トレーダーはパーセントリスクモデルではなく、均等分配モデルを好む傾向があるが、株式トレードの例をもうひとつ見てみよう。

　あなたはIBMの株を買おうと思っている。口座資産は5万ドルである。IBMの株価は141ドルと仮定する。また、株価が4ドル下がって137ドルになったら損切りしようと考えている。用いているポジションサイジング戦略に基づき、リスクは2.5％（1250ドル）に限定する。CPRの公式（P＝C÷R）によれば、1株当たりのリスクが4ドルで、トータルリスクが1250ドルなので、P＝1250÷4＝312.5株となる。

　141ドルで312株買うと、コストは4万3992ドルである。これは口座資産の80％を上回る。投資総額は初期リスクとは無関係であることに注意しよう。口座の信用枠を超えずにこういったトレードを行えるのはせいぜい2回だろう。2.5％のリスクが真に意味するものが何なのかは、この例からよく分かるはずだ。例えばストップを1ドル下落した位置の140ドルに設定したとすると、このモデルの下では1250株買えたはずだ。しかし、この場合のコストは17万6250ドルになる。信用取引口座枠をフルに使ってもこのトレードは不可能である。しかし、リスクは依然として2.5％である。なぜなら、リスクの計算はすべて初期リスク（購入価格と最初のストップとの差）に基づいて行われるからである。

　パーセントリスクモデルは、トレードするどの銘柄のリスクも1Rにするための合理的な方法を提供してくれる初めてのモデルである。100万ドルのポートフォリオを株式市場で、信用取引口座枠をフルに使って運用する場合を考えてみよう。用いるモデルは1％リスクモデルである。したがって、1ポジション当たりのリスクは1万ドルである。**表14.5**はこのトレードの詳細を示したものである。

表14.5　1％リスクモデルによる株式ポートフォリオ

銘柄	株価	ストップ値 (1Rリスク)	株数(リスク1万 ドルのとき)	資産価値
グーグル	$380.00	$10.00	1,000	$380,000
インテル	$21.00	$2.00	5,000	$105,000
テキストロン	$32.00	$0.20	50,000	$1,600,000
サン・マイクロ システムズ	$4.50	$0.50	20,000	$90,000
バレロエネルギー	$63.00	$3.20	3,125	$196,875
合計				$2,371,875

　ストップは任意に決めたものであり、1Rリスクを示している。株価が高い銘柄のストップはきつすぎると思うかもしれない。特にTXNの0.20ドルのストップはかなりきつめである。しかしR倍数の大きなトレードを目指す場合、これらのストップはそれほどきついとは言えない。**表14.5**によれば、株式価値の総額が200万ドルの信用取引枠を超えるため、5銘柄を買うことすらできない。にもかかわらず、所定のストップに厳密に従えば1ポジション当たりのリスクはわずか1万ドルである。したがって100万ドルのポートフォリオ全体のリスクは、わずか5万ドル＋スリッページ＋取引コストである。あなたが株式トレーダーなら、**表14.5**をじっくり研究していただきたい。株式ポートフォリオのトレーディング方法が変わるかもしれない。

　しかし、2～3銘柄買っただけで信用取引枠がいっぱいになっているにもかかわらず、システムから新たな買いシグナルが出続けた場合はどうすればよいのだろうか。その場合の解決方法は多くはないが、あるにはある。解決方法その1は、新たな購入を控えること。その2は、パフォーマンスの悪いポジションを仕切って、新たなポジションを建てる。その3は、新たなポジションを建てるために、ポジション

サイズを小さくする。そして最後は、最初の３つの方法の組み合わせ。

モデル４──パーセントボラティリティモデル

　ボラティリティとは、原資産の任意の期間における１日の価格変動を意味する。これは、任意のポジションにおいて発生すると思われる価格変動（順行や逆行）を直接測定したものである。各ポジションのボラティリティを資産の固定比率にすることで同一にするということは、近い将来発生しうるポートフォリオの各要素の価格変動を同一にすることに等しい。

　通常、ボラティリティはその日の高値と安値の差である。例えば、任意の日のIBMが141ドルと143.5ドルの間で変動したとすると、IBMのその日のボラティリティは2.5ポイントである。ただし、アベレージトゥルーレンジを使った場合には寄り付きでのギャップが含まれる。したがって、IBMの昨日の終値が139ドルで、今日の価格が141ドルと143.5ドルの間で変動したとすると、今日のトゥルーレンジはオープニングギャップの２ポイントを足して139ドルから143.5ドルまで、つまり4.5ポイントになる。これはＪ・ウエルズ・ワイルダーのアベレージトゥルーレンジの計算方法である（巻末の「用語集」を参照のこと）。

　パーセントボラティリティはポジションサイジングにどのように使われるのだろうか。例えば、５万ドルの口座で金を買いたいと思っているとしよう。現在の金価格は１オンス600ドルで、過去20日間の１日のレンジは３ドルである。この場合、アベレージトゥルーレンジの20日単純移動平均の値をボラティリティとする。さて、金は何枚買えるのだろうか。

　１日のレンジが３ドルで、１ポイントは100ドル（つまり、金の倍数は100倍）なので、１日のボラティリティは１枚当たり300ドルになる。許容できる最大ボラティリティを資産の２％とすると、５万ドル

表14.6 パーセントボラティリティモデルによる55/21ブレイクアウトシステムのトレード結果

ボラティリティ(%)	正味利益	却下されたトレード数	年次リターン(%)	追証回数	最大ドローダウン(%)
0.10	$411,785	34	3.30	0	6.10
0.25	$1,659,613	0	9.50	0	17.10
0.50	$6,333,704	0	20.30	0	30.60
0.75	$16,240,855	0	30.30	0	40.90
1.00	$36,266,106	0	40.00	0	49.50
1.75	$236,100,000	0	67.90	0	60.70
2.50	$796,900,000	0	86.10	1	85.50
5.00	$1,034,000,000	0	90.70	75	92.50
7.50	($2,622,159)	402	0.00	1	119.80

の２％は1000ドルなので、1000ドル÷300ドル＝3.3枚買えることになる。つまり、ボラティリティをベースにしたポジションサイジングモデルの下では、金は３枚買えるということである。

表14.6は、10の銘柄で構成されたポートフォリオを、55／21ブレイクアウトシステムを使ってパーセントボラティリティモデルの下で11年にわたって運用した場合の結果を示したものだ。ここでは、ボラティリティはアベレージトゥルーレンジの20日移動平均として計算した。用いたシステムとデータはほかのモデルのときと同じものである。**表14.2、表14.4、表14.6**に示された結果の違いは、ポジションサイジング・アルゴリズムの違いによるものである。

表14.6によれば、許容最大ボラティリティを２％にすると、リターンは67.9〜86.1％、ドローダウンは60.7〜85.5％になることが分かる。この表からは、このシステムでボラティリティ・ポジションサイジング・アルゴリズムを使うとするならば、目標にもよるがおそらく１ポジション当たりの許容最大ボラティリティは0.5〜1.0％がベストということになるだろう。リスク・リワード・レシオが最も良いのは2.5

％だが、86％のドローダウンに耐えられる人はほとんどいないだろう。

　表14.4と表14.6を比較してみると、システムが破綻するときのパーセンテージの違いに驚くことだろう。これは用いる数値の違いによるものであり、ポジションサイズを決めるのに資産のパーセンテージを用いるときにはこの点に十分注意が必要だ。パーセントリスクモデルで５％リスク（ストップ値＝過去21日の極値）を使った場合のパフォーマンスは、ボラティリティモデルで資産のおよそ１％のボラティリティ（ボラティリティ＝過去20日のアベレージトゥルーレンジ）を使った場合のパフォーマンスにほぼ一致する。パーセンテージのベースとなるこれらの数字はきわめて重要である。ポジションサイズを決めるのに用いるパーセンテージを決めるときには、これらの数字を十分に検討する必要がある。

　ボラティリティベースのポジションサイジングにはリスク管理の点から見て優れた特徴がいくつかある。このポジションサイジングを使っているトレーダーはほとんどいないが、これは現存するモデルのなかで最も優れたモデルのひとつである。

モデルのまとめ

　表14.7は本章で紹介した４つのモデルの長所と短所を比較したものだ。最もよく使われているモデル――資産一定額当たり１単位モデル――が最も欠点の多いモデルであることに注目しよう。これらの欠点は非常に重大な欠点なので、詳しく見ていくことにしよう。

　欠点その１。３万ドルの口座を開くと仮定しよう。この口座サイズでは、いくつかの農産物市場を除いて先物をトレードするにはおそらく不十分だろう。しかし、実際にはこの程度の口座サイズで先物をトレードする人は多い。この口座サイズでトレードできる先物は、せいぜいトウモロコシ、S&P、債券程度である。もちろん、委託証拠金を

表14.7　4つのポジションサイジングモデルの比較

モデル	長所	短所
資産一定額当たり1単位モデル	リスクが高すぎてもトレードを却下しなくてよい 小口口座でも使える 1トレード当たりのリスクが最少	同等ではない投資を同等に扱う 小口口座の場合リスクを急に増やすことができない 小口口座の場合、リスクが高くなりすぎる
均等分配モデル	ポートフォリオの各投資の重み付けがすべて等しい	小口口座の場合、トレードサイズをゆっくりとしか増やすことができない 各投資のリスクが必ずしも同じにはならない 資産を各投資に均等に分配することができないことが多い
パーセントリスクモデル	大口口座でも小口口座でも着実に成長させることができる ポートフォリオのパフォーマンスの実際のリスクによるバラツキがない	リスクが高すぎるトレードは却下しなければならない スリッページがあるためリスク額は実際のリスクとは異なり、また、ギャラハーによれば、リスクが均一ではない
パーセントボラティリティモデル	大口口座でも小口口座でも着実に成長させることができる ポートフォリオのパフォーマンスのボラティリティによるバラツキがない タイトなストップを使えば大きなポジションを建てずに各トレードを均一化できる	リスクが高すぎるトレードは却下しなければならない 日々のボラティリティは実際のリスクとは異なる

考えると、これらを同時にトレードするのは無理である。ところがこのモデルではこれらの先物を同時トレードすることが可能なのである。これに対して、パーセントリスクモデルやパーセントボラティリティモデルでは、S&Pも債券もリスクが高すぎるためいずれもトレードは不可能だろう。

欠点その2。このモデルでは、トウモロコシ、S&P、債券の先物をそれぞれ1枚買うことができる。しかし、あなたの全神経はボラティ

リティとリスクが最も高いS&Pに向くはずだから、３種類の先物を同時にトレードするのはとんでもないことである。同じ１枚でも投資対象によってその重みは異なる。どの投資も同等に扱うようなポジションサイジング・アルゴリズムは使うべきではないだろう。すべての投資を同等に扱うこのモデルはまさにそういった種類のモデルである。

　欠点その３。資産３万ドル当たり１枚のポジションを持つというポジションサイジングモデルを使っている場合、問題が２つある。例えば、口座が１ドル減少したら、ポジションは１枚も建てられない。しかし、ほとんどの人はこれを無視する。「口座にいくらあろうと」口座資産当たり１枚買うことを前提としているからである。さらに、運よく口座資産が増加しても、トレードサイズを２枚にするには口座資産は２倍にならなければならない。こういったものはポジションサイジングとは呼べない。

　このモデルよりも、そのほかの３つのモデルのほうがポートフォリオのバランスはうまく取れる。それなのに、なぜ人々はこれらのモデルを使わないのだろうか。

　さまざまな仕掛けのアルゴリズムがあるように、ポジションサイジング・アルゴリズムにもさまざまなものが存在する。本章では、無数にあるアルゴリズムのほんの一部に触れたにすぎない（自分の目標を達成するためのポジションサイジングの使い方についてもっと詳しく知りたい人は、バン・タープの『ザ・ディフィニティブ・ガイド・トゥー・ポジション・サイジング・アンド・エクスペクタンシー［The Definitive Guide to Position Sizing and Expentancy］』を参照のこと。同書はこれらのことについて本書の範囲を超えて完璧にカバーしている。ウエブサイト http://www.iitm.com で入手可能）。本章を読んでポジションサイジングの重要さが分かり始めたのであれば、私の目的は達せられたことになる。

ほかのシステムで使われているポジションサイジング

　世界最高のトレーダーたちのパフォーマンスはポジションサイジングの賜物であると私は思っている。しかしここで、本書でこれまでに議論してきたシステムとそれに用いられているポジションサイジングを見てみることにしよう。彼らがポジションサイジングを話題にすらしていないところを見ると、おそらく彼らのシステムで使われているポジションサイジングは非常にシンプルなものであるはずだ。

株式市場モデル

ウィリアム・オニールのCANSLIM

　ウィリアム・オニールは任意のポジションに対する投資額については一切語っていない。彼が語るのは何株所有するかについてのみである。数百万ドル規模のポートフォリオでも組み込む銘柄は6～7銘柄にすべきであると彼は言う。資産が2万～10万ドルの人は、ポートフォリオに組み込むべき銘柄は4～5銘柄、5000ドル～2万ドルの人は3銘柄、それ以下の人は2銘柄にすべき、というのが彼の考え方だ。

　これは、均等分配モデルに少しひねりを加えたものに近い。つまり、資産は各銘柄に対して均等に配分するが、いくつの銘柄に投資するかは所有資産によって決まるということである。非常に少額の口座の場合は、おそらく2つの銘柄にそれぞれ1500ドル以下しか投資できない。口座が5000ドルになったら、銘柄を3つに増やす。各銘柄に対する投資額を最低4000ドル（つまり、40ドルの株であれば100株買えるということ）にしたければ、2万ドルあれば5つの銘柄に投資することができる。そして口座サイズが2万5000～5万ドルに増えるまで、投資する銘柄数は同じである。5万ドルになれば銘柄数を6～7に増やすことができる。

ウォーレン・バフェットのアプローチ

　自分の投資基準を満たす少数の優良企業を所有するというのがバフェットの投資スタイルである。優良企業のリターンは非常に高く、また一度買ったら売るつもりはないので、そういった優良企業をできるだけ多く所有するのが彼の方針だ。彼の場合、今では自由になる資金は何十億ドルにも上るため、多数の企業を所有することが可能だ。したがって、自分の投資基準を満たす新たな企業が見つかれば、次々とポートフォリオに加えていくだけである。

　これはかなり独特のポジションサイジングではあるが、彼は何といっても米国一リッチなプロの投資家である（そして、ビル・ゲイツに次ぐ長者）。これだけ成功した投資家のやり方に難癖をつけられるはずがない。彼のポジションサイジングをまねてみるのもよいかもしれない。

先物市場モデル

カウフマンの適応型移動平均線アプローチ

　彼の著書『スマーター・トレーディング（Smarter Trading）』にはポジションサイジングの話は出てこない。ただし、リスクやリワードといったポジションサイジングの結果については、これらの用語の学術的定義に沿って議論している。彼の意味する**リスク**とは、資産変動の年次標準偏差であり、**リワード**は年次複利リターンである。リターンが同じ２つのシステムがあった場合、リスクの低いシステムを選ぶのが良い、と彼は提言している。

　彼の議論のなかでもうひとつ興味深いのは50年ルールというものである。ミシシッピ川沿岸の堤防は過去50年間に発生した最大の洪水から町を守るために設けられたものである、と彼は言う。つまり、水位がこの堤防を超えることもあるかもしれないが、そういったことはめ

ったには起こらない、おそらく一生に一度程度しか起こらない、ということである。同じことはシステムを設計するプロのトレーダーにも言える。システムをどんなに慎重に設計しても、一生に一度は彼らを破産に追い込むような極端な価格変動に遭遇するかもしれないということである。

　これまでさまざまなポジションサイジングで示してきた安全性は、所有する資産額とリスクとしてとるレバレッジに直接関係する。資産の増加に伴って分散投資してレバレッジの利用をやめれば、資産の安全度は上がる。資産が増加してもレバレッジを利用し続ければ、利益をすべて失うこともある。

　最悪の場合のリスクをコントロールする方法として、任意のレバレッジ水準でテストしたときのリスクの標準偏差を見ることをカウフマンは勧めている。例えば、リターンが40％で、ドローダウンのバラツキに基づき1標準偏差が10％であることが算出されたとすると、任意の年に対する次のようなデータが得られる。

●10％のドローダウンが発生する確率は16％（1標準偏差）（計算方法　68％のデータは＋1標準偏差と－1標準偏差の範囲内に入るので、この範囲内に入らないデータは32％である。つまり、ドローダウンが1標準偏差である10％を超える確率は32％の半分の16％ということになる。同様に、95％のデータは＋2標準偏差と－2標準偏差の範囲内に入る。したがって5％の半分である2.5％のデータが－2標準偏差の外部に来る。最後に、99％のデータは＋3標準偏差と－3標準偏差の範囲内に入るので、－3標準偏差の外部に出る最悪のドローダウンが発生する確率はわずか0.5％ということになる。ただし、リターンは正規分布に従うものと仮定する。実際には市場価格は正規分布に従わないので、リターンも正規分布に従わない）。
●20％のドローダウンが発生する確率は2.5％（2標準偏差）。

●30％のドローダウンが発生する確率は0.5％（3標準偏差）。

　これは非常に役立つデータである。しかし、20％以上のドローダウンが発生すると困ると思う人は、資産の一部のみをトレードすることをカウフマンは勧めている。

　カウフマンはアセットアロケーションについても述べている。彼はアセットアロケーションを、「最も好ましいリスク・リターン・レシオを持つ投資プロファイルを達成するために、投資資産を1つ以上のマーケットや投資媒体に分配するプロセス」と定義している。ここで言うアセットアロケーションとは簡単に言えば、資産の半分をアクティブ投資（つまり、株式ポートフォリオ）で運用し、残りの半分を債券などの短期金利商品に投資することを意味する。ただし、アクティブにトレードされている株式、商品、FX市場など複数の投資媒体の組み合わせを含む場合もある。これは「どれくらいの量」と混同して使われている"アセットアロケーション"の別の例である。

　カウフマンは直接的には述べていないが、その議論からして、彼は一番最初のポジションサイジングモデル——つまり資産一定額当たり1単位モデル——を使っていることは明らかである。彼のリスクの減らし方は、1枚トレードするのに必要な資産を増やすという簡単なものである。

ギャラハーのファンダメンタルトレーディング

　ギャラハーはその著書『ウィナー・テイク・オール（Winner Take All）』の中で長大な1章を使ってポジションサイジングについて述べている。リスクはマーケットにおけるエクスポージャーに直接関係する、と彼は言う。そして本書でも紹介したパーセントリスクモデルをエクスポージャーをコントロールできないという理由で嫌悪しているようだ。例えば、口座サイズにかかわらず3％のリスクをとるという

ことは、ポジションサイズはストップの位置によって1枚のときもあれば30枚のときもある。1枚のときのリスクが30枚のときのリスクを下回らないのはおかしい、というのがギャラハーの言い分である。「商品1枚を500ドルのリスクでトレードしている口座のほうが、同じ商品を2枚、1枚当たり250ドルのリスクでトレードしている口座よりリスクははるかに少ない」と彼は言う。彼の言い分は正しく、パーセントリスクモデルを使っている人はこの点を理解することが必要だ。ストップは、マーケットがその価格になったらブローカーがあなたの注文を成行注文に変える価格にほかならない。あなたの注文がそのストップ価格で執行される保証はないわけである。きつめのストップでトレードしたい人にパーセントボラティリティモデルを勧めるのはこういった理由による。

ギャラハーのもうひとつの指摘点は、リスクはエクスポージャーだけでなく、時間にも伴って上昇するという点である。トレード期間が長くなるほど、大きな価格ショックにさらされる可能性は高まる。なけなしの全財産で1枚トレードしているトレーダーは最後にはすべてを失う、とギャラハーは信じている。おそらくこれはほとんどのトレーダーに当てはまるが、すべてのトレーダーに当てはまるわけではない。

異なる銘柄をトレードすることは時間効果を向上させるにすぎない、とギャラハーは主張する。N個のポジションを1年間トレードすることと、1個のポジションをN年間投資することとは、資産の潜在的ドローダウンという観点から見れば同じことである、と彼は言う。

ギャラハーは、耐えることのできる**資産の最大予想減少額**(LEED＝largest expected equity drop)――例えば、25％や50％――を算出することを勧めている。このLEEDが明日発生することを想定せよと彼は言う。明日には発生しないかもしれないが、いつかは必ず発生するものとしてLEEDを想定することは必要だろう。

彼はまたシステムの期待値と各種銘柄の日々のレンジの予想分布を使って潜在的ドローダウン分布も計算している。そして50％のドローダウンが発生しないようにするためには、各銘柄は最少額でトレードせよと言う。つまり、彼が勧めているポジションサイジングは口座サイズにかかわらず1単位トレードすることであるが、1枚のトレードに必要な資産額はその商品の日々のボラティリティによって異なる。

　1枚トレードするのに必要な資産額は、同時にトレードする銘柄数（1つ、2つ、4つなど）によっても異なる。例えば、1つの商品だけをトレードする場合、日々のレンジが1000ドルのときは4万ドル当たり1枚で、2つの商品を同時にトレードする場合は、日々のレンジがそれぞれ1000ドルのときは2万8000ドル当たり1枚、3つの商品を同時にトレードする場合は、日々のレンジがそれぞれ1000ドルのときは2万ドル当たり1枚、といった具合だ。

　トウモロコシの例を見てみよう。今のトウモロコシ価格は1日に4セント変動するものとする。これは1枚当たり200ドルの変動を意味する（トウモロコシの倍率は5000倍）。ギャラハーのモデルによれば、200ドルは1000ドルの20％なので、4万ドルの20％、つまり8000ドル当たり1枚トレードすることができる。トウモロコシ以外の銘柄も同時にトレードしている場合は5600ドル当たりに1枚である。さらにトウモロコシを含めて3銘柄同時にトレードしている場合は、4000ドル当たり1枚である。

　ギャラハーのモデルは、各銘柄をボラティリティに基づいて均一化するため、資産一定額当たり1単位モデルの優れた変化形と言えるだろう。つまり資産一定額当たり1枚モデルの持つ欠点は、彼のモデルによってひとつ克服できたわけである。これによってモデルは多少複雑にはなるが、オリジナルモデルよりも効果的ではある。

ケン・ロバーツの１－２－３モデル

　ロバーツのポジションサイジングに対する第一の考え方は、商品をトレードするのにそれほど大金は要らない、というものである（この考え方は大勢の人のトレードを可能とし、リスクもほとんど伴わないという印象を与える。本書の読者はこの時点でこの前提に伴うリスクを判断できなければならない）。「どれくらいの量」という質問に対しては、彼は１枚だけトレードせよ、と言っている。残念ながら、この答えが当てはまるのは口座資産が1000ドルから１万ドルの人のみである。このように、彼の基本的なポジションサイジングルールは「１枚だけ」なのである。

　彼はまた1000ドルを超えるリスクはとるべきではないと主張する。これはつまり、S&Pや通貨、そしておそらくはコーヒーさえもトレードしてはならないことを意味する。なぜなら、これらの商品のリスクは1000ドルを超えるのが普通だからである。この言葉から察するに、ロバーツは保守的なのではないだろうか。彼のシステムにはポジションサイジング・アルゴリズムは含まれていない。これは危険だと私は思う。ポジションサイジング・アルゴリズムを持たないシステムを使えば、大部分のポジションサイジング・アルゴリズムがストップサインを出しているときでもポジションを建てることができるからである。

まとめ

　トレーディングシステムの設計で最も重要な部分は、１ポジションに「どれくらいの量」を投資するかに関係する部分だと私は思っている。「どれくらいの量」を説明するのに、**マネーマネジメントやアセットアロケーション**という言葉が使われてはきたが、残念ながら正しい使われ方はしていない。したがって本書では混乱を避けるために「どれくらいの量」を説明する言葉としては一貫して**ポジションサイジン**

グを使うことにした。

　ポジションサイジングとは勝率、リスク・リワード・レシオ、機会という３つの次元に加えられる４つ目の次元であり、そのやり方ひとつでトレードにおける潜在利益が劇的に増加したり、潜在損失が劇的に増加したりする。事実、マネーマネジャーたちのパフォーマンスの差はほとんどポジションサイジングで説明がつく。基本的には、期待値とトレード回数からなる３次元の立体が利益の大きさを決め、この３次元の立体を同時にいくつ持つことで利益を増やすことができるかを決めるものがポジションサイジングである。

　ポジションサイジングは資産額の重要性にも気づかせてくれる。資産が多いほどポジションサイズを大きくして多くの利益を望めるが、資産が少なければ簡単に振り落とされてしまう。

　マーケットで機能するのは、資産が増えたときにトレードするサイズを増やすアンチマルチンゲール戦略である。本章ではアンチマルチンゲール・ポジションサイジングモデルをいくつか紹介した。最後にもう一度おさらいしておこう。

　資産一定額当たり１単位モデル　資産一定額につき１枚買う。すべての投資が同等に扱われ、一度に取ることができるポジションは１つ。

　均等分配モデル　ポートフォリオに含まれる各投資に対する重み付けは同じ。投資家や株式トレーダーがよく使うモデル。

　パーセントリスクモデル　長期トレンドフォロワー向きのモデル。すべてのトレードのリスクを均一化し、ポートフォリオを着実に成長させる。

　パーセントボラティリティモデル　きつめのストップを使う人向き。リスクと機会（期待値）のバランスを取りやすい。

第15章

結論
Conclusion

　ポーカーゲームの結果というものは、最後には対戦相手の過ちの合計からあなたの過ちの合計を差し引いたものに近づく。
　——ダン・ハリントン、1995年ポーカーワールドシリーズのチャンピオン

　システム設計には基本的にどういった心理で臨めばよいのかを本書を読んで理解できたのであれば、本書を書いた私の大きな目的のひとつは達せられたことになる。結局、聖杯の源は自分の中にあるのである。何をやろうと、自分に何が起ころうと、その責任はすべて自分にあることをまず認識することが重要である。そして、自分の信ずることに基づいてシステムから何を得たいのかを考え、適切な目標を設定したうえで詳細なプランを練ればよい。
　本書を書いた2番目の目的は、いかなるシステムもR倍数分布で特徴づけられることを理解してもらうことであった。そのR倍数分布とは、システムの期待値（平均R）、分布の性質、システムが与えるトレード回数によって表すことができる。繰り返すが、システムとは特定の特徴を持つR倍数分布である。だれかがあなたにトレーディングシステムのことを話しているとき、そのシステムのR倍数分布を頭の

中に思い浮かべてみることが大切だ。R倍数分布が分かってはじめて、そのシステムがどういったものかを理解できるのである。

　また正の期待値を得るためには、「損切りは早く、利食いは遅く（損小利大）」をモットーとする手仕舞い方法を持つことが必要だ。手仕舞いは高い正の期待値を持つシステムを開発するうえできわめて重要な部分である。そしてシステム開発において最も重要なのは、自分の目標を達成できるようにポジションサイジングを十分に理解することである。

　本書の３番目の目的は、自分の目標を達成するためにはポジションサイジングが不可欠であることを理解してもらうことであった。ポジションサイズは、システムが長期的に見て正の期待値を達成することができるように十分に小さくすること。これこそがマーケットで儲けるための秘訣なのである。例えば、期待値が0.8Rで年間100回のトレード機会を提供してくれるシステムがあったとすると、１年間でおよそ80Rの利益を期待できる。しかし、その間には平均で30Rのドローダウンも発生する。１トレード当たりのリスクを0.5％にすれば、１年で最低40％のリターンが期待でき、15％を上回るドローダウンはおそらく発生しないだろう。これはだれにとっても満足のいくパフォーマンスである。また、同じシステムで１トレード当たりのリスクを１％にすると、年間リターンは100％になるかもしれないが、その過程できわめて大きなドローダウンが発生する可能性がある。そしていきなり30％のドローダウンが発生すれば――１％のリスクでは十分にあり得ること――、そのシステムを放棄してしまうだろう。そしてリスクを３％にすると、リターンはかなり大きくなる（例えば、300％や500％）が、トレードが中断に追い込まれるほど大きなドローダウンがその年の早い時期に起こる可能性がある。あなたがポジションサイジングの重要さを理解できたのであれば、私の３番目の目的は達成されたことになる。

あるトレーダーから相談を受けて、ポジションサイジング問題に取り組んだことがある。会社から課せられたやり方を彼がやっているのを見て、私は彼の上司に話をした。こんなポジションサイジングをやり続ければ、そのうちに会社は倒産する、と。するとその上司は「自分たちのやっていることぐらい分かっているよ」と笑って言った。それから６カ月後、その会社は倒産した。彼らが失ったものの何分の１かでも私に支払ってくれていれば、彼らは私のアドバイスに耳を貸し、倒産は免れたはずである。

　４つ目の目的は、個人心理がシステム開発に与える影響を理解してもらうことであった。心理が重要なのは、①あなたが得る結果は自分で作り出すものである、②あなたがトレードできるシステムはあなたの心理にフィットするものだけである、③システム開発を始める前に心理的な問題点を解決しておかなければ、その心理的な問題をシステムに持ち込むことになる——からである。例えば、条件を満たすトレードが現れないためになかなか仕掛けることができないという人は、おそらく完璧主義が足かせになっている。したがって、まずこの問題を解決しなければ、システムに完璧主義が持ち込まれるため、優れたシステムを作ることはできない。

　マーケットで利益を上げるための６つの重要な要素と、その相対的な重要度を理解してくれたのであれば、私の５つ目の目的は達せられたことになる。６つの重要な要素とは——①システムの勝率、②リスク・リワード・レシオ、③トレーディングコスト、④トレード回数、⑤資産サイズ、⑥ポジションサイジング・アルゴリズム——である。これらの要素の相対的な重要度を理解するとともに、トレードで成功することは「正しくあること」でもなければ、市場を「コントロールする」ことでもないことを理解しなければならない。

　そして最後に、自分の目標を達成するためのトレーディングシステムを開発するに当たって良いプランが生まれたのであれば、私の最後

の目的は達せられたことになる。トレーディングシステムを開発するに当たっては、まずシステムの各部分とその役割を理解することが不可欠である。これを理解できていない人は、第4章を読み直していただきたい。高い期待値を持つシステムを構成するものは、セットアップ、タイミング、プロテクティブストップ、利食いである。このうちのどれを欠いても、高い期待値を持つシステムは生まれない。そして、トレード回数が果たす役割と、それとトレーディングコストとの関係も理解することが必要だ。そして最も重要なのは、トレード資産のサイズの重要性と、それと各種アンチマルチンゲール・ポジションサイジング・アルゴリズムとの関係を理解することである。

過ちを回避する

これらの重要な概念を理解できれば、出だしとしては上々である。本章の冒頭でダン・ハリントンの言葉を引用したが、これはトレーディングと投資の世界にそのまま当てはまる。ここで表現を変えて言い直してみよう——**あなたのトレードや投資の結果は、システムの期待値との関係からあなたが犯した過ちを差し引いたものになる。**それではもっと詳しく見ていこう。

> あなたのトレードや投資の結果は、システムの期待値との関係からあなたが犯した過ちを差し引いたものになる。

まず、過ちはあなたが自分のルールに従わないときに起こることを理解する必要がある。プランの構築、システムの開発、あなたの行動の案内役となるルール作りにおいて、本書が提示するプロセスに従わなければ、あなたがやることはすべて過ちである。一番大きな過ちは、案内役となるプランも、トレーディングの道しるべとなるシステムも持たずにトレーディングすることである。

ダン・ハリントンが冒頭の言葉で指摘しているのは、あなたの仕事は対戦相手にミスを犯させることであり、対戦相手の仕事はあなたにミスを犯させることであるというポーカーゲームが持つひとつの側面のことである。しかし、トレーディングでは、他人がわれわれにミスを犯させるまでもなく、われわれは放っておいても勝手にミスをする。さらに、マーケットにはすでにビッグマネーたちが築き上げたシステムが存在する。そのシステムとは、①あなたはブローカーに手数料を払わなければならないが、彼らには手数料はほとんど発生しない。したがって、パフォーマンスの良し悪しにかかわらず、ただ資金力があるというだけで彼らが勝つ、②あなたがマーケットで動けば売買手数料や執行コストを支払わなければならないため、あなたが動けば必ず彼らが勝つ——というシステムである。

そしてもうひとつ理解しなければならないのは、トレーダーや投資家の過ちを生む最もよくある要因である。過ちを生む要因としては次のようなものがある。

- トレードのリスク・リワード・レシオを考えることなく、投資やトレードの選択だけに集中する。例えば、エリックはグーグルのオプションを買った。なぜなら大きな利益が期待できると思ったからである。しかし彼は利益と（以上とは言わないまでも）同じくらいの損失を出す可能性があることは考えなかった。
- 刺激的なトレードだと思えば、無計画にすぐにトレードに飛び込んでしまう。
- 推奨されているからといって、リスク・リワード・レシオのことも考えずにトレードする。ニュースレターの推奨に従ってトレードする人は特に注意が必要だ。
- 常に正しくあろうとし、目先の利益を求めてすぐに利食いする。
- 損切りすべきときを事前に決めることなくトレードする。つまり、

1Rリスクを設定しないでポジションを建てる。
- どのポジションでもリスクをとりすぎる。
- 感情に負けて自分のルールに従うことができない。
- ポートフォリオに含むポジションが多すぎるため、重要なものに対する注意力が散漫になる。
- すべての責任は自分にあることを理解していないため、同じ過ちを何度も繰り返す。

　過ちはこのほかにもいろいろあるが、みなさんならもう自分で分かるはずだ。例えば、ひとつ過ちを犯したら3Rの損失が出ると仮定しよう（われわれの調べによると、1回過ちを犯すと平均で2R～5Rの損失につながることが分かっている。ただしこれはわれわれの調査結果によるものにすぎないことにご留意いただきたい）。あなたのシステムの期待値は0.8Rで、年間100回のトレード機会を与えてくれる。このシステムによる年間平均利益は何もなければ80Rになるはずである。しかし1カ月に2回過ちを犯すとすると、その過ちによって利益は72Rも減少する。過ちを犯すことで、あなたのかなり優れたシステムをボーダーラインぎりぎりのシステムにしてしまうわけである。そしてこのシステムがドローダウンに陥り、それに過ちの要素が加われば、完璧なシステムを放棄せざるを得ないことになってしまうだろう。過ちというものはこれほど重大なことなのである。しかし、「自分自身という要素」に十分注意すれば、システムが毎年与えてくれる80Rという利益はそのまま享受できる。過ちの重大さがだんだん分かってきたのではないだろうか。過ちを犯さないように自分を磨くことがいかに大切かはお分かりいただけたはずだ。「心理なんてトレードには関係ないさ。われわれは完全にメカニカルなトレードをしているからね」と言った前述のトレーダーのようになってはならない。彼はきわめて重要なこの要素を無視したために倒産に追い込まれたのだから。

本書で語らなかったこと──タープ博士へのインタビュー

トレーディングという長い旅路のなかで学ばなければならないことは、本書で述べたこと以外にもまだまだたくさんある。本書の締めくくりとして、そのなかのいくつかを簡単に述べたいと思う。内容が多岐にわたるため、私自身へのインタビューという形で要点にのみ触れることにした。

本書の内容は広範囲にわたるが、本書に書かれたこと以外に知っておかなければならないことはあるか？

たくさんある。トレーディングシステムの要素と各要素の相対的な重要度については本書で述べた。しかし、データ、ソフトウエア、検証手順、注文の執行、ポートフォリオの設計、他人の資金の運用方法については簡単に触れはしたが、細かい議論はしていない。また、ポジションサイジングについても述べてはいるが、目標を達成するためのポジションサイジングの詳細な利用法については本書の範囲を超えるので述べていない。さらに、トレーディングのプロセスについては一切述べておらず、規律にかかわる心理的要素や、トレーディングや投資において日々行わなければならないことについても述べていない。

それでは本書で議論していないトピックをひとつずつ見ていくことにしよう。こういったトピックについてさらに詳しく知りたい場合、どのように情報収集すればよいのか。またどういった情報が必要なのか。まずは、データについて。

データについては内容が非常に広範囲にわたり、それだけで本１冊書けるくらいである。まず、データはマーケットを代表するものにすぎず、実際のマーケットを表すものではないことを理解することが重

要だ。第二に、データは見た目と内容とが一致しない場合がある。マーケットデータが大衆に届くころには、多くのエラーが含まれているのが普通だ。異なる２つのベンダーから入手したデータでまったく同じシステムを同じマーケットと期間にわたって実行した場合、得られる結果は異なる。これは用いるデータが異なるからである。これがヒストリカルテストと日々のトレーディングに影響を与えることは明らかである。

　基本的にデータについては２つのことが言える。ひとつは、このビジネスで確実なものは何ひとつないということ。もうひとつは、信頼のおけるベンダーを探し、常に信頼のおけるデータを入手しなければならないということである。

**　次はソフトウエアについてだが、ソフトウエアはどういった点に気をつけなければならないのか。**

　残念ながら、ほとんどソフトウエアは人々の心理的な弱みにつけ込むといったたぐいのものばかりである。儲けの出ないソフトウエアであるにもかかわらず、結果を最適化してさも素晴らしいシステムであるかのように思わせるインチキが多い。ほとんどのソフトウエアはひとつの銘柄のある時点における検証しかしていない。しかし、プロトレーダーはひとつの銘柄をある時点でだけトレードするわけではない。つまり、マーケットにカーブフィットした楽天的な結果に人々は騙されるわけである。

　少なくとも、これがソフトウエアの現実であることを知っておくことは重要だろう。これはソフトウエアベンダーが悪いのではない。彼らはただ人々が欲しがるものを提供しているにすぎない。

　そして最後に、あなたが必要とするソフトウエアは、例えばポジションサイジングのようにトレーディングや投資の要素のなかで特に重要な要素に重点を置いているソフトウエアである。**トレーディング・**

ブロックス(Trading Blox)、トレーディング・レシピズ(Trading Recipes)、ウエルス・ラブ(Wealth Lab)などがこういったソフトウエアに当たるが、残念ながらこれらのソフトウエアも、ポートフォリオにおける意思決定には役立たない。今のところは、自分で開発するしかないのが実情だ。

検証についてはどうか。検証についてはどういった知識が必要か。

　検証もけっして確実なものとは言えない。有名なソフトウエアを使って、2日のブレイクアウトで仕掛け、1日たったら手仕舞うという簡単なプログラムを実行してみたことがある。重要なのはオンラインデータを正確に収集することだけなので、プログラム自体は単純なものだった。データ収集とその単純なプログラムの実行に使ったのは非常に有名なソフトウエアだ。そのシステムをリアルタイムで実行するとひとつの結果が得られた。しかし、同じデータを使ってヒストリカルモードで再び実行してみると、違う結果が出た。こういったことはあってはならないことだが、実際に起こったわけである。これは非常に危険なことである。

　トレーディングや投資の世界でプロとしてやっていこうと思えば、常にフラストレーションを感じるだろう。この世界では何ひとつ確実なものはないからである。どうなるかは実際にやってみないと分からないわけである。トレーディングとは規律を競い合うものであり、マーケットの流れを常に把握し、その流れを利用する能力を競い合うものである。これができる者だけが成功する世界である。

　検証問題が発生するのは、システムを安心してトレードに使えるように完璧に検証しようとするからである。しかし、絶対に確実な検証というものは不可能である。ほとんどのソフトウエアには元々エラーが内蔵されている。あなたのソフトウエアにも最低10％のエラーが含まれていると考えたほうがよいだろう。ソフトウエアだけではない。

データにも重大なエラーが含まれている。2種類の異なるデータ（つまり、異なるデータベンダーから入手したデータ）でシステムを検証してみるとよい。結果が大きく異なることに驚くはずだ。さらに、検証できるヒストリカルデータは1つだけである。しかしそれだけでは、マーケットの将来の動きは分からない。こういったことをすべて知ったうえでもなお安心感を得るためにシステムを検証したいのというのであれば、検証すればよい。

とても悲観的に聞こえるが、それならなぜそもそも検証などするのか。

検証することで、何がうまくいき、うまくいかないのかを知ることができるからだ。私が言ったことを何もかも信じてはいけない。何が真実なのかは自分で確かめなければならない。自分で確認したうえで真実だと思えるものは信用して使うことができる。そういった信頼感が必要なのである。でなければ、マーケットで立ちすくむことになる。システムを検証して信頼感を持つ。100％確実ではないにしろ、システムを安心して使うためには必要なことである。

システムの評価方法としてお勧めの方法は？

まず、安心してトレードに使えるシステムの判断基準を決めることである。そのシステムは自分の性格に合っているのか。自分の信ずることに合っているのか。それを理解しているのか。自分の目標に合っているのか。ほとんどの人はこういった判断基準を決めずにいきなり検証を始めてしまう。しかしシステムがこれらの判断基準をすべて満たしていても、まだ不十分である。「システムが将来的にも自分の予想どおりに動くことを証明する実証的データは必要ではないのか」と自問自答してみることが必要だ。要するに、システムがどうあれば安心して使えるのか、ということである。

個人的には、私がシステムを評価するときにまず考えることは、自分の信ずることに合っているのか、目標に合っているのか、自分の性格に合っているのか、である。そしてシステムの仕組みをしっかり理解できるかどうか。ポジションサイズが小さいときはこれで十分である。そして実際のトレーディングを通してR倍数データを収集し、R倍数分布の質を調べる。R倍数分布の質を理解したら、目標を達成するために大きなポジションサイジング・アルゴリズムを作成する。

システムを100％確実に評価することはおそらく不可能だろう。しかし、科学の世界でも何ひとつ確実なものはない。人は物理学を確実なものと思ってきたが、何かを測定するという行為そのものが観測の性質を変えてしまうことが分かってきた。観測するものが何であれ、あなたは観測対象の一部なのである。これにあらがうことはできない。なぜなら、それが現実だからである。聖杯システムの探求は自分の内なる探求であると言ったのは、つまりはこういう意味なのである。

次は注文の執行について話を聞かせていただきたい。

注文の執行は自分の意思を伝達するという意味で重要だ。注文の執行があなたのトレードにおいて重要なのであれば、あなたが何を望んでいるのか、何をしようとしているのかを理解してくれるブローカーを探す必要がある。あなたの意思がうまく伝わらなければ、あなたのやりたいことは達成できないからである。

それは具体的にはどういう意味か？

まず、自分のシステムを完全に理解する。そして、自分がトレードに用いる概念を理解する。その概念はうまくいくのか。いろいろなマーケットにおいてその概念から何が期待できるのか。そして、あなたがやっていること、あなたがフロアブローカーに期待していることを彼らに伝える。例えば、あなたがトレンドフォロワーでブレイクアウ

トでトレードしているのであれば、ダマシではなく本物のブレイクアウトでトレードしたいはずである。それをブローカーに伝えるのである。裁量を多少加えながら、あなたの注文に沿った執行をしてくれるブローカーは必ずいるはずだ。マーケットが本当に動いているのであれば、注文は必ず執行してもらいたいが、少数のトレーダーが高値を試しているだけであれば、ブレイクアウトしてもダマシで終わる可能性があるため注文は執行してもらいたくはないはずだ。そういったことをブローカーに伝えておけば、注文を執行してもらいたいときだけ執行してもらえる。希望をブローカーに伝えなければ、そういったことはやってもらえない。

　また、許容できる執行コストも伝えておくことが必要だ。執行コストは長期トレンドフォロワーにとっては大したことではないが、デイトレーダーにとっては大変深刻な問題だ。デイトレーダーが望むのは、最小のコストと最小のスリッページで良い執行レートを得ることである。ブローカーにその旨を伝えておかなければ、コストを最小限に抑えることはできない。ブローカーに必要事項を伝えなかったためにコストを最小限に抑えられなかったとしても、ブローカーに支払う手数料が変わるわけではない。

複数のマーケットの組み合わせと複数のシステムについては？

　これもまた本1冊を要するほどのトピックだ。だが、本書で議論した機会要因について考えてみてもらいたい。複数のマーケットを組み合わせてトレードすれば、トレード回数は増える。トレード回数が増えればビッグチャンスが生まれる、おそらくは年に何回か。ということは、負ける四半期も負ける月も発生しない可能性が高いわけである。
　複数のシステムにも同じような長所がある。つまり、トレード回数が増えるということだ。複数のシステムは特に、相関がなければ非常に効果的だ。つまり勝てるシステムが常に存在するということである。

ドローダウンも低いか、まったくない場合もある。そうなれば、ビッグチャンスが訪れたときに使える資金が豊富にあるため、ポジションサイズを大きくできる。

こういった原理を理解している人は、年50％以上のリターンを上げるのもそれほど難しいことではないだろう。これ以上稼いでいるトレーダーも知っている。さらに、システムがR倍数分布であることと、自分の目標を達成するためのポジションサイジングの方法を理解している人は、なぜこういった高いリターンが達成できるのかが分かるはずである。しかし、こういったことが可能になるためには、潤沢な資金が必要だ。雪合戦のたとえ話に出てきたように、雪の壁が小さすぎれば、最初に飛んできた巨大な雪玉で木っ端みじんだ。そしてこれはどんなに良いシステムであったとしても、どんなに準備万端にしていても起こることなのである。

しかしプロたちは常に市場平均を上回ることはほとんど不可能だと言っているが。
　まず、彼らの素性を思い出してもらいたい。①彼らはリスクのことを、つまり任意のポジションにおける最初のストップのことを理解していない。また、②期待値のことも理解していない。期待値は素早い損切りと遅い利食いとによって生み出されるものだ。さらに、③目標を達成するうえでポジションサイジングがいかに重要であるかも理解していない。そして、④これらがすべてうまくいくためには、内なる強さと規律を持つこと、そして自分の結果は自分自身が生み出すものであることを理解しなければならないことを理解していない。これらが本書のテーマであるが、彼らはこういったことを学んでこなかったのである。

しかし現実にほとんどの投資信託は市場平均を上回っていないが。

　これについては重要なポイントが２つある。まず、投資信託というものは買いしかできないということが挙げられる。彼らが目指すものはS&P500などのベンチマークを上回ることであり、ベンチマークと大きな差が出ないための唯一の方法がその指数に含まれる株式を保有することである。したがってファンドの組み込み銘柄の85％はS&P500の銘柄ということになる。その指数を保有して客から運用手数料をもらって運用しても、運用にもコストがかかるわけだから、その指数を上回ることができるはずがない。

　本書ではパフォーマンスは絶対パフォーマンスで考えることを提唱している。相対パフォーマンスと絶対パフォーマンスとはまったく違う。例えば、年に100回トレード機会を与えてくれるシステムを持っていたとしよう。システムの期待値は0.7Rとする。つまり、年に70Rの利益が期待できるというわけだ。１トレード当たりのリスクを１％とすると、複利で年間100％に近いリターンが得られることになる。期待値が0.7Rで、年間トレード回数が100回のシステムであればけっして不可能なリターンではない。

　しかし、重要なのはトレードサイズである。１日に20トレード行うデイトレーダーであれば月50％のリターンが期待できる計算になるわけだが、実際にはこうはならない。システムが機能しなくなったり、大きな心理的な過ちを犯すからである。しかし彼らにはその能力はあるのである。例えば、このデイトレーダーのシステムの期待値が0.4Rだと仮定しよう。月に200回トレードを行えば、１カ月で80Rの利益は固いはずだ。１ポジション当たりのリスクを0.5％にするとどうだろう。１カ月50％のリターンになるはずだ。

　月に20回トレードを行うスイングトレーダーは、１カ月に10～15％のリターンを上げるのは容易だろう。例えば、彼らが期待値0.6Rのシステムを持っているとしよう。したがって彼らは１カ月に平均で12R

の利益を期待できる。リスクを1％にすれば、15％の利益は固い。しかし、ほとんどの短期トレーダーは1カ月に1回、その月の利益をすべて吹き飛ばしてしまうほどの過ちを犯す。

年に50回トレードを行う長期ポジショントレーダーの場合はどうだろうか。彼らのシステムの期待値を1.3Rとすると、1年で65Rの利益が期待できる。1トレード当たりのリスクを1％とすると、年次リターンは75％である。しかし心理的な過ちを一～二度犯せば、利益はすべて吹き飛ぶこともある。

こういったことが本当に可能なのかを実際に検証してみたいという学術研究者を知っている。ポジションサイジングは現実世界でも本当に機能するのか、ポジションサイジングによって本当に高いリターンが期待できるのか。これらを実際に確かめてみたいというわけだ。もう私の答えは出ている。期待値を理解し、自分の目標を達成するためのポジションサイジングの方法を理解し、自分自身をコントロールする方法を理解している人を探してみるとよい。最初の2つの要素を備えている人はめったにいない。ましてや3つの条件をすべて備えた人など、世界中のトレーダーや投資家の1％にも満たないだろう。

口座サイズも重要な要素になるのか。

もちろんだ。口座サイズはきわめて重要だ。口座が小さすぎれば、トレードサイズが大きすぎて口座はすぐに破産する。

しかし口座サイズが例えば1000万ドルであれば、これまで述べてきたことは十分可能だ。とはいえ、口座サイズが5000万ドル～10億ドルになると今度は執行上の問題が発生する。50億ドルの巨大なヘッジファンドは年次リターンが20％もあれば成績はかなり良いと言える。しかし彼らの場合も、口座サイズが変わればこういった高いリターンは期待できなくなる。

投資信託の場合、50億ドルの口座はかなり小さい部類に入る。彼ら

の場合、口座サイズを大幅に変えなければマーケットに出たり入ったりを繰り返すのはかなり難しいという問題点を持つ。何兆ドルものビッグマネーが本書で述べたようなアイデアでトレードしようとするときのインパクトを想像してみるとよい。これほどのビッグマネーが本書で述べたようなアイデアでトレードするのはおそらく不可能だろう。だから彼らは、金儲けの秘訣は「バイ・アンド・ホールド」だと客に信じ込ませる必要があるのだ。彼らが相対パフォーマンスにこだわり、ほとんど達成できないベンチマークを上回ることだけを考える理由はこれでお分かりだろう。

次に規律とトレード手順についておうかがいしたい。
　これは私が20年以上前に初めてモデル化した分野だ。本当に成功したいのなら、この分野を理解することが不可欠だ。この分野の理解なくして、本物の成功を手に入れることは不可能だ。
　モデル化するに当たって、私はまず多くの優れたトレーダーに彼らがやっていることを聞いて回った。彼らの答えの共通する部分が、成功する「真の」秘訣だと考えたからだ。

もっと規律を身につけるために日常的に行うべき項目をステップごとにまとめていただきたいのだが。
　ほとんどのトレーダーは自分の手法について話をする。50人のトレーダーにインタビューして、彼らのそれぞれに異なる50の手法を知ったわけだが、結論から言えば、トレードで成功するのに手法はそれほど重要ではないということだ。成功するトレーダーはみなローリスクのアイデアに基づいてトレードしているが、アイデアはそれぞれに異なる。これはひとつのポイントである。つまり、彼らのそれぞれに異なるローリスクのアイデアは、高い正の期待値を持ち、多くのトレード機会を持ち、長期的にその期待値を達成するためのポジションサイ

ジングの使い方を理解する、ということに集約することができる。ただし、そのためにはしっかりとした規律が必要になる。そこでピークパフォーマンスを達成するためのステップを紹介することにしよう。これは本書には書かれていない内容である。

　ステップ1──トレードプランを立て、それを検証せよ。このための方法は、本書を読んだ人であればもうお分かりのはずだ。重要なのは、トレーディングに用いる概念をしっかり理解し、それを信用することである。トレードプランの構築方法についてもっと詳しく知りたい方は、われわれのウエブサイトを訪れてみてほしい（http://www.iitm.com）。

　ステップ2──あなたに起こるあらゆることの責任はすべて自分にあると思え。たとえだれかがあなたのお金を持ち逃げしても、ブローカーに騙されても、そういった状況に導いた原因の一端はあなたにもあったはずだ。少し厳しく聞こえるかもしれないが、すべての責任は自分にあるという考え方を持つことで、前述のような状況を発生させないような振る舞いができるようになるはずだ。同じ過ちを繰り返すことがなくなれば、成功のチャンスは生まれる。
　私がこれまでに犯した最大の過ちは、最大のクライアントのひとりを信用してしまったことである。実はそのクライアントはペテン師だったのである。おかげで大金を失ったばかりか、信用まで失いかけた。すべての責任は自分にあるという哲学に従うならば、自分の行ったどういう行為がこういった人物を自分の人生に招き入れる結果になってしまったのか、自分はどんな過ちを犯したのか、と自問自答してみる必要がある。その原因が分かれば、こういった事態を引き起こさないためにはどうすればよいかが分かるはずだ。これをやらなければ、同じ過ちを嫌になるほど繰り返すことになるだろう。

ステップ３——自分の弱点を見つけ、それを改善せよ。私にはビジネスマンとしての私を指導してくれるコーチが数人いる。一方、スーパートレーダープログラム（セミナー）では、私は多くの人々を指導する立場にある。このプログラムのメインテーマは、①トレーディングをビジネスと考えてアプローチする方法を開発すること、②自分の弱点を発見し、それを改善すること——である。そのためには、あなたに起こった日々の出来事を日記につけるのがよい。弱点となる感情を生み出しているのはあなた自身である。だから、あなたに起こることの「原因はあなた自身」にあり、けっして外部環境のせいではないのである。

　ステップ４——最悪の事態が発生したときのために備えよ。起こり得る不利な事態を考えつくかぎりすべてリストアップし、それぞれの事態に対する対応策を決めておく。予期しない出来事に対してどう対処するかを事前に決めておくことは、成功へのひとつの鍵である。対処法はひとつだけでなく、いくつか考えておくのがよい。そして、そういった事態が発生したときにすぐに行動が取れるように、メンタルリハーサルを繰り返す。これは成功への重要なステップである。

　ステップ５——毎日、自分自身を分析せよ。トレーディングや投資における最も重要な要素は自分自身である。そんな自分自身の分析時間を毎日少しだけ取る。これは当然のことではないだろうか。今自分はどう感じているのか。今自分の身の回りで何が起こっているのか。こういったことに注意するようになればなるほど、あなたの人生がこういったことに振り回されることは少なくなる。「自分はトレーディングで成功するために全力を尽くしているか」と自分に問うてみることも必要だ。全力でやらなければ何事も達成することはできない。全力でやればどんなことでも達成できる。

ステップ６──毎日の初めに、起こりうる問題点を洗い出し、その対応策を決めておく。そして各対応策を完全に記憶するまでメンタルリハーサルする。アスリートは徹底的なメンタルリハーサルを行う。これはトレーディングでも同じである。

ステップ７──毎日の終わりに、その日のトレーディングを見直す。自分のルールに従ったか。イエスなら、自分を褒める。また自分のルールに従ったにもかかわらず損失を出したときは、自分を二度褒める。逆にノーの場合は、その理由を追求する。将来的にも同じようなことが起こるかもしれないからだ。将来そういった事態に遭遇したときに適切な対応ができるように対応策を考え、それを何度もメンタルリハーサルしておく。

これら７つのステップはいかなる人のトレーディングにも大きな影響を与えるはずだ。

パフォーマンスを改善するためにやるべき最も重要なことは？

何をやればよいのかははっきりしているが、それを行うのは容易なことではない。それは、マーケットでも自分の人生においても、あなたに起こるすべてのことの責任を自分で取ることである。これについてはもう何度も述べた。あなたに起こることの原因はすべてあなた自身にあり、外部環境のせいなんかではない。

クライアントを装って私に大損をさせたペテン師のことはすでに述べた。こういったことが二度と起こらないようにするためには、騙した人間を責めるのではなく、自分の行ったどういう行為がそういった人間を自分の人生に招き入れる結果になったのかを考え、そういった行為を二度と行わないようにすることだ。何らかの出来事でお金を失った人のなかには、責めるべき人を探して裁判に持ち込む人がいる。

しかし、そういったことをしても何の解決にもならない。自分自身が変わらないかぎり、また同じようなことが起こるだけである。地方紙が伝えたところによると、私が騙されたこのペテン師に引っかかった投資家のなかには、以前にも別の3人のペテン師に引っかかった人がいたそうである。

　この例ではピンと来ない人のために、私のセミナーで使ったビー玉ゲームからひとつ例を挙げよう。持ち金として各参加者にはそれぞれ1万ドルが与えられ、ビー玉を取り出すときのリスクは各個人が任意に設定できるものとする（ビー玉は取り出すたびに袋に戻すものとする）。袋に入っているビー玉の60％は負け玉で、そのうちのひとつは5Rの負け玉である。このゲームではビー玉を100回取り出してその結果を競い合う。したがって、10～12回連敗することもおそらくあり得る。しかも、その連敗のなかには5Rの負け玉が含まれていることもある。

　私はちょっとしたたくらみをして、ある人が負け玉を取り出すと、私はその人に勝ち玉が出るまでビー玉を引き続けるように言う。つまり、それはだれかは長い連敗を喫する可能性があるということである。

　ゲームが終了すると、参加者の半分は損をし、その多くは破産していた。「あなたが損をしたのはこの人（つまり長い連敗を喫した人）のせいだと思う人は？」と彼らに尋ねると、ほとんどが手を挙げる。彼らが本当にそう思っているとしたら、彼らはこのゲームから何も学ばなかったことになる。彼らが破産したのは自分のポジションサイジングがまずかったからであるにもかかわらず、例えば連敗を喫した人（あるいはほかの人）のせいにするわけである。

　洞察力のあるトレーダーや投資家は早い時期にこの教訓を学ぶ。彼らは常に自分の過ちを正そうと努力する。そしてやがては、大金を稼げないのは心理的な問題が原因であることに気づく。こうして彼らは自分の過ちを利益につなげていくわけである。

私の第一のアドバイスは、あなたの人生で起こるすべてのことの原因はあなたにあることを認識せよ、ということである。人にはよくあるパターンというものがあるはずだ。うまくいかないパターンにはどう対処すればよいのだろうか。すべての責任は自分にあるということを認識することで、成功する可能性は飛躍的に伸びるだろう。そして、自分の人生に責任を持てるようにもなる。

最後に経験と知識の豊富なあなたから読者に一言、お願いします。
　自分の信ずることについてはすでに述べたが、これは非常に重要なことなのでここでもう一度繰り返すことにする。第一に、あなたがトレードするのはマーケットではないということである。あなたがトレードできるのはあなたがマーケットについて信じていることのみである。したがって、自分が何を信じているのかを明確にすることが重要である。
　第二に、あなたが信じていることのなかで最も重要なことは、マーケットとは無関係だが、マーケットで成功するかどうかを決める重要な要素になるということである。それは、あなたが自分自身について信じていることである。自分には何ができると思っているのか。自分にとって大事なのはトレーディングか、それとも成功することなのか。自分は成功するに値する人物か。自分のことを信じられないようでは、どんなに優れたシステムがあってもトレードで成功するはずがない。
　次のステップに進む前に、ぜひやってもらいたいことがある。私たちのウエブサイト（http://www.iitm.com）には無料でダウンロードできるゲームが用意してある。そのゲームをダウンロードしてプレーしてもらいたいのだ。このゲームは正の期待値を得るにはどうすればよいのかや、ポジションサイジングと利を伸ばすことの重要性を学べるゲームである。このゲームをトレーディングの練習場として使ってもらいたいのだ。あなたはこのゲームで儲けることができるだろうか。

第三レベルまでは無料だ。大きなリスクをとらずに第三レベルまでをクリアできるようなプランを立ててみるとよいだろう。そして第三レベルまでクリアできたら、次は大きなリスクをとらずに最終レベルまでクリアする。このゲームを終えるころには、本書で述べてきたことがすべて理解できているだろう。ゲームは１回だけでなく何回も繰り返しプレーすることをお勧めする。何度もプレーすることで、①トレーダーとして対処しなければならないいろいろなシナリオを学ぶことができる、②自分自身について多くを学ぶことができる、③いろいろなやり方を試みることでポジションサイジングについて多くのことを学ぶことができる——からである。

　ゲームで自分の実力を確かめるのだ。ゲームはプレーヤーの振る舞いを反映する。ゲームでうまくいかなければ、実際の市場でうまくいく可能性は低い。また、実際のトレードでぶつかる心理的な問題のほとんどがゲームにも現れる。これほどお金のかからない学びの場はないだろう。

　最後のアドバイスとして、本書は少なくとも４～５回は繰り返し読むことをお勧めする。私の経験によれば、人は物事を心のフィルターにかけ、自分の信ずることだけを受け入れる傾向がある。したがって１回読んだだけでは、多くのことを見落としているはずだ。そして２回目の読書で新たな宝を発見し、３回目の読書でさらに新たな宝を発見し……と回数を重ねるごとに発見する宝は増えていく。何度も読み返すことで、これらの宝はやがてはあなたの一部になっていくのである。

用語解説

MACD 正式名はMoving Average Convergence Divergence。ジェラルド・アペルが開発したテクニカル指標で、２本の移動平均線の差として表される。この指標はMACDラインとシグナルラインの２本のラインから成る。MACDラインがシグナルラインを上抜いたら買い、MACDラインがシグナルラインを下抜いたら売り。MACDは移動平均線を基に算出されるため、大きなスイングの動きをとらえることができるのが特徴。ダイバージェンス、トレンドライン、支持線と組み合わせることで、もっと多くのシグナルを出すことも可能。

R値 任意のポジションで取る初期リスクを表す言葉。R値は最初のストップ（最初の損切り）として定義される。

R倍数 トレード結果を初期リスクの倍数として表すのに用いられる。利益と損失はすべて初期リスク（R）の倍数として表すことができる。例えば、10Rの利益は初期リスクの10倍の利益を意味する。したがって、初期リスクが10ドルだとすると、10Rの利益は100ドルの利益に相当する。利益と損失をR倍数で表すことで、いかなるシステムもそれが生み出すR倍数分布として記述できる。またこの分布は平均（期待値）と標準偏差によって特徴づけられる。

アービトラージ 価格差やシステムの抜け穴を利用して常にローリスクで利益を上げる戦略。通常は、関連する商品を同時に売ったり買ったりしてその差額で儲ける。

アセットアロケーション プロのトレーダーがよく使う、資産配分方法。宝くじバイアスによって、これをどのアセットクラス（エネルギー株、金など）を選ぶかを意味すると誤解している人が多いが、各アセットクラスに「どれくらい」投資すればよいかを知る

ために用いるのが正しい使い方。つまり、「ポジションサイジング」と同じ意味の言葉。

あと付け説明エラー　知るはずのない将来のデータを考慮に入れたときに発生するエラー。例えば、その日の終値が上昇したら毎日その日の寄り付きで買うとした場合、それが本当にできればこんな素晴らしいシステムはないが、これはあと付け説明エラーにほかならない。

アベレージディレクショナルムーブメント（ADX）　マーケットのトレンドの強さを表す指標。上昇トレンドも下降トレンドも正の動きで表される。

アベレージトゥルーレンジ（ATR）　トゥルーレンジ（真の値幅）の過去Ｘ日の平均。トゥルーレンジは次のうち値が一番大きいもの——①今日の高値−今日の安値、②今日の高値−昨日の終値、③今日の安値−昨日の終値。

アルゴリズム　演算規則。つまり数学の関数を計算するための手順。

アンチマルチンゲール戦略　勝っているときにポジションサイズを増やし、負けているときにポジションサイズを減らすポジションサイジング戦略。

意思決定ヒューリスティック　人間が意思決定を行うときに使う簡便法。この簡便法を使えば意思決定は素早くかつ包括的に行うことができるが、意思決定にバイアスが持ち込まれ、それによって損失を被ることが多々ある。バイアスについては第２章を参照のこと。

移動平均線　多数の価格データ（一定期間における高値、安値、始値、終値など）の平均を表す方法。新たな価格データが発生するたびに、一番古いデータを除去し、新たなデータを加えて平均を計算し直す。

インサイドデイ　はらみ足のこと。その日の全体の値動きが前日の値

動きの範囲内にあるような日。

エクイティー　口座残高。

エクイティーズ　その会社のオーナーになることで与えられる株式。

エクスペクチュニティ　本書で使われている言葉で、期待値に機会数を掛けたもの。例えば、期待値が0.6Rで、1年に100回トレードを生み出すシステムのエクスペクチュニティは60R（0.6R×100＝60R）である。

エリオット波動　R・N・エリオットの理論。マーケットの動きは5つの上昇波とそれ全体を修正する3つの下落波によって構成されているというもの。

オシレーター　価格の位置を正規化して表した指標。ほとんどのオシレーターは0から100の間の値をとる。オシレーターの値がゼロに近いときには売られ過ぎ、100に近いときには買われ過ぎというのがアナリストのオシレーターの見方。しかし、トレンド相場では、買われ過ぎや売られ過ぎが長期間続くこともある。

オプション　原資産を将来の一定の期日までに一定の価格で買ったり売ったりする権利。買う権利をコールオプション、売る権利をプットオプションという。

オプションスプレッド　2つのオプションポジションを同時に建て、その価格差によって利益を得るというトレーディング戦略。「デビットスプレッド」や「クレジットスプレッド」を参照。

買い　将来的に価格が上昇することを見込んで株や商品などを買うこと。ロングとも言う。「空売り」参照。

カオス理論　物理的システムは一般に安定した状態からカオス（無秩序）状態へと変化することを説いた理論。近年、マーケットの爆発的な動きやマーケットの非ランダム性を説明するのに使われるようになった。

株価売上高倍率（PSR）　株価の売上高に対する比率。例えば、株価

が20ドルで1株当たりの総売上高が1ドルだとすると、その株価売上高倍率は20である。

株価収益率（PER）　株価の利益に対する比率。例えば、株価が20ドルで1株当たりの年間利益が1ドルだとすると、その株価収益率は20である。過去100年にわたるS&P500の平均PERはおよそ17。

空売り　売るべき株券や現物商品を持っていないのに売ること。近い将来に価格が下落すると思ったときに用いる戦略。実際に株券や現物商品を買う前に売ること。

季節性によるトレーディング　生産物の生産サイクルや需要サイクルによって1年の同じ時期に発生する予測可能な価格変動に基づいて行うトレーディング。

機会　「トレード回数」を参照。

期待値　トレードを何回も繰り返した場合、1回のトレードにつき平均でどれくらい稼げるかを示すもの。期待値の最良の表現方法は、1ドルのリスクでいくら稼げるか、である。本書で言う期待値とはトレーディングシステムが生み出すR倍数分布の平均Rを意味する。

期待値が負のシステム　長期的に利益を上げられないシステム。例えば、カジノでのゲームはすべて期待値が負になるように仕組まれている。期待値が負のシステムでも勝率の高いシステムはあるが、これらは時折大きな損失を出す。

ギャップ　価格チャート上で取引のない空間。通常、前日の引けと今日の寄り付きの間に発生する。ギャップが発生する原因は、場が引けたあとで企業の決算発表が行われるなどいろいろ。

ギャップクライマックス　寄り付きが大きなギャップで始まる極端な動き。

ギャンブラーの錯誤　勝ちが続くと次は負ける確率が高いと思い、負けが続くと次は勝つ確率が高いと思い込むこと。

ギャン理論 株式マーケットの予測家として有名なW・G・ギャンが開発したマーケットの動きを予測するさまざまな概念を含む理論。この理論に含まれるひとつの概念がギャンスクエアで、これは任意の期間における極端な高値や安値を基に支持線と抵抗線を見つけるための数学的システムである。マーケットがこの正方形のなかの特定の価格水準に達したら、それを基に次の価格ピークを予測できるとしている。

偽陽性 本当は間違っているのに正しいと思わせるようなもの。

均等分配モデル ポジションサイジングモデルのひとつ。このモデルでは各ポジションに同じ額だけ投資する。

クライマックスリバーサル 価格が急上昇したあと急下落すること。価格が上昇している場合、動きが終了する間際に劇的に上昇することが多い。これをクライマックスムーブという。クライマックスムーブはその後に下落を伴うのが普通で、この下落がクライマックリバーサル。

クレジットスプレッド あるオプションを買うと同時に関連するオプションを売り、これらのオプション価格の差額を受け取るオプションの売買戦略。売買するだけでオプション価格の差額分を受け取れるので「クレジット」スプレッドという。

経済的自由 バン・タープによってもたらされた概念で、受動的所得（利子や配当など、あなたのために働いてくれる金から得られる収入）が出費を上回るときに発生する経済状態のことをいう。例えば、月々の出費の総額が4000ドルで、あなたのために働いてくれる金から得られる収入が1カ月4300ドルだとすると、あなたは経済的に自由ということになる。

コール 買い手に原資産を満期日までに一定の価格で買う権利を与えるオプション。これは権利であって、義務ではない。

最大逆行幅（MAE） ポジション保有中に逆行する値動きによって発

生する最大損失。

最適化 ヒストリカルデータによって値動きを最もよく予測するパラメータや指標を見いだすこと。通常、最適化の度合いの強いシステムは将来の価格をうまく予測することはできない。

裁量トレーディング システマティックなアプローチに対して、トレーダーの直感に依存するトレーディングの手法。裁量トレーディングとしては、システマティックなアプローチをベースにし、パフォーマンスを上げるために手仕舞いとポジションサイジングに裁量を用いるのがベスト。

先物 特定の商品（原資産）を将来の一定の日時に一定の価格で買ったり売ったりすることを約束させる取引。元々は商品のみを取引対象としていたが、今では株価指数先物や通貨先物なども取引されるようになった。

指値注文 売買したい値段をブローカーに指定して出す注文。ブローカーが指定価格より良い価格で売買できないときは注文は執行されない。

サヤ取り 新しい関係を作り出すために2つの関連するマーケットをトレードすること。例えば、日本円を売って英ポンドを買うのは一種のサヤ取り。これは2つの通貨の関係をトレードしていることを意味する。

仕掛け どのように、あるいはいつ市場に参入すればよいかを教えてくれるシステムの一部分。

時価総額 ある企業の株式の現在価値。

資産一定額当たり1単位モデル 口座資産の一定額当たり1単位買うポジションサイジングモデル。例えば、資産2万5000ドル当たり1単位（株の場合は100株、先物の場合は1枚）買うといった具合。

資産カーブ（エクイティーカーブ） 口座価値の時間的変化を図表化したもの。

資産の最大予想減少額（LEED） 人々の損失限界を示すのにギャラハーが使った言葉で、トレーダーや投資家が許容できる資産の最大減少額を意味する。

支持線 株価がこの辺りまで来ることはよくあってもそれ以下には下がらないだろうという価格水準。買い手がこぞって市場に参入してくるチャート上の価格帯。

市場間分析 ある市場の値動きを基に別の市場の動きを予測する分析方法。例えば、ドルの値動きはTボンド、英ポンド、金、原油の値動きと関係がある。

システム トレーディングルールの集合体。一般に完璧なシステムは次の要素を含む——①セットアップの条件、②仕掛けのシグナル、③最悪の事態において資産を保全するためのディザスターストップ、④利食い、⑤ポジションサイジング・アルゴリズム。市販のシステムはこれらの要素のすべてを含むものに出合ったことがない。トレーディングシステムはまたそれが生み出すR倍数分布としても表すことができる。

指標 トレーダーや投資家の意思決定に役立つように、一般に有意義と信じられている形にまとめられたデータ。

自由度 統計用語。独立した観測数から推定パラメータ数を引いた数値で表される。自由度が大きいほど、過去の値動きはうまく表せるが、将来の値動き予想には不利に働く。

受動的所得 あなたの資金があなたのために働いてくれることによって得られる収入。

商品 先物取引所で取引される実物生産物。穀物、食品、畜産、貴金属などがこれに当たる。

勝率 どれくらい正確か、つまりどれくらいの頻度で勝つかを表すもの。したがって「勝率60％」は全体の60％の割合で勝つことを意味する。

神経言語プログラミング（NLP） 心理トレーニングの一種で、創始者はシステムアナリストのリチャード・バンドラーと言語学者のジョン・グリンダー。人間の優れた振る舞いのモデル化の基礎になった。通常、NLPセミナーで教えているのはモデリングプロセスから生み出されたテクニックのみ。われわれもバン・タープ・インスティチュートでトップトレーディング、システム開発、ポジションサイジング、富の構築をモデル化したが、セミナーで教えているのはモデル化プロセスそのものではなく、前述のことを行うためのプロセスである。

スイングトレード マーケットの素早い動きをとらえるための短期トレーディング手法。

スキャルピング ビッド（買い気配値）で買い、アスク（売り気配値）で売ったり、小利を稼ぐため素早く売買をするフロアトレーダーたちがよく行う行為。ビッドはフロアトレーダーの買い値（あるいは投資家の売り値）、アスクはフロアトレーダーの売り値（あるいは投資家の買い値）。

ストーキング ポジションを建てる準備プロセス。タープ博士のモデルにおけるトレーディングの10の課題のひとつ。

ストキャスティックス ジョージ・レーンが開発した、買われ過ぎか売られ過ぎかを見るための指標。株価は上昇トレンドにある場合には、一定期間の終値の位置を観測するとその期間の値幅の上限に近づき、逆に株価が下降トレンドにある場合には終値は下限に近づいていく。この習性を利用したものがストキャスティックス。

ストップ（損切り注文、逆指値注文） 価格が指定した損切りポイントに達したら成り行き注文になる注文。一般にストップ（または損切り注文）と呼ばれるが、これは相場が逆行した場合、ある価格に達したらその価格からあまり離れないうちにポジションを手仕舞いして、損失の拡大を「ストップ」させる目的で使われる

ことからこう呼ばれる。しかし、ストップ価格に達したら成り行き注文になるため、指定した価格で執行されるという保証はなく、執行レートが悪くなることもある。今ではブローカーのシステムに「ストップ」したい価格を指定しておけば、その価格に達したら自動的に成り行き注文になる。したがって、昔のピットでのトレードのようにだれもが知っているストップの集中箇所で執行されることはない。

スペシャリスト　ある注文に対してフロアからの相殺注文がないときにその注文に応じるように割り当てられたフロアトレーダー。

スリッページ　指値と約定価格との差。例えば、15で買おうと思っていたのに実際の購入価格が15.5だった場合、0.5ポイントのスリッページが発生したことになる。

正の期待値　十分に低いリスク水準でプレーすれば長期的に見ると利益を上げるシステム（またはゲーム）。また、R倍数分布の平均Rが正値であることも意味する。

聖杯システム　マーケットに完璧に従い、常に正しく、巨大な利益を生み出し、ドローダウンがゼロの魔法のトレーディングシステム。こういったシステムは現実には存在しないが、この定義は聖杯の真の意味――秘密は自分の内部にある――を示唆している。

セットアップ　トレーディングシステムのなかで、仕掛ける前に存在しなければならない一定条件のこと。トレーディングシステムのなかにはセットアップで構成されるものが多い。例えば、CANSLIMはウィリアム・オニールのセットアップの条件の頭文字をつなぎ合わせたもの。

相対力指数（RSI）　J・ウエルズ・ワイルダー・ジュニアが先物市場のために開発した指標で、買われ過ぎや売られ過ぎを判断するのに用いられる。終値から終値までの値動きをベースに計算される。

タートルスープ マーケットは20日チャネルブレイクアウトのあとで反転することを前提とする、商標登録された仕掛けのテクニック。

ダイバージェンス 2つ以上の指標の動きが逆行すること。

タイミングテクニック 相場が上昇する直前に買ったり、下落する直前に売ったりするためのトレーディングテクニック。

チャネルブレイクアウト 「ブレイクアウト」を参照。

超長期のメジャーな（ブルまたはベア）マーケット 株価が長期にわたって上昇する（ブル）あるいは下落する（ベア）傾向。超長期のメジャーなマーケットは数十年続くこともあるが、次の数カ月や翌年にどうなるかはまったく分からない。

抵抗線 その水準まではトレードされるが、一定期間はそこを抜けることがないチャート上の価格帯。

ディザスターストップ 任意のポジションにおける最悪の損失を決定するための損切り注文。「損切り注文」も参照。

ティック 値動きの最小単位。

ディレクショナルムーブメント J・ウエルズ・ワイルダーが考案した指標。昨日のレンジの外部にある今日のレンジの上下の部分のうち大きいほうを使って市場の方向性やトレンドの強さを測定したもの。

適応型移動平均線 マーケットの動きの効率性によって、通常の移動平均線よりも仕掛けのシグナルを早く出したり遅く出したりする移動平均線。

手仕舞い システムのなかで、どのようにあるいはいつ市場から撤退すればよいかを教えてくれる部分。

デビットスプレッド あるオプションを買うと同時に関連するオプションを売り、これらのオプション価格の差額分を支払うオプション売買戦略。売買するだけでオプション価格の差額分を支払わなければならないので「デビット」スプレッドという。

デブストップ　価格変動の標準偏差に基づいて損切り注文を置く位置を決める方法。シンシア・ケースが創案・著作権登録している。

デルタフェノメナン　市場の動きは太陽系で起こっていることによって予想することができることを説いた理論。ジミー・スローマンが創案・商標登録し、ウエルズ・ワイルダーによって広められた。

投機　ボラティリティが高く、したがって学術的な意味での「リスク」がきわめて高い市場に投資すること。

投資　大半の人が行っているバイ・アンド・ホールド戦略のことをいう。頻繁に売買したり、買いと売りの両方を行うのはトレーディング。

トレーディング　十分な利益が出たところで利食いするか、トレードがうまくいかなければ早めに損切りすることを見込んで、買いや売りのポジションを建てること。

トレーディングコスト　トレードにかかるコスト。通常、ブローカーの手数料、スリッページ、マーケットメーカーコストが含まれる。

トレード回数　儲かるトレーディングのための６つのキーポイントのひとつ。システムがどれくらいの頻度でポジションを建てる機会を与えてくれるかを意味する。

トレード分布　勝ちトレードと負けトレードが時間を追ってどのように発生したかを示すもの。この分布を見れば、連勝と連敗は一目瞭然。

トレーリングストップ　マーケットのメジャーなトレンドに沿って移動させる損切り注文。通常、利益の出ているトレードを手仕舞う手段として用いられる。ストップの位置を移動させるのはマーケットが思惑どおりの方向に動いているときのみで、逆行しているときは移動させない。

トレンドフォロー　マーケットの大きな動きをとらえるための体系的プロセス。マーケットが動いているかぎりマーケットにとどまる

ことを目的とする。

トレンドライン 上昇相場や下落相場において天井（または底）をつないで引かれた線。マーケットのトレンドを反映するものと考えられている。マーケットのテクニカルアナリストは価格がトレンドラインを「ブレイク」したらトレンドが終わったとみなす傾向があるが、ブレイクは単に新たなトレンドラインを引かなければならないことを意味することが多い。

トレンド日 寄り付きから大引けにかけて、マーケットが上昇か下落かの一方向に動く日。

ドローダウン 負けトレードや未決済ポジションの逆行による「含み損」によって口座資産が減少すること。

成り行き注文 今の市場価格での売買を行う注文方法。通常、成り行き注文は執行は早いが、ベスト価格で執行されるとは限らない。

値洗い 未決済ポジションを毎日の終値で評価し直すことで、どれくらいの含み益や含み損が出ているかを見るためのプロセス。未決済ポジションはその日の終了時点ではその日の終値分の価値があるとみなされる。

値幅制限 取引所が設定する、価格が１日に変動できる範囲。値動きが値幅制限に達したら取引は一時中断される。

パーセントボラティリティモデル 任意のポジションにおけるボラティリティ（通常、アベレージトゥルーレンジによって定義される）を資産の一定パーセンテージに限定することでポジションサイズを決定するポジションサイジングモデル。

パーセントリスクモデル 任意のポジションのリスクを資産の一定パーセンテージに限定することでポジションサイズを決定するポジションサイジングモデル。

バイアス 特定の方向に動く傾向。これは市場バイアスの場合もあるが、本書で議論したバイアスのほとんどは心理的バイアス。

パラボリック 関数$y = ax^2 + bx + c$に基づく放物線の形状をした指標。時間とともに増加するためトレーリングストップとして使われることもあり、マーケットに返す利益を軽減する効果がある。1999年のハイテク株の多くで見られたように、マーケットが垂直に近い状態で急騰する状態を「マーケットはパラボリックである」という。マーケットがパラボリックのとき、価格は1カ月で2倍になることもある。

バリュートレーディング 高いバリューがあると思ったときにポジションを建てるという概念に基づくトレード方法。バリューの測定方法にはいろいろあるが、バリューを考えるひとつの良い方法として、例えばある企業の資産が1株当たり20ドルのときに1株15ドルで買える場合、その株は高いバリューを持つと考えることができる。バリューの定義方法はバリュートレーダーによってそれぞれ異なる。

バンドトレーディング トレードしている商品がレンジで動くことを想定したトレーディングスタイル。したがって、価格が高くなりすぎたら（つまり、買われ過ぎたら）下落し、逆に安くなりすぎたら（売られ過ぎたら）上昇することが予想できる。この概念については第5章を参照。

ピーク・トゥ・トラフのドローダウン 最大ドローダウンを表すのに使われる言葉。最大ドローダウンとは、資産が最大になった時点から下落し、再び最大値を更新した場合の下落幅のなかで最大のもの。

ビッド・アスク・スプレッド ポジションを建てたいと思っている潜在的投資家に対してマーケットメーカーが提示するビッドとアスクの差。マーケットメーカーはこの差で儲ける。通常、顧客が売るときの値段（マーケットメーカーの買値［ビッド価格］）は安く、顧客が買うときの値段（マーケットメーカーの売値［アスク価格］）

は高い。

ヒットレート トレーディングや投資における勝ちトレードの比率。システムの勝率ともいう。

秘密の手法 ①秘密を人に教えたくない、②自分のやっていることに対する質問に答えたくない――という理由で秘密にしている手法。

評価 価値を決定するためのモデルに基づき、株や商品に価値を付与すること。「バリュートレーディング」を参照。

標準偏差 無作為に選んだ変数とその平均との差の二乗の期待値の正の平方根。正規化された形で表された、バラツキを測る測度。

ファンダメンタル分析 需要と供給の関係を基にマーケットを分析する方法。ただし、株式市場の場合、ファンダメンタル分析とは企業の価値、収益、経営状態、相対データなどに基づいてその企業を分析する手法。

フィボナッチリトレースメント リトレースメント分析で最もよく使われる水準で、61.8%、38%、50%の3つの水準のことをいう。マーケットが反転を始めたら、上昇起点から推定天井や下落起点から推定底までの変動幅の61.8%、38%、50%を計算し（それをチャート上に水平線として書き入れ）、押し目買いや戻り売りの目安とする。フィボナッチ比はギリシャやエジプトの数学者の間で古くから知られており、黄金比とも呼ばれる。音楽や建築にも応用されている。

フィルター 特定の基準を満たすデータのみ選別する指標。フィルターが多すぎると過剰最適化になるおそれがある。

フォレックス 外為（外国為替）。世界中の大銀行によって形成される外貨取引を行うための巨大市場。今では一般投資家でも外為取引が行えるような小規模のFX業者が存在するが、彼らはあなたと反対サイドの取引を行うので注意が必要。

輻輳レンジ 「保ち合い」を参照。

プットオプション　特定の満期日までに原資産を一定価格で売る権利をだれかに与えるオプション。これは売る権利であって、義務ではない。

ブリッシュ　市場が将来的に上昇すると考えること。

ブルーチップ企業　優良企業。

ブレイクアウト　価格が保ち合いや横ばい状態をブレイクして（破って）、ある価格水準を上昇したり、下落したりすること。

フロアトレーダー　商品取引所のフロアで取引している人。ローカルズは自己勘定で売買する者で、ピットブローカーはブローカーや企業に代って取引所のフロアで注文を執行する者。

分散投資　全体的なリスクを軽減するために独立した複数の市場に投資すること。

ベアリッシュ　市場が将来的に下落すると考えること。

ベストケースの例　予想される結果のなかで最良のものを表す状態。書籍の多くは、マーケット（または指標）のキーポイントを示すのに、マーケットを完璧に予想していると思わせるようなポイントを提示するが、実態は彼らが作為的に選んだ「ベストケースの例」とは程遠いものが多い。

ポジションサイジング　トレードを成功に導くために必要な6つの重要な要素のなかでも最も重要な要素。本書の初版で初めて使われた言葉で、システムのなかであなたの目的を達成できるかどうかを決定する部分のことをいう。具体的には、任意のトレードを通じてどれくらいの大きさのポジションを建てればよいかを決定する要素。通常、ポジションサイズを決めるのに有効なアルゴリズムとして現在の資産額をベースにしたものを用いる。

ボラティリティ　任意の時間内における価格レンジ。ボラティリティの高い市場は日々の価格レンジが大きく、逆にボラティリティの低い市場は日々の価格レンジが小さい。トレーディングに用いら

れる最も有用な概念のひとつ。

ボラティリティブレイクアウト　それまでの日々の価格レンジに基づき、寄り付きから一定価格だけ動いたら仕掛けるという仕掛けのテクニック。例えば、「1.5ATRボラティリティブレイクアウト」では、昨日の寄り付きから過去X日のアベレージトゥルーレンジの1.5倍以上上昇したり、下落したら仕掛けるというもの。

マーケットメーカー　証券、通貨、先物に対して売り気配と買い気配の2本の価格を提示するブローカー、銀行、企業、あるいは個人トレーダー。

枚　商品や先物の売買単位。例えば、トウモロコシの場合、1枚は5000ブッシェル。金の1枚は100オンス。

マネーマネジメント　ポジションサイジングを表す言葉として使われてきたが、ポジションサイジング以外にも多くの意味を含むため、その真意や重要性は人々には伝わっていない。ポジションサイジング以外には、①他人の資金を運用する、②リスク管理、③自分の資金を運用する、④最大利益を達成する——といった意味合いでも使われる。

マルチンゲール戦略　損をしたあとでポジションサイズを増やすポジションサイジング戦略。昔からよく行われてきたのは、負けたあとで掛け金を2倍にするという方法。

メカニカルトレーディング　人間の一切の意思決定を排除してすべての行動をコンピューターで決めるトレード形態。

メンタルシナリオトレーディング　今マーケットで起こっていることをマクロ的視点で評価してトレーディングアイデアを生み出すというトレード概念。

メンタルリハーサル　何かを実際に行う前にそれを頭の中で事前に計画する心理的プロセス。

保ち合い　市場が一時的に停滞した状態。価格はトレンドを形成する

ことなく一定のレンジ内で動く。

モデリング ピークパフォーマンス（例えば、トップトレーディング）がいかにして達成されるのかを決定するプロセスのことをいう。このプロセスによって得られた結果を他人に伝達するのがモデリングの最終目的。

モメンタム 過去の一定期間からの価格変動を示す指標。数少ない先行指標のひとつ。マーケットの指標としてのモメンタムは、質量×速度として表される物理学におけるモメンタム（運動量）とはまったく異なる概念。

有効性 物事の「真実度」を表す言葉。有効性は、測定すべきものがきちんと測定されているかや、精度で判断される。

予測 将来に対する推測。将来的に何が起こるかを推測して、つまり予測に基づいてお金を儲けたがる人が多い。アナリストはいわば将来の価格を予測するために雇われた人々。しかし、偉大なトレーダーは予測とは無関係の「損切りは早く、利食いは遅く（損小利大）」の黄金律に従うことでお金を儲ける。

横ばい相場 上昇も下落もしない相場。

ラウンドターン 先物の1往復の取引（仕掛けと手仕舞い）。通常は仕掛けと手仕舞いごとに手数料を課されるが、先物の場合の手数料は往復で課される。

ランダム 偶然に左右されるイベント。数学では予測できない数値を意味する。

リスク 任意のポジションの仕掛けポイントと、そのポジションで許容し得る最悪の場合の損失との差。例えば、株を20ドルで買って18ドルになったら手仕舞おうと思っている場合、1株当たりのリスクは2ドルである。この定義は学術界の定義とは異なることに注意。学術界では市場のばらつきをリスクと定義づけている。

リスク・リワード・レシオ 口座の平均リターン（年次ベース）を最

大ドローダウンで割った値。この方法で計算したリスク・リワード・レシオが3を上回るものは優れているとみなされる。勝ちトレードの平均利益を負けトレードの平均損失で割った値を表すこともある。

リトレースメント　押しや戻りのこと。それまでのトレンドと逆方向の値動き。価格修正であることが多い。

流動性　原株や先物の売買がしやすかったり、容易にできるマーケット状況。通常、出来高が多い場合は流動性が高いと見てよい。

レバレッジ　何かを所有するのに必要な資金とその潜在的価値との関係を表すのに使われる言葉。少額の資金で大きな投資が可能なときレバレッジが高いという。高レバレッジのとき、潜在的利益や潜在的損失は増大する。

ローソク足　日本人が開発したチャートの一種。始値と終値との間の価格レンジは長方形で表され、終値が始値よりも高い場合は白のまま、終値が始値よりも安い場合は黒く塗りつぶされる。価格の動きが視覚的に分かりやすいのが特徴。

ローリスクのアイデア　正の期待値を持ち、短期的に発生する可能性のある最悪の事態を許容できるリスク水準でトレードすることで長期的な期待値を達成することを可能にするアイデア。

推薦図書

Alexander, Michael. *Stock Cycles: Why Stocks Won't Beat Money Markets over the Next Twenty Years*. Lincoln, Neb.: Writer's Club Press, 2000. Interesting analysis of a 200-year history of the stock market that shows the tendency for long secular bull and bear cycles.

Balsara, Nauzer J. *Money Management Strategies for Futures Traders*. New York: Wiley, 1992. Good money management book, but it is more about risk control than position sizing.

Barach, Roland. *Mindtraps*, 2nd ed. Cary, N.C.: International Institute of Trading Mastery (IITM), 1996. Good book about the psychological biases we face in all aspects of trading and investing. Nearly out of print. Call 1-919-466-0043 for more information.

ローレンス・A・カニンガム著『バフェットからの手紙――「経営者」「起業家」「就職希望者」のバイブル』(パンローリング)

ジョーゼフ・キャンベルとビル・モイヤース著『神話の力』(早川書房)

トゥーシャー・シャンデ著『売買システム入門――相場金融工学の考え方→作り方→評価法』(パンローリング)

Colby, Robert W., and Thomas A. Meyers. *Encyclopedia of Technical Market Indicators*. Homewood, Ill.: Dow Jones Irwin, 1988. Excellent just for its scope.

リンダ・ブラッドフォード・ラシュキとローレンス・A・コナーズ著『魔術師リンダ・ラリーの短期売買入門――ウィザードが語る必勝テクニック基礎から応用まで』(パンローリング)

マイケル・コベル著『規律とトレンドフォロー売買法――上げ相場でも下げ相場でも利益を出す方法』(パンローリング)

エド・イースタリング著『バイ・アンド・ホールド時代の終焉――株は長期サイクルで稼げ！』(パンローリング)

Gallacher, William R. *Winner Take All: A Top Commodity Trader Tells It Like It Is*. Chicago: Probus, 1994. One of the systems mentioned in the text comes from this witty and straightforward book.

Gardner, David, and Tom Gardner. *The Motley Fool Investment Guide: How the Fool Beats Wall Street's Wise Men and How You Can Too*. New York: Simon & Schuster, 1996. Simple investment strategies most people can follow.

ベンジャミン・グレアム著『賢明なる投資家――割安株の見つけ方とバリュー投資を成功させる方法』(パンローリング)

ロバート・G・ハグストローム『株で富を築くバフェットの法則――世界最強の投資家に学ぶ１２の銘柄選択法』（ダイヤモンド社）

Kase, Cynthia. *Trading with the Odds: Using the Power of Probability to Profit in the Futures Market.* Chicago: Irwin, 1996. I believe there is more to this book than even the author knows.

Kaufman, Perry. *Smarter Trading: Improving Performance in Changing Markets.* New York: McGraw-Hill, 1995. Great ideas and contains another of the systems discussed throughout this book.

Kilpatrick, Andrew. *Of Permanent Value: The Story of Warren Buffett.* Birmingham, Ala.: AKPE, 1996. Fun reading.

チャールズ・ルボーとデビッド・ルーカス著『マーケットのテクニカル秘録――独自システム構築のために』（パンローリング）

エドウィン・ルフェーブル著『欲望と幻想の市場――伝説の投機王リバモア』（東洋経済新社）

ジャネット・ロウ著『ウォーレン・バフェット　自分を信じるものが勝つ！――世界最高の投資家の原則』（ダイヤモンド社）

ロジャー・ローウェンスタイン著『ビジネスは人なり　投資は価値なり――ウォーレン・バフェット』（総合法令出版）

Mitchell, Dick. *Commonsense Betting: Betting Strategies for the Race Track.* New York: William Morrow, 1995. A must for people who really want to stretch themselves to learn position sizing.

ウィリアム・オニール著『オニールの成長株発掘法【第4版】――良い時も悪い時も儲かる銘柄選択をするために』（パンローリング）

Roberts, Ken. *The World's Most Powerful Money Manual and Course.* Grant's Pass, Oreg.: Published by Ken Roberts, 1995. Good course and good ideas. However, be careful if you don't have enough money. Call 503-955-2800 for more information.

ジャック・D・シュワッガー著『マーケットの魔術師――米トップトレーダーが語る成功の秘訣』（パンローリング）

ジャック・D・シュワッガー著『新マーケットの魔術師――米トップトレーダーたちが語る成功の秘密』（パンローリング）

Schwager, Jack. *Schwager on Futures: Technical Analysis.* New York: Wiley, 1996. Solid background on many topics related to learning about markets.

Sloman, James. *When You're Troubled: The Healing Heart.* Raleigh, N.C.: Mountain Rain, 1993. Call 1-919-466-0043 for more information. Great book about helping yourself through life. The author calls this book his life's purpose, and I tend to agree.

Sweeney, John. *Campaign Trading: Tactics and Strategies to Exploit the Markets.* New York: Wiley, 1996. Great book that emphasizes the more important aspects of trading.

Tharp, Van. *The Peak Performance Course for Traders and Investors.* Cary, N.C.: International Institute of Trading Mastery (IITM), 1988–1994. Call 1-919-466-0043 for more information. This is my model of the trading process, presented in such a way as to help you install the model in yourself.

———. *How to Develop a Winning Trading System That Fits You, CD Course.* Cary, N.C.: International Institute of Trading Mastery (IITM), 1997. Call 1-919-466-0043 for more information. This is our original systems workshop, which is great information for all traders and investors.

———. *The Definitive Guide to Expectancy and Position Sizing.* Cary, N.C.: International Institute of Trading Mastery (IITM), 2007. Call 1-919-466-0043 for more information.

バン・K・タープとD・R・バートン・ジュニアとスティーブ・ジュガード著『魔術師たちの投資術──経済的自立を勝ち取るための安全な戦略』(パンローリング)

Tharp, Van, and Brian June. *Financial Freedom through Electronic Day Trading.* New York, McGraw-Hill, 2000. While many of the specific strategies in this book are out of date, there are nearly 100 pages on how to develop a business plan for your trading, which is information that is not found in any of my other books.

ラルフ・ビンス著『投資家のためのマネーマネジメント──資産を最大限に増やすオプティマルf』(パンローリング)

Vince, Ralph. *The New Money Management: A Framework for Asset Allocation.* New York: Wiley, 1995. An improvement from *Portfolio Management Formulas* again a book that most professionals in the field of investing and trading should read.

マーティン・ウイットマン著『バリューインベスティング』(パンローリングより近刊予定)

J・ウエルズ・ワイルダー・ジュニア著『ワイルダーのテクニカル分析入門──オシレーターの売買シグナルによるトレード実践法』(パンローリング)

Wyckoff, Richard D. *How I Trade and Invest in Stocks and Bonds.* New York: Cosimo Classics, 2005. Reprint of the original 1922 edition.

ロバート・クラウス著『ギャン 神秘のスイングトレード』(パンローリング)

ロバート・R・プレクター・ジュニアとA・J・フロスト著『エリオット波動入門』(パンローリング)

ベンジャミン・グレアム著『証券分析』(パンローリング)

マイケル・スタインハルト著『ヘッジファンドの帝王』(パンローリング)

デビッド・N・ドレマン著『株式投資は心理戦争』(パンローリング)

■著者紹介
バン・K・タープ博士（Van K. Tharp）
国際的に知られたコンサルタントおよびトレーディングコーチで、バン・タープ・インスティチュートの創設者兼社長でもある。これまでにトレーディングや投資関連の数々のベストセラーを世に送り出してきた。講演者としても引っ張りだこで、世界中の大手銀行やトレーディング会社向けのセミナーや通信講座も開設している。また『フォーブス』『バロンズ・マーケット・ウィーク』『インベスターズ・ビジネス・デイリー』などに多くの記事を寄稿している。著書は『魔術師たちの投資術――経済的自立を勝ち取るための安全な戦略』『タープ博士のトレード学校　ポジションサイジング入門』（パンローリング）、『ファイナンシャル・フリーダム・スルー・エレクトロニック・デイ・トレーディング』などがあるほか、DVDに『魔術師たちの心理学セミナー』（パンローリング）がある。

■監修者紹介
長尾慎太郎（ながお・しんたろう）
東京大学工学部原子力工学科卒。日米の銀行、投資顧問会社、ヘッジファンドなどを経て、現在は大手運用会社勤務。訳書に『魔術師リンダ・ラリーの短期売買入門』『タートルズの秘密』『新マーケットの魔術師』『マーケットの魔術師【株式編】』『デマークのチャート分析テクニック』（いずれもパンローリング、共訳）、監修に『ワイルダーのテクニカル分析入門』『ゲイリー・スミスの短期売買入門』『ロスフックトレーディング』『間違いだらけの投資法選び』『私は株で200万ドル儲けた』『バーンスタインのデイトレード入門』『究極のトレーディングガイド』『投資苑2』『投資苑2 Q&A』『ワイルダーのアダムセオリー』『マーケットのテクニカル秘録』『マーケットのテクニカル百科　入門編・実践編』『市場間分析入門』『投資家のためのリスクマネジメント』『投資家のためのマネーマネジメント』『アベル流テクニカル売買のコツ』『高勝率トレード学のススメ』『スペランデオのトレード実践講座』『株は6パターンで勝つ』『フルタイムトレーダー完全マニュアル』『投資苑3』『投資苑3　スタディガイド』『投資家のための投資信託入門』『バーンスタインのトレーダー入門』（いずれもパンローリング）など、多数。

■訳者紹介
山下恵美子（やました・えみこ）
電気通信大学・電子工学科卒。エレクトロニクス専門商社で社内翻訳スタッフとして勤務したあと、現在はフリーランスで特許翻訳、ノンフィクションを中心に翻訳活動を展開中。主な訳書に『EXCELとVBAで学ぶ先端ファイナンスの世界』『リスクバジェッティングのためのVaR』『ロケット工学投資法』『投資家のためのマネーマネジメント』『高勝率トレード学のススメ』『勝利の売買システム』『フルタイムトレーダー完全マニュアル』（以上、パンローリング）、『FORBEGINNERSシリーズ90　数学』（現代書館）、『ゲーム開発のための数学・物理学入門』（ソフトバンク・パブリッシング）がある。

2008年2月7日	初版第1刷発行
2010年2月2日	第2刷発行
2013年8月1日	第3刷発行
2015年7月1日	第4刷発行
2017年10月1日	第5刷発行
2019年10月1日	第6刷発行

ウィザードブックシリーズ (134)

新版 魔術師たちの心理学
――トレードで生計を立てる秘訣と心構え

著 者	バン・K・タープ
監修者	長尾慎太郎
訳 者	山下恵美子
発行者	後藤康徳
発行所	パンローリング株式会社
	〒160-0023 東京都新宿区西新宿 7-9-18-6F
	TEL 03-5386-7391　FAX 03-5386-7393
	http://www.panrolling.com/
	E-mail　info@panrolling.com
編 集	エフ・ジー・アイ (Factory of Gnomic Three Monkeys Investment) 合資会社
装 丁	パンローリング装丁室
組 版	パンローリング制作室
印刷・製本	株式会社シナノ

ISBN978-4-7759-7100-0

落丁・乱丁本はお取り替えします。
また、本書の全部、または一部を複写・複製・転訳載、および磁気・光記録媒体に
入力することなどは、著作権法上の例外を除き禁じられています。

本文　©Emiko Yamashita／図表　© Panrolling　2008 Printed in Japan

バン・K・タープ博士

コンサルタントやトレーディングコーチとして国際的に知られ、バン・タープ・インスティチュートの創始者兼社長でもある。これまでトレーディングや投資関連の数々のベストセラーを世に送り出してきた。講演者としても引っ張りだこで、トレーディング会社や個人を対象にしたワークショップを世界中で開催している。またフォーブス、バロンズ、マーケットウイーク、インベスターズ・ビジネス・デイリーなどに多くの記事を寄稿している。

新刊発売予定！

ウィザードブックシリーズ160

タープ博士のトレード学校
ポジションサイジング入門

定価 本体2,800円+税　ISBN:9784775971277

普通のトレーダーがスーパートレーダーになるための自己改造計画

『新版 魔術師たちの心理学』入門編。
「自己分析」→「自分だけの戦略」→「最適サイズでトレード」
タープが投げかけるさまざまな質問に答えることで、トレーダーになることについて、トレーダーであることについて、トレーダーとして成功することについて、あなたには真剣に考える機会が与えられるだろう。

あなたの現実はあなたの信念によって形成されている

勝者になるために必要な要素

- ◆トレーディング心理の完全理解
- ◆ビジネスプランであるトレーディングの手引書の作成
- ◆自分のニーズとスキルに合ったトレーディングシステムの開発
- ◆自分の目標を達成するためのポジションサイジング戦略の作成
- ◆過ちを最小限に抑えるための自己監視

あなたもスーパートレーダーになれる！

その他推薦図書

魔術師たちの投資術
バン・K・タープ／D・R・バートン・ジュニア／スティーブ・ジュガード
定価 本体2,800円+税　ISBN:9784775970485

自由を永遠に手に入れるため、経済的自立を勝ち取るための簡単で安全な戦略。
お金を働かせて、早期引退をしよう！ 5年以内に引退できる最高の投資術を伝授します！

マーク・ダグラス

シカゴのトレーダー育成機関であるトレーディング・ビヘイビアー・ダイナミクス社の社長を務める。商品取引のブローカーでもあったダグラスは、自らの苦いトレード経験と多数のトレーダーの間接的な経験を踏まえて、トレードで成功できない原因とその克服策を提示している。最近では大手商品取引会社やブローカー向けに、本書で分析されたテーマやトレード手法に関するセミナーや勉強会を数多く主催している。

ウィザードブックシリーズ 32

ゾーン 勝つ相場心理学入門

定価 本体2,800円+税　ISBN:9784939103575

「ゾーン」に達した者が勝つ投資家になる!

恐怖心ゼロ、悩みゼロで、結果は気にせず、淡々と直感的に行動し、反応し、ただその瞬間に「するだけ」の境地…すなわちそれが「ゾーン」である。
「ゾーン」へたどり着く方法とは?
約20年間にわたって、多くのトレーダーたちが自信、規律、そして一貫性を習得するために、必要で、勝つ姿勢を教授し、育成支援してきた著者が究極の相場心理を伝授する!

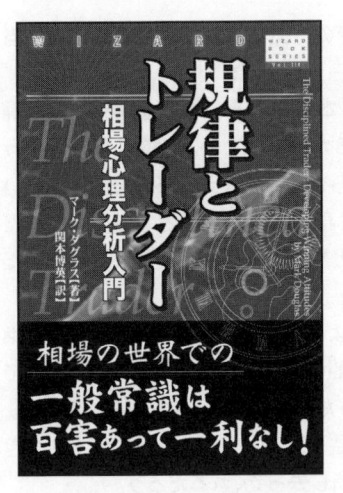

ウィザードブックシリーズ 114

規律とトレーダー 相場心理分析入門

定価 本体2,800円+税　ISBN:9784775970805

トレーディングは心の問題であると悟った投資家・トレーダーたち、必携の書籍!

相場の世界での一般常識は百害あって一利なし!
常識を捨てろ!手法や戦略よりも規律と心を磨け!
本書を読めば、マーケットのあらゆる局面と利益機会に対応できる正しい心構えを学ぶことができる。

マーク・ダグラスの遺言と
トレーダーで成功する秘訣
トレード心理学の大家の集大成！

ゾーン 最終章

四六判 558頁　マーク・ダグラス，ポーラ・T・ウエッブ
定価 本体2,800円+税　ISBN 9784775972168

　1980年代、トレード心理学は未知の分野であった。創始者の一人であるマーク・ダグラスは当時から、今日ではよく知られているこの分野に多くのトレーダーを導いてきた。

　彼が得意なのはトレードの本質を明らかにすることであり、本書でもその本領を遺憾なく発揮している。そのために、値動きや建玉を実用的に定義しているだけではない。市場が実際にどういう働きをしていて、それはなぜなのかについて、一般に信じられている考えの多くを退けてもいる。どれだけの人が、自分の反対側にもトレードをしている生身の人間がいると意識しているだろうか。また、トレードはコンピューター「ゲーム」にすぎないと誤解している人がどれだけいるだろうか。

　読者はトレード心理学の大家の一人による本書によって、ようやく理解するだろう。相場を絶えず動かし変動させるものは何なのかを。また、マーケットは世界中でトレードをしているすべての人の純粋なエネルギー――彼らがマウスをクリックするたびに発するエネルギーや信念――でいかに支えられているかを。本書を読めば、着実に利益を増やしていくために何をすべきか、どういう考え方をすべきかについて、すべての人の迷いを消し去ってくれるだろう。

マーク・ダグラスのセミナーDVDが登場!!

DVD「ゾーン」
プロトレーダー思考養成講座

定価 本体38,000円+税　ISBN:9784775964163

トレードの成功は手法や戦略よりも、
心のあり方によって決まる――

ベストセラー『ゾーン』を書いたマーク・ダグラスによる6時間弱の授業を受けたあとは安定的に利益をあげるプロの思考と習慣を学ぶことができるだろう。

こんな人にお薦め

◆ 安定的な利益をあげるプロトレーダーに共通する思考に興味がある
◆ 1回の勝ちトレードに気をとられて、大きく負けたことがある
◆ トレードに感情が伴い、一喜一憂したり恐怖心や自己嫌悪がつきまとう
◆ そこそこ利益を出していて、さらに向上するために
　ご自身のトレードと向き合いたい
◆ マーク・ダグラス氏の本を読み、トレード心理学に興味がある

DVD収録内容

1. 姿勢に関する質問
2. トレードスキル
3. 価格を動かす原動力
4. テクニカル分析の特徴
5. 数学と値動きの関係
6. 自信と恐れの力学
7. プロの考え方ができるようになる

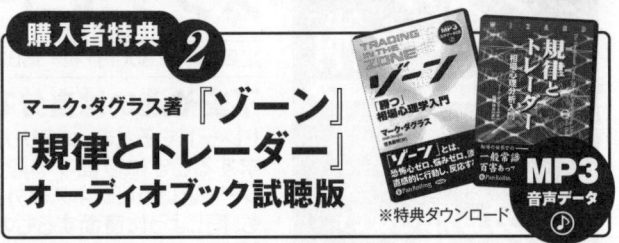

購入者特典 1

書き込んで実践できる
あなただけのトレード日誌
付属資料
※画像はイメージです
約180ページ

購入者特典 2

マーク・ダグラス著『ゾーン』
『規律とトレーダー』
オーディオブック試聴版
※特典ダウンロード
MP3音声データ

◀ サンプル映像をご覧いただけます
http://www.tradersshop.com/bin/showprod?c=9784775964163

ブレット・N・スティーンバーガー

ニューヨーク州シラキュースにあるSUNYアップステート医科大学で精神医学と行動科学を教える客員教授。2003年に出版された『精神科医が見た投資心理学』(晃洋書房)の著書がある。シカゴのプロップファーム(自己売買専門会社)であるキングズトリー・トレーディング社のトレーダー指導顧問として、多くのプロトレーダーを指導・教育したり、トレーダー訓練プログラムの作成などに当たっている。

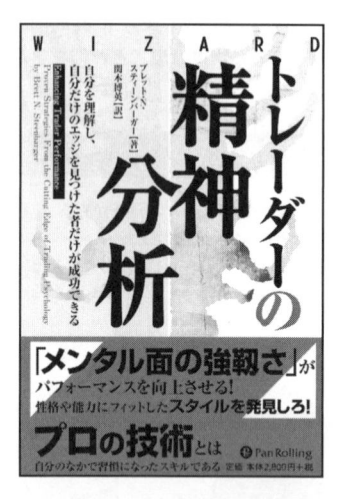

ウィザードブックシリーズ126
トレーダーの精神分析
自分を理解し、自分だけのエッジを見つけた者だけが成功できる

定価 本体2,800円+税　ISBN:9784775970911

性格や能力にフィットしたスタイルを発見しろ!
「メンタル面の強靱さ」がパフォーマンスを向上させる!
「プロの技術とは自分のなかで習慣になったスキルである」
メンタル面を鍛え、エッジを生かせば、成功したトレーダーになれる!
トレーダーのいろいろなメンタルな問題にスポットを当て、それを乗り切る心のあり方などをさらに一歩踏み込んで紹介。

ウィザードブックシリーズ168
悩めるトレーダーのためのメンタルコーチ術

定価 本体3,800円+税　ISBN:9784775971352

不安や迷いは自分で解決できる!
トレードするとき、つまりリスクと向き合いながらリターンを追求するときに直面する難問や不確実性や悩みや不安は、トレードというビジネス以外の職場でも夫婦・親子・恋人関係でも、同じように直面するものである。
読者自身も知らない、無限の可能性を秘めた潜在能力を最大限に引き出すとともに明日から適用できる実用的な見識や手段をさまざまな角度から紹介。

アリ・キエフ

精神科医で、ストレス管理とパフォーマンス向上が専門。ソーシャル・サイキアトリー・リサーチ・インスティチュートの代表も務める博士は、多くのトレーダーにストレス管理、ゴール設定、パフォーマンス向上についての助言を行っている。

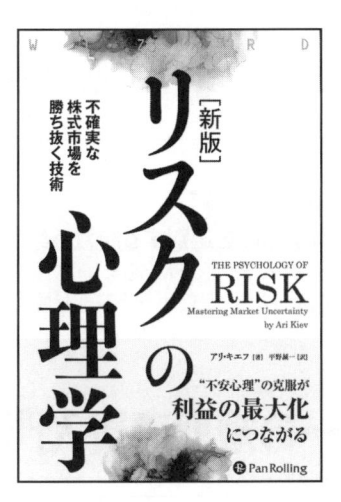

ウィザードブックシリーズ287
リスクの心理学
不確実な株式市場を勝ち抜く技術

定価 本体1,800円+税　ISBN:9784775972564

適切なリスクを取るためのセルフコントロール法

本書では、「リスクを取る意欲の分析」「リスクを管理する方法」「トレーダーを襲う病的なパターンに対処する方法」を中心に解説する。リスクや様々なストレスへの感情的な反応に惑わされることなくトレーディングを行うためのテクニックや原則を伝授する。課題に対処することにより、不確実性と予測不能性に直面したときに行動を起こすことができる。

ウィザードブックシリーズ107
トレーダーの心理学
トレーディングコーチが伝授する達人への道

定価 本体2,800円+税　ISBN:9784775970737

トレーディングの世界的コーチが伝授する成功するトレーダーと消えていくトレーダーの違いとは?

人生でもトレーディングでも成功するためには、勝つことと負けることにかかわるプレッシャーを取り除く必要がある。実際、勝敗に直接結びつくプレッシャーを乗り越えられるかどうかは、成功するトレーダーと普通のトレーダーを分ける主な要因のひとつになっている。

ウィザードブックシリーズ257
マーケットのテクニカル分析
ジョン・J・マーフィー【著】

定価 本体5,800円+税　ISBN:9784775972267

トレード手法と売買指標の完全総合ガイド
初心者から上級者までのあらゆるレベルのトレーダーにとって有益な本書のテクニカル分析の解説を読むことで、チャートの基本的な初級から上級までの応用から最新のコンピューター技術と分析システムの最前線までを一気に知ることができる。

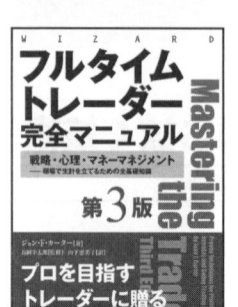

ウィザードブックシリーズ286
フルタイムトレーダー完全マニュアル【第3版】
ジョン・F・カーター【著】

定価 本体5,800円+税　ISBN:9784775972557

トレードで生計を立てるための必携書!
あなたにとってうまくいくもの、いかないものを選別する能力が身につき、株式トレードであろうが、オプション、先物、FX、あるいは仮想通貨のトレードであろうが、あなたに合った堅実なポートフォリオを作成できる。

ウィザードブックシリーズ1
魔術師リンダ・ラリーの短期売買入門
リンダ・ブラッドフォード・ラシュキ／ローレンス・A・コナーズ【著】

定価 本体28,000円+税　ISBN:9784939103032

ウィザードが語る必勝テクニック基礎から応用まで
国内初の実践的な短期売買の入門書。具体的な例と豊富なチャートパターンでわかりやすく解説。
著者の1人は新マーケットの魔術師でインタビューされたリンダ・ラシュキ。古典的な指標ですら有効なことを証明している。

ウィザードブックシリーズ196
ラリー・ウィリアムズの短期売買法【第2版】
ラリー・ウィリアムズ

定価 本体7,800円+税　ISBN:9784775971604

直近10年のマーケットの変化を
すべて織り込んだ増補版
読者からの要望の多かった改訂「第2版」が10数年の時を経て、全面新訳。日本のトレーディング業界に革命をもたらし、多くの日本人ウィザードを生み出した短期システムトレーディングの教科書!